本书为国家社科基金重大项目"中国少数民族神话数据库建设"(17ZDA161)阶段成果。

盘瓠神话丛书　吴晓东 主编

盘瓠神话母题（WPH）数据目录

王宪昭 著

学苑出版社

图书在版编目（CIP）数据

盘瓠神话母题（WPH）数据目录 / 王宪昭著 . —北京：学苑出版社，2020.5

（盘瓠神话丛书 / 吴晓东主编）

ISBN 978-7-5077-5928-0

Ⅰ.①盘… Ⅱ.①王… Ⅲ.①神话—研究—专题目录—中国 Ⅳ.①Z88：B932.2

中国版本图书馆CIP数据核字（2020）第069877号

责任编辑： 陈　佳
封面设计： 齐立娟
版式设计： 逸品书装
出版发行： 学苑出版社
社　　址： 北京市丰台区南方庄2号院1号楼
邮政编码： 100079
网　　址： www.book001.com
电子信箱： xueyuanpress@163.com
联系电话： 010-67601101（营销部）、010-67603091（总编室）
印　刷　厂： 北京建宏印刷有限公司
开本尺寸： 880mm×1230mm　　1/32
印　　张： 14.75
字　　数： 285千字
版　　次： 2020年6月第1版
印　　次： 2020年6月第1次印刷
定　　价： 50.00元

《盘瓠神话丛书》
总　序

　　何为盘瓠神话？有狭义与广义两种不同的界定。从学术史来看，最初的盘瓠神话仅指应劭《风俗通义》、干宝《搜神记》等文献中所记载的那个神话类型，即有"许诺—立功—嫁女—繁衍后代"等主要母题的神话类型。这个类型在艾伯华的《中国民间故事类型》中被称为"狗的传说"。这一类型的主角一般是一只犬，有的区域也演变为蛙。就名称来说，犬往往称为盘瓠，也有别的名称，比如翼洛、邦尕等。随着田野调查的深入，与盘瓠有关的神话新资料不断出现，比如瑶族中流传的渡海神话。此神话说到瑶族先民在迁徙渡海时遭遇大风大浪，在祈求盘瓠保佑之后，得以平安逃生，从此瑶人过盘王节以酬谢盘王。这个用来阐释盘王节来源的神话明显不属于传统上盘瓠神话所指的那个类型，但因与盘瓠有关，也被学者们纳入盘瓠神话的范畴，不过已经不是传统意义上的狭义的盘瓠神话，而是广义的盘瓠神话。凡是与盘瓠相关的神话，都可以纳入广义盘瓠神话的范畴。

　　自东汉应劭在其《风俗通义》中记载盘瓠神话以来，一直受到历代文人的关注与研究。宋代罗泌在《路史》中就有《论盘瓠之妄》，比较详细地论证盘瓠神话之非真实性。但是，盘瓠神话的历史虽然不短,许多问题却远未解决,有关其起源、流变、接受、认同、仪式等等问题,至今依然众说纷纭。而这些问题与流传此神话的民族息息相关,亟须加以研究,比如在瑶族某些地区,盘瓠问题依然敏感。之所以敏感,是因为盘瓠神话被视为族源神话,而盘瓠是犬。历史上到底发生了什么?为什么会发展到目前这种状况,其来龙去脉是怎样的?至今仍然没有一个满意的答案。

盘瓠神话不仅至今依然与流传地区的民众息息相关,而且在神话学中影响也很大,但是在梳理盘瓠神话研究的学术史过程中,发现盘瓠神话的研究与它的影响并不相匹配。目前的研究主要集中在零散的论文、调研报告,以及不多的几本论文集。截至2018年7月5日,在中国知网上用篇名搜索"盘瓠"一词,出来的文章也就202篇,用主题搜索则为627篇。论文集有3种,即1988年泸溪县民族事务委员会编的《盘瓠研究与传说》,1990年张永安主编的《盘瓠研究》,以及2017年"中国神话学"课题组编的《盘瓠神话文论集》。比较系统地研究盘瓠神话的专著相当少,仅有农学冠的《盘瓠神话新探》(1994)。因此,很有必要加强盘瓠神话的系统研究。2017年,中国社会科学院启动了学科建设的登峰战略,此计划分为优势学科、重点学科、特殊学科三类。民族文学研究所承担的重点学科名为"中国神话学",课题组由吴晓东、王宪昭、毛巧晖、周翔、李斯颖等五人组成。中国神话学的研究范畴很广,其方方面面的研究要靠学界同人一起一点一点地添砖加瓦,我们课题组只能从某个点切入,由点及面,逐渐铺开。经过多次讨论,选择了从影响深远的盘瓠神话入手,并准备编写一套"盘瓠神话丛书",以此来带动盘瓠神话的系统研究。

这套丛书拟从资料汇编、学术史梳理、文本分析、语境研究等几个方面进行编辑与撰写,以构建盘瓠神话研究的小型"专题库"。

每一类型神话的研究,都离不开其所依赖的文本资料基础。盘瓠神话的资料除了历代汉文献的记载之外,还有田野调查中从各个民族搜集到的大量口头文本与图像。就目前掌握的资料看,盘瓠神话不仅在众人所熟知的苗族、瑶族、畲族当中流传,而且在黎族、彝族、仡佬族以及台湾少数民族等其他诸多民族中均有存在,甚至在日本、朝鲜、东南亚诸国也有发现。从近些年的研究看,绝大多数学者的研究资料局限于苗、瑶、畲这三个民族。资料的不足,势必会影响学者的判断,得出不科学的结论。本套丛书中的《盘瓠神话资料汇编》,即对传统上狭义的盘瓠神话类型进行了全面搜集,展示不同民族、不同地区的异文,为盘瓠神话研究夯实基础。

任何专业的研究,都需要在厘清其学术史的前提下进行。不仅要理解前人是在怎样的国家话语下从事这方面的研究,更要了解前人在哪些方面提出了问题,提出了什么样的观点,这些观点是否已经解决了问题,如果没有解决,缺陷在哪里,应该做怎样的修补,等等。学术犹如建高楼,一层一层往上垒砌,直至封顶。

神话是一种叙事,它是故事性的、文学性的,文本分析是神话研究的核心内容。纵观神话学史,无论是为了解释某一神话的起源、流变,抑或别的目的,都离不开神话文本的分析。文本分析促成了许多学派的产生,比如芬兰的历史地理学派,此学派广泛搜集故事异文,通过比较研究故事情节之差异,从地理上确定这些故事最初的发源地和传播路线,同时根据故事情节由简到繁的变化,探寻其原型。此学派造就了诸如阿尔奈(Antti Aarne)、安德森(Walter Anderson)、汤普森(Stith Thompson)这样的一些民间文艺学大师。再比如以列维-斯特劳斯(Clande Lévi-Strauss)为代表的结构主义学派，此学派通过文本分析，发现规律与秩序，在神话研究中取得了十分显著的成绩。盘瓠神话的系统研究，显然不可能脱离文本分析这一核心内容。

盘瓠神话目前依然在诸多民族中流传，是活态神话。在流传的过程中，有许多与之相随相伴的民俗事象，比如盘王祭祀、跳黄泥鼓舞等。神话文本与民俗事象互为表里，往往是同一内容的不同表述。民俗事象可以视为神话文本的语境，对语境的研究，可以更为准确地解释神话本身的内涵。这方面研究成绩显著的有以弗雷泽（James George Frazer）为代表的仪式学派——弗雷泽透过仪式来理解神话，将神话的起源、意义、本质与仪式紧密地联系在一起。显然，在盘瓠神话的研究中，民俗事象的借用，必定是一把利器。

吴晓东

2018 年 7 月于北京

目 录

说明 …………………………………………………… (001)

凡例 …………………………………………………… (011)

0. 盘瓠的产生
（代码 WPH00—WPH09）

WPH0　盘瓠 ………………………………………… (003)

WPH00　盘瓠的产生 ………………………………… (003)

WPH01　盘瓠自然存在 ……………………………… (003)

WPH02　盘瓠源于某个地方 ………………………… (003)

WPH03　盘瓠是生育产生的 ………………………… (004)

WPH04　盘瓠是变化产生的 ………………………… (008)

WPH05　盘瓠是化生的 ……………………………… (012)

WPH06　盘瓠是婚生的 ……………………………… (014)

WPH07　盘瓠是感生的 ……………………………… (014)

WPH07a　盘瓠是转生的 …………………………… (014)

WPH08　与盘瓠的产生有关的其他母题 …………… (015)

1. 盘瓠的特征

（代码：WPH10—WPH19）

WPH10	盘瓠的特征	（025）
WPH11	盘瓠的外形	（025）
WPH12	盘瓠的头部特征	（029）
WPH13	盘瓠的毛发	（030）
WPH14	盘瓠的身高	（031）
WPH15	盘瓠的性格	（032）
WPH16	盘瓠的声音	（034）
WPH17	与盘瓠的特征有关的其他母题	（034）

2. 盘瓠的身份与职能

（代码：WPH20—WPH29）

WPH20	盘瓠的身份与职能	（037）
WPH21	盘瓠是神	（037）
WPH22	盘瓠是祖先	（042）
WPH23	盘瓠是其他神或神性人物	（048）
WPH24	盘瓠是人	（050）
WPH25	盘瓠是动物	（053）
WPH26	盘瓠是其他特定物	（059）
WPH27	盘瓠是管理者	（059）
WPH28	盘瓠是多种身份的综合体	（068）

| WPH29 | 与盘瓠的身份有关的其他母题 | (070) |

3. 盘瓠的生活

（代码：WPH30—WPH39）

WPH30	盘瓠的成长	(075)
WPH31	盘瓠的服饰	(077)
WPH32	盘瓠的饮食	(078)
WPH33	盘瓠的居所	(078)
WPH34	盘瓠的出行	(083)
WPH35	盘瓠的用品	(083)
WPH36	盘瓠的经历	(085)
WPH37	盘瓠的磨难	(092)
WPH38	盘瓠的活动区域	(092)
WPH39	与盘瓠的生活成长有关的其他母题	(092)

4. 盘瓠的能力与事迹

（代码：WPH40—WPH49）

WPH40	盘瓠的能力	(095)
WPH41	盘瓠的力量	(096)
WPH42	盘瓠的特定本领	(096)
WPH43	盘瓠的变形	(098)
WPH44	盘瓠立战功	(108)
WPH45	盘瓠治病	(121)

WPH46　盘瓠的发明 ………………………………………（122）
WPH47　盘瓠造福后代 ……………………………………（122）
WPH48　与盘瓠的能力或事迹有关的其他母题 …………（122）

5. 盘瓠的婚姻
（代码：WPH50—WPH59）

WPH50　盘瓠的婚姻 ………………………………………（125）
WPH51　盘瓠婚姻的原因 …………………………………（125）
WPH52　盘瓠婚姻的对象 …………………………………（126）
WPH53　盘瓠婚前插曲 ……………………………………（136）
WPH54　盘瓠婚姻的时间 …………………………………（141）
WPH55　盘瓠婚姻的地点 …………………………………（141）
WPH56　盘瓠的婚礼 ………………………………………（141）
WPH57　盘瓠婚后情形 ……………………………………（143）
WPH58　盘瓠婚后外迁 ……………………………………（144）
WPH59　与盘瓠婚姻有关的其他母题 ……………………（152）

6. 盘瓠的关系
（代码：WPH60—WPH69）

WPH60　盘瓠的关系 ………………………………………（157）
WPH61　盘瓠的祖先 ………………………………………（157）
WPH62　盘瓠的父母 ………………………………………（158）
WPH63　盘瓠的兄弟姐妹 …………………………………（159）

WPH64	盘瓠的妻子 …………………………………………	（159）
WPH65	盘瓠的后代 …………………………………………	（162）
WPH66	盘瓠的从属 …………………………………………	（230）
WPH67	盘瓠的朋友 …………………………………………	（234）
WPH68	盘瓠的对手 …………………………………………	（234）
WPH69	与盘瓠的关系有关的其他母题 …………………	（235）

7. 盘瓠的寿命与死亡
（代码：WPH70—WPH79）

WPH70	盘瓠的寿命 …………………………………………	（239）
WPH71	盘瓠的死亡 …………………………………………	（239）
WPH72	盘瓠死亡的原因 ……………………………………	（239）
WPH73	盘瓠死亡的时间 ……………………………………	（245）
WPH74	盘瓠死亡的地点 ……………………………………	（245）
WPH75	盘瓠的尸体 …………………………………………	（246）
WPH76	盘瓠死而再生 ………………………………………	（247）
WPH77	盘瓠死后升天 ………………………………………	（247）
WPH78	盘瓠的丧葬 …………………………………………	（248）
WPH79	与盘瓠死亡有关的其他母题 ……………………	（253）

8. 盘瓠的纪念与祭祀
（代码：WPH80—WPH89）

WPH80	盘瓠的纪念 …………………………………………	（257）

WPH81　纪念盘瓠的方式 ……………………………………（260）
WPH82　祭祀盘瓠的时间 ……………………………………（262）
WPH83　祭祀盘瓠的场所 ……………………………………（270）
WPH84　祭祀盘瓠的方法（祭盘瓠仪式）……………………（273）
WPH85　祭祀盘瓠的用品 ……………………………………（285）
WPH86　祭祀盘瓠的结果 ……………………………………（288）
WPH87　祭盘瓠的类型 ………………………………………（289）
WPH88　盘瓠崇拜 ……………………………………………（290）
WPH89　与纪念祭祀盘瓠有关的其他母题 …………………（296）

9. 与盘瓠有关的其他母题
（代码：WPH90—WPH99）

WPH90　盘瓠的名称 …………………………………………（305）
WPH91　盘瓠遗迹 ……………………………………………（328）
WPH92　盘瓠遗俗 ……………………………………………（330）
WPH93　与盘瓠有关的风物 …………………………………（341）
WPH94　盘瓠图腾 ……………………………………………（346）
WPH95　盘瓠神话 ……………………………………………（350）
WPH96　盘瓠传说 ……………………………………………（360）
WPH97　盘瓠文化 ……………………………………………（364）
WPH98　盘瓠的象征物 ………………………………………（366）
WPH99　与盘瓠有关的其他母题 ……………………………（368）

附表 1　盘古神话母题（文本类）数据目录 …………………（370）
附表 2　《中国神话母题 W 编目》十大类型简目 ……………（417）
附表 3　汤普森母题类型示例表 …………………………………（440）

说　明

为方便读者更全面了解《盘瓠神话母题（WPH）数据目录》一书的内容及特点，特做如下说明。

一、概说

"WPH"是盘瓠神话母题的专题数据代码标志。"W"为本书作者姓氏"Wang"（王）的声母，"PH"为盘瓠神话中"Pan Hu"（盘瓠）的拼音缩写。

1. 本书意义

一上来就谈本书的出版意义，读者未免会觉得"老王卖瓜，自卖自夸"，可诸位若能硬着头皮了解一下这些苦口婆心的言辞，我想对正确使用此书一定会有些帮助。

（1）现在已经是信息技术时代了，特别是在社会科学研究方面，如果习惯性地固守传统方法而拒绝数据技术的应用，会坐失良机，往大处说可能会距离这个大数据新时代越来越远，从小处讲，对自己"天将降大任于斯人"的研究绩效也是很不利的。

（2）目前所有的学科研究包括学科内某个专题的研究，都需要先摸清内在规律与体系,因此,通过对研究对象的解析与数据的梳理量化,不失为一种不错的办法。这个工作的过程看起来很笨,实质上它的结果往往会事半功倍。

(3)关于盘瓠神话,凡是感兴趣的人都能说出一二,此不多言。但这本书不是简单重述或陈列以往的东西,而是追求如下几点:

①从时空逻辑和思维逻辑的角度,设计盘瓠神话母题的十个类型与各类母题编码。

②通过数据关联,建构盘瓠神话作品与盘瓠研究论文相沟通的自由通道,让读者看到的是盘瓠神话体系,是一台完整的盘瓠神话研究发动机,而不是一个个机器零件。

③母题数据既包括从盘瓠神话中提取出来的母题,也包括已出版论文、著作中的盘瓠研究关键词及基本观点,让读者能够在这个类型多样的商场中实现电商购物或亲临体验购物。

④盘瓠神话母题数据目录是开放性的,力求让读者能够拿得起放得下,也能参与其中。

⑤在盘瓠神话数据的梳理与神话数据的检索方面,系统的母题数据目录可以作为最直接的知识来源与学术方法支持。

这样看来,该书的主要意义在于创新人文科学研究方法。创作的初衷无外乎以利于神话比较研究,以利于神话系统性研究,以利于神话的类型学分析等,终极目的则是为继承、发展和繁荣中华民族优秀传统文化服务,为神话研究者能找到点学术研究的自信而不懈努力。

2. 创作依据

《盘瓠神话母题(WPH)数据目录》是在王宪昭《中国神话母题W编目》(中国社会科学出版社 2013 年版)和《中国神话人物母题

（W0）数据目录》（中国社会科学出版社2019年版）基础上形成的，是盘瓠神话专题性质的母题数据目录。

3. 本书内容

《盘瓠神话母题（WPH）数据目录》共涉及与盘瓠神话作品与盘瓠神话研究的母题6717个，其中关联性母题1799个。基本涵盖了目前常见的盘瓠神话文献、民间口头作品以及有关研究成果中出现的基本母题。

4. 适用范围

本书适用于与盘瓠神话相关的神话学研究、母题学研究、文学研究、民族学研究、民俗学研究等。

5. 其他

与本数据目录对应的出版物是《盘瓠神话母题（WPH）数据集成》。该出版物将呈现《盘瓠神话母题（WPH）数据目录》中所列举的母题及研究数据的原文本文字描述、文本流传地区、详细出处信息等。

二、母题的查找

为帮助读者迅速查找所需要的母题，需要说明如下两个方面。

1. 本书的主要构成

本书正文为"母题目录表"，包括盘瓠神话母题的"W编码""母题描述"和"关联项"三个方面。其中，"母题描述"的六个层级采用小数点标示的方法，这里的"小数点"只是一种标记，并非十进位制；"关联项"包括与盘瓠神话母题相关的"WPH母题"和"W母题"。

2. 查找母题的方法

为方便使用者检索母题，可以使用多种检索方式，如：

（1）目录检索；

（2）母题代码类型自然排序检查；

（3）关联项检索；

（4）页眉标注检索；

（5）通过附表检索。

具体方式详见"凡例"。

三、母题目录的特点

《盘瓠神话母题（WPH）数据目录》基于作者对数千篇盘瓠神话文本和研究论文的综合型分析，有些母题不仅在盘瓠神话、盘瓠型神话中广泛存在，而且在中国其他类型的神话叙事中具有较强的代表性，基本上能够满足分析任何一篇盘瓠神话的需要，也可以据此进一步了解古今盘瓠神话、南北方盘瓠神话、口头盘瓠神话与文本盘瓠神话等的联系与差异，对进一步建构盘瓠神话体系、培育中华民族共同体意识也有积极的作用。

1. 母题目录的包容性

本目录关注神话母题共性与个性的有机结合，无论是母题编码还是表述均讲求最大程度的包容性，以有益于神话研究者和爱好者各取所需。

2. 母题目录的开放性

本书中的母题目录是一个开放性的母题体系。虽然针对某些盘瓠神话母题进行了系统性编排，但这个体系不是封闭的，可以实现进一步的修补和完善。本书在母题目录编码过程中以开放式为前提，为今后母题的增加保留了空间。每一个神话研究者可以根据自己的经验或判断将新发现的母题增加到合适的位置，以便使此类神话母题变得更为丰富和合理。

3. 母题设定的个性化

由于母题分析和母题产生的背景在不同的研究者那里存在很大差异，在母题的选择与使用方面会有很大的差别。本目录虽然在母题提取方法上带有个人经验或主观因素，而在表述与展示特定的母题时，却尽可能以神话文本的客观表述为依据。

4. 母题应用的功能升级

使用者可以依据本书设计的盘瓠神话母题类型和母题结构，建设盘瓠神话专题数据库，或作为建设其他类型人文学科专题数据库的参考。

四、母题目录的资料来源

因为神话母题会发生在各种文类中，故神话母题析出的文本并不完全局限于它是不是一个真正的"神话文本"。本书涉及的资料主要来源如下：

（1）公开出版的民间文学类丛书。如中国民间文学集成全国编辑委员会编《中国民间故事集成》（中国ISBN中心出版，各省卷本）等。

（2）神话作品结集或集成类出版物。如陶阳、钟秀编《中国神话》（商务印书馆2008年版），周翔编著《盘瓠神话资料汇编》（学苑出版社2018年版）等。

（3）与神话有关的工具书。如吕大吉、何耀华主编《中国各民族原始宗教资料集成》（中国社会科学出版社分年度分民族卷本）等。

（4）与神话有关的学术著作。如马昌仪编《中国神话学文论选萃》（中国广播电视台出版社1994年版）等。

（5）中国少数民族文学史。如马学良、梁庭望、张公瑾主编《中国少数民族文学史》（中央民族大学出版社2001年版）等。

（6）学术期刊、报纸。如《民族文学研究》《民间文化论坛》等刊发的论文。

（7）未公开出版地方性出版物。如各省（市、州、县、区）级三套集成办公室或领导小组收集整理的《中国民间故事集成》（县、市、区卷本）。

（8）个人田野调研搜集的神话材料。例如笔者在民族地区采集的有关盘瓠的神话传说。

（9）其他网络数字信息。如中国知网、中国民族文学网等。

五、母题目录的生成方法

本书列举的盘瓠神话母题（WPH）的数据目录只是常见的典型母题，并非完全归纳。

1. 母题提取方法

在母题选择、提取与生成中，主要运用直观-演绎法。母题提取过程中的"直观"不是感性经验意义上的直观，而是从神话文本的复杂的现象中通过知识经验抽取出具有符号性的叙事元素，同时还可以通过设定的母题进一步推论演绎出其他一系列母题。

2. 目录生成方法

先从复杂神话文本中分析出最简单母题项，然后对若干母题进行类型归纳，进而确立各类型母题项间的逻辑关系。神话母题的演绎推论中涉及的母题顺序是先验的，这种"先验"会努力考虑到各类型母题特别是同一类型母题间的环环相扣和因果关系。

从文本研究中的母题提取与最终形成母题目录是一个复杂而艰辛的过程。一方面要准确记忆与反复论证，另一方面要积极应用现代技术手段。整个过程大致可以分解为以下几个相互交织的阶段：

（1）采集梳理神话文本、相关文本及相关研究成果，包括各类文献文本、学术出版物及田野调查采录整理的文本等。

（2）文本数字化。借助计算机技术，将神话文本或相关资料转化为便于检索与摘录的电子文本，在计算机上形成自己的神话专题数据库。

（3）提取核心母题或基础性母题。在神话文本阅读基础上，以文本的主题为导向首先选择一定数量的重点母题，作为母题类型的基础。

（4）利用数理方法建构母题体系。如利用微积分、拓扑学知识对母题排列进行预测，利用统计学方法对母题概率进行统计等。

（5）母题顺序编排。使用"Microsoft Excel 工作表"对各类型已有的母题进行代码排序，同时通过观察与分析进一步修正与调整。

（6）目录格式转化。将"Microsoft Excel 工作表"转化为便于操作的"word 文档"格式。在"word 文档"格式下，每一个大类下面的母题按照一定的逻辑关系进行层级划分，尽可能剔除重复编码及不合理元素。熟悉 Excel 工作表者，也可直接在 Excel 工作表中操作。

（7）母题目录呈现。通过设置计算机模块检索改进母题类型编排与表述，增强母题呈现的规范性、系统性、直观性和科学性。

六、母题目录的编排

本书作为中国盘瓠神话研究带有通约性质的学术成果和工具书，在体例编排方面采用国际通行的表格形式，力求简便易行，适合广大读者和研究者快速检索。

1. 母题目录表述规则

为展现《盘瓠神话母题（WPH）数据目录》的数据性、逻辑性、直观性、检索便捷性以及便于对照，本目录在形式上采取了表格与注释相结合的表述方式。

2. 母题目录表述构成

（1）目录的宏观编排结构。母题目录的主体由"类型名称""母题列表"和"注释"三个部分构成。

（2）具体母题表述。一个具体母题一般包括"WPH编码""母题描述""关联项"与"注释"共四个部分。

3. 母题表述方法

神话母题由小到大可以划分为名称性母题、情景母题和情节母题等三种情形，尽管许多母题很难使用同一种句式结构程式进行概括，本目录在尽可能避免因文害意的前提下，照顾到如下几个方面的通约性。

（1）母题一般为一个名词、名词性词组或名词性短语。

（2）同类母题表述为名词性词组时，采用相同的语法结构。

（3）同类母题表述为名词性短语时，尽量采用主谓语法结构，保持所有母题表述的一致性。

4. 本类神话母题的编排

母题目录的排列注重叙事内在的逻辑关系和读者的接受习惯。具体结构可参见本书目录及具体内容。

5. 母题编码编排中其他问题

（1）编码空号现象。在母题编码中，根据实际情况或因为母题调整，会出现一些母题的空号。如在母题编码中，缺少"WPH09"是正常的现象。

（2）关联项与脚注。一些不便于在表格中呈现的其他内容，在本页采用了"关联项"的"脚注"的形式。出现多民族时，按该民族汉语名称的音序排序法；出现多个关联母题时，以母题编号的升序排列。

（3）增补新母题代码的编排。母题代码编排时，某些新增母题代码置入的具体方法如下：

① 使用原来的 WPH 编目中预留的编码。

② 在原编目的并列母题的母题代码后加"a、b、c……"。

③ 在原编目的逻辑关系母题的母题代码之前加".0"或之后加小数点。

七、创新与局限

1. 盘瓠神话 WPH 目录创新之处

本书是在王宪昭《中国神话母题 W 编目》（中国社会科学出版社 2013 年版）《中国创世神话母题（W1）数据目录》（中国社会科学出版社 2017 年版）、《中国神话人物母题（W0）数据目录》（中国社会科学出版社 2019 年版）等基础上，进一步深化、细化的成果，在母题提取与呈现的专题性方面，做了进一步提升。

2. 盘瓠神话 WPH 编目的局限

（1）本母题体系在采集过程中，涉及的文本及研究成果非常复杂。通过本书列举的母题不难发现，不同民族或同一个民族之中可能流传一些截然不同的观念或母题，或者由于特定时代、特定语境或特定研究者水平的局限，会出现一些明显错误的表述，甚至有些难以甄别，对此本书采取了客观辑录的方式，谨供读者研究批评之用。

（2）中国盘瓠神话具体产生、流传、演变等情形非常复杂，本目录建立在个人的神话资料积累基础上，在母题提取、表述及结构编排方面主要依赖于个人主观理解，难免有不完善之处。

（3）本编目尽管容纳了数以千计的母题，但有些层级母题的列举只能是有选择的例证，难以完全归纳。对此，本编目设定了相应的开放式表述结构，读者可以据此进行必要的修订或增补。

以上不足与不妥之处，恳请读者批评指正，以敦促作者进行进一步补充、完善和修订。

王宪昭

2019 年 10 月于北京

凡 例

为读者更好使用《盘瓠神话母题（WPH）数据目录》，特作"凡例"，具体包括"母题检索"凡例和"正文"凡例两部分。

一、母题检索

本书母题检索主要设定了5种形式：目录检索、母题代码类型自然排序检索、关联项检索、页眉标注检索和通过附录检索。

1. 目录检索

书中总目录主要适用于盘瓠神话母题类型的检索，对于具体母题的检索需要与其他检索形式结合使用。

目录中标注了10大类盘瓠神话母题，分别以 WPH0—WPH9 表示。同时，总目中列出这10个大类下的所有下一级母题的类型名称。

2. 母题代码类型自然排序检索

该检索主要借助于不同类型目录的自然排序得以实现。对这些概念性的表述，看起来很晦涩，难以把握，但熟能生巧，具体使用时会很快上手。

3. 关联项检索

通过"关联项"可以检索到与该母题相关的其他母题。

据此可以建立不同类型母题之间的立体性关联通道，有助于读者建构自己的知识体系。

4. 页眉标注检索

本书在每页页眉处设置了相应的母题提示。

5. 通过附表检索

通过附表中列举的内容，进行跨类型的相关母题检索。

二、正文

本"数据目录"的正文共划分为"WPH 编码""母题描述""关联项"3 个栏目。

1. WPH 编码

"WPH"所有代码具有界定母题类型和母题排序两方面作用。

【例】

WPH03　　盘瓠是生育产生的

WPH03.2.1　　阿妈雷凤生盘瓠郎

WPH03.2.2.1　　高辛时，有个人家生一犬取名盘瓠

WPH08.3.3a　　盘瓠生日是农历七月十五

（1）母题编码包含的信息

①"WPH"为母题编码标志。

②数字代码为该母题唯一代码，小数点表示同类型母题的层级

关系。编码中的"a"是新增加母题代码的一种方式。

（2）母题代码的编排

本书划分出最多6个层级的母题。每一个层级母题的上一级母题均可以视为该母题的类型。上一级母题对下一级母题具有包含关系。

2. 母题描述

母题的描述以判断句为主。同类母题会尽量使用相同名词、动词和相同语法结构。

3. 关联项

"关联项"是与"WPH编码""母题描述"具有实质关联的内容，包括该母题的民族属性、该母题的关联母题两种情形。

（1）民族属性

①表示该母题提取文本来源的民族属性。以原神话文本的标注为准，原文缺少该信息时此项空缺。

【例】

WPH08.3.4.1　盘王生日是农历十月十六　【瑶族·盘瑶】

②一个母题在多个民族流传时，关联项一并标出。民族排序按各民族汉语音序排列。

【例】

WPH27.2.1.2a 盘瓠是高辛氏时代犬图腾部落首领　【苗族】【畲族】【瑶族】

（2）关联母题

"关联母题"是与列举的母题有某种关系的母题。这些母题可以看作是建立不同母题之间关联性的通道或纽带，读者可以借此拓展研究视野。

【例】

"WPH90.4.19.2 金龙化身麒麟"关联项中列举有：

[WPH04.2.2.1]　金虫化作龙麒盘瓠；

[WPH11.3.2]　盘瓠的外形是麒麟；

[WPH25.6]　盘瓠是麒麟；

[WPH90.2.2.6]　盘瓠即龙麒。

通过上述母题叙事内容上的关联，可以进一步考察盘瓠神话创作的特点，提升判断的客观性与准确性。

三、本书使用符号说明

符号	标记位置	含义	举例
W	"关联项"中的母题代码前	[W0729a.2.2.3] 圣母生盘王	①"W"是王宪昭设计的中国神话母题编码的标志 ②以示与汤普森等其他一些母题分类代码的区别
WPH	母题数字前	WPH03.2.3 皇后生盘瓠	①"W"见本示例1 ②"PH"为"盘瓠"的声母缩写
*	母题代码之后	WPH33.6.5* 盘瓠故乡在中原地区	表示该母题是研究论文中的观点，而不是源于神话文本

续表

符号	标记位置	含义	举例
@	"关联项"中：民族名称与关联母题之间	WPH05.1.3 盘瓠是龙犬的化身；【瑶族】@[WPH90.6.8.1*] 盘瓠原名龙犬	表示其后出现的是关联母题
【××族】	正文、脚注	WPH08.2.3.5 盘瓠生于帝喾高辛氏时代【汉族】【苗族】【瑶族】	①提示性符号；②表述对应母题析出文本的民族归属
【民族，关联】	关联项的页注	【畲族】@[WPH25.6] 盘瓠是麒麟；[WPH90.4.19.2] 金龙化身麒麟	为排版需要，有两个及以上关联母题时，采取页脚注的形式
a，b，c……	母题代码，目录表中	WPH25.2.2a 盘王是神犬；WPH25.2.2b 盘瓠是仙狗	表示该母题是原母题编码基础上的新添加母题
( )	目录表中	盘瓠是黄犬（盘瓠是黄狗）；【瑶族·八排瑶】	用于对前面的内容的补充说明或同类项
[ ]	目录关联项中	[WPH08.4.3] 盘瓠氏源于岷山一带；[WPH90.2.2.1] 盘瓠即盘王	对关联母题代码的提示性标注

0. 盘瓠的产生
【WPH00—WPH09】

W 编码	母题描述	关联项
WPH0	盘瓠①	
WPH00	盘瓠的产生	
WPH01	盘瓠自然存在	【瑶族】
WPH02	盘瓠源于某个地方	
WPH02.1	盘瓠从天上下凡（盘瓠源于天，天降盘瓠）	[WPH08.4.6.1] 盘王原是天上所赐，赐下南京皇殿前
WPH02.1.1	五彩天狗从天而降	【民族，关联】②
WPH02.1.2	神犬盘瓠从天而降	【民族，关联】③
WPH02.1.3	盘王出世在西天	【瑶族】@[WPH08.4.1] 盘瓠来源于东方

---

① 盘瓠，又有"盘皇""盘王"等不同说法，有"祖先""文化英雄"等多重身份，主要流传于南方一些民族神话中。该母题在神话叙事中是一个复杂的情况，一般在开始时以带有神性的犬出现，后来变为神性的人。在汉语译文上也有多种写法，如盘瓠、槃瓠、盘皇、盘王等。这里需要说明的是，关于上述名称在特定的神话文本或语境中是不是一定指"盘瓠"，是一个非常复杂的问题。由于讲述者、采集者或翻译者具体情况的不同，有些地区或民族讲述的"盘皇""盘王"可能指的是"盘古"或其他神性人物。在这种情况下，把这类名称列为"盘瓠"母题类型，只是为研究者提供一个关联性，具体所指或内涵，可通过更深入的研究断定结论。

② 【汉族】@[WPH44.5.1.2] 五彩天狗帮帝喾战胜火山国和开荒国；[WPH66.1.1.2.1*] 五彩天狗。

③ 【苗族】@[WPH33.5.1.1] 盘瓠山的盘瓠洞居住着从天上下凡的神犬盘瓠；[W0729a.2.1.1] 盘瓠从天而降。

W 编码	母题描述	关联项
WPH02.1.4	盘瓠是天上龙犬下凡	
WPH02.1.4.1	苗祖盘瓠是天上的龙犬下凡	【苗族】
WPH02.1.5	与盘瓠天降有关的其他母题	【关联】①
WPH02.1.5.1	天狗被赶到地上后变成黑犬与婺女成婚	【黎族】@ [WPH65.1.2.2] 天狗和天帝的婺女婚生一对男女
WPH02.1.5.2	天神派盘瓠下凡	[W0729a.1.1] 天神派盘瓠下凡
WPH02.1.5.2.1	天神派盘瓠下凡帮助高辛	【苗族】
WPH03	**盘瓠是生育产生的**	
WPH03.1	天生盘瓠	[WPH02.1] 盘瓠从天上下凡（盘瓠源于天，天降盘瓠）
WPH03.2	特定的人物生盘瓠	
WPH03.2.1	阿妈雷凤生盘瓠郎	【畲族】
WPH03.2.2	有个人家生盘瓠	
WPH03.2.2.1	高辛时，有个人家生一犬取名盘瓠	【古代民族】
WPH03.2.2.2	高辛时，有个人家生一犬瑞取名盘瓠	【古代南方民族】
WPH03.2.3	皇后生盘瓠	
WPH03.2.3.1	龙麒是高辛氏妻子生的儿子	【畲族】@ [WPH90.2.2.6.1.1] 龙麒是高辛氏第五个妻姓刘名君秀亲生的儿子

---

① [WPH26.3.1] 盘瓠是玉皇大帝身边的娄金星；[WPH26.3.2] 盘瓠是亢金龙下凡投胎。

W 编码	母题描述	关联项
WPH03.2.4	宫女生盘瓠	
WPH03.2.4.1	刘宫女生儿子盘瓠	【畲族】
WPH03.2.5	圣母生盘王	[W0729a.2.2.3] 圣母生盘王
WPH03.2.5.1	开天圣母生上古盘王、中古盘王、下古盘王	【瑶族】
WPH03.2.5.2	开天圣母生盘王	【瑶族】@[W0729f.1.2] 盘王的母亲是开天圣母
WPH03.2.6	目母婆生盘王	
WPH03.2.6.1	目母婆生上古、中古、下古三盘王	【瑶族】@[W0729f.1.1.1] 上古、中古、下古三盘王的母亲是目母婆
WPH03.3	卵生盘瓠（盘瓠是卵生的）	[WPH90.6.1.2.2.1] 盘瓠为"卵"（蛋）所生，故盘瓠族最早的信仰是"鸟"
WPH03.3.0	混沌卵生盘瓠	
WPH03.3.0.1	像大蛋的混沌炸开跳出巨人盘皇	【苗族】@[W0729g.4.5.6.1] 混沌卵生盘皇
WPH03.3.0a	天地卵生盘瓠	
WPH03.3.0a.1	祖先盘皇从天地大蛋里生出	【苗族】@[W0729g.4.5.6.2] 天地卵生盘皇
WPH03.3.1	特定来历的卵生盘瓠	

W 编码	母题描述	关联项
WPH03.3.1.1	大耳婆左耳中生的卵生盘瓠	【畲族】@ [WPH90.2.1.4a.1] 大耳婆左耳中的卵生一犬子，号曰盘瓠
WPH03.3.1.1a	盘瓠卵生，出大耳婆左耳	【古代民族】@ [WPH03.4.2.1.1] 高辛帝宫中有一大耳婆患耳疾，割之生出金龙盘瓠
WPH03.3.1.1b	高辛帝宫中左耳奇大的大耳婆中生的卵生龙犬	【畲族】
WPH03.3.1.1c	大耳婆左耳长个"肉蛋"中生龙犬	【瑶族】@ [W0729a.2.3.1.2] 大耳婆左耳长的肉蛋生龙犬盘瓠
WPH03.3.1.2	高辛帝耳生的卵生盘瓠	
WPH03.3.1.2.1	高辛帝的右耳生出的白蛋生龙麒	【畲族】
WPH03.3.1.2.2	高辛王的耳朵上长出的卵生麒麟	【畲族】
WPH03.3.1.3	高山始祖辛老太婆耳中生的血球生盘瓠	
WPH03.3.2	盘瓠为高辛氏"卵胎"神奇的异象产物	【古代民族】
WPH03.3.3	特定颜色的卵是盘瓠	
WPH03.3.3.1	白卵生盘瓠	
WPH03.3.3.1.1	白蛋中生的小麒麟命名龙麒	【畲族】
WPH03.3.4	人生的球胎生盘瓠	
WPH03.3.4.1	一女子感龙生的球胎砍开后蹦出盘瓠	【畲族】

W 编码	母题描述	关联项
WPH03.3.5	鸟卵生盘瓠	
WPH03.3.5.1	有祖图描述盘瓠生于鸟卵	【畲族】
WPH03.3.6	凤卵生盘瓠	
WPH03.3.6.1*	有祖图描述盘瓠生于凤卵	【畲族】
WPH03.3.7	百鸟朝卵卵生盘瓠	
WPH03.3.7.1*	有祖图描述盘瓠生于百鸟朝卵	【畲族】
WPH03.3.8	与卵生盘瓠有关的其他母题	[WPH05.3] 瘤化为盘瓠
WPH03.3.8.1	卵体化生盘瓠塑像	【民族无考】
WPH03.3.8.2	鸡蛋中生小狗	
WPH03.3.8.2.1	母鸡下了钵头大的蛋献进宫后蛋中生一只小狗	【彝族】
WPH03.3.8.3	泥巴卵生盘瓠	
WPH03.3.8.3.1	泥巴先变成盘子后变成像鸡蛋的东西生盘瓠王	【苗族】@ [W0729a.2.2.2.1] 泥巴先变成盘子后变成像鸡蛋的东西生盘瓠王
WPH03.3.8.4	鸡蛋生盘瓠	
WPH03.3.8.4.1	两个泥团经亿万年变成的鸡卵状物生盘瓠王	【苗族】@ [W0729a.2.6.1] 两个泥团经亿万年变成的鸡卵状物生盘瓠王
WPH03.4	与生育盘瓠有关的其他母题	[WPH08.5] 盘瓠产生的情形
WPH03.4.0	盘瓠是仙胎	
WPH03.4.0.1	盘护是仙胎	【瑶族】
WPH03.4.1	盘瓠是犬种	

0. 盘瓠的产生 | WPH03.4.1.1*—WPH04.2.1.1.2 |

W 编码	母题描述	关联项
WPH03.4.1.1*	盘瓠是犬种，但犬种不等于盘瓠	【古代民族】
WPH03.4.2	盘瓠的特殊出生	
WPH03.4.2.1	耳中生盘瓠	
WPH03.4.2.1.1	高辛帝宫中有一大耳婆患耳疾，割之生出金龙盘瓠	【畲族】
WPH03.4.3	盘瓠出生后的祝贺	
WPH03.4.3.1	盘瓠出生后龙王差遣青衣秀士押着聚宝盆、瓠瓜果、龙麒三件礼品登门作贺	【民族，关联】①
WPH04	盘瓠是变化产生的（变化产生盘瓠）	
WPH04.1	特定的人物化为盘瓠	
WPH04.1.1*	盘古变成盘瓠	
WPH04.2	动物变成盘瓠	
WPH04.2.1	虫子变化成盘瓠	【畲族】@[WPH08.6.3] 盘瓠前身是虫
WPH04.2.1.1	变成盘瓠的虫子的来历	
WPH04.2.1.1.1	帝喾高辛皇后刘氏有一老妇耳疾中产生的一虫变化成盘瓠	【畲族】
WPH04.2.1.1.2	盘瓠为帝喾高辛氏刘皇后耳虫所变	【畲族】

---

① 【畲族】@[WPH90.2.1.7] 高辛为金虫盘瓠赐名"龙王"；[WPH90.4.4.1] 盘瓠大王又称"龙王"。

W 编码	母题描述	关联项
WPH04.2.1.1.3	高辛王元后耳中的虫子变成龙犬盘瓠	【畲族】@ [W0729a.2.3.1.4] 高辛王元后耳中的虫子变成龙犬盘瓠
WPH04.2.1.2	变成盘瓠的虫子的特征	
WPH04.2.1.2.1	虫身有斑色，长三寸	【畲族】
WPH04.2.1.2.2	虫身大如蚕	【古代民族】
WPH04.2.2	金虫变化成盘瓠	
WPH04.2.2.1	金虫化作龙麒盘瓠	【民族，关联】①
WPH04.2.2.2	耳中生出来的金虫变为一条黄色神犬（盘瓠）	【民族，关联】②
WPH04.2.2.3	皇后耳中的金虫变成龙麒	【畲族】
WPH04.2.2.3a	高辛皇后刘氏耳生的三寸金虫变成龙犬	【畲族】@ [WPH07a.1.3.1] 玉皇大帝命龙皇到凡间去降妖，让他变作金虫钻入高辛皇帝的皇后耳朵内
WPH04.2.2.3b	高辛皇后刘氏君秀耳生的三寸金虫变成龙麒	【畲族】@ [WPH90.2.2.6.1.1] 龙麒是高辛氏第五个妻姓刘名君秀亲生的儿子
WPH04.2.2.3c	皇娘耳中生的金虫变成龙犬	【畲族】
WPH04.2.2.4	高辛耳中取出的三寸金虫变成龙麒	【畲族】

① 【畲族】@[WPH90.2.2.6] 盘瓠即龙麒；[WPH90.4.19.2] 金龙化身麒麟。
② 【苗族】@[WPH25.2.2.1] 盘瓠是黄色神犬；[WPH25.2.5] 盘瓠是黄犬；[WPH90.1.1.5] 高王为大黄狗取名盘瓠。

W 编码	母题描述	关联项
WPH04.2.2.4a	高辛耳中取出的三寸金虫变成龙王	【民族，关联】①
WPH04.2.2.5	金虫化龙	
WPH04.2.2.5.1	金虫化龙蜕下五彩金壳衣	【畲族】
WPH04.2.2.6	金虫外有蚕茧包	【畲族】
WPH04.2.2.7	金虫变成麒麟	【关联】②
WPH04.2.2.7.1	高辛帝王后耳中的金虫变成麒麟	【畲族】
WPH04.2.3	顶虫变化成盘瓠	【民族，关联】③
WPH04.2.3.1	高辛氏有老妇人耳中的顶虫变化成盘瓠	【古代民族】
WPH04.2.3a	黄虫变化成盘瓠	【关联】④
WPH04.2.3a.1	帝喾皇后刘氏耳中取出的一条黄虫置于盘中变成一条龙犬"盘瓠"	【畲族】
WPH04.2.4	变成盘瓠的虫子的来历	
WPH04.2.4.1	变成盘瓠的金虫源于高辛氏老妇患耳疾的耳中	【畲族】@[WPH04.2.2]金虫变化成盘瓠
WPH04.2.4.2	高辛娘娘耳中生的虫变身龙犬	【畲族】

① 【畲族】@[WPH90.2.1.7] 高辛为金虫盘瓠赐名"龙王"；[WPH90.4.4.1] 盘瓠大王又称"龙王"。

② [WPH11.3.2] 盘瓠的外形是麒麟；[WPH25.6] 盘瓠是麒麟；[WPH90.4.19.2] 金龙化身麒麟。

③ 【古代民族】@[WPH08.6.8.1*] 化生盘瓠的"顶虫"实为"超自然体"蜂蛹；[WPH25.2.10.2] 盘瓠是顶虫变成的犬。

④ [WPH25.2.5] 盘瓠是黄犬；[WPH90.1.1.5] 高王为大黄狗取名盘瓠。

W 编码	母题描述	关联项
WPH04.2.4.3	高辛氏居王室的一老妇耳疾挑出的蚕虫化为犬（盘瓠）	【古代民族】@[WPH04.2.8]蚕变成盘瓠（蚕虫变成盘瓠）
WPH04.2.4.3.1	高辛氏王室中一个妇人耳朵里生的虫变成犬名盘瓠	【南方古民族】@[W0729a.2.3.1.1.1]高辛氏王室中一个妇人耳朵里生的虫变成犬名盘瓠
WPH04.2.4.3a	高辛王患耳病耳中爬出一条金虫（盘瓠）	【畲族】
WPH04.2.4.4	变成盘瓠的虫子源于大耳婆耳中	【关联】①
WPH04.2.5	龙变成盘瓠	【关联】②
WPH04.2.5.1	护王是东海苍龙出世	【畲族】
WPH04.2.5.2	盘瓠是东海苍龙出世	【畲族】@[WPH90.2.2.11.1]盘瓠是东海苍龙出世，故尊称为"龙狗"
WPH04.2.5.3	驸马盘瓠是东海苍龙出世	【畲族】@[WPH29.1]盘瓠是驸马
WPH04.2.5.4	东海苍龙生于大耳婆左耳	【畲族】
WPH04.2.6	龙犬变成盘瓠	
WPH04.2.6.1	盘瓠大王本为龙犬所化	【苗族】
WPH04.2.7	鱼龙变成盘瓠	【关联】③

---

① [WPH04.2.5.4]东海苍龙生于大耳婆左耳；[WPH90.2.1.4a.1]大耳婆左耳中的卵生一犬子，号曰盘瓠。

② [WPH21.5.11.1.1*]仡戎（龙神）相承于盘瓠；[WPH25.1]盘瓠是龙。

③ [WPH25.5]盘瓠是龙鱼；[WPH99.1.1.2]盘瓠的化身是龙鱼。

W 编码	母题描述	关联项
WPH04.2.7.1	鱼龙变化一犬，名曰盘瓠	【畲族】
WPH04.2.8	蚕变成盘瓠（蚕虫变成盘瓠）	【关联】①
WPH04.2.8.1*	史记和民间都认为蚕化盘瓠	【古代民族】
WPH04.2.9	其他动物变化成盘瓠	
WPH04.3	神物变成盘瓠	
WPH04.3.1	神物金龙化为金麒麟	
WPH04.3.1.1	高辛王耳茸凝结而生的神物金龙化为一只五彩斑斓的金麒麟	【民族，关联】②
WPH04.4	与变化产生盘瓠有关的其他母题	
WPH04.4.1	盘瓠是多次变化产生的	
WPH04.4.1.1	金龙变成麒麟，麒麟又变化成人（盘瓠），故称龙麒	【畲族】
WPH04.4.2	耳茧变成盘瓠	
WPH04.4.2.1	老妇耳中大茧化成的犬名槃瓠	【瑶族】@ [W0729a.2.3.1.3] 老妇耳中大茧化成的犬名槃瓠
WPH05	盘瓠是化生的（化生盘瓠）	
WPH05.1	盘瓠是特定物的化身	

---

① [WPH04.2.4.3] 高辛氏居王室的一老妇耳疾挑出的蚕虫化为犬（盘瓠）；[WPH05.2.1] 蚕形粒血化为盘瓠；[WPH95.1.5.1*] 蚕马神话衍生出的盘瓠神话（盘瓠神话来源于蚕马神话）。

② 【畲族】@[WPH11.3.2] 盘瓠的外形是麒麟；[WPH25.6] 盘瓠是麒麟；[WPH52.7.2a.1] 金麒麟与封为公主的宫女婚。

W 编码	母题描述	关联项
WPH05.1.1	盘瓠是葫芦的化身	【民族，关联】①
WPH05.1.2	盘瓠是犬的化身	
WPH05.1.2.1*	瑶族先祖盘瓠系犬的化身	【瑶族】
WPH05.1.3	盘瓠是龙犬的化身	【瑶族】@ [WPH90.6.8.1*] 盘瓠原名龙犬
WPH05.1.4	星辰化为盘瓠	【关联】②
WPH05.1.4.1	太白星化为龙犬	【瑶族】@ [WPH25.3] 盘瓠是龙犬
WPH05.1.4.2	太白下凡变为盘护	【瑶族】@ [WPH90.5.1] 盘瓠写作"盘护"（盘瓠又称"盘护"）
WPH05.2	血化生盘瓠	
WPH05.2.1	蚕形粒血化为盘瓠	【关联】③
WPH05.2.1.1	耳中取的血珠以盘贮住，化为蚕形（盘瓠）	【畲族】
WPH05.3	瘤化为盘瓠	
WPH05.3.1	瘤化为犬	
WPH05.3.1.1	王面无故生瘤，长大后自脱落，化为犬，取名"邦尕"	【苗族】@ [WPH90.4.25*] 盘瓠又称邦尕

① 【瑶族】@[WPH05.1.1] 盘瓠是葫芦的化身；[WPH08.6.1*] 盘瓠的原型是葫芦；[WPH11.6.3*] 盘瓠的外形是容器；[WPH11.6.4*] 盘瓠的外形是葫芦；[WPH24.2.3.1] 盘瓠是使用葫芦或与葫芦有关系的人；[WPH26.1] 盘瓠是葫芦；[WPH90.1.8.1*] 盘瓠名称源于葫芦祖先崇拜；[WPH90.2.2.9] 盘瓠又称葫芦盘。

② [WPH07a.1.1] 亢星金龙投胎生盘瓠；[WPH08.6.7*] 盘瓠的原型是星宿。

③ [WPH04.2.8] 蚕变成盘瓠；[WPH95.1.5.1*] 蚕马神话衍生出的盘瓠神话（盘瓠神话来源于蚕马神话）。

W 编码	母题描述	关联项
WPH05.3.2	肉瘤化生盘瓠	
WPH05.3.2.1	高辛氏侍女右鬓角上的小肉瘤化生盘葫	【汉族】@ [W0729a.2.3.1.5] 高辛氏侍女右鬓角上的小肉瘤化生盘葫
WPH06	盘瓠是婚生的（婚生盘瓠）	
WPH06.1	皇帝与皇后生盘瓠	[WPH90.2.2.6.1.1] 龙麒是高辛氏第五个妻姓刘名君秀亲生的儿子
WPH07	盘瓠是感生的（感生盘瓠）	
WPH07.1	一女子感龙生盘瓠	
WPH07.1.1	一条赤龙金光出道时，京城外一户善良人家的女主人即产下盘瓠	【畲族】
WPH07a	盘瓠是转生的	
WPH07a.1	盘瓠是特定人物转生	
WPH07a.1.1	亢星金龙投胎生盘瓠	【畲族】
WPH07a.1.2	东海苍龙转世生盘瓠	
WPH07a.1.2.1	护王原东海苍龙出世，生于大耳婆左耳	【畲族】@ [WPH04.2.5.4] 东海苍龙生于大耳婆左耳
WPH07a.1.3	龙皇转生盘瓠	
WPH07a.1.3.1	玉皇大帝命龙皇到凡间去降妖，让他变作金虫钻入高辛皇帝的皇后耳朵内	【畲族】
WPH07a.2	盘瓠是星辰转生	
WPH07a.2.1	盘瓠是天星投胎转生	@[WPH05.1.4] 星辰化为盘瓠

W 编码	母题描述	关联项
WPH07a.2.1.1	天星降于高辛帝后,变生于耳	【畲族】
WPH08	与盘瓠的产生有关的其他母题	
WPH08.1	盘瓠产生的原因	
WPH08.1.0*	盘瓠产生于天意	
WPH08.1.0.1*	天教老媪钟灵气,耳窍凝胚生盘瓠	【民族无考】
WPH08.1.1*	盘瓠产生于特定的语境	
WPH08.1.1.1*	南方蛮族先祖盘瓠是从中原犬戎、犬封转为犬戎之祖而转变来的	【南方古代民族】
WPH08.1.2*	盘瓠源于图腾崇拜	
WPH08.1.2.1*	盘瓠是瑶族先民在其原始时代图腾崇拜的产物	【瑶族】
WPH08.1.3*	盘瓠源于生殖崇拜	@[WPH88.2.2*]盘瓠崇拜具有生殖崇拜意蕴
WPH08.1.3.1*	盘瓠氏源于生殖崇拜	【古代民族】
WPH08.1.4*	盘瓠的产生是民族融合的产物	
WPH08.1.4.1*	神犬盘瓠是华夏族与北狄、西戎融合的产物	【民族无考】
WPH08.2	盘瓠产生的时间	
WPH08.2.1*	盘瓠的产生晚于盘古	【民族无考】@[WPH90.2.2.4a*]盘瓠非盘古(盘瓠不是盘古)
WPH08.2.1.1*	盘瓠其人比盘古生活时代晚一百万年	【民族无考】
WPH08.2.1.2*	盘瓠比盘古晚若干万年	【民族无考】

0. 盘瓠的产生 | WPH08.2.1a*—WPH08.2.3a.1 |

W 编码	母题描述	关联项
WPH08.2.1a*	盘瓠的产生早于盘古	
WPH08.2.1a.1*	清末的夏曾佑到民国许多学者认为盘瓠产生早于盘古	【民族无考】@[WPH95.5.1*] 盘瓠神话延伸出盘古神话
WPH08.2.2	盘瓠产生于九千年前	
WPH08.2.2.1*	盘瓠生活在九千年前	【苗族】【瑶族】
WPH08.2.2a	盘瓠生于四千年前	@[W0729a.3.1.3] 盘瓠生于四千年前
WPH08.2.2a.1	四千多年前，产生了盘瓠和辛女	【苗族】
WPH08.2.3	盘瓠产生于高辛时代	【古代民族】@[W0729a.3.1.1] 盘瓠产生于高辛时代
WPH08.2.3.1*	盘瓠产生于原始社会高辛氏时期	【古代民族】
WPH08.2.3.2*	盘瓠产生的高辛氏时期晚于盘古	【民族无考】@[WPH08.2.1*] 盘瓠的产生晚于盘古
WPH08.2.3.3	盘瓠是高辛帝时的犬	【古代民族】
WPH08.2.3.4	祖宗盘瓠出生在高辛皇帝时节	【畲族】
WPH08.2.3.5	盘瓠生于帝喾高辛氏时代	【民族，关联】①
WPH08.2.3.6	盘瓠产生于高辛坐天七十年时	【畲族】
WPH08.2.3a	盘瓠产生于评王时代	
WPH08.2.3a.1	评王出世时一只得龙犬	【民族，关联】②

① 【汉族】【苗族】【瑶族】@[W0729a.3.1.1.2] 盘瓠生于帝喾高辛氏时代。
② 【瑶族】@[WPH25.3.8] 龙犬名盘瓠；[WPH90.2.1.1a] 龙犬姓盘名护。

W 编码	母题描述	关联项
WPH08.2.4*	盘瓠产生于公元前 2391 年	【民族无考】@[WPH08.3.1.3*] 盘瓠产生于公元前 2391 年夏历五月初五
WPH08.2.4a*	盘瓠产生于公元前 1367 年	【畲族】
WPH08.2.4b*	盘瓠产生于公元前 2367 年	
WPH08.2.4b.1*	龙麒产生于公元前 2367 年	【畲族】
WPH08.2.5	盘瓠黄道吉日出生	【民族无考】@[WPH23.1.2.1.1 盘瓠为黄道吉日所生,故地神祖爷封它为专管凡人欢乐的"黄狗仙人"
WPH08.2.6	盘瓠产生在特定古代民族之后	
WPH08.2.6.1*	槃瓠出现在九黎之后的三苗时期	【古代民族】
WPH08.2.7	盘瓠产生的时间是唐朝	
WPH08.2.7.1*	大唐皇帝治国为霸时,盘瓠游来殿前	【畲族】
WPH08.2.8	盘瓠产生于母系氏族社会	【民族无考】@[WPH88.1.2.1*] 盘瓠崇拜产生于母系氏族社会
WPH08.2.8.1*	盘瓠产生于母系氏族社会末期	【民族无考】
WPH08.2.8a	盘瓠产生于父系氏族社会	【古代民族】
WPH08.2.8a.1*	盘瓠产生于父系氏族社会初期	【民族无考】
WPH08.2.9	盘瓠产生于颛顼时代	【苗族】
WPH08.2.10	盘瓠产生于混沌时期	
WPH08.2.10.1	混沌年间,评王得龙犬一只	【瑶族】

W 编码	母题描述	关联项
WPH08.2.11	盘瓠生活在周代	
WPH08.2.11.1	周朝年间周平王，盘护有功定番邦	【瑶族】
WPH08.2.12	盘瓠产生于上古	
WPH08.2.12.1	槃瓠产生于上古时代	【畲族】@ [W0729a.3.1.2] 槃瓠产生于上古时代
WPH08.3	盘瓠的生日	
WPH08.3.0	盘瓠生日是正月初八	
WPH08.3.0.1*	畲族后人在每年正月初八聚会纪念盘瓠的生日	【畲族】
WPH08.3.1	盘瓠生日是农历五月初五	
WPH08.3.1.1	龙麒诞生于五月五日	【畲族】
WPH08.3.1.1.1*	龙麒诞生于高辛帝在位四十一年五月五日	【畲族】
WPH08.3.1.2	因龙麒诞生于五月五日，所以五月五日都属龙	【畲族】
WPH08.3.1.3*	盘瓠产生于公元前 2391 年夏历五月初五	【民族无考】
WPH08.3.2	盘瓠生日是农历五月十一日	
WPH08.3.2.1	农历五月十一日是盘瓠大王的生日	【苗族】
WPH08.3.3	盘瓠生日是农历七月初七	【瑶族】
WPH08.3.3.1	农历七月初七和十月十六分别是盘王夫妇的诞辰	【瑶族·八排瑶】
WPH08.3.3a	盘瓠生日是农历七月十五	

W 编码	母题描述	关联项
WPH08.3.3a.1*	农历七月十五日据说是盘瓠的生日	【畲族】
WPH08.3.4	盘瓠生日是农历十月十六日	
WPH08.3.4.1	盘王生日是农历十月十六	【瑶族·盘瑶】
WPH08.3.4.2*	盘瓠生日农历十月十六日是后来认定的	【瑶族】
WPH08.3.5	与盘瓠生日有关的其他母题	
WPH08.3.5.1	盘瓠诞辰凌晨就得开箱取图	【畲族】
WPH08.4	盘瓠产生的地点（盘瓠的出生地）	【关联】①
WPH08.4.1	盘瓠来源于东方	
WPH08.4.2	盘王出世在福江	
WPH08.4.2.1	盘王出世福江庙	【瑶族】
WPH08.4.3	盘瓠氏源于岷山一带	[WPH33.6.7.2*] 盘瓠的故地岷山一带
WPH08.4.3.1*	盘瓠氏源于岷山一带，与羌戎集团的炎黄族的起源相一致	【瑶族】
WPH08.4.4	盘瓠源于西北	【古代民族】@ [WPH88.1.5.1*] 盘瓠崇拜最早起源于西北
WPH08.4.4.1*	盘瓠源于西北的氐羌	【民族无考】@ [WPH95.1.5.3] 盘瓠神话源于西北古代氐羌人的神话
WPH08.4.5*	盘瓠的出生地在河南商丘	【民族无考】

① [WPH02.1.3] 盘王出世在西天；[WPH33.6] 盘瓠的故土（盘瓠的故乡）。

0. 盘瓠的产生 | WPH08.4.6—WPH08.6.1* |

W 编码	母题描述	关联项
WPH08.4.6	盘瓠产生在皇宫	
WPH08.4.6.1	盘王原是天上赐，赐下南京皇殿前	【瑶族】
WPH08.5	盘瓠产生的情形	
WPH08.5.1	盘瓠产生的征兆	
WPH08.5.1.1	龙麒出生时天空出现扫帚星	【畲族】
WPH08.5.1.2	盘瓠出生前高辛皇帝正宫娘娘刘德成皇后夜里梦见娄金星降凡	【畲族】
WPH08.5.1.3	电光雷鸣闪，龙犬降生吉祥兆	【畲族】
WPH08.5.2	盘瓠产生时百鸟俱朝	【畲族】
WPH08.5.2.1	大耳婆的耳卵化生盘瓠前放殿阁中，百鸟俱朝	【畲族】
WPH08.5.3	盘瓠产生时天生乌云	
WPH08.5.3.1	三七寅夜，乌云黑暴，鱼龙化为盘瓠	【畲族】@[WPH04.2.7.1] 鱼龙变化一犬，名曰盘瓠
WPH08.5.4	盘瓠产生前现惊雷	
WPH08.5.4.1	盘瓠产生前突然一阵炸雷将天地劈开，天下光明	【民族无考】
WPH08.6	盘瓠产生的原型	
WPH08.6.0	盘瓠的原型是动物	
WPH08.6.1.0.1*	盘瓠的原生态是畲族先民行猎中可以作为保护神或者助手的动物	【畲族】
WPH08.6.1*	盘瓠的原型是葫芦	【畲族】@[WPH05.1.1] 盘瓠是葫芦的化身

W 编码	母题描述	关联项
WPH08.6.1.1*	盘瓠源于葫芦	【瑶族】
WPH08.6.2	盘瓠的原型是白犬	
WPH08.6.2.1*	因盘瓠的原型是白犬，故祖图中将婚前尚未变身的盘瓠画成"白犬"	【瑶族】
WPH08.6.3	盘瓠前身是虫	【畲族】
WPH08.6.4*	盘瓠的原型是伏羲	
WPH08.6.4.1*	盘瓠源于伏羲	【古代民族】@[WPH61.5.1.1*] 盘瓠蛮的远宗出于伏羲
WPH08.6.4a*	盘瓠的原型是伏羲女娲	
WPH08.6.4a.1*	"龙麒"源于伏羲女娲	【民族无考】
WPH08.6.5*	盘瓠的原型是水獭	【民族无考】
WPH08.6.6*	盘瓠的原型是虎熊	【民族无考】@[WPH25.7] 盘瓠是虎
WPH08.6.7*	盘瓠的原型是星宿	[WPH05.1.4.1] 太白星化为龙犬
WPH08.6.7.1*	盘瓠形象经历了星宿—茧卵—龙麒—龙（龙犬）—兽首人身—人（现代）的复杂变化	【畲族】
WPH08.6.7.2	盘瓠原型是亢金龙	
WPH08.6.7.2.1	盘瓠前身亢金龙是二十八星宿里的一位	【畲族】
WPH08.6.8*	盘瓠的原型是蜂蛹	
WPH08.6.8.1*	化生盘瓠的"顶虫"实为"超自然体"蜂蛹	【民族无考】@[WPH04.2.3] 顶虫变化成盘瓠

0. 盘瓠的产生 | WPH08.7—WPH08.7.1* |

W 编码	母题描述	关联项
WPH08.7	盘瓠产生同源者	
WPH08.7.1*	盘瓠与伏羲同源	【民族，关联】[①]

[①] 【民族无考】@[WPH90.1.3.2*] 伏羲、庖牺、盘古、盘瓠为一词，声训可通；[WPH90.1.3.3*] "盘瓠"与"包羲"字异而声义同；[WPH90.4.6] 盘瓠即伏羲。

1. 盘瓠的特征

【WPH10-WPH19】

W 编码	母题描述	关联项
WPH10	盘瓠的特征	
WPH11	盘瓠的外形(盘瓠的外貌,盘瓠的体征)	
WPH11.1	盘瓠的外形是人	[WPH24] 盘瓠是人
WPH11.1.1	盘瓠浓眉大眼,八字须,络腮胡子	【瑶族】
WPH11.2	盘瓠外形是犬	【关联】①
WPH11.2.1		【关联】②
WPH11.2.1.1	龙犬盘瓠身披24道斑纹	【瑶族】
WPH11.2.2	盘瓠外形是五色犬	【关联】③
WPH11.2.2.1	护王是五色斑纹犬	【畲族】
WPH11.2.2.2	龙麒有五色花斑	【畲族】
WPH11.2.2.2.1	龙麒五色花斑尽成行	【畲族】
WPH11.3	盘瓠外形是其他动物	
WPH11.3.1	盘瓠的外形是龙	【畲族】
WPH11.3.1.1	盘瓠的外形是金龙	【畲族】@[WPH90.4.19] 盘瓠又称"金龙"

① [WPH21.4] 盘瓠是犬神;[WPH99.1.1.1] 盘瓠的化身是犬。
② [WPH25.3] 盘瓠是龙犬;[WPH90.2.1.1b] 龙犬号盘瓠(龙犬名盘护)。
③ [WPH11.7.6.1] 身有五色文毛;[WPH13.1] 盘瓠的毛有五种颜色(盘瓠毛五色);[WPH25.3.5] 盘瓠是五色龙犬;[WPH66.1.1.2.1.1*] 五彩天狗;[WPH90.4.18.1] 犬五色,因名瓠犬。

1. 盘瓠的特征 | WPH11.3.2—WPH11.4.3.1 |

W 编码	母题描述	关联项
WPH11.3.2	盘瓠的外形是麒麟	【关联】①
WPH11.3.3	盘瓠的外形是凤凰	【畲族】@[WPH25.4] 盘瓠是凤凰
WPH11.4	盘瓠的外形兼具人和动物的特征	
WPH11.4.1	盘瓠半人半犬	
WPH11.4.1.1	盘瓠是半边狗脸，半边人脸	【民族无考】
WPH11.4.1.2	盘瓠犬首人身	【民族，关联】②
WPH11.4.1.2a	盘瓠狗头人身（盘瓠人身狗头）	【民族，关联】③
WPH11.4.1.2b	龙麟盘瓠头像狗来身是人	【畲族】
WPH11.4.1.3	盘瓠人头狗身	【汉族】@[WPH43.5.3.4] 狗头变成了人头，狗身子还没变
WPH11.4.1.4	神犬人头犬身	【瑶族】
WPH11.4.2	盘瓠犬首人眼	
WPH11.4.2.1	狗王画像犬首人眼	【瑶族】@[WPH27.1.2.3] 盘瓠是狗王
WPH11.4.3	盘瓠人面、犬耳、兽身	
WPH11.4.3.1	奢比尸人面、犬耳、兽身	【民族，关联】④

① 【畲族】@[WPH25.6] 盘瓠是麒麟；[WPH90.4.19.2] 金龙化身麒麟。
② 【苗族】@[WPH11.6.2.1] 盘瓠三头六臂犬首人身；[WPH89.3.4] 槃瓠像犬首人身。
③ 【畲族】【瑶族】@[WPH12.0.4] 盘瓠是狗头；[WPH89.3.1.2.1a] 盘瓠塑像为狗头人身。
④ 【古代民族】@[WPH31.1.2.1*] 奢比尸饵两青蛇；[WPH90.6.4.1*] "奢比尸"即"盘瓠"的讹变。

W 编码	母题描述	关联项
WPH11.4.4	盘葫有眼有鼻子有嘴，一根尾巴，四腿俱全，浑身上下光溜溜	【汉族】
WPH11.5	盘瓠是多种动物的合体	[WPH12.0.2] 龙麒头像豹头又像麒麟头
WPH11.5.1*	盘瓠是麒麟和龙的混合体（盘瓠外形是龙麒）	【民族无考】
WPH11.5.1.1*	器宇不凡的神兽龙麒像麒麟又不是麒麟	【畲族】
WPH11.5.2	盘瓠半龙半犬	
WPH11.5.2.1*	盘瓠的塑像半龙半犬	【苗族】
WPH11.5.3	盘瓠龙头、狗耳、牛身、狗尾、虎爪、麒麟身	
WPH11.5.3.1	神灵龙犬龙头、狗耳、牛身、狗尾、虎爪、麒麟身	【苗族】@ [WPH93.4.4.1*] 广西贺州市西湾镇盘古大王庙所供奉的神灵是瑶族的祖先神盘瓠
WPH11.5.4	盘瓠龙头狗身	【苗族】
WPH11.5.4a	盘瓠大王龙头狗身，虎尾卷毛	【苗族】
WPH11.5.5	盘瓠狗头龙躯牛蹄麒麟之纹	【畲族】
WPH11.6	盘瓠的奇特外形	
WPH11.6.1	盘瓠身体发光	
WPH11.6.1.1	龙犬盘瓠满身毫光	【畲族】
WPH11.6.1.2	盘瓠龙犬毫光显现，遍身锦绣	【畲族】@[W0729b.1.2] 盘瓠龙犬毫光显现，遍身锦绣
WPH11.6.2	盘瓠三头六臂	

1. 盘瓠的特征 | WPH11.6.2.1—WPH11.7.6

W 编码	母题描述	关联项
WPH11.6.2.1	盘瓠三头六臂犬首人身	【民族，关联】①
WPH11.6.3*	盘瓠的外形是容器	【民族，关联】②
WPH11.6.3.1*	槃瓠是木制容器*	【民族无考】
WPH11.6.4*	盘瓠的外形是葫芦	【关联】③
WPH11.7	盘瓠身上的花纹	
WPH11.7.1	盘瓠身上没有花纹	[WPH25.2.4*] 盘瓠是白犬
WPH11.7.2	龙麒身上有龙的花纹	[WPH12.0.3.1] 龙麒龙头人身
WPH11.7.2.1	龙麒全身斑点一百二十多处，像龙身上的花纹	【畲族】@ [WPH25.1.2] 盘瓠是身上有一百二十个斑点的龙
WPH11.7.3	盘瓠身上有点状花斑	
WPH11.7.3.1	龙孟身上花斑百廿点	【畲族】@ [WPH90.2.2.7] 盘瓠又称龙孟
WPH11.7.3.2	盘护王龙犬有二十四个斑点	【瑶族】
WPH11.7.4	盘瓠毛色黄斑	【民族无考】
WPH11.7.5	盘瓠身上有金鳞珠点	【民族无考】
WPH11.7.6	盘瓠有五色文	【关联】④

① 【苗族】@[WPH11.4.1.2] 盘瓠犬首人身；[WPH89.3.4] 槃瓠像犬首人身。
② 【民族无考】@[WPH26.2.1*] 盘瓠是原始人将匏剖为两半的容器；[WPH90.3.3.1] "盘瓠" 是 "器物" 的名称。
③ [WPH05.1.1] 盘瓠是葫芦的化身；[WPH08.6.1*] 盘瓠的原型是葫芦。
④ [WPH11.2.2] 盘瓠外形是五色犬；[WPH25.3.5] 盘瓠是五色龙犬；[WPH66.1.1.2.1*] 五彩天狗，[WPH92.3.5] 五色衣；[WPH92.3.5.3*] 瑶族五色衣裳象征盘瓠的五彩绒毛。

W 编码	母题描述	关联项
WPH11.7.6.1	龙犬身有五色文毛	【畲族】
WPH11.7.6.2	盘瓠长着五色花纹	【古代民族】@ [W0729b.1.4] 槃瓠有五色花纹
WPH11.7.7	盘瓠有虎的色彩	
WPH11.7.7.1	龙犬身有二点虎色	【瑶族】
WPH11.8	与盘瓠的外形有关的其他母题	
WPH11.8.1	盘瓠无形	
WPH11.8.2	盘瓠有形又无形	
WPH11.8.3	神犬周身黑毛,其大如虎	【瑶族】
WPH11.8.4	盘瓠外形的演变(盘瓠体征的变化)	
WPH11.8.4.1*	清朝中后期盘瓠的形象变为极具汉族文化特征的龙、麒麟的形象	【畲族】
WPH11.8.4.1a*	清朝中后期,畲民家族将盘瓠逐渐变成龙或龙与麒麟的组合	【畲族】
WPH11.8.4.2*	畲族接受汉文化过程中,自觉或不自觉地将盘瓠祖先形象"龙形化",或称"由犬而龙"	【畲族】
WPH11.8.4.3*	盘瓠由葫芦逐渐演变成龙犬	【瑶族】@[WPH05.1.3] 盘瓠是龙犬的化身
WPH12	盘瓠的头部特征	
WPH12.0	盘瓠的头	
WPH12.0.1	盘瓠的头像动物	

1. 盘瓠的特征 | WPH12.0.2—WPH13.2.1 |

W 编码	母题描述	关联项
WPH12.0.2	龙麒的头像豹头又像麒麟头	【民族，关联】①
WPH12.0.3	盘瓠是龙头	【民族，关联】②
WPH12.0.3.1	龙麒龙头人身	【民族，关联】③
WPH12.0.3.2	麒麟龙头人身	【畲族】
WPH12.0.4	盘瓠是狗头	[WPH11.4.1.2a] 盘瓠狗头人身
WPH12.0.5	盘瓠头上有斑点	
WPH12.0.5.1	盘瓠头有二十四斑黄点	【畲族】
WPH12.1	盘瓠的眼睛特征	
WPH12.1.1	龙期的龙眼像荔枝	【畲族】
WPH12.1.2	龙孟长着一双龙眼	【畲族】@ [WPH90.2.2.7] 盘瓠又称龙孟
WPH12.1.3	盘瓠额头上还有一只眼睛	【瑶族】
WPH13	**盘瓠的毛发**	
WPH13.1	盘瓠的毛有五种颜色（盘瓠毛五色）	【民族，关联】④
WPH13.2	盘瓠的毛五彩（盘瓠毛五采）	【民族，关联】⑤
WPH13.2.1	小狗盘瓠五彩缤纷，光艳夺目	【民族无考】

① 【畲族】@[WPH11.5] 盘瓠是多种动物的合体；[WPH89.3.2.3] 盘瓠画像是麒麟头，龙身的龙麒。
② 【苗族】@[WPH04.2.5] 龙变成盘瓠；[WPH21.4.2] 盘瓠是龙头犬神。
③ @[WPH90.2.1.2]【畲族】龙期号曰盘瓠；[WPH90.2.2.6] 盘瓠即龙麒。
④ 【古代民族】@[WPH11.2.2] 盘瓠外形是五色犬；[WPH25.3.5] 盘瓠是五色龙犬；[WPH90.4.18.1] 犬五色，因名瓠犬。
⑤ 【古代民族】@[WPH66.1.1.2.1.1*] 五彩天狗；[W0729b.1.3] 槃瓠长着五彩毛。

W 编码	母题描述	关联项
WPH13.2.2	盘葫一身五色长毛，光泽夺目	【汉族】
WPH13.2.3	龙王浑身五彩斑纹	【畲族】
WPH13.3	盘瓠的毛是龙袍	
WPH13.3.1	龙犬身上的斑毛是件光彩灿烂的龙袍	【民族，关联】①
WPH13.4	盘瓠毛色光滑	
WPH13.4.1	龙犬眼亮毛滑	【民族，关联】②
WPH13.5	盘瓠毛发光亮	
WPH13.5.1	龙犬盘瓠浑身毫闪现，遍体锦缎	【畲族】
WPH14	**盘瓠的身高**	
WPH14.1	盘瓠身高一丈多	
WPH14.1.1	龙期丈二长	【畲族】
WPH14.1.2	龙麒身高丈二	
WPH14.1.2.1	丈二龙孟	【畲族】@[WPH90.2.2.7] 盘瓠又称龙孟
WPH14.2	盘瓠身高八尺	
WPH14.2.1	大耳婆耳中生的狗子养八月，身长八尺，高四尺	【畲族】

---

① 【瑶族】@[WPH05.1.3] 盘瓠是龙犬的化身；[WPH11.2.1] 盘瓠外形是龙犬；[WPH25.3] 盘瓠是龙犬；[WPH90.6.8.1*] 盘瓠原名龙犬；[WPH99.4.1*]《盘瓠王歌》中把盘瓠改成龙犬。

② 【瑶族】@[WPH11.2.1] 盘瓠外形是龙犬；[WPH25.3] 盘瓠是龙犬；[WPH90.6.8.1*] 盘瓠原名龙犬。

W 编码	母题描述	关联项
WPH14.2.2	龙犬盘瓠养八个月，身长八尺，高四尺	【畲族】
WPH14.2.3	犬子（瓠瓜）养大八个月，身长八尺，高四尺	【畲族】
WPH14.2.4	龙犬身长八尺八，身高四尺四	【畲族】
WPH14.3	与盘瓠身高有关的其他母题	
WPH14.3.1	龙犬身长三尺	
WPH14.3.1.1	评皇的龙犬身长三尺	【瑶族】
WPH15	盘瓠的性格（盘瓠的性情，盘瓠的品质）	
WPH15.1	盘瓠是个急性子	
WPH15.2	盘瓠心眼好（盘瓠心地善良）	
WPH15.3	盘瓠性格实在	
WPH15.4	盘瓠性格忠厚	
WPH15.4.1	盘瓠效忠朝廷国王	【瑶族】
WPH15.5	盘瓠忠于爱情（盘瓠珍惜爱情，盘瓠看重爱情）	
WPH15.5.1*	盘瓠重情轻财	
WPH15.5.1.1*	金狗爱情重于金钱	【苗族】
WPH15.5.2*	盘瓠追求爱情胜过高官厚禄	【瑶族】
WPH15.6	盘瓠忠勇	【民族，关联】[①]
WPH15.6.1	盘瓠英勇杀敌	【民族无考】
WPH15.7	盘瓠有智慧	【畲族】
WPH15.7.1	盘瓠靠智慧取下敌人首领的头	【畲族】

[①]【畲族】@[WPH44] 盘瓠立战功；[WPH90.4.16] 盘瓠称"忠勇王"。

W 编码	母题描述	关联项
WPH15.8*	盘瓠顺通人情	【民族无考】
WPH15.9*	盘瓠好管不平	【民族无考】
WPH15.10*	盘瓠克勤克俭	【民族无考】
WPH15.10.1*	盘瓠一生勤劳俭朴	
WPH15.10.1.1*	盘瓠和高辛公主一生勤劳俭朴	【苗族】
WPH15.11	盘瓠威猛(盘瓠威武)	
WPH15.11.1	盘护王龙犬有猛虎之威	【瑶族】
WPH15.11.2	评王的龙犬生得十分威猛	【瑶族·盘瑶】
WPH15.11.3	大将蓝公狗非常勇猛	【民族,关联】①
WPH15.12	盘瓠勇敢(盘瓠勇敢机灵)	
WPH15.12.1	盘瓠敢于冒险	
WPH15.12.1.1	盘瓠八岁时私自下沉水冒险	【苗族】
WPH15.13	盘瓠敢于担当	
WPH15.13.1*	盘瓠王在强敌压境时勇于承担重任	【畲族】
WPH15.13.1.1	当国家危难统治者束手无策之时,龙犬挺身前往敌国	【瑶族】
WPH15.14	盘瓠不乐平旷	【瑶族】
WPH15.15	盘瓠懂得感恩	
WPH15.15.1*	盘瓠感恩养而怀德	【民族无考】
WPH15.16	盘瓠无私	【民族无考】
WPH15.16.1	盘瓠不恋荣华富贵	

① 【瑶族】@[WPH27.0.6b] 蓝公狗是皇帝的大将;[WPH52.7.1e.2] 蓝狗公与皇帝的七姑娘婚;[WPH65.6.6.3.1] 大将蓝公狗与皇帝的公主婚生班、蓝、罗、韦、蒙、袁数子。

1. 盘瓠的特征 | WPH15.16.1.1—WPH17.1.1* |

W 编码	母题描述	关联项
WPH15.16.1.1	盘瓠立功后不恋荣华富贵，甘愿入深山过自食其力的俭朴生活	【瑶族】@[WPH58.2.5] 盘瓠婚后外迁深山
WPH15.16.2	盘瓠不贪财	
WPH15.16.2.1	高辛帝将装有金、银、铜、铁、珍珠、玛瑙的六个仓库的金钥匙让盘瓠选择时，盘瓠只选了尖顶蓬帽，要了铁库	【畲族】
WPH15.17	盘瓠有特定爱好	
WPH15.17.1*	盘瓠喜爱山区	【瑶族】
WPH16	盘瓠的声音（犬的语言）	
WPH16.1	犬的声音与人相同	
WPH16.1.1	狗娶了黄帝的女儿，言语应对和人一样	【朝鲜族】
WPH16.2	龙犬会言人语	【关联】①
WPH16.2.1	平王殿前龙犬言人语	【瑶族】
WPH16.3	龙犬盘瓠突然会说话	
WPH16.3.1	龙犬盘瓠忽然语话，应答君臣	【瑶族】
WPH17	与盘瓠的特征有关的其他母题	[WPH65.14.0.1] 神犬与三公主生浑身长毛的人
WPH17.1	盘瓠头罩神光	
WPH17.1.1*	盘瓠神像中盘瓠头罩神光	【瑶族】

---

① [WPH05.1.3] 盘瓠是龙犬的化身；[WPH11.2.1] 盘瓠外形是龙犬；[WPH25.3] 盘瓠是龙犬；[WPH90.6.8.1*] 盘瓠原名龙犬。

2. 盘瓠的身份与职能
【WPH20—WPH29】

W 编码	母题描述	关联项
WPH20	盘瓠的身份与职能	
WPH21	盘瓠是神	
WPH21.0	盘瓠是天神	[WPH28.6.1*] 盘瓠是安邦定国的功臣，也是一个法力广大的天神
WPH21.0.1*	盘瓠在渡海神话中成了法力无边的天神	【瑶族】
WPH21.0a	盘瓠是地神	
WPH21.0a.1*	盘皇是地皇	
WPH21.0a.1.1*	玉帝是天皇，盘皇为地皇	【瑶族】
WPH21.1	盘瓠是祖先神（盘瓠是始祖神，盘瓠是祖神）	【关联】①
WPH21.1.1	苗族始祖神盘瓠神	【关联】②
WPH21.1.1.1	苗族的始祖神有蚩尤、盘瓠神等	【民族，关联】③

---

① [WPH21.5.0.2*] 盘瓠是融图腾神、祖先神、英雄神和民族保护神于一身的综合性神；[WPH22] 盘瓠是祖先（盘瓠是始祖）；[WPH29.4.1.1*] 在渡海传说中盘王（盘瓠）由瑶族始祖神演变为救世主；[WPH93.4.5] 盘瓠庙又称"祖神庙"。

② [WPH21.5.3] 盘瓠创神；[WPH22.5.2] 盘瓠是苗族的祖先。

③ 【苗族】@[WPH27.2.6.1*] 盘瓠是早于蚩尤的尤人首领；[WPH61.3*] 盘瓠为蚩尤之后；[WPH65.14.3] 盘瓠的后代与蚩尤有关；[WPH66.3.6.1*] 三苗联盟有九黎、蚩尤、祝融、熊羋、盘古（盘瓠）、驩兜（板兜或丹朱）等；[WPH69.4.1.1*] 蚩尤神有盘瓠的影子。

2. 盘瓠的身份与职能 | WPH21.1.1.2*—WPH21.2.1* |

W 编码	母题描述	关联项
WPH21.1.1.2*	苗族认为盘瓠是自己的祖先神	【苗族】
WPH21.1.1.3*	视盘瓠为祖神的苗族主要分布在凤凰县腊尔山台地一带	【苗族】@ [WPH92.1.1.1*] 凤凰县腊尔山台地一带的苗族家中有敬奉盘瓠神像,并喜欢给小孩取带"狗"字的小名
WPH21.1.2	盘瓠是南方苗瑶畲诸族的祖先神	【多民族】
WPH21.1.3	盘瓠是氏族始祖神	
WPH21.1.3.1*	瑶族崇祀盘瓠为氏族始祖神	【瑶族】
WPH21.1.3.2*	盘瓠是一个半人半兽的氏族神	【瑶族】
WPH21.1.4*	盘瓠是畲族、苗族、瑶族的始祖神	【畲族】
WPH21.1.5	盘瓠是特定姓氏的祖神	【关联】①
WPH21.1.5.1*	盘瓠是落户岩谷坪的文家人的祖神	【苗族】
WPH21.1.6	龙麒是祖先神	【民族,关联】②
WPH21.2	盘瓠是火神	
WPH21.2.1*	盘瓠是原始火神	【古代民族】@ [WPH90.4.6a.1*] "盘瓠""盘古"即原始的火神炎帝

① [WPH22.3] 盘瓠是特定姓氏的祖先;[WPH65.6] 盘瓠的后代是特定的姓氏。
② 【畲族】@[WPH04.2.2.1] 金虫化作龙麒盘瓠;[WPH90.2.2.6 盘瓠即龙麒。

W 编码	母题描述	关联项
WPH21.3	盘瓠是保护神	[WPH92.3.1.5.2*] 官坝苗民给孩子戴狗耳帽就像盘瓠的头像，藉此以镇邪祈福
WPH21.3.1	盘瓠是盘瓠山的保护神	
WPH21.3.2	盘瓠是民族保护神	[WPH21.5.0.2*] 盘瓠是融图腾神、祖先神、英雄神和民族保护神于一身的综合性神
WPH21.3.2.1	盘瓠是民族保护神，祭祀保平安	【瑶族】
WPH21.3.2.2	盘瑶认为盘王是保护人丁安康、兴旺的神	【瑶族·盘瑶】@ [WPH86.1.1] 杀牛祭祖希望盘瓠保护消灾赐福，家族兴旺
WPH21.3.3	盘瓠被苗族视为保护神	【苗族】
WPH21.3.3.1	盘瓠是苗族保护神的化身	【苗族】
WPH21.4	盘瓠是犬神	【关联】①
WPH21.4.1*	盘瓠是犬神源于立战功而得封的御犬官	【民族无考】
WPH21.4.2	盘瓠是龙头犬神	
WPH21.4.2.1	盘瓠是帝喾身边的龙头犬神	【苗族】
WPH21.5	与盘瓠是神有关的其他母题	【关联】②

---

① [WPH25.2.2] 盘瓠是神犬（盘瓠是神狗）；[WPH29.3.2.2*] 盘瓠是犬图腾。
② [WPH27.11.7] 盘瓠管生育（盘瓠是生育神）；[WPH77.2] 盘瓠狩猎死亡后成为神。

2. 盘瓠的身份与职能 | WPH21.5.0—WPH21.5.4.1

W 编码	母题描述	关联项
WPH21.5.0	盘瓠是身兼数职的神	[WPH28] 盘瓠是多种身份的综合体（盘瓠有多重身份，盘瓠身兼多种身份）
WPH21.5.0.1*	盘瓠是图腾神、生殖神和祖先神	【民族无考】
WPH21.5.0.2*	盘瓠是融图腾神、祖先神、英雄神和民族保护神于一身的综合性神	【民族，关联】①
WPH21.5.1	盘瓠是救世主	【瑶族】@[WPH29.4.1.1*] 在渡海传说中盘王（盘瓠）由瑶族始祖神演变为救世主
WPH21.5.2*	盘瓠是图腾崇拜的神	【民族无考】
WPH21.5.2.1*	盘瓠是图腾神	【民族，关联】②
WPH21.5.2.1.1*	盘瓠是一个半人半兽的图腾神	【瑶族】
WPH21.5.3	盘瓠神	[WPH83.5.1] 盘瓠的神位
WPH21.5.3.1	因传唱龙歌书感动盘瓠神	【苗族】
WPH21.5.4	盘瓠是智慧神	
WPH21.5.4.1	盘瓠是传授生产生活知识的神	【瑶族】

① 【多民族】@[WPH21.1] 盘瓠是祖先神（盘瓠是始祖神）；[WPH21.3.2] 盘瓠是民族保护神；[WPH21.5.2.1*] 盘瓠是图腾神；[WPH27.4] 盘瓠是英雄（盘瓠是文化英雄）。

② 【苗族】@[WPH21.5.0.2*] 盘瓠是融图腾神、祖先神、英雄神和民族保护神于一身的综合性神；[WPH25.2.1.2*] 盘瓠是奉为图腾的猎犬；[WPH94] 盘瓠图腾；[WPH29.3] 盘瓠是图腾；[WPH95.2.3*] 盘瓠神话是图腾神话。

W 编码	母题描述	关联项
WPH21.5.5	盘瓠是农业神	[WPH28.1.1] 盘瓠是祖先神和农神
WPH21.5.5.1*	盘瓠神犬由狩猎保护神变成农业神	【民族无考】
WPH21.5.5.2	盘瓠是五谷神	【苗族·瓦乡人】@[WPH27.9.1] 盘瓠盗谷种
WPH21.5.6	盘瓠是其他特定名称的神	
WPH21.5.6.1*	盘瓠是雷公	【民族,关联】[1]
WPH21.5.7	盘瓠是最高神	
WPH21.5.7.1*	盘瓠辛女神是沅水流域苗族的最高神祇	【苗族】
WPH21.5.7a	盘瓠是至高无上的神	【瑶族】
WPH21.5.7b	盘瓠是主宰一切的神灵	【苗族】
WPH21.5.8	盘瓠是特定民族的神	
WPH21.5.8.1*	瑶族视盘瓠为民族的神	【瑶族】
WPH21.5.9	盘瓠有鬼神之德	
WPH21.5.10	盘王包括盘古与盘瓠两神	[WPH62.1b.1] 盘瓠只是盘王的一个女婿
WPH21.5.10.1*	瑶族说的"盘王"包括盘古与盘瓠两神	【瑶族】
WPH21.5.11	盘瓠衍生出其他神	
WPH21.5.11.1*	盘瓠衍生出龙神	[WPH25.1] 盘瓠是龙

---

[1] 【瑶族】@[WPH88.2.5.1*] 因"盘瓠"一词实系汉字记音瑶语的"雷公",故盘瓠崇拜是雷神崇拜;[WPH21.5.11.2] 盘瓠衍生出雷神。

2. 盘瓠的身份与职能 | WPH21.5.11.1.1*—WPH22.3.2.1 |

W 编码	母题描述	关联项
WPH21.5.11.1.1*	仡戎（龙神）相承于盘瓠	【民族，关联】①
WPH21.5.11.2	盘瓠衍生出雷神	
WPH21.5.11.2.1*	仡夔（雷神）相承于盘瓠	【民族，关联】②
WPH22	盘瓠是祖先（盘瓠是始祖）	【民族无考】@ [WPH21.1] 盘瓠是祖先神（盘瓠是始祖神）
WPH22.1	盘瓠是圣祖	
WPH22.1.1	盘瓠是盘王圣祖	【瑶族】
WPH22.1.2	敕赐盘护为始祖盘王	【瑶族】
WPH22.2	盘瓠是特定人的祖先	
WPH22.3	盘瓠是特定姓氏的祖先	【关联】③
WPH22.3.1	盘瓠是雷、蓝、钟、盘姓的祖先	【畲族】@ [WPH65.6.2.1] 盘瓠婚生三男一女成为盘、钟、蓝、雷四姓
WPH22.3.1.1	雷、蓝、钟、盘、娄五姓，本盘瓠种	【古代民族】
WPH22.3.2	盘瓠是兰氏的祖先	
WPH22.3.2.1	兰氏没有独立的祠堂，只崇拜始祖盘瓠	【畲族】

① 【苗族】@[WPH21.5.6.1*] 盘瓠是雷公；[WPH88.2.5.1*] 因"盘瓠"一词实系汉字记音瑶语的"雷公"，故盘瓠崇拜是雷神崇拜。

② 【苗族】@[WPH21.5.6.1*] 盘瓠是雷公；[WPH88.2.5.1*] 因"盘瓠"一词实系汉字记音瑶语的"雷公"，故盘瓠崇拜是雷神崇拜。

③ [WPH21.1.5] 盘瓠是特定姓氏的祖神；[WPH65.6] 盘瓠的后代是特定的姓氏。

W 编码	母题描述	关联项
WPH22.4	盘瓠是特定氏族的祖先（盘瓠是氏族的祖，盘瓠是特定部落的祖先）	【民族无考】@ [WPH90.6.1.6*] 神犬盘瓠代表的只是崇拜盘瓠的一个氏族或部落
WPH22.4.1	盘瓠是古部落始祖	
WPH22.4.1.1*	"三苗"部落集团内部以犬为图腾的部分以盘瓠为始祖	【民族，关联】①
WPH22.4.2	盘瓠崇拜的古代部落是部分苗瑶语族村寨的祖先	【古代民族】
WPH22.4.3*	盘瓠为大宗	
WPH22.4.3.1*	诸瑶以盘瓠为大宗	【瑶族】@ [WPH88.3.9.1*] 盘瓠为大宗崇拜即对人类祖先的崇拜
WPH22.4.4*	盘瓠是崇尚渔猎的氏族的男性先祖	【民族无考】
WPH22.4.5*	盘瓠是狗图腾族的始祖	【民族无考】
WPH22.5	盘瓠是特定民族的祖先	
WPH22.5.1	盘瓠是多民族的祖先	
WPH22.5.1.1	盘瓠是苗族、瑶族的始祖	【苗族】【瑶族】
WPH22.5.1.1.1	盘瓠与帝女生的十二个男女繁衍苗瑶民族	【苗族】
WPH22.5.1.2	盘王盘瓠是瑶壮始祖	【瑶族】

---

① 【古代民族】@[WPH66.3.6*] 盘瓠属于三苗联盟；[WPH94.3.2.2*] 三苗主要以盘瓠图腾为标志。

2. 盘瓠的身份与职能 | WPH22.5.1.3*—WPH22.5.3.6* |

W 编码	母题描述	关联项
WPH22.5.1.3*	盘瓠是苗族、瑶族、畲族的祖先	【古代民族】@[WPH90.4.4.2*] 苗、瑶、畲等民族把始祖盘瓠尊称为"盘瓠大王"
WPH22.5.1.3.1*	畲民与苗瑶先民共尊盘瓠为祖	【苗族】【畲族】【瑶族】
WPH22.5.1.3a*	盘瓠成为苗、瑶、畲族的共祖	【多民族】
WPH22.5.1.4*	盘瓠是中华民族的共同祖先	【多民族】
WPH22.5.2	盘瓠是苗族的祖先	关联】①
WPH22.5.2.1	槃瓠与高辛之女婚生的六男六女成为诸苗祖	【苗族】
WPH22.5.2.2*	黑苗视狗为祖先(黑苗视神犬盘瓠为祖先)	【苗族·黑苗】
WPH22.5.2.3*	盘瓠在苗族列祖列宗内的地位突出	【苗族】
WPH22.5.3	盘瓠是瑶族的祖先(盘瓠是瑶族始祖)	【瑶族】
WPH22.5.3.1	五溪槃瓠是瑶族之祖	【瑶族】
WPH22.5.3.2*	因瑶族出于夫余的狗加故以盘瓠为始祖	【瑶族】
WPH22.5.3.3*	过山瑶奉盘瓠为始祖	【瑶族·过山瑶】
WPH22.5.3.4*	瑶族认为盘瓠是本民族共同始祖	【瑶族】
WPH22.5.3.5*	瑶族称盘护为始祖盘王	【瑶族】@[WPH90.2.2.1.2*] 瑶族称盘瓠为始祖盘王
WPH22.5.3.6*	盘王是瑶族的"开山始祖"	【瑶族】

① [WPH21.1.1] 苗族始祖神盘瓠神;[WPH65.7.2] 苗族是盘瓠后代。

W 编码	母题描述	关联项
WPH22.5.3.6.1	盘王是盘瑶的始祖神	【瑶族·盘瑶】
WPH22.5.3.7*	怀化一带的瑶族以秦汉时期的"武陵五溪蛮"为直接先祖	【瑶族】
WPH22.5.3.8*	盘瓠是花瑶祖先	【瑶族·花瑶】@[WPH25.3.3] 花瑶始祖盘瓠为龙犬
WPH22.5.3.8a	神犬是蓝田瑶的始祖	【瑶族·蓝田瑶】
WPH22.5.3.9*	盘瓠是瑶族各支系的共同"根骨"和"始祖"	【瑶族】
WPH22.5.3.9a*	瑶族多数支系承认盘瓠是共同始祖	【瑶族】@[WPH65.14.6] 盘瓠后代有不同分支
WPH22.5.3.10*	盘瓠是瑶族英雄祖先	【民族，关联】[①]
WPH22.5.3.11*	盘瑶认为盘瓠（龙犬）是祖先	【瑶族·盘瑶】
WPH22.5.3.12	与盘瓠是瑶族祖先有关的其他母题	[WPH93.4.4.1*] 广西贺州市西湾镇盘古大王庙所供奉的神灵是瑶族的祖先神盘瓠
WPH22.5.3.12.1	龙犬是瑶族祖先	【瑶族】@[WPH25.3.2.1.1*] 平地瑶祭始祖"李大护龙犬"
WPH22.5.3.12.2	狼狗是瑶族祖先	【瑶族·青裤瑶】
WPH22.5.3.12.3	御犬是瑶族祖先	【瑶族·板瑶】
WPH22.5.4	盘瓠是畲族的祖先	
WPH22.5.4.1*	畲民祖出于盘瓠之后	【古代民族】

[①]【瑶族】@[WPH22.6.4*] 盘瓠是英雄祖先（英雄祖先盘瓠）；[WPH95.2.10*] 盘瓠神话是英雄神话。

2. 盘瓠的身份与职能 | WPH22.5.4.2*—WPH22.5.6.1* |

W 编码	母题描述	关联项
WPH22.5.4.2*	畲族鼻祖盘护	【畲族】@ [WPH22.5.3.5*] 瑶族称盘护为始祖盘王
WPH22.5.4.3*	畲族祖先龙犬	【畲族】
WPH22.5.4.4	盘瓠王是畲族的始祖	【畲族】
WPH22.5.4.5*	粤畲自信为盘瓠后	【畲族】
WPH22.5.4.6*	山哈祖先盘瓠	【畲族】@ [WPH65.6.2.1.7] 亢金龙与三公主婚生三男一女，分姓盘、蓝、雷、钟四姓，自称山哈人
WPH22.5.4.7	龙麒是畲族祖先	【民族，关联】①
WPH22.5.4.8	狗头王是畲族祖先	【民族，关联】②
WPH22.5.4.9	畲族祖公槃瓠	【畲族】@ [WPH90.5.2*] 盘瓠又写作"槃瓠"
WPH22.5.4.10	槃瓠王是畲人始祖	
WPH22.5.4.10.1	畲人始祖槃瓠王和三公主	【畲族】
WPH22.5.4.11	亢金龙与三公主是山哈祖先	【民族，关联】③
WPH22.5.5	盘瓠是黎族的祖先	
WPH22.5.5.1	狗尾王为黎祖	【古代民族】
WPH22.5.6	盘瓠是壮族的祖先	
WPH22.5.6.1*	盘瓠族后裔壮族	【壮族】

① 【畲族】@[WPH90.2.1.2] 龙麒号曰盘瓠；[WPH90.2.2.6] 盘瓠即龙麒。
② 【畲族】@[WPH52.7.1d] 狗头王与三公主婚；[WPH90.4.1b] 盘瓠又称狗头王。
③ 【畲族】@[WPH26.3.2] 盘瓠是亢金龙星下凡投胎；[WPH65.6.2.1.7] 亢金龙与三公主婚生三男一女，分姓盘、蓝、雷、钟四姓，自称山哈人。

W 编码	母题描述	关联项
WPH22.5.7	盘瓠是古代特定民族的祖先	
WPH22.5.7.1*	盘瓠是南方蛮夷的祖先	
WPH22.5.7.1.1*	盘瓠是黄帝之后南方蛮夷的祖先	【民族无考】
WPH22.5.7.1a*	南方蛮夷之祖源为犬王"盘瓠"	【古代民族】
WPH22.5.7.2	盘瓠是犬戎族的始祖	【民族，关联】①
WPH22.5.7.3*	"盘瓠"为湘西武陵一带非汉族群之祖	【古代民族】
WPH22.5.7.4*	盘瓠是蛮族的祖先	
WPH22.5.7.4.1*	盘瓠是蛮族的图腾祖先	【古代民族】@[WPH29.3] 盘瓠是图腾
WPH22.5.7.5	盘瓠是五溪蛮的祖先	【古代民族】@[WPH65.7.6.1] 盘瓠后代五溪蛮
WPH22.5.7a	盘瓠不是古代特定民族的祖先	
WPH22.5.7a.1*	盘瓠非蛮人之祖	【古代民族】
WPH22.5.7a.2*	犬戎神非蛮人之祖	【古代民族】
WPH22.6	与盘瓠是祖先有关的其他母题	【关联】②
WPH22.6.1	梅山始祖盘瓠	【民族，关联】③

① 【古代民族】@[WPH65.8.1] 盘瓠的后代繁衍犬戎国；[WPH65.8.2] 盘瓠的后代繁衍犬封国；[WPH65.8.2.3] 犬封国曰犬戎国；[WPH66.3.5*] 盘瓠属于犬戎族；[WPH90.3.2.1] 盘瓠即犬戎国（盘瓠即犬封国）；[WPH95.1.3.4*] 盘瓠神话源于犬戎。

② [WPH40.1.1] 盘瓠是开天辟地的始祖；[WPH90.2.1.6] 盘瓠受封"盘瓠始祖"；[WPH90.4.5] 盘瓠始祖伯公。

③ 【民族无考】@[WPH27.11.5.1*] 盘瓠是梅山教教主；[WPH65.7.6.8]；盘瓠后代梅山蛮；[WPH90.3.1.2*] 盘瓠又称梅山峒蛮。

2. 盘瓠的身份与职能 | WPH22.6.2—WPH23.1.2.1.1 |

W 编码	母题描述	关联项
WPH22.6.2	盘瓠是创业祖先	【苗族】
WPH22.6.3*	原始先民认为盘瓠是繁衍人类的祖先	【民族无考】
WPH22.6.4*	盘瓠是英雄祖先（英雄祖先盘瓠）	【苗族】@[WPH22.5.3.10*] 盘瓠是瑶族英雄祖先
WPH22.6.5	盘瓠和三公主成为始祖	
WPH22.6.5.1	高辛帝的三公主是畲族的始祖婆	【畲族】@[WPH84.8.2a.1] 祭祀始祖盘瓠和始祖婆三公主
WPH22.6.6	狗是彝族的祖先	
WPH22.6.6.1	彝族住在高山上是因为他们是狗与公主在山洞中生的孩子	【彝族】
WPH22.6.7	公犬是布农人的祖先	
WPH22.6.7.1	布农人的祖先是公狗与公主	【高山族·布农人】
WPH23	盘瓠是其他神或神性人物	
WPH23.1	盘瓠是神仙	
WPH23.1.1	山上的一位神仙叫盘瓠	【苗族】
WPH23.1.1.1	金华山住着一位神仙叫盘瓠	【苗族】@[WPH33.2.3] 盘瓠居金华山
WPH23.1.2	盘瓠是仙人	[WPH64.1.1.2] 三公主成仙
WPH23.1.2.1	盘瓠被封为"黄狗仙人"	[WPH36.2] 盘瓠受封（盘瓠受封官职）
WPH23.1.2.1.1	盘瓠为黄道吉日所生，故地神祖爷封它为专管凡人欢乐的"黄狗仙人"	【民族无考】

W 编码	母题描述	关联项
WPH23.1.2.2	盘护仙身	【民族，关联】①
WPH23.1.2.3	蓝狗公仙身之人，半人半鬼	【民族，关联】②
WPH23.2	盘瓠是巨人	
WPH23.2.1*	湘西苗族认为巨人盘瓠实有其人	【苗族】@[WPH95.2.4*] 盘瓠神话是历史
WPH23.2.2	盘葫体态高大	【汉族】@[WPH90.5.12] 盘瓠又写作"盘葫"
WPH23.3	盘瓠是龙人	
WPH23.3.1*	盘瓠是盘古的龙人	
WPH23.3.1.1*	盘古是盘瓠的先导，盘瓠是盘古的龙人	【古代民族】
WPH23.4	盘瓠是圣人	【关联】③
WPH23.4.1	盘瓠是圣君	【关联】④
WPH23.4.1.1	盘王是勇猛善战、明察秋毫、智勇双全的圣君形象	【瑶族】
WPH23.4.1.2	盘瓠是开天五圣君	【瑶族·盘瑶】@[WPH40.1.1] 盘瓠是开天辟地的始祖

① 【瑶族】@[WPH03.4.0.1] 盘护是仙胎；[WPH43.2.3.1.1] 王女花英配太宁，盘护仙身转人形。

② 【瑶族】@[WPH15.11.3] 大将蓝公狗非常勇猛；[WPH27.0.6b] 蓝公狗是皇帝的大将；[WPH52.7.1e.2] 蓝狗公与皇帝的七姑娘婚；[WPH65.6.6.3.1] 大将蓝公狗与皇帝的公主婚生班、蓝、罗、韦、蒙、袁数子。

③ [WPH28.5.1] 犬是苗族的图腾、圣物、保护神；[WPH90.2.2.7] 盘瓠即盘皇圣帝。

④ [WPH27.1.4.1] 盘瓠是瑶君；[WPH90.4.10] 盘瓠称为"圣帝"。

2. 盘瓠的身份与职能 | WPH23.5—WPH24.1.2

W 编码	母题描述	关联项
WPH23.5	盘瓠是神灵	【关联】①
WPH23.5.1*	盘瓠是受祭的神灵	
WPH23.5.1.1*	苗族不将盘瓠（龙犬）、龙和其它动物当作图腾，而是当作神灵供奉、祭祀	【苗族】
WPH23.5.2	盘瓠有灵性	[WPH90.2.2.1.11] 盘王在天有灵
WPH23.5.2.1*	盘瓠比辛女娘娘要灵验一些	【苗族】
WPH23.5.2.2	盘护虽是畜生之类，却有灵性之志	【瑶族】
WPH23.6	与盘瓠是神性人物有关的其他母题	
WPH23.6.1	盘瓠是神兽	[WPH25.2.2] 盘瓠是神犬（盘瓠是神狗）
WPH23.6.1.1	盘瓠是像麒麟又不是麒麟的神兽	【畲族】@[WPH25.6] 盘瓠是麒麟
WPH24	盘瓠是人	[W0729c.3] 盘瓠是人
WPH24.1	盘瓠是平常人	[WPH66.3.5.1*] 盘瓠是犬戎族的一个普通族人
WPH24.1.1	盘瓠是小伙子	
WPH24.1.1.1	盘瓠是以狗为图腾的犬封氏的一名小伙子	【古代民族】
WPH24.1.2	盘瓠是一个叫盘瓠的人	【南方古代民族】

---

① [WPH11.5.3.1] 神灵龙犬龙头、狗耳、牛身、狗尾、虎爪、麒麟身；[WPH93.4.4.1*] 广西贺州市西湾镇盘古大王庙所供奉的神灵是瑶族的祖先神盘瓠。

W 编码	母题描述	关联项
WPH24.1.3*	盘瓠是某氏族的一位成员	【民族无考】@[WPH90.3.5.2*] 盘瓠是氏族中一成员的名字
WPH24.1.4	盘瓠是一个壮后生	【畲族】
WPH24.2	盘瓠是特定身份的人	
WPH24.2.1	盘瓠是猎手(盘瓠是猎人)	【民族,关联】①
WPH24.2.1.1	盘瓠是最早的猎人	【瑶族】
WPH24.2.2	盘瓠是劳动者	【关联】②
WPH24.2.2.1	盘瓠与家人耕种稻田	【苗族】
WPH24.2.2.2	龙犬婚后进山种地	【瑶族】@[WPH58.2.5.4] 龙犬得了高辛王的女儿和江山后,带着老婆进山种地
WPH24.2.2.3	盘古大护耕种谷禾,养儿女性命	【民族,关联】③
WPH24.2.2.4	盘王李大护荒田地土耕种,谷米养儿女	【民族,关联】④
WPH24.2.3	盘瓠是特定职业者	

① 【民族无考】@[WPH72.4.1] 盘瓠狩猎追赶山羊时不幸摔死;[WPH77.3] 盘瓠狩猎死亡后成为神。
② [WPH36.7] 盘瓠开荒;[WPH36.8] 盘瓠种田。
③ 【瑶族】@[WPH25.3] 盘瓠是龙犬;[WPH25.3.2.2] 龙犬是盘古大护;[WPH90.6.8.1*] 盘瓠原名龙犬。
④ 【瑶族】@[WPH25.3.2.1.2*] 李大护即"龙犬盘王大护";[WPH90.2.2.1] 盘瓠即盘王。

2. 盘瓠的身份与职能 | WPH24.2.3.1*—WPH24.5.1* |

W 编码	母题描述	关联项
WPH24.2.3.1*	盘瓠是使用葫芦或与葫芦有关系的人	【民族，关联】①
WPH24.2.3.2*	盘瓠是会制作盘的人	【民族无考】
WPH24.2.3.3	盘瓠是巫师	
WPH24.2.3.3.1*	盘瓠是道教巫师	【畲族】@[WPH80.6.1.2*] 祭盘瓠受道教影响
WPH24.2.3.4	盘王是护国之人	【瑶族】
WPH24.2.3.4.1	龙犬像卫士日夜守卫着高辛王和宫殿	【瑶族】
WPH24.2.3.4.2	平王殿前龙犬盘王是护国之人	【瑶族】
WPH24.2.3.5	盘瓠是护卫（盘瓠是卫士）	
WPH24.2.3.5.1	盘瓠是评王佐殿龙犬	【瑶族】
WPH24.2.3.5.2	盘瓠为评王佑殿龙犬	【瑶族】
WPH24.3	盘瓠是历史人物	
WPH24.3.1*	盘瓠不是虚构人物符号而是真实的历史人物	【民族无考】@[WPH95.2.4*] 盘瓠神话是历史
WPH24.4	盘瓠是有影响力的人	
WPH24.4.1*	盘瓠是犬民族中有影响的人物	【古代民族】
WPH24.5	盘瓠是勇士	
WPH24.5.1*	盘瓠以狗为图腾的族裔的勇士	【古代民族】

① 【民族无考】@[WPH05.1.1] 盘瓠是葫芦的化身；[WPH08.6.1*] 盘瓠的原型是葫芦；[WPH11.6.4*] 盘瓠的外形是葫芦。

W 编码	母题描述	关联项
WPH24.6	与盘瓠是人有关的其他母题	【关联】①
WPH24.6.1	盘瓠是身体矮小的人	
WPH24.6.1.1	龙犬是小人	【畲族】
WPH25	**盘瓠是动物**	
WPH25.1	盘瓠是龙	【关联】②
WPH25.1.1	盘瓠是东海龙	【民族,关联】③
WPH25.1.2	盘瓠是身上有一百二十个斑点的龙	【畲族】@ [WPH11.7.2.1] 龙麒全身斑点一百二十多处,像龙身上的花纹
WPH25.2	盘瓠是犬(盘瓠是狗)	【关联】④
WPH25.2.1	盘瓠是猎犬	
WPH25.2.1.1	盘瓠是盘阿哥的猎犬	【瑶族】
WPH25.2.1.2*	盘瓠是奉为图腾的猎犬	【民族,关联】⑤
WPH25.2.1.3*	盘瓠为长毛猎犬	【古代民族】
WPH25.2.2	盘瓠是神犬(盘瓠是神狗)	【民族,关联】⑥

---

① [WPH27.1.4.1.1*] 盘瓠是瑶君,是人不是犬;[WPH89.3.4.3*] 盘瓠塑像都是完整的人像;[WPH90.3.5] 盘瓠可作人名。

② [WPH12.0.3] 盘瓠是龙头;[WPH04.2.5] 龙变成盘瓠;[WPH21.4.2] 盘瓠是龙头犬神;[WPH93.4.6.1] 湘西麻阳县苗族称盘瓠庙为"龙庙"。

③ 【畲族】@[WPH04.2.5.1] 护王原东海苍龙出世;[WPH04.2.5.2] 盘瓠原系东海苍龙出世。

④ [WPH21.4] 盘瓠是犬神;[WPH27.1.2.3] 盘瓠是狗王;[WPH29.3.2.2*] 盘瓠是犬图腾;[WPH90.2.1.4a] 盘瓠是犬的号。

⑤ 【苗族】@[WPH21.5.2*] 盘瓠是图腾崇拜的神;[WPH29.3] 盘瓠是图腾;[WPH94] 盘瓠图腾;[WPH95.2.3*] 盘瓠神话是图腾神话。

⑥ 【苗族】@[WPH21.4] 盘瓠是犬神;[W0729c.4.2.1] 盘瓠是神犬(盘葫是神性的狗)。

2. 盘瓠的身份与职能 | WPH25.2.2.1—WPH25.2.4.1* |

W 编码	母题描述	关联项
WPH25.2.2.1	盘瓠是黄色神犬	【民族，关联】①
WPH25.2.2.2	一只黄狗是神狗，叫盘瓠	【苗族】
WPH25.2.2.3	盘瓠是通灵的神犬	【民族无考】@[WPH40.7] 神犬盘瓠很神通
WPH25.2.2.4	盘瓠是高辛氏有一条神犬	【汉族】【瑶族】等
WPH25.2.2.4a	盘瓠是帝喾高辛氏的神犬	【汉族】【苗族】【瑶族】等 @[W0729c.4.2.1.2] 盘瓠是帝喾高辛氏的神犬
WPH25.2.2.5	盘瓠是人不像人，狗不像狗的神犬	【苗族】@[W0729c.4.2.1.1] 盘瓠是人不像人，狗不像狗的神犬
WPH25.2.2a	盘王是神犬	【瑶族】
WPH25.2.2b	盘瓠是仙狗	【苗族】@[W0729c.4.2.1a] 盘瓠是仙狗
WPH25.2.3*	盘瓠是警犬	
WPH25.2.3.1*	盘瓠是高辛帝的警犬	【古代民族】
WPH25.2.4*	盘瓠是白犬	【关联】②
WPH25.2.4.1*	上古祭坛上的白犬偶像可能是盘瓠	【民族无考】

---

① 【苗族】@[WPH04.2.3a] 黄虫变化成盘瓠；[WPH25.2.5] 盘瓠是黄犬；[WPH25.2.5] 盘瓠是黄犬；[WPH29.2.2.4.1] 黄狗与土王的女儿婚生十个儿子知道父亲是黄狗；[WPH90.1.1.5] 高王为大黄狗取名盘瓠。

② [WPH08.6.2] 盘瓠的原型是白犬；[WPH61.1.2.1] 白犬是黄帝第四代孙。

W 编码	母题描述	关联项
WPH25.2.4.2*	盘瓠变人前是白犬	【畲族】@ [WPH08.6.2.1*] 因盘瓠的原型是白犬,故祖图中将婚前尚未变身的盘瓠画成"白犬"
WPH25.2.4.3*	槃瓠是黄帝氏族第五代白犬	【古代民族】
WPH25.2.5	盘瓠是黄犬(盘瓠是黄狗)	【民族,关联】①
WPH25.2.5.1	盘瓠是大黄狗	【瑶族】
WPH25.2.6	盘瓠是南越王之犬	【古代民族】
WPH25.2.7*	盘瓠受之于蛮都,沦百代之名狗	【民族无考】
WPH25.2.8	盘瓠是犬名	【古代民族】@ [WPH90.6.5*] 狗是盘瓠的隐喻
WPH25.2.8.1	盘瓠是犬瑞的名字	【南蛮】@ [WPH29.3.2.2*] 盘瓠是犬图腾
WPH25.2.8.2*	盘瓠之所以被说成是一只狗,是因图腾标志所致	【苗族】
WPH25.2.9*	盘瓠是獒狗	【古代民族】
WPH25.2.10	与盘瓠是犬有关的其他母题	
WPH25.2.10.1	黑狗公王	【关联】②
WPH25.2.10.1.1	黑狗公王神位	【畲族】
WPH25.2.10.2	盘瓠是顶虫变成的犬	【古代民族】@ [WPH04.2.3] 顶虫变化成盘瓠

① 【瑶族】@[WPH25.2.2.1] 盘瓠是黄色神犬;[WPH90.1.1.5] 高王为大黄狗取名盘瓠
② [WPH27.1.2.3] 盘瓠是狗王;[WPH52.7.1f] 黑犬与公主婚(黑狗与公主婚)。

W 编码	母题描述	关联项
WPH25.2.10.3	盘瓠是是像小牛一样的犬	【古代民族】@ [W0729c.4.1.2] 盘瓠是是像小牛一样的犬
WPH25.2.10.4	盘瓠是五色花纹的犬	【古代民族】@ [WPH11.7.6.2] 盘瓠长着五色花纹
WPH25.2a	盘瓠不是犬（盘瓠不是狗）	【瑶族】@ [WPH27.1.4.1.1*] 盘瓠是瑶君，是人不是犬
WPH25.2a.1	盘瓠是御犬官，不是狗	【民族无考】
WPH25.2a.2	盘瓠不是犬而是一条"龙犬"	【瑶族】@ [WPH25.3] 盘瓠是龙犬
WPH25.2a.3*	"盘瓠即狗"之说，是武断的偏见	【民族无考】
WPH25.2a.4	神犬不是狗是美男子	【瑶族】
WPH25.3	盘瓠是龙犬	【民族，关联】①
WPH25.3.1	盘瓠是评王宫中饲养的龙犬	【瑶族】
WPH25.3.1a	盘瓠是平王皇帝养的龙犬	【瑶族】@ [W0729c.4.2.0.1] 盘瓠是平王皇帝养的龙犬
WPH25.3.2	龙犬又称"大护"	[WPH90.2.1.1a] 龙犬姓盘名护
WPH25.3.2.1	李大护龙犬	
WPH25.3.2.1.1*	平地瑶祭始祖"李大护龙犬"	【瑶族·平地瑶】

① 【苗瑶语族民族】@[WPH05.1.3] 盘瓠是龙犬的化身；[WPH11.2.1] 盘瓠外形是龙犬；[WPH35.3.2] 盘瓠的坐骑是龙犬；[WPH90.6.8.1*] 盘瓠原名龙犬；[WPH94.6.2] 盘瓠龙犬图腾；[WPH99.4.1*]《盘瓠王歌》中把盘瓠改成龙犬。

W 编码	母题描述	关联项
WPH25.3.2.1.2*	李大护即"龙犬盘王大护"	【瑶族】
WPH25.3.2.1.3	盘古瑶民李大护	【瑶族】
WPH25.3.2.1.4	李大护是龙犬之身	【瑶族】
WPH25.3.2.2	龙犬是盘古大护	【民族,关联】①
WPH25.3.3	花瑶始祖盘瓠为龙犬	【瑶族·花瑶】@[WPH22.5.3.8*] 盘瓠是花瑶祖先
WPH25.3.4	瑶族的祖先盘瓠是一只龙犬	【瑶族】
WPH25.3.5	盘瓠是五色龙犬	【民族,关联】②
WPH25.3.6	盘瓠是花龙犬	【瑶族】@[WPH44.2.1.3] 平王的花龙犬漂湖过海口咬高王头
WPH25.3.7	龙犬是狗的名字	
WPH25.3.7.1	平王养的一只大狗取名龙犬	【瑶族】
WPH25.3.7.2	龙犬是评王豢养的爱犬	【瑶族】
WPH25.3.8	龙犬名盘瓠	【民族,关联】③
WPH25.3.8a	龙犬取名盘瓠	【民族,关联】④
WPH25.3.8a.1	龙犬是平王为狗取的名字	【瑶族】

① 【瑶族】@[WPH25.3] 盘瓠是龙犬;[WPH90.2.2.4] 盘瓠即盘古。
② 【瑶族】@[WPH11.2.2] 盘瓠外形是五色犬;[WPH13.1] 盘瓠的毛有五种颜色(盘瓠毛五色);[WPH69.4.3.1] 盘瓠的保护神是五色犬;[WPH90.4.18.1] 犬五色,因名瓠犬。
③ 【畲族】@[WPH66.1.1.3a.1] 帝喾饲养了一条名叫盘瓠的狗;[WPH90.2.1.1a] 龙犬姓盘名护。
④ 【瑶族】@[WPH90.1.1.4] 评王为龙犬赐名盘瓠;[WPH90.4.22.1] 评王赐龙犬为盘护(瓠)太宁之名。

W 编码	母题描述	关联项
WPH25.3.8b	龙犬小名盘护（龙犬小名盘瓠）	【瑶族】
WPH25.3.9	龙犬是苗龙	
WPH25.3.9.1*	"龙犬"（盘瓠）是集农耕意象（与牛合体）、生殖意象（与狗合体）和祖灵意象（与水涡纹合体）为一体的"苗龙"形象	【苗族】
WPH25.3.10	龙犬又称龙公	
WPH25.3.10.1*	龙犬名曰盘瓠，有的称"龙公"	【畲族】
WPH25.4	盘瓠是凤凰	【畲族】@[WPH11.3.3] 盘瓠的外形是凤凰
WPH25.5	盘瓠是龙鱼	【畲族】@[WPH04.2.7] 鱼龙变成盘瓠
WPH25.6	盘瓠是麒麟	【关联】①
WPH25.6.1*	盘瓠形象由原来具体动物形象转变为龙、麒麟形象	【畲族】
WPH25.7	盘瓠是虎	[WPH08.6.6*] 盘瓠的原型是虎熊
WPH25.7.1*	盘瓠白虎之勇	【南方古代民族】
WPH25.8	盘瓠是虫	
WPH25.8.1	盘瓠是金虫	【民族，关联】②

① [WPH04.2.2.7] 金虫变成麒麟；[WPH11.5.1*] 盘瓠是麒麟和龙的混合体（盘瓠外形是龙麒）；[WPH23.6.1.1] 盘瓠是像麒麟又不是麒麟的神兽；[WPH65.6.2.1.6] 金麒麟与公主繁衍雷、蓝、钟、盘四姓。

② 【畲族】@[WPH90.1.7.6] 金虫以玉盘贮养，以瓠叶为盖，号称盘瓠；[WPH90.2.1.11.1] 金虫长大后形似凤凰，取名麟狗，号称盘瓠。

W 编码	母题描述	关联项
WPH26	盘瓠是其他特定物	
WPH26.1	盘瓠是葫芦	【关联】①
WPH26.1.1	盘瓠是大葫芦	【民族无考】
WPH26.2	盘瓠是容器（盘瓠是器皿，盘瓠是器物）	【民族，关联】②
WPH26.2.1*	盘瓠是原始人将匏剖为两半的容器	【民族无考】
WPH26.2.2*	盘瓠是用瓠能制成的盘、瓢之类器物	【民族无考】
WPH26.3	盘瓠是星宿	
WPH26.3.1	盘瓠是玉皇大帝身边的娄金星	【畲族】
WPH26.3.2	盘瓠是亢金龙星下凡投胎	【畲族】
WPH27	盘瓠是管理者	
WPH27.0	盘瓠是特定的官（盘瓠的特定官职）	[WPH36.2]盘瓠受封（盘瓠受封官职）
WPH27.0.1	盘瓠是侯	【关联】③
WPH27.0.2	盘瓠是地方官员	
WPH27.0.2a	盘瓠是朝廷大员	
WPH27.0.2a.1	龙麟年轻本领好，原是当初一朝臣	【畲族】

① [WPH05.1.1] 盘瓠是葫芦的化身；[WPH08.6.1*] 盘瓠的原型是葫芦；[WPH11.6.4*] 盘瓠的外形是葫芦；[WPH24.2.3.1] 盘瓠是使用葫芦或与葫芦有关系的人。

② 【民族无考】@[WPH11.6.3*] 盘瓠的外形是容器；[WPH90.3.3.1] "盘瓠"是"器物"的名称。

③ [WPH36.2.1] 盘瓠受封定边侯；[WPH36.2.3] 盘瓠受封会稽侯；[WPH36.2.4] 盘瓠受封桂林侯。

2. 盘瓠的身份与职能 | WPH27.0.3—WPH27.1.1 |

W 编码	母题描述	关联项
WPH27.0.3	盘瓠是特定职能的官员	
WPH27.0.3.1*	盘瓠游牧部族头领的守护官	【民族无考】
WPH27.0.3.2*	盘瓠是御犬官	
WPH27.0.3.2.1*	盘瓠是高辛帝的御犬官	【民族无考】
WPH27.0.4	盘瓠是军马统帅	
WPH27.0.4.1	统领各部军马	【畲族】
WPH27.0.5	盘瓠是龙骠大将军	
WPH27.0.5.1	帝喾封盘瓠为"龙骠大将军"	【民族,关联】①
WPH27.0.6	盘瓠是护国将军	
WPH27.0.6.1	盘瓠立战功被封为护国将军	【苗族】
WPH27.0.6a	盘瓠是特定排位的将军	
WPH27.0.6a.1	高辛王手下有一百二十名将军,亢金龙是第一百一十九名	【民族,关联】②
WPH27.0.6b	蓝公狗是皇帝的大将	【瑶族】@ [WPH65.6.6.3.1] 大将蓝公狗与皇帝的公主婚生班、蓝、罗、韦、蒙、袁数子
WPH27.0.7	与盘瓠是官有关的其他母题	
WPH27.0.7.1	盘瓠的官职名是"犬"	【民族无考】
WPH27.1	盘瓠是帝王	
WPH27.1.1	盘瓠是皇	

① 【苗族】@[WPH36.2] 盘瓠受封(盘瓠受封官职);[WPH36.2.6] 盘瓠被封三军大元帅。

② 【畲族】@[WPH65.6.2.1.7] 亢金龙与三公主婚生三男一女,分姓盘、蓝、雷、钟四姓,自称山哈人;[WPH90.4.19] 盘瓠又称"金龙"。

W 编码	母题描述	关联项
WPH27.1.1.1	盘瓠皇	
WPH27.1.1.2*	盘瓠相当于开国皇帝	【苗族】【瑶族】
WPH27.1.1.3	盘瓠是皇帝	
WPH27.1.1.3.1	盘瓠是神农皇帝	【民族,关联】①
WPH27.1.2*	盘瓠是王者	【苗族】【瑶族】【畲族】
WPH27.1.2.1	盘瓠是盘瓠王	
WPH27.1.2.2	盘瓠是古王(盘瓠是古代王者)	
WPH27.1.2.2.1*	竹王、九隆、盘瓠、廪君并称四大古王	【民族无考】
WPH27.1.2.3	盘瓠是狗王	【民族,关联】②
WPH27.1.2.4	盘瓠是王公	
WPH27.1.2.4.1	盘瓠是南京会稽山十宝殿的王公	【瑶族】
WPH27.1.2.5	盘古为帝,盘瓠为王	【古代民族】
WPH27.1.2.6	盘瓠在南京十宝殿做王	[WPH36.2.8.1] 高辛王封龙犬为南京十宝殿盘护王
WPH27.1.2.6.1	盘瓠由龙犬变成人后,平王派他到南京十宝殿做王	【民族,关联】③
WPH27.1.3	盘瓠大帝	

---

① 【苗族·瓦乡人】@[WPH52.1.5.5] 龙犬与神农的公主婚;[WPH66.1.6.1] 龙犬是神农的爱宠;[WPH84.8.3] 共祭神农和盘瓠。

② 【瑶族·坳瑶】@[WPH25.2.10.1] 黑狗公王;[WPH93.4.8] 狗王庙。

③ 【瑶族】@[WPH33.4.3.1] 盘瓠居南京十宝殿;[WPH36.2.8.2] 龙犬变成人后,评王封他为南京十宝殿盘瓠王。

2. 盘瓠的身份与职能 | WPH27.1.4—WPH27.2.1.3* |

W 编码	母题描述	关联项
WPH27.1.4	与盘瓠是帝王有关的其他母题	【关联】①
WPH27.1.4.1	盘瓠是瑶君	
WPH27.1.4.1.1*	盘瓠是瑶君,是人不是犬	【瑶族】
WPH27.1.4.1a	盘瓠是瑶王	[WPH36.2] 盘瓠受封
WPH27.1.4.1a.1*	盘瓠受封南疆瑶王	【瑶族】
WPH27.1.4.1a.1.1	高王封盘瓠为南疆瑶王	【瑶族】
WPH27.1.4.2	盘王圣帝	[WPH84.5.1] 击鼓吹笛笙簧祭盘王圣帝
WPH27.1.4.2.1*	十二姓王瑶子孙敬奉盘王圣帝	【瑶族】
WPH27.2	盘瓠是首领	
WPH27.2.0	盘瓠是氏族首领	
WPH27.2.0.1*	盘瓠是氏族首领的名称	【民族,关联】②
WPH27.2.1	盘瓠是部落酋长	
WPH27.2.1.1*	盘瓠是氏族部落时期酋领人物	【古代民族】
WPH27.2.1.2	盘瓠是帝喾时期一个以狗为图腾的部落首领	【瑶族】
WPH27.2.1.2a	盘瓠是高辛氏时代犬图腾部落首领	【苗族】【畲族】【瑶族】
WPH27.2.1.3*	盘瓠是以犬为图腾的氏族部落的首领	【瑶族】

① [WPH23.4.1] 盘瓠是圣君;[WPH90.4.6a] 盘瓠即炎帝;[WPH90.4.10] 盘瓠称为"圣帝"。

② 【瑶族】@[WPH24] 盘瓠是人;[WPH90.3.5] 盘瓠可作人名;[WPH90.6.1] 盘瓠是氏族名称(盘瓠是民族的名称)。

W 编码	母题描述	关联项
WPH27.2.1a	盆大护是部落首领	【关联】①
WPH27.2.1a.1	湘南瑶族部落出了个首领叫盆大护	【畲族】
WPH27.2.2*	盘瓠是五溪民族领袖	【苗族】
WPH27.2.3*	盘瓠是"王与爷"	【苗族】【瑶族】
WPH27.2.3.1*	盘瓠是王爷	【苗族】【瑶族】
WPH27.2.3a*	盘瓠被称为"爷"（盘）	【苗族】【瑶族】@[WPH98.1.2.5.6*]盘瓠杖又称师爷杖
WPH27.2.4*	盘瓠是特定职业者的头领	【古代民族】
WPH27.2.4.1*	盘瓠为游牧部族饲养犬的头领	
WPH27.2.5	盘瓠是苗族先民的首领	
WPH27.2.5.1*	盘瓠是帝喾时代苗族先民的首领	【苗族】
WPH27.2.5.2*	南迁三苗裔以太昊裔盘瓠为总领（王）	【苗族】
WPH27.2.6	盘瓠是尤人首领	
WPH27.2.6.1*	盘瓠是早于蚩尤的尤人首领	【民族，关联】②

① [WPH65.6.3a.1]盆大护和三公主婚生六男六女，盆大护给他们取了盆、盘、蓝、栏、来、雷六姓；[WPH65.6.4.2]盆大护和三公主婚生六男六女，盆大护给儿女取盆、盘、蓝、栏、来、雷六姓，又招女婿钟姓；[WPH65.7.3.5.2.1]盆大护和三公主婚生六男六女演化出七姓，后来部分盆、来、雷姓子孙由湖南迁入广东演变为畲族。

② 【古代民族】@[WPH61.3*]盘瓠为蚩尤之后；[WPH65.14.3]盘瓠的后代与蚩尤有关；[WPH66.3.6.1*]三苗联盟有九黎、蚩尤、祝融、熊羋、盘古（盘瓠）、驩兜（板兜或丹朱）等；[WPH69.4.1.1*]蚩尤神有盘瓠的影子。

2. 盘瓠的身份与职能 | WPH27.3—WPH27.5.2 |

W 编码	母题描述	关联项
WPH27.3	盘瓠是创造者	[WPH40.1] 盘瓠开天辟地
WPH27.3.1	盘瓠创造文明	【苗族】
WPH27.4	盘瓠是英雄（盘瓠是文化英雄）	
WPH27.4.1*	盘瓠龙犬是一个完美无瑕的英雄	【瑶族】
WPH27.4.1a*	盘瓠是有胆有才、有智有勇、为国除害、功勋卓著的英雄	【民族无考】
WPH27.4.2*	盘瓠是千面英雄	【多民族】
WPH27.4.3*	盘瓠是南方民族的文化英雄	【南方民族】
WPH27.4.4*	盘瓠是特定类型的文化英雄	
WPH27.4.4.1*	瑶族的盘瓠相当于洪水再生型神话中的救世主类型的英雄	【瑶族】
WPH27.4.5	与盘瓠是英雄有关的其他母题	【关联】①
WPH27.4.5.1*	槃瓠是以创业安邦"人事"为主的英雄	【民族无考】
WPH27.5	盘瓠是发明者	[WPH27.11.8] 盘瓠传授知识（盘瓠教育子女）
WPH27.5.1	盘瓠发明牛耕田	
WPH27.5.1.1	盘瓠捕捉水牛耕种稻田	【苗族】@ [WPH24.2.2.1] 盘瓠与家人耕种稻田
WPH27.5.1a	盘瓠发明造梯田	
WPH27.5.1a.1	盘王开到梯田种禾粮	【瑶族】
WPH27.5.2	盘瓠发明农具	

---

① [WPH22.5.3.10*] 盘瓠是瑶族英雄祖先；[WPH22.6.4*] 盘瓠是英雄祖先（英雄祖先盘瓠）；[WPH95.2.10*] 盘瓠神话是英雄神话。

W 编码	母题描述	关联项
WPH27.5.2.1	盘王起计抖犁耙（盘王造犁耙）	【瑶族】
WPH27.5.2.1a	盘瓠"斗犁耙"	【瑶族】
WPH27.5.2.2	盘瓠"斗高机"	【瑶族】
WPH27.5.3	盘瓠制作乐器	[WPH64.1.1.3] 三公主传歌
WPH27.5.3.1	盘王花巧作音沙（葫芦笙）	【瑶族】@[WPH36.2a.3.2.1] 高辛氏帝奖励盘瓠宫号（芦笙）1对
WPH27.5.3.2	盘王执木作音莎（唢呐）	【瑶族】
WPH27.5.4	盘瓠发明制衣	
WPH27.5.4.1	盘瓠绣罗衣	【瑶族】
WPH27.5.5	盘瓠制茶	
WPH27.5.5.1	黑茶的制作方法是盘王（盘瓠）所传	【瑶族】
WPH27.5.6	盘瓠发明纺织	
WPH27.5.6.1	盘王发明苎麻织布	【瑶族】
WPH27.6	盘瓠管风雨	
WPH27.6.1	盘瓠管雨	
WPH27.6.1.1	请来了盘瓠祖先就能顺利地降下雨水	【苗族】@[WPH86.3] 祭盘瓠求雨
WPH27.6.1.2	盘王有降雨的本领	【民族无考】
WPH27.7	盘瓠是护佑者	
WPH27.7.1	盘瓠护佑子孙后代	[WPH21.3.2.2] 盘瑶认为盘王是保护人丁安康、兴旺的神

2. 盘瓠的身份与职能 | WPH27.7.1.1—WPH27.9.1.2 |

W 编码	母题描述	关联项
WPH27.7.1.1	盘瓠护佑子孙漂洋过海	【瑶族】
WPH27.7.2	盘瓠能保佑五谷丰收，六畜兴旺	【关联】①
WPH27.7.2.1	盘瓠大王能保佑苗家五谷丰收，六畜兴旺	【苗族】@ [WPH21.3.2.2] 盘瑶认为盘王是保护人丁安康、兴旺的神
WPH27.7.2a	盘瓠能保佑风调雨顺，五谷丰登	
WPH27.7.2a.1	通过跳香仪式祈求盘瓠神保佑风调雨顺，五谷丰登	【民族，关联】②
WPH27.7.2b	盘瓠保佑人畜平安	
WPH27.7.2b.1	划龙舟求盘瓠保佑人畜平安	【苗族】
WPH27.7.3	盘瓠庇佑百姓	【畲族】
WPH27.7.3.1	盘王兵马保人民	【瑶族】
WPH27.8	盘瓠管疾病	
WPH27.9	盘瓠为人取粮种	[WPH21.5.5.2] 盘瓠是五谷神
WPH27.9.1	盘瓠盗谷种	
WPH27.9.1.1	犬王过海偷谷种	【瑶族】@[WPH95.5.4*] 盘瓠神话演变为狗盗取谷种神话
WPH27.9.1.2	黄狗游过长江把取来的谷种交给皇上	【苗族】

① [WPH21.5.5.2] 盘瓠是五谷神；[WPH86.1.1] 杀牛祭祖希望盘瓠保护消灾赐福，家族兴旺。
② 【苗族】@[WPH82.1.8.1] 每年农历九月下旬至十月中旬村民们以跳香仪式祭祀盘瓠；[WPH84.4.2.7] 跳香。

W 编码	母题描述	关联项
WPH27.9.1.3*	盘瓠盗谷种与稻作文化有关	【苗族】
WPH27.9.2	盘瓠取稻种	【关联】①
WPH27.9.2.1	盘瓠找到了稻种	【苗族】
WPH27.9.2.1.1	盘瓠驾驭龙犬飞上天庭，偷来一袋稻谷	【畲族】
WPH27.9.3	与盘瓠取种有关的其他母题	
WPH27.9.3.1	狗取稻种	
WPH27.9.3.1.1	皇帝养的一只浑身金黄的猎狗顺便带来敌国的稻谷种	【苗族】
WPH27.9.3.2*	盘瓠纳诸石谷	【古代民族】
WPH27.10	盘瓠确定时间	
WPH27.10.1	盘瓠划分季节	
WPH27.10.1.1	盘王起计立春青（四季）	【瑶族】
WPH27.11	与盘瓠的职能有关的其他母题	
WPH27.11.1	盘瓠是部下的守护者	
WPH27.11.1.1	盘瓠日夜守在山上保护部下的居住安全	【畲族】
WPH27.11.2	盘瓠扶正压邪	【畲族】
WPH27.11.3	盘瓠命名（盘瓠是命名者）	
WPH27.11.3.1	盘瓠赐姓	
WPH27.11.3.2	盘瓠赐名	
WPH27.11.4	盘瓠是婚姻变革者	
WPH27.11.4.1*	盘瓠是民族婚姻发展史上的变革者	【苗族】

① [WPH24.2.2.1] 盘瓠与家人耕种稻田；[WPH27.5.1.1] 盘瓠捕捉水牛耕种稻田。

2. 盘瓠的身份与职能 | WPH27.11.5—WPH28.1.1.1 |

W 编码	母题描述	关联项
WPH27.11.5	盘瓠是教主	
WPH27.11.5.1*	盘瓠是梅山教教主	【民族，关联】①
WPH27.11.6	盘瓠掌管祸福寿夭	
WPH27.11.6.1*	瑶人的祸福寿夭均执掌在盘王手中	【瑶族】
WPH27.11.6.2*	盘瓠把寿命补给了人类	【普米族】
WPH27.11.7	盘瓠管生育(盘瓠是生育神)	【关联】②
WPH27.11.7.1*	向盘瓠唱求子的祈愿歌，可以求得龙子龙孙	【苗族】
WPH27.11.8	盘瓠传授知识(盘瓠教育子女)	【关联】③
WPH27.11.8.1	盘瓠教子女狩猎耕织	【瑶族】
WPH27.11.8.2	盘瓠教后人耕织狩猎	【畲族】
WPH27.11.8.3	犬被杀死后，子女从犬腹中得到知识	【苗族】
WPH28	盘瓠是多种身份的综合体	[WPH21.5.0] 盘瓠是身兼数职的神
WPH28.1	盘瓠是祖先和神	
WPH28.1.1	盘瓠是祖先神和农神	【关联】④
WPH28.1.1.1	盘瓠是远古岭南土著居民的祖先神，也是一位农业神	【壮族】

① 【古代民族】@[WPH22.6.1] 梅山始祖盘瓠；[WPH65.7.6.8] 盘瓠后代梅山蛮；[WPH90.3.1.2*] 盘瓠又称梅山峒蛮。
② [WPH89.3.6.3] 祭盘瓠像能求子；[W0729g.4.8.2] 盘瓠像使人生育。
③ [WPH21.5.4.1] 盘瓠是传授生产生活知识的神；[WPH27.5] 盘瓠是发明者。
④ [WPH21.1] 盘瓠是祖先神(盘瓠是始祖神)；[WPH21.5.5] 盘瓠是农业神。

W 编码	母题描述	关联项
WPH28.1.2	盘瓠是祖先和保护神	
WPH28.1.2.1*	瑶族认为盘瓠是祖先和保护神	【瑶族】
WPH28.2	盘瓠是祖先和救世主	[WPH29.4.1.1*] 在渡海传说中盘王（盘瓠）由瑶族始祖神演变为救世主
WPH28.2.1	盘瓠是瑶人共同的始祖和救苦救难的救世主	【瑶族】
WPH28.2.2.1*	盘瑶、平地瑶、八排瑶等不同的族群把盘瓠（盘古）视为自己的始祖和救世主	【瑶族】
WPH28.2.2	盘王是祖先与人类救星	【瑶族·八排瑶】@ [W0729c.6.1] 盘王是祖先与人类救星
WPH28.3	盘瓠是动物，也是神	
WPH28.3.1*	神犬盘瓠是家畜也是祖先神	【多民族】
WPH28.4	盘瓠是神也是人	
WPH28.4.1*	盘瓠既是住在桃源洞的具体的"人"，又是能保护子孙后代清吉平安的"始祖神"	【苗族】@[WPH33.6.6] 盘瓠故乡在桃源洞
WPH28.4a	盘瓠半神半人	[WPH23.1.2.3] 蓝狗公仙身之人，半人半鬼
WPH28.4a.1	盘瓠头是龙犬身是人	【畲族】
WPH28.5	盘瓠是首领，也是英雄	
WPH28.5.1	盘瓠是帝喾时犬图腾部落首领，也是传说中的英雄人物	【苗族】【畲族】【瑶族】

2. 盘瓠的身份与职能 | WPH28.6—WPH29.1.5.2 |

W 编码	母题描述	关联项
WPH28.6	盘瓠是功臣，也是天神	【关联】①
WPH28.6.1*	盘瓠是安邦定国的功臣，也是一个法力广大的天神	【畲族】
WPH28.7	与盘瓠是多种身份的综合体有关的其他母题	
WPH28.7.1	犬是苗族的图腾、圣物、保护神	【苗族】
WPH29	**与盘瓠的身份有关的其他母题**	
WPH29.1	盘瓠是驸马	[WPH90.4.31] 盘瓠又称"驸马"
WPH29.1.1	盘瓠是驸王	[WPH90.4.31.1] 盘瓠尊称"驸马""驸王"
WPH29.1.1.1*	盘瓠是龙麒（龙犬）首人身的驸王	【畲族】
WPH29.1.2	盘瓠是高辛帝的驸马	
WPH29.1.2.1	高辛帝敕赐驸马盘瓠	【畲族】
WPH29.1.2.2	盘瓠王因平番有功被高辛帝招为驸马	【畲族】
WPH29.1.3	盘瓠是评王的驸马	
WPH29.1.3.1	宫中龙犬名盘护被评皇吉良辰招赘驸马	【瑶族】
WPH29.1.5	与盘瓠是驸马有关的其他母题	[WPH04.2.5.3] 驸马盘瓠是东海苍龙出世
WPH29.1.5.1	盘古立功招为驸马	【民族，关联】②
WPH29.1.5.2	狗成为黄帝的驸马	【民族无考】

① [WPH21.0] 盘瓠是天神；[WPH44] 盘瓠立战功。
② 【民族无考】@[WPH04.1.1] 盘古变成盘瓠；[WPH90.2.2.4] 盘瓠即盘古。

W 编码	母题描述	关联项
WPH29.2	盘瓠身份的秘密	
WPH29.2.1	盘瓠身份真相的告知者	
WPH29.2.1.1	盘瓠子女的母亲说出盘瓠身份真相	
WPH29.2.1.2	牛说出盘瓠身份真相	
WPH29.2.1.2.1	水牛说出盘瓠身份真相	【苗族】@[WPH85.1.6.3.1.1] 因水牛诱骗盘瓠的子女杀死盘瓠，故杀水牛祭奠盘瓠
WPH29.2.1.3	特定名称的人物说出盘瓠身份真相	
WPH29.2.1.3.1	郎儒、郎业告诉盘瓠子女他们的父亲是犬	【苗族】
WPH29.2.2	儿女知道盘瓠的真实身份	
WPH29.2.2.4	与儿女知道盘瓠的真实身份有关的其他母题	
WPH29.2.2.4.1	黄狗与土王的女儿婚生十个儿子知道父亲是黄狗	【民族，关联】①
WPH29.3	盘瓠是图腾	【民族，关联】②
WPH29.3.1	龙犬盘瓠即盘王，是瑶族先民的图腾	【民族，关联】③

① 【仡佬族】@[WPH25.2.5] 盘瓠是黄犬；[WPH25.2.2.1] 盘瓠是黄色神犬；[WPH25.2.5] 盘瓠是黄犬；[WPH90.1.1.5] 高王为大黄狗取名盘瓠。

② 【畲族】【瑶族】@[WPH21.5.2*] 盘瓠是图腾崇拜的神；[WPH25.2.1.2*] 盘瓠是奉为图腾的猎犬；[WPH94] 盘瓠图腾；[WPH95.2.3*] 盘瓠神话是图腾神话。

③ 【瑶族】@[WPH22.1.1] 盘瓠是盘王圣祖；[WPH90.6.3.3*] 盘瓠即"盘王"的意思；[WPH97.1.1.1*] 瑶族围绕着犬名盘瓠的种种神奇故事创造了一种盘王文化。

2. 盘瓠的身份与职能 | WPH29.3.1.1—WPH29.5.1 |

W 编码	母题描述	关联项
WPH29.3.1.1	盘瓠王是瑶族图腾	【瑶族】
WPH29.3.2	盘瓠是动物图腾	
WPH29.3.2.1*	"槃瓠"是图腾时代的"动物的祖先"	【古代民族】
WPH29.3.2.2*	盘瓠是犬图腾	【民族，关联】①
WPH29.3.3*	盘瓠是多种图腾组合	【瑶族】
WPH29.3.4*	盘瓠是图腾崇拜	[WPH21.5.2*] 盘瓠是图腾崇拜的神
WPH29.3.4.1*	盘瓠是南方民族较为流行的一种图腾崇拜	【古代民族】
WPH29.3a*	盘瓠不是图腾	【苗族】@ [WPH23.5.1.1*] 苗族不将盘瓠（龙犬）、龙和其它动物当作图腾，而是当作神灵供奉、祭祀
WPH29.4	盘瓠身份的变化	
WPH29.4.1	盘瓠由祖先神变为救世主	[WPH28.2] 盘瓠是祖先和救世主
WPH29.4.1.1*	在渡海传说中盘王（盘瓠）由瑶族始祖神演变为救世主	【瑶族】
WPH29.5	盘瓠是神话人物	
WPH29.5.1	盘瓠是古代属犬首人身的神话人物	【畲族】

---

① 【苗族】@[WPH21.4] 盘瓠是犬神；[WPH90.4.23*] 盘瓠是犬图腾的尊称。

3. 盘瓠的生活

【WPH30—WPH39】

W 编码	母题描述	关联项
WPH30	盘瓠的成长	
WPH30.1	盘瓠的养育（盘瓠的抚养）	【关联】①
WPH30.1.1	养育盘瓠的地点	
WPH30.1.1.1	三寸金虫②放金盘银斗中	【畲族】
WPH30.1.1.1a	金虫以玉盘贮养	【畲族】
WPH30.1.1.1b	如蚕之虫育于盘中变成龙犬槃瓠	【畲族】@[W0729e.0.2] 如蚕之虫育于盘中变成龙犬槃瓠
WPH30.1.1.2	龙麒盘瓠留在宫中饲养	【畲族】
WPH30.1.1.3	盘瓠豢养在兵营房	【畲族】
WPH30.1.1.4	盘葫在葫芦中放在盘子上喂养	【汉族】
WPH30.1.1.5	金虫先是在雕花玉盘中吃睡，后来放进一只翠竹篮中喂养，最后化成一条金龙	【民族，关联】③
WPH30.1.1.6	盘瓠养育在皇帝家中	

---

① [WPH36.0.1] 盘瓠自幼是个弃儿；[WPH36.0.2.1] 盘护王龙犬生在东海刘家，刘家不养。

② 三寸金虫：为皇后耳中生出的盘瓠的雏形。

③ 【畲族】@[WPH11.3.1.1] 盘瓠的外形是金龙；[WPH90.4.19.1] 高辛皇宫视所生之物吉祥，特取名"盘瓠""龙期""金龙"或"龙犬"。

3. 盘瓠的生活 | WPH30.1.1.6.1—WPH30.2.4 |

W 编码	母题描述	关联项
WPH30.1.1.6.1	皇帝家里养的一只狗名叫"更狗"	【民族，关联】①
WPH30.1.2	盘瓠为狗奶养大	【瑶族】@[WPH32] 盘瓠的饮食（盘瓠的食物）
WPH30.1.3	盘瓠食禽兽之乳	【古代民族】
WPH30.1.4	京城外偏僻山庄一户善良人家抚养盘瓠	【畲族】
WPH30.1.5	帝喾高辛氏抚养盘瓠	
WPH30.1.5.1	帝喾高辛氏把弃儿盘瓠抱养成人	【民族无考】
WPH30.1.6	评王抚养盘瓠	【瑶族】@[WPH25.3.7.2] 龙犬是评王豢养的爱犬
WPH30.1.7	与盘瓠的抚养有关的其他母题	[WPH66.1.5.1] 评王有龙犬，不能畜之
WPH30.2	盘瓠迅速长大	
WPH30.2.1	三寸金虫一日三时变作龙孟丈二长	【畲族】@[WPH90.2.2.7] 盘瓠又称龙孟
WPH30.2.2	高山始祖辛老太婆耳中生的血球生的小狗盘瓠瞬间高大	【民族无考】
WPH30.2.3	盘瓠一年长成五尺长	【畲族】
WPH30.2.4	龙王的前身金虫一天一夜长大	【民族，关联】②

---

① 【苗族】@[WPH65.1.1.2] 更狗与皇帝的女儿婚生一对双胞胎男孩；[WPH90.4.29*] 盘瓠又称更狗。

② 【畲族】@[WPH90.2.1.7] 高辛为金虫盘瓠赐名"龙王"；[WPH90.4.4.1] 盘瓠大王又称"龙王"。

W 编码	母题描述	关联项
WPH30.2.5	盘瓠出生第七日双脚一伸，双手一划，就变成一个八尺长的大人	【畲族】
WPH30.2.6	盘皇每日长高一丈	【苗族】@ [W0729d.1.2.1] 盘皇每日长高一丈
WPH30.3	与盘瓠成长有关的其他母题	
WPH31	盘瓠的服饰	
WPH31.1	盘瓠的头饰（盘瓠的头戴物）	
WPH31.1.1	盘瓠头戴玉冠	【瑶族】
WPH31.1.2	盘瓠的耳环	
WPH31.1.2.1*	奢比尸饵两青蛇	【古代民族】@ [WPH90.6.4.1*] "奢比尸"即"盘瓠"的讹变
WPH31.1.3	盘王头戴天平帽	
WPH31.1.3.1	盘王头戴天平帽，帽带青青朝上天	【瑶族】
WPH31.1.3.2	盘王头戴平天帽，帽带稍稍翘上天	【瑶族】
WPH31.1.4	盘瓠的冠带	
WPH31.1.4.1	龙麒头系头角花冠带	【畲族】
WPH31.2	盘瓠的衣服	
WPH31.2.1	盘瓠的道袍有四爪龙及云纹蟠绕	【瑶族】
WPH31.2.2	盘瓠穿竹叶	
WPH31.2.2.1	香山盘古庙铭文说，盘瓠穿竹叶	【民族无考】

W 编码	母题描述	关联项
WPH32	盘瓠的饮食（盘瓠的食物）	
WPH32.1	盘瓠不需饮食	
WPH32.2	盘瓠喜吃乌饭	【畲族】@[WPH85.1.6.4.1] 因盘瓠喜吃此饭，三月三日取柴汁和米蒸乌饭祭盘瓠
WPH32.3	盘瓠以山芋头为食	【畲族】
WPH32.4	与盘瓠的饮食有关的其他母题	[WPH30.1.2] 盘瓠为狗奶养大
WPH33	盘瓠的居所	
WPH33.1	盘瓠居天上（盘瓠住天上）	[WPH77.1.1] 盘瓠五月十五升天
WPH33.2	盘瓠居山上（盘瓠住山上）	
WPH33.2.1	盘瓠定居凤凰山	【关联】①
WPH33.2.1.1	盘瓠定居广东潮州凤凰山	【畲族】@[WPH58.2.9.5] 盘瓠和三公主带着崽孙迁到广东潮州
WPH33.2.2	盘瓠居住丁牛山	
WPH33.2.2.1	盘瓠与辛女在二酉山脉的丁牛山结草为庐	【苗族】
WPH33.2.3	盘瓠居金华山	
WPH33.2.3.1	神仙盘瓠居金华山	【苗族】@[WPH23.1.1] 山上的一位神仙叫盘瓠
WPH33.3	盘瓠居特定的地方	

---

① [WPH58.2.0] 盘瓠婚后外迁凤凰山；[WPH58.2.0.2] 盘瓠和三公主成亲生子后，带子孙到凤凰山居住；[WPH78.3.4] 盘瓠埋葬在凤凰山。

W 编码	母题描述	关联项
WPH33.3.1	盘瓠居麻阳	
WPH33.3.1.1	麻阳的盘瓠芦溪的辛女	【苗族】
WPH33.3.2	盘瓠居泸溪	
WPH33.3.2.1*	湘西泸溪县是盘瓠栖身和繁衍后代的地方	【苗族】
WPH33.3.2.2*	泸溪是盘瓠与辛女的隐居地	【苗族】@[WPH33.7]盘瓠隐居处
WPH33.3.3	盘瓠居湘西	
WPH33.3.3.1*	湘西一带地区为盘瓠居地	【苗族】
WPH33.3.4	盘瓠居广东会稽山七贤洞	
WPH33.3.4.1*	盘瓠在广东会稽山七贤洞过着刀耕火种和木弩捕猎的生活	【畲族】
WPH33.4	盘瓠的特定居所（盘瓠居特定建筑物中）	
WPH33.4.1	盘瓠王府	
WPH33.4.1.1	龙麒的王府造落在广东（龙麟王府在广东）	【畲族】
WPH33.4.2	盘瓠住堂	
WPH33.4.2.1	盘瓠住堂，龙神居水	【苗族】
WPH33.4.3	盘瓠住殿堂	
WPH33.4.3.1	盘瓠居南京十宝殿	
WPH33.4.3.1.1	盘王落住会稽山，又往南京十宝殿	【民族，关联】①

---

① 【瑶族】@[WPH27.1.2.6]盘瓠在南京十宝殿做王；[WPH59.4.2.2]盘护与评王三公主在会稽山生男育女。

W 编码	母题描述	关联项
WPH33.4.3.1.2	神犬与国王的三公主婚后住在南京十宝殿	【瑶族】
WPH33.5	盘瓠其他特定的居所	
WPH33.5.1	盘瓠居洞中	
WPH33.5.1.1	盘瓠山的盘瓠洞居住着从天上下凡的神犬盘瓠	【苗族】
WPH33.6	盘瓠的故土（盘瓠的故乡）	
WPH33.6.1	盘瓠原居沅陵	[WPH65.9.5.1.1] 盘瓠族沿着沅江向南迁徙到沅陵
WPH33.6.1.1	盘瓠从沅陵的木官来到麻阳的庙湾	【苗族】
WPH33.6.1.2	盘瓠的故乡辰州府沅陵县	【苗族】
WPH33.6.1a	盘瓠的故乡武陵	
WPH33.6.1a.1	盘瓠土生土长于武陵	【瑶族】
WPH33.6.1b	盘瓠的故乡五溪地区	
WPH33.6.1b.1*	五溪地区当是盘瓠的老家或发祥地	【瑶族】
WPH33.6.2	盘瓠原居西南深山老林	【古代民族】
WPH33.6.3	盘瓠故地是北方	
WPH33.6.3.1*	盘瓠部族是从北方高辛氏商族分化出来的	【古代民族】
WPH33.6.4	盘瓠故乡在山东境内	
WPH33.6.4.1*	盘瓠氏族部落早期活动在今山东境内	【古代民族】

W编码	母题描述	关联项
WPH33.6.5*	盘瓠故乡在中原地区	【民族,关联】①
WPH33.6.5a	盘瓠故乡神州	
WPH33.6.5a.1*	盘瓠大王原在神州府	【苗族】
WPH33.6.6	盘瓠故乡在桃源洞	[WPH28.4.1*] 盘瓠既是住在桃源洞的具体的"人",又是能保护子孙后代清吉平安的"始祖神"
WPH33.6.6.1	盘瓠原住桃源洞,辰州府内有家门	【民族,关联】②
WPH33.6.7	与盘瓠的故土有关的其他母题	
WPH33.6.7.1*	盘瓠蛮的祖居地是湘西南、湘南	【古代民族】
WPH33.6.7.2*	盘瓠的故地岷山一带	【古代民族】@ [WPH08.4.3] 盘瓠氏源于岷山一带
WPH33.6.7.3*	盘瓠的故乡巴楚	【民族无考】
WPH33.7	盘瓠隐居处	[WPH33.3.2.2*] 泸溪是盘瓠与辛女的隐居地
WPH33.7.1	盘瓠隐居武陵山区	【民族,关联】③
WPH33.7.2	盘瓠归隐广东	【畲族】

---

① 【瑶族·盘瓠瑶】@[WPH65.9.3.2.1*] 盘瓠瑶从中原地区分封至江南山区;[WPH65.11.1.13*] 盘瓠后代生活在豫东鲁西。

② 【苗族】@[WPH65.10.6.2*] 盘瓠子孙居辰;[WPH65.10.7.2.1*] 辰之沅陵,壤杂苗僚,祖皆尊盘瓠。

③ 【古代民族】@[WPH38.2.1]盘瓠族曾在武陵地区(今常德)活动;[WPH65.10.6.1*] 盘瓠蛮主要居武陵郡。

W 编码	母题描述	关联项
WPH33.7.2.1	盘瓠归隐广东潮州府会稽山七贤洞	【畲族】@[WPH33.7.2.3] 盘瓠归隐广东省南阳海会稽山七贤洞
WPH33.7.2.2	盘瓠归隐广东凤凰山七贤祠	【畲族】@[WPH58.2.0.5] 盘瓠王和三公主结婚生子后，盘瓠王一家迁到广东凤凰山
WPH33.7.2.3	龙麒居广东凤凰山	【畲族】
WPH33.7.2.3	盘瓠归隐广东省南阳海会稽山七贤洞	【畲族】@[WPH33.7.2.1] 盘瓠归隐广东潮州府会稽山七贤洞
WPH33.7.3	盘瓠归隐会稽山	
WPH33.7.3.1	盘瓠归隐会稽山七贤洞	【民族，关联】①
WPH33.7.4	盘瓠归隐七屏山	【畲族】
WPH33.8	与盘瓠的居所有关的其他母题	
WPH33.8.1	盘瓠生活在特定地方	
WPH33.8.1.1	盘瓠生活在南方	【民族，关联】②
WPH33.8.1.2	盘瓠穴居	
WPH33.8.1.2.1	槃瓠蛮穴处巢居性率真	【古代民族】

① 【畲族】@[WPH33.3.4] 盘瓠居广东会稽山七贤洞；[WPH33.7.2.1] 盘瓠归隐广东潮州府会稽山七贤洞；[WPH33.7.2.3] 盘瓠归隐广东省南阳海会稽山七贤洞；[WPH78.3.1.1] 盘瓠埋葬在会稽山七贤洞。

② 【古代民族】@[WPH38.1] 盘瓠活动在南方深山老林；[WPH65.10.5*] "盘瓠种" 分布在南方广大地区；[WPH93.4.1.2.1*] 盘瓠庙主要分布在南方瑶、苗、畲等民族中。

W 编码	母题描述	关联项
WPH34	盘瓠的出行	
WPH34.1	盘瓠巡游	
WPH34.1.1	盘瓠大王游苗乡	【苗族】
WPH34.1.2	农历五月龙舟节祭盘瓠时抬像巡游	【苗族】@[WPH86.3.1*]"抬狗"求雨
WPH34.2	盘瓠大王游江	
WPH34.2.1	农历5月11日盘瓠大王游江	【苗族】
WPH35	盘瓠的用品（盘瓠的工具）	
WPH35.1	盘瓠的日常用品	
WPH35.1.1	盘瓠的手杖	
WPH35.1.1.1	盘瓠右手持龙头杖	【畲族】@[WPH98.1.2.8.1*]新城的盘瓠坐像，右手持"龙头杖"今畲族称为"祖杖"
WPH35.1.1.1.1	高辛帝赏赐盘瓠王龙头杖	【畲族】
WPH35.1.2	盘王的葫芦	
WPH35.1.2.1	喝不完的糯米酒装到盘王的葫芦里	【瑶族·盘瑶】
WPH35.2	盘瓠的武器	
WPH35.2.1	盘瓠的竹马	
WPH35.2.1.1	盘王用竹马为高辛氏帝征伐敌手	【瑶族】
WPH35.2.2	盘瓠的弓箭	
WPH35.2.2.1	盘瓠手使弓箭求野肉	【民族无考】

W 编码	母题描述	关联项
WPH35.2.3	盘瓠的斧子	
WPH35.2.3.1	龙犬演化成的半人半兽的盘瓠手持大斧	【苗族】
WPH35.3	盘瓠的坐骑	
WPH35.3.1	盘瓠骑神马	
WPH35.3.2	盘瓠的坐骑是龙犬	
WPH35.3.2.1	盘瓠驾驭龙犬飞上天庭	【畲族】
WPH35.4	盘瓠的出行工具	
WPH35.4.1	盘瓠乘独木舟	
WPH35.4.1.1	盘瓠南迁时乘独木舟逆沅水而上	【苗族】
WPH35.4.2	盘瓠大王乘舟	
WPH35.4.2.1	盘瓠大王是乘舟经过洞庭，溯沅江、辰水到达麻阳	【苗族】@[WPH65.9.5]盘瓠后代迁徙的终点
WPH35.4.3	盘瓠坐轿	
WPH35.4.3.1	祖图中的盘瓠犬首人身在轿子上	【畲族】
WPH35.5	与盘瓠的用品有关的其他母题	
WPH35.5.1	盘瓠的宝物	
WPH35.5.1.1	盘瓠有一颗光明种子	【苗族】
WPH35.5.2	盘瓠的宠物（盘瓠的礼物）	
WPH35.5.2.1	盘瓠的宠物龙期	[WPH90.4.19.1]高辛皇宫视所生之物吉祥，特取名"盘瓠""龙期""金龙"或"龙犬"

W 编码	母题描述	关联项
WPH35.5.2.1.1	龙期是龙王赠送给盘瓠的礼物	【民族，关联】[①]
WPH36	**盘瓠的经历**	
WPH36.0	盘瓠是弃儿	[WPH30.1] 盘瓠的养育（盘瓠的抚养）
WPH36.0.1	盘瓠自幼是个弃儿	【民族无考】
WPH36.0.2	盘瓠出生后无人认养	
WPH36.0.2.1	盘护王龙犬生在东海刘家，刘家不养	【瑶族】
WPH36.0.3	盘瓠被弃的原因	
WPH36.0.3.1	盘瓠因体征非人遭弃	【古代民族】
WPH36.0.3.2	人家生一犬（盘瓠）初如小特，主怪之而抛弃	【古代民族】
WPH36.0.4	盘瓠被弃的地点	
WPH36.0.4.1	盘瓠被抛弃路边	
WPH36.0.4.1.1	高辛时有人家生一犬，弃于道下	【古代民族】
WPH36.0.5	盘瓠被弃后的情形	
WPH36.0.5.1	盘瓠初弃道上，以盘盛叶覆之	【古代民族】@ [WPH90.1.7.1] 皇后耳中取出一虫以瓠载之，将盘覆之，化作龙后，故名盘瓠
WPH36.0.6	盘瓠被弃的结果	
WPH36.0.6.1	盘瓠被弃七日不死	【古代民族】

[①] 【畲族】@[WPH90.2.1.7] 高辛为金虫盘瓠赐名"龙王"；[WPH90.4.4.1] 盘瓠大王又称"龙王"。

W 编码	母题描述	关联项
WPH36.0.6.2	盘瓠被弃后被找回	【古代民族】
WPH36.0a	盘瓠是孤儿	
WPH36.0a.1	二八之期,盘瓠父母相继而亡	【畲族】
WPH36.1	盘瓠征战	[WPH44] 盘瓠立战功
WPH36.2	盘瓠受封(盘瓠受封官职)	[WPH27.0] 盘瓠是特定的官(盘瓠的特定官职)
WPH36.2.1	盘瓠受封定边侯	
WPH36.2.1.1	高辛封盘瓠为定边侯	【古代民族】
WPH36.2.2	盘瓠受封盘王	【民族,关联】①
WPH36.2.2.1	盘瓠龙犬有功于王朝被封为盘王	【瑶族】
WPH36.2.2.1.1	平王养的大狗取名龙犬,变成人后被平王封为盘王	【瑶族】
WPH36.2.2.2	评皇敕赐盘瓠为始祖盘王	【瑶族】
WPH36.2.2.3	龙犬盘护被封盘王	【瑶族(过山瑶)】
WPH36.2.2a	盘瓠受封盘瓠王	
WPH36.2.2a.1	龙犬变成人以后封为盘瓠王	【瑶族】@ [W0729a.2.7.1] 龙犬变成人以后封为盘瓠王
WPH36.2.3	盘瓠受封会稽侯	[WPH27.1.2.4.1] 盘瓠是南京会稽山十宝殿的王公
WPH36.2.3.1	高辛帝乃封盘瓠为会稽侯	【古代民族】@ [W0729e.4.1.1] 高辛氏封盘瓠为会稽侯

---

① 【瑶族】@[WPH22.1.1] 盘瓠是盘王圣祖;[WPH29.3.1]龙犬盘瓠即盘王,是瑶族先民的图腾;[WPH90.2.2.1] 盘瓠即盘王。

W 编码	母题描述	关联项
WPH36.2.4	盘瓠受封桂林侯	【古代民族】
WPH36.2.5	高辛王封龙宠为盘瓠王	【畲族】
WPH36.2.6	盘瓠被封三军大元帅	
WPH36.2.6.1	高王封黄狗做三军大元帅，并取名"盘瓠"	【瑶族】@ [WPH27.0.5.1] 帝喾封盘瓠为"龙膘大将军"
WPH36.2.7	盘瓠被封大官	
WPH36.2.7.1	龙犬被神农封为逢山吃山的大官	【民族，关联】①
WPH36.2.8	盘瓠受封南京十宝殿盘护王	[WPH27.1.2.6] 盘瓠在南京十宝殿做王
WPH36.2.8.1	高辛王封龙犬为南京十宝殿盘护王	【瑶族】
WPH36.2.8.2	龙犬变成人后，评王封他为南京十宝殿盘瓠王	【瑶族】
WPH36.2.8a	盘瓠受封南京会稽山石宝殿当王	
WPH36.2.8a.1	评王封盘护到南京会稽山石（十）宝殿当王	【瑶族·盘瑶】@ [WPH78.3.5b] 盘瓠埋葬在十宝山
WPH36.2.9	盘瓠受封二品都尉将军尚书	
WPH36.2.9.1	评皇封盘护二品都尉将军尚书	【瑶族】
WPH36.2.9.2	评王赐盘护官二品都尉将军	【瑶族】
WPH36.2.9.3	平王赐盘护二品都尉将军尚书	【瑶族】

---

① 【瑶族】@[WPH05.1.3] 盘瓠是龙犬的化身；[WPH11.2.1] 盘瓠外形是龙犬；[WPH25.3] 盘瓠是龙犬；[WPH90.6.8.1*] 盘瓠原名龙犬；[WPH99.4.1*]《盘瓠王歌》中把盘瓠改成龙犬。

3. 盘瓠的生活 | WPH36.2.9.4—WPH36.2a.2.2 |

W 编码	母题描述	关联项
WPH36.2.9.4	平王封龙犬二品尚书	【瑶族】
WPH36.2.9.5	平王赐龙犬盘大护官二品都尉大将军尚书阁老	【瑶族】
WPH36.2.10	与盘瓠封官有关的其他母题	【关联】①
WPH36.2.10.1	黄狗被封狗头王	【民族，关联】②
WPH36.2.10.2	盘瓠封为驸王	【畲族】@ [WPH29.1.1.1*] 盘瓠是龙麒（龙犬）首人身的驸王
WPH36.2.10.3	皇帝封大狗为神犬大将军	【瑶族】
WPH36.2.10.4	蓝狗公被封臣	【瑶族】
WPH36.2.10.5	青蛙被封为镇殿大将军	【壮族】
WPH36.2a	盘瓠受奖赏	
WPH36.2a.1	盘瓠受奖美女	
WPH36.2a.1.1	高辛帝奖盘瓠美女五人，会稽郡一千户	【古代民族】
WPH36.2a.2	盘瓠受奖土地（盘瓠受封土地，盘瓠的封地）	
WPH36.2a.2.1	帝喾封盘瓠广阔的领地	【苗族】
WPH36.2a.2.2	高辛氏封盘瓠会稽东南二万一千里，地方三十里（或谓三千里）	【古代民族】

① [WPH27.0] 盘瓠是特定的官（盘瓠的特定官职）；[WPH90.4.16.1] 盘瓠立功被封为"忠勇王"；[WPH90.4.16.1.1] 龙麒平番立大功封其忠勇大王位。

② 【畲族】@[WPH65.1.3.2] 狗头王与三公主婚生三男一女；[WPH90.4.1b] 盘瓠又称狗头王。

W 编码	母题描述	关联项
WPH36.2a.2.2a	高辛氏封盘瓠会稽东南二万一千里海中土，方三百里	【古代民族】
WPH36.2a.2.2b	高辛氏封盘瓠会稽东海中三百里	【古代民族】
WPH36.2a.2.2c	高辛氏封盘瓠会稽东南海中三百里	【古代民族】@ [W0729e.4.2.1] 盘瓠的封地是会稽东南海中三百里
WPH36.2a.2.3	高辛赐狗王广东潮州府凤凰山	【畲族】@ [WPH33.2.1.1] 盘瓠定居广东潮州凤凰山
WPH36.2a.2.3a	高辛帝封盘瓠王去广东凤凰山	【畲族】@ [WPH78.3.4.1] 盘瓠埋葬在广东路上凤凰山
WPH36.2a.2.4	评王发给十二姓王瑶管山券牒，赐予会稽山万顷山场	【瑶族】
WPH36.2a.2.5	高辛王分给龙犬半壁江山	【关联】①
WPH36.2a.2.5.1	高辛王分给龙犬半壁江山是很陡的、不能开成田的山坡	【瑶族】
WPH36.2a.2.6	盘瓠封地泸溪	
WPH36.2a.2.6.1	盘瓠与辛女婚后封地泸溪	【苗族】@ [W0729e.4.2.2] 盘瓠与辛女婚后封地泸溪
WPH36.2a.3	盘瓠受奖其他事项（盘瓠受奖其他物件）	
WPH36.2a.3.1	高辛帝封盘瓠食会稽一千户	【古代民族】

① [WPH05.1.3] 盘瓠是龙犬的化身；[WPH25.3] 盘瓠是龙犬。

3. 盘瓠的生活 | WPH36.2a.3.1a—WPH36.6

W 编码	母题描述	关联项
WPH36.2a.3.1a	高辛帝封盘瓠会稽郡一千户	【古代民族】@[W0729e.4.1.1.1] 高辛帝封盘瓠会稽郡一千户
WPH36.2a.3.2	盘瓠受奖乐器	
WPH36.2a.3.2.1	高辛氏帝奖励盘瓠宫号（芦笙）一对	【民族，关联】①
WPH36.3	盘瓠外迁（盘瓠外逃）	[WPH58] 盘瓠婚后外迁
WPH36.3.1	盘瓠外迁的原因	
WPH36.3.1.1	盘瓠因受迫害外逃	
WPH36.3.1.1	因楚平王要加害盘瓠兄弟，盘瓠兄弟逃离	【畲族】
WPH36.3.1.2	盘瓠应敕外迁	【瑶族】
WPH36.3.2	盘瓠外迁时的情形	
WPH36.3.2.1	盘护应敕外迁时授食百味，群臣相送	【瑶族】
WPH36.3.3	盘瓠外迁的地点	[WPH58.2] 盘瓠婚后外迁地点
WPH36.4	盘瓠学艺	
WPH36.5	盘瓠打猎	
WPH36.5.1	盘瓠木弩捕猎	【畲族】
WPH36.6	盘瓠渡海	【民族，关联】②

① 【瑶族】@[WPH27.5.3.1] 盘王花巧作音沙（葫芦笙）；[WPH84.4.3] 芦笙长鼓舞祭盘瓠。
② 【瑶族】@[WPH21.0.1*] 盘瓠在渡海神话中成了法力无边的天神；[WPH29.4.1.1*] 在渡海传说中盘王（盘瓠）由瑶族始祖神演变为救世主；[WPH95.5.5*] 盘瓠神话引发渡海神话。

W 编码	母题描述	关联项
WPH36.6.1	盘瓠身游大海七日七夜	【瑶族】
WPH36.6.2	盘王渡海	【瑶族】
WPH36.7	盘瓠开荒	【关联】①
WPH36.7.1	盘瓠公主垦荒坡	【瑶族】
WPH36.8	盘瓠种田	[WPH24.2.2] 盘瓠是劳动者
WPH36.8.1	佃田多是盘瓠种	【古代民族】
WPH36.8.2	大王出门犁田去	【苗族】
WPH36.9	盘瓠学法	[WPH42.2] 盘瓠会法术
WPH36.9.1	盘瓠闾山学法	【关联】②
WPH36.9.1.1	盘瓠跨越九重山到闾山习得法术后返回凤凰山	【畲族】
WPH36.9.1.2	盘王别公主往闾山学法	【畲族】
WPH36.9.1.3	龙麒闾山学法法言真	【畲族】
WPH36.9.2	盘瓠茅山学法	
WPH36.9.2.1	盘瓠茅山学道	【畲族】
WPH36.9.2.2	驸马王盘瓠在茅山学法后，统领各部军马	【畲族】
WPH36.9.2.3	龙麒茅山学法	【畲族】@ [WPH44.5.4.2.1] 龙麒茅山学法后行兵动法斩妖魔

① [WPH24.2.2]盘瓠是劳动者；[WPH36.2a.2.5.1]高辛王分给龙犬半壁江山是很陡的、不能开成田的山坡。

② [WPH44.5.4.3] 盘瓠闾山学法术后斩妖除魔；[WPH69.3.1] 盘瓠王与陈靖姑同属闾山法门。

3. 盘瓠的生活 | WPH36.9.2.4—WPH39.1.1 |

W 编码	母题描述	关联项
WPH36.9.2.4	盘瓠向茅山法王学法	【畲族】
WPH36.9.3	盘瓠庐山学法（盘瓠蘆山学法）	
WPH36.9.3.1	盘瓠王庐山学法	【畲族】
WPH36.9.4	盘瓠茆山学法	【畲族】
WPH36.9.5	盘瓠受第山学法	【畲族】
WPH36.9.6	盘瓠七贤洞学法	【畲族】
WPH36.9.7	盘瓠学得真法	【畲族】
WPH37	盘瓠的磨难	
WPH37.1	盘瓠的征战历经磨难	【畲族】
WPH38	盘瓠的活动区域（盘瓠的活动范围）	
WPH38.1	盘瓠活动在南方深山老林	[WPH33.8.1.1] 盘瓠生活在南方
WPH38.1.1	盘瓠蛮系各部原处南方的深山老林中	【古代民族】@ [WPH33.6.7.1*] 盘瓠蛮的祖居地是湘西南、湘南
WPH38.2	盘瓠活动在武陵	
WPH38.2.1	盘瓠族曾在武陵地区（今常德）活动	【古代民族】@ [WPH33.7.1] 盘瓠隐居武陵山区
WPH39	与盘瓠的生活成长有关的其他母题	
WPH39.1	盘瓠家境贫寒	
WPH39.1.1	盘瓠非常穷，没有礼品送给将嫁给自己的辛女	【苗族】

4. 盘瓠的能力与事迹
【WPH40—WPH49】

W 编码	母题描述	关联项
WPH40	盘瓠的能力（盘瓠的本领）	
WPH40.1	盘瓠开天辟地（盘瓠创世）	【民族，关联】①
WPH40.1.1	盘瓠是开天辟地的始祖	【民族，关联】②
WPH40.1.2	盘瓠王开创天地	【普米族】
WPH40.1.3	盘瓠造日月	
WPH40.1.3.1	天狗和天帝的婆女婚后凿山引水，造日做月	【黎族】
WPH40.2	盘瓠智勇双全	
WPH40.2.1	盘瓠靠智勇打败对手	
WPH40.2.2	盘瓠有计谋	[WPH42.1] 盘瓠会战术
WPH40.2.2.1	盘瓠用计谋咬杀高王	【瑶族】
WPH40.2a	盘瓠文武双全	
WPH40.2a.1	盘瓠习就文武双全成大器	【畲族】
WPH40.3	盘瓠能上天入地	【瑶族】
WPH40.4	盘瓠无所不能	【瑶族】
WPH40.4.1	龙王能在水里游，能在天上飞，能大能小	【民族，关联】③

① 【苗族】@[WPH27.3] 盘瓠是创造者；[W0729e.7.1] 盘瓠开天辟地。

② 【苗族】【瑶族】@[WPH21.1] 盘瓠是祖先神；[WPH22] 盘瓠是祖先（盘瓠是始祖）；[WPH23.4.1.2] 盘瓠是开天五圣君。

③ 【畲族】@[WPH90.2.1.7] 高辛为金虫盘瓠赐名"龙王"；[WPH90.4.4.1] 盘瓠大王又称"龙王"。

W 编码	母题描述	关联项
WPH40.5	盘瓠会变化	[WPH43] 盘瓠的变形（盘瓠会变形，盘瓠会化生）
WPH40.5.1	盘瓠变化无穷	【畲族】@[WPH42.2.1] 盘瓠有阳战之形，变化无穷之术
WPH40.5.2	盘瓠王上天变为凤凰，下地能变为麒麟，下水能变成龙王	【畲族】@[W0729d.7.1] 盘瓠王上天变为凤凰，下地能变为麒麟，下水能变成龙王
WPH40.6	盘瓠通人性	
WPH40.6.1	龙犬虽为狗身却颇通人性	【瑶族】
WPH40.6.2	神农皇帝的龙犬通人性	【瑶族】
WPH40.7	神犬盘瓠很神通	【民族，关联】[1]
WPH41	盘瓠的力量	
WPH41.1	盘瓠力气巨大	
WPH41.2	盘瓠有神力	
WPH41.2.1*	崇敬盘瓠是因为他有莫大的神力	【瑶族·盘瑶】
WPH41.2.2*	盘瓠有着超自然的力量	【瑶族】
WPH42	盘瓠的特定本领	
WPH42.1	盘瓠会伪装	[WPH40.2.2] 盘瓠有计谋
WPH42.1.1	亢金龙扮医药先生去为番王看病，假借治病割下番王头	【畲族】@[WPH26.3.2] 盘瓠是亢金龙星下凡投胎

---

[1] 【民族无考】@[WPH25.2.2] 盘瓠是神犬（盘瓠是神狗）；[WPH25.2.2.3] 盘瓠是通灵的神犬。

W 编码	母题描述	关联项
WPH42.2	盘瓠会法术	[WPH36.9] 盘瓠学法
WPH42.2.1	盘瓠有阳战之形,变化无穷之术	【畲族】
WPH42.2.1.1	龙犬有阳战之术	【畲族】
WPH42.2.2	盘瓠会魔法	
WPH42.2.2.1	大黄狗用魔法飞沙走石击退房黄王	【汉族】
WPH42.2.3	盘瓠能点石成兵	
WPH42.2.3.1	龙犬点石成兵	
WPH42.2.3.1.1	龙犬甩出的石子变成千万只黄蜂	【瑶族】
WPH42.3	盘瓠会飞	
WPH42.3.1	龙犬盘瓠化作麒麟飞过海洋	【畲族】@ [WPH44.0.10.2.1] 盘瓠化作麒麟飞过海洋到敌营
WPH42.3.2	龙犬飞身游过大黄洋海	【民族,关联】①
WPH42.3.3	盘护飞身游人海	【瑶族】
WPH42.3.4	盘护腾云驾雾	【瑶族】
WPH42.3.4.1	龙犬翻云驾雾	【畲族】
WPH42.4	盘瓠善行走	
WPH42.4.1	盘瓠行走如飞	
WPH42.4.1.1	盘护走如云飞	【瑶族】
WPH42.4.1.2	龙犬盘护起如云飞	【瑶族】

① 【瑶族】@[WPH05.1.3] 盘瓠是龙犬的化身;[WPH11.2.1] 盘瓠外形是龙犬;[WPH25.3] 盘瓠是龙犬;[WPH90.6.8.1*] 盘瓠原名龙犬。

W 编码	母题描述	关联项
WPH42.4.1.3	盘弧疾走如飞	【瑶族】@[WPH90.5.5*] 盘瓠又写作"盘弧"
WPH42.4.1.4	盘王走如云飞	【瑶族】
WPH42.4.2	龙麒行云过海	【畲族】
WPH42.5	盘瓠善巡营跑路	
WPH42.5.1	盘瓠巡营跑路本领强	【畲族】
WPH42.6	盘瓠懂医术	
WPH42.6.1	盘王遍施药草救瑶民	【瑶族·盘瑶】
WPH42.7	盘瓠会喷火	【关联】①
WPH42.7.1	麒麟口喷火焰	【畲族】@[WPH25.6] 盘瓠是麒麟
WPH42.8	盘瓠行动敏捷	
WPH42.8.1	盘葫行动敏捷	【汉族】@[WPH90.5.12] 盘瓠又写作"盘葫"
WPH43	盘瓠的变形（盘瓠会变形，盘瓠会化生）	[WPH40.5] 盘瓠会变化
WPH43.1	盘瓠变形的原因	
WPH43.1.1	盘瓠为了征战变形	
WPH43.1.1.1	盘王为取高王头化作犬儿	【瑶族·盘瑶】@[WPH44.2.1] 盘瓠取高王的头
WPH43.1.1.2	麒麟为胜敌变成巨龙	【畲族】
WPH43.1.2	盘瓠为了成婚变形	
WPH43.1.2.1	帝王嫁女前让黄狗变形	【畲族】

---

① [WPH21.2] 盘瓠是火神；[WPH42.2] 盘瓠会法术。

W 编码	母题描述	关联项
WPH43.1.2.2	狗根据公主父亲提出的条件变形	
WPH43.1.2.2.1	狗根据头目提出的条件变成人后，与头目的公主婚	【高山族·布农人】
WPH43.1.2.2.2	辛帝嫁女前要求神犬变形	【畲族】
WPH43.1.2.3	龙犬为娶公主变形	【畲族】
WPH43.1.2.4	皇帝和皇女不同意与狗成婚时，狗提出变形	【民族无考】
WPH43.1.2.5	盘瓠根据皇后提出的结婚条件变形	【畲族】
WPH43.1.2.6	龙期见高辛皇不想将公主嫁给他时变形	【畲族】
WPH43.1.2.7	盘瓠变形是因为对方嫌他不是人	[W0729d.2.1] 盘瓠变形是因为高辛嫁女嫌他不是人
WPH43.1.2.7.1	龙期变形是因为高辛嫁女嫌他不是人	【畲族】
WPH43.2	盘瓠变形的时间	
WPH43.2.1	盘瓠婚前变形	
WPH43.2.1.1	龙麒娶三公主前在金钟内变身	【畲族】
WPH43.2.1.2	龙王与高辛三公主婚前金钟内变人	【畲族】
WPH43.2.1.3	麒麟与高辛三公主婚前金钟内变人	【畲族】
WPH43.2.1.4	龙犬与平王二宫之女婚前变成人身	【瑶族】
WPH43.2.2	盘瓠结婚日变形	

W 编码	母题描述	关联项
WPH43.2.2.1	盘瓠新婚之夜变形	
WPH43.2.2.1.1	黄狗盘瓠与高王三公主洞房之夜变形为美男子	【瑶族】
WPH43.2.2.1.2	神犬晚上与公主同房时突然变为一个美貌少年	【苗族】
WPH43.2.2.2	狗与三公主与成亲时,变成一个漂亮后生	【苗族】
WPH43.2.3	盘瓠婚后变形	
WPH43.2.3.1	盘护婚后变成人	
WPH43.2.3.1.1	王女花英配太宁,盘护仙身转人形	【瑶族】
WPH43.2.3.2	盘瓠与公主成婚后变形	【瑶族】@ [W0729d.3.4.1] 盘瓠与公主成婚后变人
WPH43.2.4	盘瓠变形需要特定的时间	
WPH43.2.4.1	盘瓠变形需要七天七夜	【瑶族】
WPH43.2.4.1.1	盘瓠变形需要七天	【民族无考】
WPH43.2.4.1.1a	拉群第七天变成人	【畲族】
WPH43.2.4.1.2	犬对妻子说,入蒸笼里蒸七天七夜可变成人形	【瑶族】
WPH43.2.4.2	盘瓠变形需要四十九天	【瑶族】
WPH43.2.4.3	犬变形需要三十天	
WPH43.2.4.3.1	头目对狗说,你能三十天内变成人就把女儿嫁给他,第廿八天偷看时狗已快变成人了,只剩下头未变成人形	【高山族·布农人】

W 编码	母题描述	关联项
WPH43.2.4.5	与盘瓠变形时间有关的其他母题	
WPH43.2.4.5.1	女子与犬婚生八崽，这位母亲年老时狗变成了人	【瑶族·八排瑶】
WPH43.3	盘瓠变形的地点	
WPH43.3.1	盘瓠在特定容器中变形（与盘瓠有关的在特定容器中变形）	
WPH43.3.1.1	盘瓠在金钟中变形	【苗族】@[WPH43.2.1.1] 龙麒娶三公主前在金钟内变身
WPH43.3.1.1.1	高辛帝让龙犬盘瓠在金钟内七天变成人	【畲族】
WPH43.3.1.1.2	麒麟与三公主婚前罩到封金山神庙的金钟里变形	【畲族】
WPH43.3.1.2	盘瓠在蒸笼中变形	【瑶族】
WPH43.3.1.3	盘瓠在房间中变形	
WPH43.3.1.3.1	盘瓠到深房内变身	【畲族】
WPH43.3.1.3.3	狗在密闭的房间内变形	【朝鲜族】
WPH43.3.1.4	盘瓠在暗室中变形	
WPH43.3.1.4a	盘瓠在密室中变形	
WPH43.3.1.4a.1	黄狗在密室中变人	【汉族】
WPH43.3.1.5	盘瓠在柜子中变形	
WPH43.3.1.5.1	狗在柜子中变形	【民族无考】
WPH43.3.1.5.2	狗在铜柜中变形	【民族无考】
WPH43.3.1.6	狗在缸中变形	

4. 盘瓠的能力与事迹 | WPH43.3.1.6.1—WPH43.4.3.1 |

W 编码	母题描述	关联项
WPH43.3.1.6.1	黄狗在缸中四十九天会变成人	【汉族】@ [WPH43.4.2.1] 黄狗需要用大缸扣起来变形
WPH43.3.1.7	与盘瓠在容器中变形有关的其他母题	
WPH43.3.1.7.1	虫在槃内变形	
WPH43.3.1.7.1.1	虫在槃内变为槃瓠（犬）	【古代民族】@ [W0729d.3.1.1] 虫在槃内变为槃瓠（犬）
WPH43.3.2	盘瓠在特定地点变形	
WPH43.3.2.1	盘瓠在洞穴中变形	
WPH43.3.2.1.1	盘瓠在沙穴内为犬	【民族无考】
WPH43.3.2.2	盘瓠在床上变形	
WPH43.3.2.2.1	黄狗盘瓠在洞房之夜，上床就变成美男子	【瑶族】
WPH43.4	盘瓠变形的方法	
WPH43.4.0	盘瓠自然变成人	
WPH43.4.0.1	犬与公主婚后自然变成人	【黎族】
WPH43.4.1	盘瓠通过蒸烤变形	
WPH43.4.1.1	盘瓠变形需要在大蒸笼里猛火蒸煮	【苗族】
WPH43.4.2	盘瓠通过避光变形	
WPH43.4.2.1	黄狗需要用大缸扣起来变形	【汉族】
WPH43.4.3	盘瓠通过蜕皮变形	
WPH43.4.3.1	神狗在晚上脱下狗皮挂在墙上，变成一个体面的后生	【瑶族·红瑶】@ [WPH43.6.1] 盘瓠白天是犬，晚上是人

W 编码	母题描述	关联项
WPH43.4.3.2	御犬到晚上将皮毛脱下就变成了一个美貌男子	【瑶族·板瑶】
WPH43.4.4	盘瓠通过特定行为变形	
WPH43.4.4.1	盘瓠从洞里拱出来,摇身一变成了一个英俊青年	【苗族】
WPH43.4.4.2	狗吃酒后后变形	
WPH43.4.4.2.1	狗吃了妻子敬的酒,变成了一个英俊小伙子	【土家族】
WPH43.4.4.3	神犬通过静养变形	
WPH43.4.4.3.1	神犬静养七天变成人	【瑶族】
WPH43.4.5	盘瓠的其他变形方法	
WPH43.4.5.1	盘瓠被点化变形	
WPH43.4.5.1.1	龙犬被神农点化成人	【瑶族】
WPH43.4.6	与盘瓠变形方法有关的其他母题	
WPH43.4.6.1	盘瓠变形时禁忌	
WPH43.4.6.1.1	狗变形时忌偷看	【朝鲜族】
WPH43.5	盘瓠变形的结果	
WPH43.5.1	盘瓠完全变成人(盘瓠变形成功)	
WPH43.5.1.1	龙犬盘瓠化为人形,与人无异	【瑶族】
WPH43.5.1.2	龙王七天七夜变成了人	【民族,关联】[1]
WPH43.5.2	盘瓠大部分变成人	

---

[1] 【畲族】@[WPH90.2.1.7]高辛为金虫盘瓠赐名"龙王";[WPH90.4.4.1]盘瓠大王又称"龙王"。

W 编码	母题描述	关联项
WPH43.5.2.1	盘瓠变形为兽头人身	
WPH43.5.2.1.1	盘瓠金钟变身为兽头人身	【畲族】
WPH43.5.2.2	盘瓠变形只剩小部分未变	
WPH43.5.2.2.1	盘瓠变人时只剩头顶一块狗毛未变	[WPH43.5.3.1.1.4] 盘瓠变形需要猛火蒸煮七天七夜，第七个晚上公主打开笼盖，造成头顶还有一块狗毛未变
WPH43.5.3	盘瓠变形失败（犬变形不完整，盘瓠变人时犬头没变）	【畲族】@ [W0729d.6.1.1] 盘瓠变人时犬头没变
WPH43.5.3.1	因天数不足盘瓠变形失败	
WPH43.5.3.1.1	变形需要七天，第六天时变人不完整	
WPH43.5.3.1.1.1	盘瓠变形需要七天，第六天时狗变成人身，但头还没有变成人头	【苗族】
WPH43.5.3.1.1.2	盘瓠变形需要七天，第五天时狗头不能变	【畲族】
WPH43.5.3.1.1.3	龙宠在金钟下七日七夜变身时，第六日因公主偷看，身变头未变	【畲族】
WPH43.5.3.1.1.3a	龙期在金钟下七日七夜变身时，第六日因公主开看，龙期已变成人形，尚余犬头未变	【畲族】
WPH43.5.3.1.1.4	盘瓠变形需要猛火蒸煮七天七夜，第七个晚上公主打开笼盖，造成头顶还有一块狗毛未变	【苗族】@ [WPH91.1.5.2] 人们现在脑瓜顶上的头发是盘瓠变形不彻底的遗迹

W 编码	母题描述	关联项
WPH43.5.3.1.1.5	盘瓠变形需要猛火蒸煮七天七夜，六天六夜时公主打开笼盖，发现变成了人形，但头部、腋窝、腿脚上的毛没有褪掉，尾巴还没有变掉	【瑶族·花瑶】
WPH43.5.3.1.1.5a	龙犬变形需要猛火蒸煮七天七夜，蒸到六天六夜时公主打开笼盖，龙犬头上脚上的毛未变	【瑶族】
WPH43.5.3.1.1.6	龙王在金钟内变形需要七天，第六天皇后偷看，头还是龙头未变	【民族，关联】①
WPH43.5.3.1.1.7	龙王在金钟内变形需要七天，第五天皇后打开金钟，狗头再也无法变化	【畲族】
WPH43.5.3.1.2	狗变形需要四十九天，四十八天时打开柜子造成头没有变成人	【民族无考】
WPH43.5.3.1.2a	盘瓠在金钟内变形需要四十九天，四十八天时公主揭开金钟造成头部没有变成人形	【瑶族】
WPH43.5.3.2	盘瓠因时辰不到变形不完整	
WPH43.5.3.2.1	第七天晚上时辰未到，三公主窥探造成神狗的狗头没有变	【畲族】
WPH43.5.3.3	因窥视盘瓠变形失败	【畲族】
WPH43.5.3.3.1	因公主窥探变形不完整	【畲族】
WPH43.5.3.3.2	因皇后窥探变形不完整	【畲族】

---

① 【畲族】@[WPH90.2.1.7] 高辛为金虫盘瓠赐名 "龙王"；[WPH90.4.4.1] 盘瓠大王又称 "龙王"。

W 编码	母题描述	关联项
WPH43.5.3.3.3	黄狗在密室中变人时，因姑娘偷看，头上那一块毛再也褪不脱了	【汉族】
WPH43.5.3.3.4	狗变形时，妻子忘记戒约跑去偷看，结果头上还剩有些皮毛不能再脱了	【朝鲜族】
WPH43.5.3.3.5	公主担心盘瓠饿死提前观看造成全身人形，只留一头未变	【畲族】@[W0729d.6.2.1] 公主担心盘瓠饿死提前观看造成全身人形，只留一头未变
WPH43.5.3.4	狗头变成了人头，狗身子还没变	
WPH43.5.3.4.1	大黄狗在大缸里四十九天就会变成人，公主四十八天时掀开缸盖，狗头变成了人头，狗身子还没变	【汉族】
WPH43.5.3.5	神犬因妻子违约变形失败	【民族无考】
WPH43.5.4	与盘瓠变形结果有关的其他母题	
WPH43.5.4.1	龙犬与三公主婚后变成人	【民族，关联】①
WPH43.6	盘瓠变形的其他情形	
WPH43.6.1	盘瓠白天是犬，晚上是人	
WPH43.6.1.1	黄狗与土王的女儿婚后，白天是狗，晚上变成一个俊俏小伙	【民族，关联】②

① 【瑶族】@[WPH52.1.2.2] 龙犬与平王三公主婚；[WPH57.1.1.1] 公主与龙犬的感情很好。

② 【仡佬族】@[WPH25.2.5] 盘瓠是黄犬；[WPH90.1.1.5] 高王为大黄狗取名盘瓠。

W 编码	母题描述	关联项
WPH43.6.1.2	神犬盘瓠每到夜晚就会变成一位英俊的男子汉	【苗族】
WPH43.6.1.3	盘瓠在特定时间特定地点变形	
WPH43.6.1.3.1	盘瓠在新婚之夜在床上变形	【瑶族】@[WPH43.3.2.2.1] 黄狗盘瓠在洞房之夜，上床就变成美男子
WPH43.6.1.4	与黄帝女成婚的狗白天是狗，晚上是美少年	【朝鲜族】
WPH43.6.1.5	龙犬白天是狗，晚上是人	【民族，关联】①
WPH43.6.1.5a	龙犬盘瓠白天为狗，晚上变美男子	【瑶族（勉）】@[W0729d.7.2] 龙犬盘瓠白天为狗，晚上变美男子
WPH43.6.1.6	蓝狗公白日变狗，夜晚变成人	【瑶族】
WPH43.6.1.7	黄狗盘瓠白天是狗，晚上就变成一个标致的后生	【苗族】
WPH43.6.2	与盘瓠的化生或变形有关的其他母题	
WPH43.6.2.1	盘瓠死后化山	[WPH71] 盘瓠的死亡
WPH43.6.2.1.1	天狗被儿子杀死后，事奇天狗变，岭顶出山尖	【黎族】
WPH43.7	与盘瓠变形有关的其他母题	
WPH43.7.1	盘瓠变化为龙	

---

① 【瑶族】@[WPH05.1.3] 盘瓠是龙犬的化身；[WPH11.2.1] 盘瓠外形是龙犬；[WPH25.3] 盘瓠是龙犬；[WPH90.6.8.1*] 盘瓠原名龙犬；[WPH99.4.1*]《盘瓠王歌》中把盘瓠改成龙犬。

W 编码	母题描述	关联项
WPH43.7.1.1	盘瓠变化为白龙	【苗族】@ [WPH77.1.1.1] 盘瓠五月十五化白龙升天
WPH43.7.2	盘瓠变形的意义	
WPH43.7.2.1*	盘瓠化身为人的功亏一篑表面为未恪守禁忌所致，其实是一种绝妙的信仰策略	【民族无考】
WPH43.7.3	蟾蜍与公主婚后变形（青蛙与公主婚后变形）	
WPH43.7.3.1	蟾蜍娶得公主满意归，化成俊才郎	【苗族】【黎族】
WPH43.7.3.2	蛤蟆与公主婚后脱下蛤蟆皮变成了一个英俊青年	【壮族】
WPH43.7.4	盘瓠变形后不能恢复原貌	
WPH43.7.4.1	御犬变成人后，评王把皮毛藏了起来，从此御犬无法恢复原样	【瑶族·板瑶】
WPH43.7.5	人变成犬（人变成狗）	
WPH43.7.5.1	神仙老人为了成就小伙子的姻缘把他变成神犬	【彝族】
WPH44	**盘瓠立战功**	[WPH36.1] 盘瓠征战
WPH44.0	盘瓠战前情况	
WPH44.0.1	发榜原因	[WPH84.7.1.14.1*] 祭盘瓠招兵仪式要演绎盘瓠征番杀燕王，得龙王差遣六丁六甲神兵相助等情形
WPH44.0.1.1	帝誉不能战胜敌国时贴皇榜	【汉族】

W 编码	母题描述	关联项
WPH44.0.1.2	高辛氏面临强大的戎吴入侵发皇榜	【古代民族】
WPH44.0.1.3	因燕国吴将军流党作乱欲犯大唐,帝张出榜	【畲族】
WPH44.0.1.4	评皇高王之争中评皇屡败,于是出榜招募天下英雄	【瑶族】
WPH44.0.1.5	平王打不赢入侵的紫王发榜	【瑶族】
WPH44.0.1.6	皇帝娘娘重病医治无效,张贴皇榜求医	【仡佬族】@[WPH51.3.1.1] 黄狗治好娘娘的病,皇帝按约让公主许配给黄狗(缕金狗)
WPH44.0.1.7	房王来犯高辛氏时,高辛氏张皇榜	【古代民族】
WPH44.0.1.8	外邦吴将军来犯高辛时,高辛张皇榜	【苗族】
WPH44.0.2	张皇榜者	
WPH44.0.2.1	高王发榜	
WPH44.0.2.1.1	高王和平王争天下时高王发榜文	【瑶族】
WPH44.0.2.2	高辛帝发榜(高辛氏发榜)	
WPH44.0.2.2.1	帝喾张贴皇榜	【汉族】
WPH44.0.2.2.2	高辛氏为募天下有能者发榜	【古代民族】
WPH44.0.2.2.3	帝喾(高辛氏)因屡遭敌寇吴将军屠戮而昭告天下	【苗族】
WPH44.0.2.2.4	辛帝出榜有能收房突王者,愿将三公主任选为妻	【畲族】@[WPH44.2.3] 盘瓠取房王的头(盘瓠取房突王头)

W 编码	母题描述	关联项
WPH44.0.2.3	平王发榜（评王发榜）	
WPH44.0.2.3.1	番王犯境时评王皇帝发榜	【瑶族】
WPH44.0.2.3.2	评皇因不能战胜高王发榜	【瑶族】
WPH44.0.3	盘瓠揭榜的背景	
WPH44.0.3.1	众臣不敢奉令时盘瓠揭榜	【畲族】
WPH44.0.3.2	三天无人揭榜时盘瓠揭榜	【瑶族】
WPH44.0.3.2.1	三天无人揭榜时龙狗揭榜	【畲族】
WPH44.0.3.3	评王发榜后朝中文官武将不敢应招时盘瓠揭榜	【瑶族】
WPH44.0.3.4	评皇发皇榜后，臣僚均畏高王强大不敢应征盘瓠揭榜	【瑶族】
WPH44.0.3.5	平王发榜很久无人揭榜时，龙犬撕下招贤榜	【瑶族】
WPH44.0.4	盘瓠揭榜原因（盘瓠所揭皇榜的内容）	
WPH44.0.4.1	高王许诺杀死平王者可以娶三公主	【瑶族】
WPH44.0.4.2	帝誉许诺战胜敌国者授之高官厚禄，封许为驸马	【汉族】
WPH44.0.4.2a	高辛氏悬出重赏许诺取来敌首者，部落里的牲畜由他挑，粮食随他拿，封他做部落里的头领，还把女儿许配他	【汉族】
WPH44.0.4.2b	高辛皇贴出皇榜说，谁能杀掉番王，谁就能娶公主	【畲族】
WPH44.0.4.2c	高辛张榜说，斩得房王房王首者，赐他黄金与美人	【汉族】

W 编码	母题描述	关联项
WPH44.0.4.3	评王许诺灭番王者三个公主任他选	【瑶族】
WPH44.0.4.4	高辛氏许诺得戎吴将军首者购金千斤，封邑万户，赐以少女	【古代民族】@[W0729e.1.3.3] 皇榜承诺取犬戎将吴将军头者赏黄金千镒，邑万家，妻以少女
WPH44.0.4.4a	高辛帝台募天下有得房氏首者，赐千斤，分赏美女	【古代民族】
WPH44.0.4.4b	高辛发皇榜承诺斩敌首者娶小公主	【苗族】@[W0729e.1.3.2] 皇榜承诺斩敌首者娶小公主
WPH44.0.4.5	皇帝张贴皇榜许诺治愈娘娘重病者，招为驸马	【仡佬族】
WPH44.0.4.6	北京皇帝张榜说打退长毛贼者，愿把最幼的公主嫁给他	【瑶族·青裤瑶】@[WPH52.7.1.7.1] 狼狗打败长毛贼后与北京皇帝的公主婚
WPH44.0.4.7	头目公开通告说，能治愈公主的病者，将公主相许	【高山族·布农人】
WPH44.0.4.8	国王出榜求医说，治好公主腿疮者，将公主相许	【汉族】
WPH44.0.4.9	宛丘王对大臣说，谁有本事能打退房黄王，就把女儿许给他	【汉族】@[WPH42.2.2.1] 大黄狗用魔法飞沙走石击退房黄王
WPH44.0.4.10	皇帝对百姓说，谁能取得叛王的头，就招为驸马	【彝族】

W 编码	母题描述	关联项
WPH44.0.4.11	高辛王的玉印丢失，贴告示说，找回玉印者将女儿辛女相许	【苗族】
WPH44.0.4.12	中国的一个天王不能胜妖王，贴出告示说，杀死妖王者将女儿相许，并给家财十万	【瑶族·山子瑶】
WPH44.0.5	盘瓠揭榜（盘瓠揭榜的情形）	
WPH44.0.5.1		
WPH44.0.5.2	黄狗盘瓠用爪撕下皇榜	【民族，关联】】①
WPH44.0.5.3	龙狗收龙榜	【畲族】
WPH44.0.5.4	一条名叫盘瓠的狗用嘴揭了皇榜	【汉族】
WPH44.0.6	盘瓠揭榜的处置	
WPH44.0.6.1	盘瓠上殿交榜	
WPH44.0.6.1.1	龙犬口衔告示奔上宫殿	【瑶族】
WPH44.0.7	盘瓠任职	[W0729e.2.0.1]盘瓠出征前准备
WPH44.0.7.1	盘护出征前任职大将军	【瑶族】@[WPH36.2.6]盘瓠被封三军大元帅
WPH44.0.7.2	出征前，高王封黄狗做三军大元帅	【瑶族】
WPH44.0.8	盘瓠发愿	
WPH44.0.9	为盘瓠送行（盘瓠出征）	[W0729e.2.0.2]盘瓠出征前送行

---

① 【瑶族】@[WPH25.2.2.1]盘瓠是黄色神犬；[WPH25.2.5]盘瓠是黄犬；[WPH90.1.1.5]高王为大黄狗取名盘瓠。

W 编码	母题描述	关联项
WPH44.0.9.1	出征时，各送盘护（盘瓠）出门外	【瑶族】
WPH44.0.9.2	龙犬盘瓠出征番王时，评王举办国宴为之送行	【瑶族】
WPH44.0.10	盘瓠到敌营的方式	
WPH44.0.10.1	盘瓠到敌营前变形	
WPH44.0.10.1.1	狗王变龙犬渡海到番营	【民族，关联】①
WPH44.0.10.2	盘瓠渡海到敌营	【畲族】
WPH44.0.10.2.1	盘瓠化作麒麟飞过海洋到敌营	【畲族】
WPH44.0.11	盘瓠所到敌营的地点	
WPH44.0.11.1	龙狗过海至滨夷之国	【畲族】@ [WPH44.2.3.3] 盘瓠取滨夷房突王的头
WPH44.0.11.2	盘护七日七夜到高国	【瑶族】
WPH44.0.12	与盘瓠战前情况有关的其他母题	
WPH44.0.12.1	盘瓠战前提出条件	
WPH44.0.12.1.1	盘瓠出征前像高辛帝提出，斩番王头要把三公主嫁他为妻	【畲族】
WPH44.0.12.2	盘瓠到敌营后的情形	
WPH44.0.12.2.1	盘瓠到敌营后，敌首房氏大张宴会欢庆	【古代民族】
WPH44.1	盘瓠的战术	[WPH40.2.2] 盘瓠有计谋
WPH44.1.1	盘瓠骗取敌方的信任	
WPH44.1.1.1	龙犬盘瓠接近番王取得宠爱	【瑶族】

---

① 【畲族】@[WPH27.1.2.3] 盘瓠是狗王；[WPH36.6] 盘瓠渡海。

W 编码	母题描述	关联项
WPH44.1.1.2	盘瓠通过狩猎取得敌首平王的宠爱	【瑶族】
WPH44.1.1.2.1	黄狗盘瓠用自己的狩猎技能骗取平王的信任,寻找机会一口咬脱平王的鸡巴	【瑶族】
WPH44.1.1.3	麒麟诱敌获胜	【关联】①
WPH44.1.1.3.1	麒麟先骗取房王信任,趁他醉酒时咬下房王的头颅	【畬族】@[WPH44.2.3]盘瓠取房王的头(盘瓠取房突王头)
WPH44.1.1.4	麒麟假装殷勤服侍番王取得番王信任	【关联】②
WPH44.1.1.4.1	麒麟假装殷勤服侍番王,取得信任后借机咬下番王的头	【畬族】
WPH44.1.2	盘瓠浑水摸鱼	
WPH44.1.2.1	黄狗盘瓠趁机混入平王犬队	【瑶族】
WPH44.2	盘瓠取敌方头颅	
WPH44.2.1	盘瓠取高王的头	【关联】③
WPH44.2.1.1	盘护杀死高王,献其首级给评王	【瑶族】
WPH44.2.1.1a	龙犬斩杀高王,将头献给评王	【瑶族】
WPH44.2.1.1b	龙犬盘护咬杀高王头级回归评王殿下	【瑶族】
WPH44.2.1.1c	盘护咬杀高王头级,回归平王殿下	【瑶族】

---

① [WPH11.3.2] 盘瓠的外形是麒麟;[WPH25.6] 盘瓠是麒麟。
② [WPH11.3.2] 盘瓠的外形是麒麟;[WPH25.6] 盘瓠是麒麟。
③ [WPH43.1.1.1] 盘王为取高王头化作犬儿;[WPH44.3.4] 盘瓠咬杀高王。

W 编码	母题描述	关联项
WPH44.2.1.2	龙犬取敌国皇帝高王之头给平王复命	【瑶族】
WPH44.2.1.3	平王的花龙犬漂湖过海口咬高王头	【瑶族】
WPH44.2.1.4	盘大护为平王取高王头	【民族，关联】[①]
WPH44.2.1.5	盘古大护为平王取高王头	【民族，关联】[②]
WPH44.2.1.6	盘瓠取高皇头	【瑶族】
WPH44.2.2	盘瓠取吴将军的头	
WPH44.2.2.1	盘瓠割取敌寇吴将军首级献与高辛帝	【苗族】@[WPH44.0.1.3] 因燕国吴将军流党作乱欲犯大唐，帝张出榜
WPH44.2.2.2	盘瓠取犬戎国吴将军头	【民族，关联】[③]
WPH44.2.2.3	盘瓠取犬戎吴将头	【古代民族】@[WPH22.5.7.2] 盘瓠是犬戎族的始祖
WPH44.2.2.4	盘瓠取戎寇吴将军的头	【古代民族】
WPH44.2.2.4a	盘瓠取戎吴将军的头	【古代民族】
WPH44.2.2.5	一只狗趁着吴王出恭之时咬下他的头颅	【苗族】
WPH44.2.2.6	盘瓠杀女（犬）戎之首	【古代民族】

[①]【瑶族】@[WPH25.3] 盘瓠是龙犬；[WPH90.2.1.1d] 龙犬盘大护；[WPH90.4.32] 盘瓠又称"盘大护"。

[②]【瑶族】@[WPH25.3] 盘瓠是龙犬；[WPH25.3.2.2] 龙犬是盘古大护；[WPH90.6.8.1*] 盘瓠原名龙犬。

[③]【苗族】@[WPH44.2.10] 盘瓠取犬戎敌酋的头；[WPH44.2.11] 盘瓠杀犬戎之首。

4. 盘瓠的能力与事迹 | WPH44.2.2.7—WPH44.2.6.1 |

W 编码	母题描述	关联项
WPH44.2.2.7	盘葫取来部落首领吴强的头	【汉族】@[W0729e.2.1.5] 盘葫战胜犯高辛氏的小部落首领吴强
WPH44.2.3	盘瓠取房王的头（盘瓠取房突王头）	【民族，关联】①
WPH44.2.3.1	龙狗取房王头	【畲族】@[WPH44.5.8] 黄狗击退房黄王
WPH44.2.3.2	五色犬为高辛取房王头	【汉族】
WPH44.2.3.3	盘瓠取滨夷房突王的头	【畲族】@[WPH44.3.5] 盘瓠斩杀畎夷之将
WPH44.2.4	盘瓠取番王的头颅	【瑶族】
WPH44.2.4.1	狗王取番王头	【畲族】@[WPH27.1.2.3] 盘瓠是狗王
WPH44.2.5	盘瓠取敌方主要将领的头	
WPH44.2.5.1	一条名叫盘瓠的狗衔来敌方主要将领的人头	【汉族】
WPH44.2.6	盘瓠取燕王首级（盘瓠取燕王的头）	【畲族】@[WPH84.7.1.14.1*] 祭盘瓠招兵仪式要演绎盘瓠征番杀燕王，得龙王差遣六丁六甲神兵相助等情形
WPH44.2.6.1	龙宠取回燕王首级	【畲族】@[WPH90.2.1.5] 盘瓠号龙宠

① 【古代民族】@[WPH44.1.1.3.1] 麒麟先骗取房王信任，趁他醉酒时咬下房王的头颅；[W0729e.2.2.1.1] 盘瓠咬下房王的头立功。

W 编码	母题描述	关联项
WPH44.2.6.2	盘瓠取北方燕部落和犬戎部落联合番王的头	【畲族】
WPH44.2.6.3	盘瓠渡海取燕国番王头	【畲族】@[WPH36.6] 盘瓠渡海
WPH44.2.7	盘瓠取紫王的头	【瑶族】
WPH44.2.7.1	龙犬为平王取紫王的头颅	【瑶族】
WPH44.2.7.2	龙犬护国，咬死紫王	【瑶族】
WPH44.2.7.3	犬盘护取紫王头	【瑶族】
WPH44.2.8	盘瓠取平王的头	
WPH44.2.8.1	黄狗盘瓠取平王的头	【瑶族】
WPH44.2.9	盘瓠取帝将军之头	
WPH44.2.9.1	帝喾的畜犬盘瓠曾斩帝将军之头	【古代民族】
WPH44.2.10	盘瓠取犬戎敌酋的头	[WPH44.2.2.2] 盘瓠取犬戎国吴将军头
WPH44.2.10.1	帝喾的龙头犬神盘瓠取犬戎敌酋首级	【苗族】
WPH44.2.11	盘瓠杀犬戎之首（盘瓠衔回犬戎的头）	【民族，关联】①
WPH44.3	盘瓠咬死敌手（盘瓠杀死敌手）	
WPH44.3.1	盘瓠杀戎王	【民族，关联】②
WPH44.3.2	犬咬死酋	【瑶族】

① 【古代民族】@[WPH44.3.1] 盘瓠杀戎王；[W0729e.2.2.3] 盘瓠衔回犬戎的头。

② 【古代民族】@[WPH44.2.11] 盘瓠杀犬戎之首；[WPH44.2.2.2] 盘瓠取犬戎国吴将军头；[WPH44.2.10] 盘瓠取犬戎敌酋的头。

W 编码	母题描述	关联项
WPH44.3.2.1	犬咬死某大酋	【瑶族】
WPH44.3.3*	盘瓠为平王杀敌立功	【瑶族】
WPH44.3.4	盘瓠咬杀高王	【瑶族】
WPH44.3.4a	龙犬斩杀高王	【瑶族】
WPH44.3.5	盘瓠斩杀畎夷之将	【民族无考】
WPH44.4	盘瓠胜敌的情形	
WPH44.4.1	盘瓠化险为夷	
WPH44.4.1.1	盘瓠刺杀番王时几次动手化险为夷	【瑶族】
WPH44.4.2	盘瓠随机应变胜敌	【畲族】
WPH44.4.3	盘瓠趁机杀敌	
WPH44.4.3.1	龙宠乘燕王大醉咬断首级	【畲族】@ [WPH90.2.1.5] 盘瓠号龙宠
WPH44.4.3.2	龙犬趁紫王熟睡取下他的头颅	【瑶族】
WPH44.4.3.3	黄狗盘瓠趁平王小解时取其头颅	【瑶族】
WPH44.5	盘瓠其他立功表现	
WPH44.5.1	盘瓠征伐其他国家	
WPH44.5.1.1	盘瓠部落渡攻打高丽王	【古代民族】
WPH44.5.1.2	五彩天狗帮帝喾战胜火山国和开荒国	【汉族】
WPH44.5.2	盘瓠战吴戎	
WPH44.5.2.1	神犬盘瓠帮助帝喾击退了吴戎的进攻	【苗族·瓦乡人】
WPH44.5.2.2	盘瓠征战吴戎立功	【苗族】【畲族】【瑶族】

W 编码	母题描述	关联项
WPH44.5.3	盘瓠战犬戎	【关联】①
WPH44.5.3.1	小伙子盘瓠平定犬戎之乱	【古代民族】
WPH44.5.3.2	以盘瓠为首领的苗族先民打败犬戎部落	【苗族】
WPH44.5.3.3	五溪民族领袖盘瓠征讨犬戎	【苗族】@[WPH27.2.2*] 盘瓠是五溪民族领袖
WPH44.5.4	盘瓠斩妖魔	
WPH44.5.4.1	盘匏王杀"柳氏"二怪	【畲族】@[WPH90.2.2.10] 盘瓠又称盘匏
WPH44.5.4.2	龙麒斩妖魔	
WPH44.5.4.2.1	龙麒茅山学法后行兵动法斩妖魔	【畲族】@[WPH36.9.2] 盘瓠茅山学法
WPH44.5.4.3	盘瓠闾山学法术后斩妖除魔	【畲族】@[WPH36.9.1] 盘瓠闾山学法
WPH44.5.4.4	狗骗取妖王的信任后咬去妖王的下体,妖王立死	【瑶族·山子瑶】
WPH44.5.4.5	龙犬驸马领着公主和孩子们驱魔赶妖	【畲族】
WPH44.5.5	盘瓠平息外患	
WPH44.5.5.1	盘瓠平息番兵入侵	【畲族】
WPH44.5.5.2	盘瓠平定了番邦	【畲族】
WPH44.5.5.3	盘匏王平番立功	【民族,关联】②
WPH44.5.5.4	盘瓠有歼溪蛮之功	【苗族】

---

① [WPH22.5.7.2] 盘瓠是犬戎族的始祖;[WPH72.5.3.1] 犬戎国复仇者偷袭刺杀盘瓠。
② 【畲族】@[WPH44.5.4.1] 盘匏王杀"柳氏"二怪;[WPH90.2.2.10] 盘瓠又称盘匏。

W 编码	母题描述	关联项
WPH44.5.6	龙麒击除燕寇之乱	【畲族】@[WPH44.2.6] 盘瓠取燕王首级（盘瓠取燕王的头）
WPH44.5.6a	龙麟战胜攻打凤凰山的土皇官兵	【畲族】
WPH44.5.7	狼狗咬死长毛贼的主帅	【瑶族·青裤瑶】@[WPH52.7.1.7.1] 狼狗打败长毛贼后与北京皇帝的公主婚
WPH44.5.8	黄狗击退房黄王	【汉族】@[WPH42.2.2.1] 大黄狗用魔法飞沙走石击退房黄王
WPH44.5.9	御犬（盘古大王）杀死霸王	【瑶族·板瑶】
WPH44.5.10	盘瓠替人报杀父之仇立功	【古代民族】
WPH44.5.11	义犬救主	
WPH44.5.11.1	金毛犬救主	[WPH92.3.1.7.2] 瑶家妇女所戴的织机帽两边的飘带，表示金毛犬的耳朵
WPH44.5.11.1.1	金毛犬从高王那里救出刘三娘娘	【瑶族】
WPH44.5.12	盘瓠取粮种有功	
WPH44.5.12.1	御狗翼洛取谷种	【苗族】
WPH44.5.13	盘瓠杀死恶龙	【苗族】@[W0729e.2.2.4] 盘瓠杀死恶龙

W 编码	母题描述	关联项
WPH44.6	与盘瓠立战功有关的其他母题	[WPH28.6.1*] 盘瓠是安邦定国的功臣，也是一个法力广大的天神
WPH44.6.1	盘瓠战无不胜	
WPH44.6.1.1	盘瓠速战速决	
WPH44.6.1.1.1	盘瓠揭皇榜五天后取来敌首领的头	【苗族】
WPH44.6.1.1.2	盘瓠三月而杀犬戎之首	【古代民族】
WPH44.6.1.1a	盘瓠顽强作战	
WPH44.6.1.1a.1	盘瓠三天三夜杀死恶龙	【苗族】@[W0729e.2.3.2] 盘瓠征战三天三夜
WPH44.6.1.2	盘瓠与兄长一起退敌	
WPH44.6.1.2.1	盘瓠与哥哥盘田桐带击退番王	【畲族】
WPH44.6.1.3	神犬两次立战功	
WPH44.6.1.3.1	神犬初次立战功皇帝悔婚，外族又来侵犯神犬不计前嫌再次立功，皇帝只好将小公主相许	【瑶族】
WPH45	盘瓠治病（与盘瓠相关的犬治病）	
WPH45.1	狗治好公主的病	
WPH45.1.1	黄狗治好土王女儿的病	【仡佬族】
WPH45.2	狗治好公主的脚病	
WPH45.2.1	狗治好皇女的烂脚	【民族无考】
WPH45.2a	狗治好皇帝的脚病	
WPH45.2a.1	狗治好皇帝的烂脚	【民族无考】

W 编码	母题描述	关联项
WPH45.3	狗治好公主的皮肤病	
WPH45.3.1	狗治好布农人头目的公主皮肤溃烂	【高山族·布农人】
WPH45.4	狗治好公主的疮	
WPH45.4.1	狗治好国王公主腿上的大疮	【汉族】
WPH46	盘瓠的发明	[WPH27.5] 盘瓠是发明者
WPH46.1	盘瓠造农具	
WPH46.1.1	盘瓠从高辛帝那里要了铁库,用铁造农具	【畲族】
WPH47	盘瓠造福后代	
WPH47.1	盘瓠为后代操劳奔波	【瑶族】
WPH48	与盘瓠的能力或事迹有关的其他母题(与盘瓠的经历有关的其他母题)	
WPH48.1	盘瓠击败其他对手	
WPH48.1.1*	盘瓠部落击败土家族老蛮头吴著冲(禾撮冲)部族	【古代民族】
WPH48.1.2	盘瓠找到特定物(狗找到特定人)	
WPH48.1.2.1	犬为皇帝找到丢失的爱女	【民族无考】

5. 盘瓠的婚姻

【WPH50—WPH59】

W 编码	母题描述	关联项
WPH50	盘瓠的婚姻	
WPH51	盘瓠婚姻的原因	
WPH51.1	盘瓠自然产生婚姻	
WPH51.2	盘瓠因立战功成婚	[WPH44] 盘瓠立战功
WPH51.2.1	盘瓠立功按约成婚	【瑶族】
WPH51.2.1.1	龙王咬掉番王头，高辛按约让三公主和龙王结婚	【民族，关联】①
WPH51.2.2	盘瓠立功赐婚	
WPH51.2.2.1	盘瓠立战功后，帝喾高辛氏授爵赐婚	【民族无考】
WPH51.2.2.2	盘瓠为国立功后，评皇赐婚	【瑶族】
WPH51.2.2.3	盘瓠杀戎王，高辛以美女妻之	【古代民族】@ [WPH44.3.1] 盘瓠杀戎王
WPH51.3	盘瓠因治病成婚（犬因治病成婚）	[WPH45] 盘瓠治病（与盘瓠相关的犬治病）
WPH51.3.1	狗因为给娘娘治病与公主成婚	[WPH44.0.1.6] 皇帝娘娘重病医治无效，张贴皇榜求医
WPH51.3.1.1	黄狗治好娘娘的病，皇帝按约让公主许配给黄狗（缕金狗）	【仡佬族】

---

① 【畲族】@[WPH90.2.1.7] 高辛为金虫盘瓠赐名"龙王"；[WPH90.4.4.1] 盘瓠大王又称"龙王"。

5. 盘瓠的婚姻 | WPH51.3.2—WPH52.1.1.4 |

W 编码	母题描述	关联项
WPH51.3.2	狗因为因治好公主的病与公主成婚	
WPH51.3.2.1	黄狗治好土王的女儿的病,土王按许诺让黄狗娶走女儿	【仡佬族】
WPH51.3.2.2	狗治好了大陆一个姓朝的有钱人家小姐的皮肤病,按许诺与小姐成婚	【高山族·太鲁阁人】@[WPH52.1a.1] 狗治好小姐的病后成婚
WPH51.3.3	犬治好皇帝的脚疾娶公主	
WPH51.3.3.1	大黑公狗治好皇帝的脚疾后与公主成婚	【黎族】
WPH51.4	与盘瓠婚姻的原因有关的其他母题	
WPH51.4.1	盘瓠求婚	
WPH51.4.1.1	龙犬拒绝评王犒赏求与三公主成婚	【瑶族】
WPH51.4.1.2	盘瓠提出娶公主	【畲族】
WPH51.4.2	盘瓠为与三公主婚主动请缨	【畲族】@[WPH44] 盘瓠立战功
WPH52	**盘瓠婚姻的对象**	
WPH52.1	盘瓠与公主婚	
WPH52.1.1	盘瓠与高辛帝公主婚(盘瓠与帝喾的女儿婚,盘瓠与帝喾公主婚,盘瓠与高辛公主婚)	【汉族】【苗族】【瑶族】
WPH52.1.1.1	盘瓠与高辛帝三公主婚	【畲族】
WPH52.1.1.2	盘瓠与高辛三公主婚	
WPH52.1.1.3	盘瓠与高辛氏三公主婚	【畲族】
WPH52.1.1.4	盘瓠与辛帝三公主婚	【畲族】

W 编码	母题描述	关联项
WPH52.1.1.5	盘瓠与高辛的少女婚	【民族,关联】①
WPH52.1.1.6	盘瓠与高辛帝的女儿婚	【南方古代民族】@ [WPH52.3.2.1] 高辛氏有美女未嫁,帝之狗盘瓠杀犬戎之首,帝乃妻以女
WPH52.1.2	盘瓠与平王公主婚	
WPH52.1.2.1	李大护与平王三女婚	【民族,关联】②
WPH52.1.2.2	龙犬与平王三公主婚	【瑶族】@ [WPH57.1.1.1] 公主与龙犬的感情很好
WPH52.1.2.3	盘古与平王三公主婚	
WPH52.1.2.3.1	盘古立战功与平王三公主婚	【瑶族】
WPH52.1.3	盘瓠与评王公主婚	
WPH52.1.3.1	盘瓠与评王三公主婚	
WPH52.1.3.2	盘瓠与评王公主花英婚	【瑶族】@ [WPH58.2.9.6] 盘护与评王所赐花英婚后迁白云王百峒
WPH52.1.3.3	盘瓠与评王三公主花英婚	【瑶族】
WPH52.1.3.4	龙犬与评王的三公主婚	【瑶族】
WPH52.1.3.5	盘护与评王的三公主婚	【瑶族·盘瑶】@ [WPH52.1.5.6.1] 盘护与皇帝的三公主婚

① 【古代民族】@[WPH65.7.6.0.3a.1] 盘瓠与高辛的少女婚生的后代有梁汉巴蜀武陵长沙庐江群夷;[WPH65.14.8.2] 盘瓠与帝高辛氏赐的少女婚生十二个子女,自相夫妻。

② 【瑶族】@[WPH25.3.2.1] 李大护龙犬;[WPH52.7.4] 李大护与盘王三女婚。

5. 盘瓠的婚姻 | WPH52.1.3.5a—WPH52.1.6.1 |

W 编码	母题描述	关联项
WPH52.1.3.5a	盘护与平王的公主婚	【瑶族】
WPH52.1.3.6	盘王与平王三公主婚	【瑶族·盘瑶】
WPH52.1.3.7	平王的花犬与平王女婚	【瑶族】
WPH52.1.3.8	御犬与评王的公主婚	【瑶族·板瑶】
WPH52.1.4	盘瓠与高王的女儿婚	
WPH52.1.4.1	盘瓠与高王的三女儿婚	【瑶族·花瑶】
WPH52.1.4.2	盘瓠与高王三公主婚	【瑶族】
WPH52.1.5	盘瓠与其他特定的公主婚	
WPH52.1.5.1	盘瓠与南越王之女婚	【古代民族】
WPH52.1.5.2	盘瓠与炎帝的女儿婚	[WPH90.4.6a] 盘瓠即炎帝
WPH52.1.5.2.1	盘瓠是炎帝的上门女婿	【民族无考】
WPH52.1.5.3	盘瓠与榆罔的公主婚	【畲族】
WPH52.1.5.4	盘瓠与天帝的公主婚	【苗族】
WPH52.1.5.5	龙犬与神农的公主婚	【民族，关联】①
WPH52.1.5.6	盘护与三公主婚	
WPH52.1.5.6.1	盘护与皇帝的三公主婚	【瑶族·山子瑶】@ [WPH52.1.3.5] 盘护与评王的三公主婚
WPH52.1.6	与盘瓠与公主婚有关的其他母题	【关联】②
WPH52.1.6.1	盘瓠与王的少女婚	【古代民族】

① 【瑶族】@[WPH25.3.8] 龙犬名盘瓠；[WPH27.1.1.3.1] 盘瓠是神农皇帝。
② [WPH52.7.1.5] 狗与黄帝轩辕氏的女儿婚；[WPH52.7.1.6] 神狗与寨老的三女儿婚；[WPH62.1a] 盘瓠的岳父是帝王。

W 编码	母题描述	关联项
WPH52.1.6.2	狗与布农人头目的公主婚	【高山族·布农人】@[WPH58.1.5.5] 公狗与头目的公主婚后，头目让他俩马上离开到很远的地方去不再相见
WPH52.1.6.3	盆大护与赵皇帝的三公主婚	【民族，关联】①
WPH52.1a	盘瓠与小姐婚（狗与小姐婚）	
WPH52.1a.1	狗治好小姐的病后成婚	【高山族·太鲁阁人】@[WPH51.3.2.2] 狗治好了大陆一个姓朝的有钱人家小姐的皮肤病，按许诺与小姐成婚
WPH52.2	盘瓠与宫女婚	
WPH52.2.1	盘瓠与高辛宫女婚	
WPH52.2.1.1	麒麟与高辛王封为公主的宫女婚	【民族，关联】②
WPH52.2.2	盘瓠与评皇宫女婚	【瑶族】
WPH52.2.2.1	盘护与评皇宫女婚	【瑶族】@[WPH90.5.1] 盘瓠写作"盘护"（盘瓠又称"盘护"）
WPH52.2.3	盘瓠与评王的宫女婚	[WPH65.1.6.5a] 盘瓠与评王宫女婚生六男六女

① 【畲族】@[WPH65.6.3a.1] 盆大护和三公主婚生六男六女，盆大护给他们取了盆、盘、蓝、栏、来、雷六姓；[WPH65.6.4.2] 盆大护和三公主婚生六男六女，盆大护给儿女取盆、盘、蓝、栏、来、雷六姓，又招女婿钟姓；[WPH65.7.3.5.2.1] 盆大护和三公主婚生六男六女演化出七姓，后来部分盆、来、雷姓子孙由湖南迁入广东演变为畲族。

② 【畲族】@[WPH11.3.2] 盘瓠的外形是麒麟；[WPH25.6] 盘瓠是麒麟；[WPH52.7.2a.1] 金麒麟与封为公主的宫女婚。

5. 盘瓠的婚姻 | WPH52.2.3.1—WPH52.2.6 |

W 编码	母题描述	关联项
WPH52.2.3.1	盘护王龙犬与评王的三宫女婚	【瑶族】@[WPH90.5.1]盘瓠写作"盘护"(盘瓠又称"盘护")
WPH52.2.3.2	盘护与评王的宫女婚	【瑶族】@[WPH90.5.1]盘瓠写作"盘护"(盘瓠又称"盘护")
WPH52.2.3a	盘瓠与平王的宫女婚	【瑶族】
WPH52.2.4	盘瓠与二宫女婚	
WPH52.2.4.1	盘王立功,平王赐二宫女与他为妻	【瑶族】
WPH52.2.4.1.1	盘王与平王的二宫之女婚	【瑶族】
WPH52.2.4.2	龙犬盘护与平王的二宫女婚	【瑶族】@[WPH90.5.1]盘瓠写作"盘护"(盘瓠又称"盘护")
WPH52.2.4.3	平王殿前龙犬与平王的二宫女婚	【瑶族】
WPH52.2.4a	盘瓠与三宫女婚	
WPH52.2.4a.1	龙犬与平王三宫女婚	【瑶族】
WPH52.2.4a.2	盘瓠与第三宫女婚	【畲族】
WPH52.2.5	李大护与平王二宫第三女婚	【民族,关联】[①]
WPH52.2.5a	盘古大护与平王二宫第三女婚	【瑶族】
WPH52.2.6	盘大护与平王宫女婚	【民族,关联】[②]

[①] 【瑶族】@[WPH25.3]盘瓠是龙犬;[WPH25.3.2.1]李大护龙犬;[WPH52.1.2.1]李大护与平王三女婚;[WPH52.7.4]李大护与盘王三女婚;[WPH65.1.6.8.3.1]李大护与平王二宫第三女婚生六男六女。

[②] 【瑶族】@[WPH65.6.5.2m]盘大护与平王宫女婚生六男产女,平王赐盘、沈、冯、黄、李、邓、周、赵、胡、唐、雷、蒋十二姓;[WPH90.4.32]盘瓠又称"盘大护"。

W 编码	母题描述	关联项
WPH52.3	盘瓠与美女婚	
WPH52.3.1	盘瓠与高辛赐的美女婚	【古代民族】@[WPH51.2.2.3] 盘瓠杀戎王，高辛以美女妻之
WPH52.3.2	盘瓠与高辛帝的美女婚	【民族，关联】①
WPH52.3.2.1	高辛氏有美女未嫁，帝之狗盘瓠杀犬戎之首，帝乃妻以女	【古代民族】
WPH52.4	盘瓠与普通女子婚	
WPH52.4.1	盘瓠与畲家女婚	
WPH52.4.1.1	盘瓠郎与贫穷的畲家女婚	【畲族】
WPH52.4.2	盘瓠与特定身份的女子婚	
WPH52.4.2.1	盘瓠与一个为父报仇的女子婚	【古代民族】
WPH52.5	盘瓠与其他特定对象婚	
WPH52.5.1	盘瓠与特定来历的女子婚	
WPH52.5.1.1	盘瓠与高辛帝赐的五女婚	【古代民族】
WPH52.5.2	盘瓠与特定人物的女儿婚	
WPH52.5.2.1	盘瓠与首包、首笔的女儿辛女婚	【苗族】
WPH52.6	盘瓠与特定名称的女子婚	
WPH52.6.1	盘瓠与英花婚	【瑶族】
WPH52.6.2	盘瓠与花英婚	【瑶族】@[WPH58.2.9.6] 盘护与评王所赐花英婚后迁白云王百峒

① 【古代民族】@[WPH52.1.1.5] 盘瓠与高辛的少女婚；[WPH52.1.1.6] 盘瓠与高辛帝的女儿婚；[WPH64.2] 盘瓠妻子是美女；[WPH65.14.1.1] 盘瓠与高辛帝的美女婚，生男为狗，生女为美女。

5. 盘瓠的婚姻 | WPH52.6.2.1—WPH52.7.1.7

W 编码	母题描述	关联项
WPH52.6.2.1	盘护盘太宁与评王宫女花英婚	【瑶族】@ [WPH52.1.3.2] 盘瓠与评王公主花英婚
WPH52.6.3	盘瓠与辛女婚	【苗族】
WPH52.6.3.1	神犬盘瓠与辛女婚	【苗族·瓦乡人】
WPH52.6.3.2	黄狗与辛女婚	【苗族】
WPH52.7	与盘瓠婚姻对象有关的其他母题	
WPH52.7.1	狗与公主婚	
WPH52.7.1.1	狗与王的姑娘婚	【苗族】
WPH52.7.1.2	金狗与皇帝的女儿婚	【苗族】
WPH52.7.1.3	龙狗与辛帝的公主婚	【畲族】
WPH52.7.1.3a	天狗与帝喾的女儿婚	【汉族】
WPH52.7.1.3b	天狗与天帝之女婺女下凡成婚	【民族，关联】①
WPH52.7.1.4	犬与平王的三公主婚	【苗族】
WPH52.7.1.4.1	龙犬与平王的三公主婚	【瑶族】
WPH52.7.1.5	狗与黄帝轩辕氏的女儿婚	【朝鲜族】
WPH52.7.1.5a	狗与黄帝的公主婚	【苗族】@ [WPH65.1.1a.2] 一条叫马媾的狗与黄帝的公主婚生三个儿子
WPH52.7.1.6	神狗与寨老的三女儿婚	【瑶族·红瑶】
WPH52.7.1.7	狼狗与公主婚	

---

① 【黎族】@[WPH02.1.5.1] 天狗被赶到地上后变成黑犬与婺女成婚；[WPH65.1.2.2] 天狗和天帝的婺女婚生一对男女。

W 编码	母题描述	关联项
WPH52.7.1.7.1	狼狗打败长毛贼后与北京皇帝的公主婚	【瑶族·青裤瑶】@[WPH58.2.9.3] 北京皇帝的公主与立战功的狼狗婚后迁到荔波县
WPH52.7.1.8	狗与国王的独女婚	
WPH52.7.1.8.1	宫中小狗变成小伙子与国王的独女婚	【彝族】
WPH52.7.1.9	盘王的狗与天王的大公主婚	【民族，关联】①
WPH52.7.1.10	神犬与中国国王的三公主婚	【瑶族】@[WPH25.2.2] 盘瓠是神犬（盘瓠是神狗）
WPH52.7.1a	缕金狗与公主婚	
WPH52.7.1a.1	皇帝按皇榜赐缕金狗与公主婚	【仡佬族】
WPH52.7.1b	五彩狗与公主婚	
WPH52.7.1b.1	五彩狗与三公主婚	【畲族】@[WPH65.6.2.1.8] 五彩狗与三公主婚生三子一女，辛帝赐姓盘、蓝、雷、钟
WPH52.7.1b.1.1	五彩狗与辛帝的三公主婚	【畲族】
WPH52.7.1c	狗公与公主婚	【关联】②
WPH52.7.1c.1	立战功的狗公与平王的三公主婚	【瑶族】

① 【瑶族·山子瑶】@[WPH53.1.2.4.2] 大公主虽不愿与狗结婚，但天王之命不可违，只得与狗结婚；[WPH53.2.2.2.1] 天王为立威信起见，将第二第三女公主让立功的狗选择，狗摇头不要，只选择大公主。

② [WPH57.1.3.1] 狗公与平王的三女结婚后夫唱妇随，和睦相处；[WPH65.1.6.8.3a] 狗公与平王三女婚生六男六女。

W 编码	母题描述	关联项
WPH52.7.1d	狗头王与三公主婚	【关联】①
WPH52.7.1d.1	中原皇帝封立战功的黄狗为"狗头王"并将三公主嫁给他	【畲族】
WPH52.7.1e	蓝公狗与皇帝公主婚	【关联】②
WPH52.7.1e.1	蓝公狗取得敌军将领首级按约与皇帝公主婚	【瑶族】
WPH52.7.1e.2	蓝狗公与皇帝的七姑娘婚	【民族,关联】③
WPH52.7.1f	黑犬与公主婚(黑狗与公主婚)	【关联】④
WPH52.7.1f.1	黑犬为公主治好足疮,公主遂妻黑犬	【黎族】
WPH52.7.2	龙麟与公主婚	
WPH52.7.2.1	龙麒与高辛王的女儿婚	【畲族】
WPH52.7.2.2	龙麒与高辛三公主婚	【畲族】@ [WPH65.1.3.3] 龙麒与三公主婚生三男一女
WPH52.7.2a	金麒麟与公主婚	[WPH65.6.2.1.6] 金麒麟与公主繁衍雷、蓝、钟、盘四姓
WPH52.7.2a.1	金麒麟与封为公主的宫女婚	【畲族】@ [WPH52.2.1.1]麒麟与高辛王封为公主的宫女婚

① [WPH65.1.3.2] 狗头王与三公主婚生三男一女;[WPH90.4.1b] 盘瓠又称狗头王。

② [WPH65.6.6.3.1] 大将蓝公狗与皇帝的公主婚生班、蓝、罗、韦、蒙、袁数子;[WPH65.7.1.15] 蓝公狗与皇帝的公主婚生后代瑶人。

③ 【瑶族】@[WPH65.3.1.10.1] 蓝狗公与皇帝的七姑娘婚生长子蓝灵征;[WPH65.3.2.4.1] 蓝狗公与皇帝的七姑娘婚生次子蓝灵贵。

④ [WPH25.2.10.1] 黑狗公王;[WPH65.1.8.5.1] 黑犬与皇帝的公主婚生一子。

W 编码	母题描述	关联项
WPH52.7.3	盘古大护与盘婆婚	【瑶族】@[WPH25.3.2.2] 龙犬是盘古大护
WPH52.7.4	李大护与盘王三女婚	【民族,关联】①
WPH52.7.5	盘瓠有多个妻子	
WPH52.7.5.1	盘瓠有一个妻子	
WPH52.7.5.2	盘瓠有五个妻子	【古代民族】@[WPH64.2.1] 五色犬的五个美女妻子
WPH52.7.6	盘瓠的疑似配偶	
WPH52.7.7	人与犬婚(人与狗婚)	【古代民族】
WPH52.7.7.1	某人的女儿很喜欢养着一条狗,与它同吃同睡	【苗族】
WPH52.7.7.2	人与黄犬婚	
WPH52.7.7.2.1	洪水后幸存的一老妇人与其家养黄犬生子发代	【民族无考】
WPH52.7.7.2.2	最早的一位姑娘和能敲响石鼓的黄狗成婚	【汉族】
WPH52.7.7.3	寨老的女崽翠翠与狗结婚	【土家族】@[WPH57.1.4.1] 寨老的女崽翠翠与狗结婚后恩恩爱爱,过得蛮好
WPH52.7.7.4	黄狗与最早产生的一个姑娘成亲	【汉族】
WPH52.7.8	狗与瑶祖的爱婢婚	

---

① 【瑶族】@[WPH25.3.2.1] 李大护龙犬;[WPH65.1.6.8.4] 李大护与盘王三女婚生六男六女。

5. 盘瓠的婚姻 | WPH52.7.8.1—WPH53.0.3.1

W 编码	母题描述	关联项
WPH52.7.8.1	猺之始祖其德狗，封之为王，以所爱婢妻之	【瑶族】
WPH52.7.9	公主与其他动物婚	
WPH52.7.9.1	青蛙与公主婚	[WPH43.7.3] 蟾蜍与公主婚后变形（青蛙与公主婚后变形）
WPH52.7.9.1.1	公主与立战功的青蛙婚	【壮族】
WPH52.7.9.1.2	公主与青蛙变成的小伙龙王宝婚	【壮族】
WPH52.7.9.1.3	皇帝的三公主与立战功的蛤蟆甘基成婚	【瑶族】
WPH52.7.9.1.4	蛤蟆驸马	【壮族】
WPH52.7.9.1.5	猴子与公主婚	【汉族】
WPH53	**盘瓠婚前插曲**	
WPH53.0	婚前难题（婚前阻挠）	
WPH53.0.1	婚前为悔婚设置难题	
WPH53.0.1.1	龙麒退敌立功，高辛帝不愿守约嫁女，提出空树中找人难题	【畲族】
WPH53.0.2	群臣反对公主与盘瓠婚	
WPH53.0.2.1	盘瓠立功求婚时，群臣皆曰：盘瓠是畜，不可官秩，又不可妻	【古代民族】
WPH53.0.3	高辛王向盘瓠提出婚前择妻难题	
WPH53.0.3.1	高辛王向盘瓠提出，要试试盘瓠与三公主是否有缘分	【畲族】

W 编码	母题描述	关联项
WPH53.1	婚姻关系人对婚姻的态度	
WPH53.1.1	女方父亲的态度	
WPH53.1.1.1	帝王悔婚	【汉族】
WPH53.1.1.1.1	皇帝见神犬变形后仍不是一个真正的人，不肯把女儿嫁给他	【瑶族】
WPH53.1.1.1.2	宛丘王认为公主是金枝玉叶不能嫁给狗	【汉族】
WPH53.1.1.1.3	高辛氏听信公主不能嫁给狗的建议，打算背信诺言	【汉族】
WPH53.1.1.2	帝王不得已嫁女	
WPH53.1.1.2.1	高辛氏不得已以女配盘瓠	【西南古民族】
WPH53.1.1.2.2	黄帝不愿把女儿嫁狗，但担心会失信天下人，只好把公主嫁给马媾	【苗族】@ [WPH65.1.1a.2] 一条叫马媾的狗与黄帝的公主婚生三个儿子
WPH53.1.1.2.2a	黄帝不愿把女儿嫁狗，又没办法，只好把女儿送给金狗	【苗族】
WPH53.1.1.2.3	高辛王反复思忖，觉得不该失信，同意招龙犬为驸马	【瑶族】
WPH53.1.1.3	小伙提出与公主完婚时，国王认为小伙子原是狗变的，不能把独生姑娘嫁给他	【彝族】
WPH53.1.1.4	女方父亲积极推进婚姻	
WPH53.1.1.4.1	高辛王不嫌麒麟变形时头没有变成人，让他与公主择吉日成婚	【畲族】
WPH53.1.1.4.2	皇帝见龙麒取来番王头，提出三个公主由龙麒挑选	【畲族】

5. 盘瓠的婚姻 | WPH53.1.2—WPH53.1.2.3 |

W 编码	母题描述	关联项
WPH53.1.2	公主态度	
WPH53.1.2.1	公主按约成婚	【瑶族】
WPH53.1.2.1.1	北京皇帝的最年幼的公主劝父亲守信，准予她与狼狗婚配	【瑶族·青裤瑶】@[WPH52.7.1.7.1] 狼狗打败长毛贼后与北京皇帝的公主婚
WPH53.1.2.1.2	平王三公主劝父王履约与龙犬婚	【瑶族】
WPH53.1.2.1.3	公主为遵守诺言私奔	
WPH53.1.2.1.3.1	狗治好公主的病，国王悔婚不听公主愿意嫁狗时，公主跟着神狗上山去了	【汉族】
WPH53.1.2.1.4	国王想悔婚时，国王的女儿说做人要守信誉，国王只得同意女儿嫁狗	【彝族】
WPH53.1.2.1.5	寨老的女儿决心履行父亲的诺言嫁给狗	【土家族】
WPH53.1.2.1.6	盘瓠平番有功，高辛皇帝三公主自愿配盘瓠	【畲族】
WPH53.1.2.1.7	公主怒斥父王高辛氏不守信用，坚持与盘葫成婚	【汉族】
WPH53.1.2.1.8	犬立功后公主按许诺嫁给犬	【苗族】
WPH53.1.2.2	公主拒婚	
WPH53.1.2.2.1	大公主、二公主都不愿意嫁给狗	【民族，关联】①
WPH53.1.2.3	三公主不愿与盘瓠婚	

① 【苗族】@[WPH52.7.1.9] 盘王的狗与天王的大公主婚；[WPH53.1.3.2.1] 盘瓠拒婚高辛帝推出的大公主和二公主。

W 编码	母题描述	关联项
WPH53.1.2.3.1	高王的三公主对许配黄狗不乐意	【民族，关联】①
WPH53.1.2.4	公主勉强从婚	
WPH53.1.2.4.1	高辛王心里不情愿把女儿嫁给黄狗盘瓠，只好照告示去办，公主羞红着脸也依从了	【苗族】
WPH53.1.2.4.2	大公主虽不愿与狗结婚，但天王之命不可违，只得与狗结婚	【瑶族·山子瑶】@[WPH52.7.1.9] 盘王的狗与天王的大公主婚
WPH53.1.2.4.3	公主迫于王命，只得同神犬成亲	【苗族】
WPH53.1.3	盘瓠的态度	
WPH53.1.3.1	盘瓠坚持按榜文娶公主	
WPH53.1.3.1a	五色犬立功后不吃奖赏的肉，按榜文要美女	【汉族】
WPH53.1.3.2	盘瓠不接受推荐的公主	
WPH53.1.3.2.1	盘瓠拒婚高辛帝推出的大公主和二公主	【民族，关联】②
WPH53.2	盘瓠择妻（盘瓠选妻）	
WPH53.2.1	盘瓠择妻的对象	
WPH53.2.1.1	盘瓠从帝王的女儿中择妻	
WPH53.2.1.1.1	龙犬盘瓠从评王的三个公主中择妻	【瑶族】

① 【瑶族】@[WPH25.2.5] 盘瓠是黄犬；[WPH90.1.1.5] 高王为大黄狗取名盘瓠。
② 【畲族】@[WPH53.1.2.2.1] 大公主、二公主都不愿意嫁给狗；[WPH53.2.2.3] 高辛王要把大公主嫁给龙麒，龙麒不同意；要把二公主嫁给龙麒，龙麒拒绝；龙麒说只爱三公主。

5. 盘瓠的婚姻 | WPH53.2.1.1.2—WPH53.2.3.1 |

W 编码	母题描述	关联项
WPH53.2.1.1.2	盘瓠从高辛帝女儿中选中三姑娘	【畲族】
WPH53.2.1.2	盘瓠从帝王的三个公主中任选一个	
WPH53.2.1.2.1	盘瓠可以从高辛皇帝的三位公主中任选一个	【畲族】
WPH53.2.1.2.2	皇帝的三个公主任由龙麒拣	【畲族】
WPH53.2.2	盘瓠择妻的情形	
WPH53.2.2.1	盘瓠识出真公主	
WPH53.2.2.1.1	高辛帝悔婚以宫女欺骗盘瓠，盘瓠识出真公主	【畲族】
WPH53.2.2.2	盘瓠只选如意的公主	
WPH53.2.2.2.1	天王为立威信起见，将第二第三女公主让立功的狗选择，狗摇头不要，只选要大公主	【民族，关联】①
WPH53.2.2.3	高辛王要把大公主嫁给龙麒，龙麒不同意；要把二公主嫁给龙麒，龙麒拒绝；龙麒说只爱三公主	【畲族】@[WPH53.1.3.2.1] 盘瓠拒婚高辛帝推出的大公主和二公主
WPH53.2.2.4	评王让三个公主依次走到龙犬面前，任他挑选	【瑶族】
WPH53.2.2.5	天皇诡计生，设黑轿一百整，任天狗挑一架择妻	【黎族】
WPH53.2.3	盘瓠择妻的结果	
WPH53.2.3.1	盘瓠选择了评王的三公主	【瑶族】

---

① 【瑶族·山子瑶】@[WPH52.7.1.9] 盘王的狗与天王的大公主婚；[WPH53.1.2.4.2] 大公主虽不愿与狗结婚，但天王之命不可违，只得与狗结婚。

W 编码	母题描述	关联项
WPH53.2a	公主择婿	
WPH53.2a.1	公主选盘瓠的原因	
WPH53.2a.1.1	大公主和二公主都不愿嫁神犬，只有三公主看见神犬并不是狗，而是标致的青年，自愿和它成婚	【瑶族】
WPH53.2b	与盘瓠择妻有关的其他母题	
WPH53.2b.1	蟾蜍择妻	【黎族】【苗族】
WPH53.2b.1.1	皇帝为赖婚让青蛙择妻	【壮族】
WPH54	盘瓠婚姻的时间	
WPH54.1	盘瓠八月十五晚上成婚	
WPH54.1.1	神犬与三公主八月十五晚上成婚	【瑶族·蓝田瑶】
WPH54.2	盘瓠五月初五成婚	
WPH54.2.1	大隋五年五月初五日午时公主娘与犬为妻	【瑶族】
WPH54.3	盘瓠吉日成婚	[WPH08.2.5] 盘瓠黄道吉日出生
WPH54.3.1	平王择吉日为三公主与龙犬完婚	【瑶族】
WPH55	盘瓠婚姻的地点	
WPH55.1	盘瓠在宫殿结婚	
WPH55.2	盘瓠在山洞结婚	
WPH55.2.1	缕金狗带着公主到山洞成亲	【仡佬族】
WPH56	盘瓠的婚礼	
WPH56.1	盘瓠婚礼的时间	

5. 盘瓠的婚姻 | WPH56.1.1—WPH56.4.1.1

W 编码	母题描述	关联项
WPH56.1.1	神犬与三公主八月十五晚上成婚	【瑶族·蓝田瑶】
WPH56.2	盘瓠婚礼的情形	
WPH56.2.1	盘瓠婚礼主婚人	
WPH56.2.1.1	评王为盘瓠和三公主举办婚礼	【瑶族】
WPH56.2.2	盘瓠婚礼的参与者（盘瓠婚礼的贺婚者）	
WPH56.2.2.1	盘瓠与高辛王三公主成亲时百官齐来道贺，高辛国万民共欢庆	【畲族】
WPH56.2.3	盘瓠与高辛王三公主成亲时天上彩云飞舞，林中鸾凤和鸣	【畲族】
WPH56.2.4	盘瓠婚礼中的婚宴	
WPH56.2.4.1	平王将宫女嫁龙犬为妻，入内宫排宴成亲	【瑶族】
WPH56.2.5	婚礼热闹非凡	
WPH56.2.5.1	神犬与公主婚礼时，百姓载歌载舞，一直闹到天明方散	【瑶族·蓝田瑶】
WPH56.3	盘瓠婚礼的礼物	
WPH56.3.1	婚礼上盘瓠送辛女工艺品	
WPH56.3.1.1	盘瓠因贫穷婚礼上送辛女石雕菊花	【苗族】
WPH56.4	与盘瓠婚礼有关的其他母题	
WPH56.4.1	盘瓠婚礼上新娘的服饰	
WPH56.4.1.1	盘瓠与高辛皇三公主成婚时穿上大衣，公主则戴上狗头冠以接近盘瓠的形象	【畲族】@ [WPH92.3.1.2] 狗头帽（狗头冠）

W 编码	母题描述	关联项
WPH57	盘瓠婚后情形	【关联】①
WPH57.1	盘瓠婚后生活	
WPH57.1.1	盘瓠婚后夫妻恩爱	
WPH57.1.1.1	公主与龙犬的感情很好	【民族,关联】②
WPH57.1.1.2	神犬与三公主婚后生活甜蜜幸福	【瑶族·蓝田瑶】
WPH57.1.1.3	盘瓠和三公主成亲后夫妻恩爱,欢乐无限	【畲族】
WPH57.1.1.4	盆大护和三公主成亲后夫妻恩爱,相敬如宾	【畲族】
WPH57.1.1.5	公狗与公主婚后两人相亲相爱	【黎族】
WPH57.1.2	盘瓠婚后对妻子很体贴	
WPH57.1.2.1	黄狗娶了土王的女儿后,捕捉食物养活自己的妻子	【民族,关联】③
WPH57.1.3	盘瓠婚后和睦	
WPH57.1.3.1	狗公与平王的三女结婚后夫唱妇随,和睦相处	【瑶族】@[WPH52.7.1c] 狗公与公主婚
WPH57.1.3.2	公主因神犬变成人情感变融洽	【苗族】
WPH57.1.3.3	更狗与皇帝的女儿婚后相亲相爱,和睦相处	【苗族】
WPH57.1.4	与盘瓠婚后生活情形有关的其他母题	

---

① [WPH43.2.3] 盘瓠婚后变形;[WPH59.4] 盘瓠婚后生育。
② 【瑶族】@[WPH43.5.4.1] 龙犬与三公主婚后变成人;[WPH52.1.2.2] 龙犬与平王三公主婚。
③ 【仡佬族】@[WPH25.2.5] 盘瓠是黄犬;[WPH90.1.1.5] 高王为大黄狗取名盘瓠。

5. 盘瓠的婚姻 | WPH57.1.4.1—WPH58.1.2 |

W 编码	母题描述	关联项
WPH57.1.4.1	寨老的女崽翠翠与狗结婚后恩恩爱爱，过得蛮好	【土家族】
WPH57.1.4.2	盘瓠婚后的侍者	[WPH66.2.1] 盘瓠有金童服侍
WPH57.1.4.2.1	盘瓠婚后有奴婢搬运柴水，炊爨饮食，侍奉夫妻二人	【瑶族】
WPH57.1.4.3	公主与盘瓠婚后入乡随俗生活简朴	
WPH57.1.4.3.1	高辛少女嫁盘瓠后，解去衣裳，为仆竖之结，着独力之衣	【古代民族】
WPH57.1.4.4	盘瓠婚后夫妻关系逐渐融洽	
WPH57.1.4.4.1	神犬与大王的公主婚后同房时，神犬突然变为一个美貌少年，两人感情遂洽	【苗族】
WPH58	**盘瓠婚后外迁**	
WPH58.1	盘瓠婚后外迁原因	[WPH36.3.1] 盘瓠外迁的原因
WPH58.1.1	盘瓠婚后因生活习惯外迁（盘瓠婚后因思乡外迁）	
WPH58.1.1.1	盆大护和三公主在京城成亲后老惦记着家乡和族人，怀念山林狩猎的自由自在的生活返回湘南	【畲族】@ [WPH58.2.9.4] 盘瓠婚后迁徙湘南
WPH58.1.1.2	盘瓠婚后不愿居京城外迁	【畲族】
WPH58.1.1.3	天王的大公主与盘王的狗婚后，因不愿住热闹的京城外迁瑶山	【瑶族·山子瑶】
WPH58.1.2	盘瓠婚后因受歧视外迁	

W 编码	母题描述	关联项
WPH58.1.2.1	盘瓠与高王三公主婚后被人轻视外迁	【瑶族】
WPH58.1.2.2	龙麒与公主婚后因文武朝臣生恶心外迁	【畲族】
WPH58.1.3	盘瓠婚后因外形外迁	
WPH58.1.4	盘瓠婚后因难堪外迁	
WPH58.1.4.1	盘瓠与高辛公主婚后受人嘲笑外迁	【苗族】
WPH58.1.4.1a	一女子因与犬婚生子女感到难堪外迁异地	【苗族】
WPH58.1.5	盘瓠婚后被赶出	
WPH58.1.5.1	皇帝女儿嫁金狗很懊恼,把金狗和女儿撵到深山	【苗族】
WPH58.1.5.2	女子的父亲因女子与狗生子感到难堪让其外迁	【苗族】
WPH58.1.5.3	公主嫁给公狗后,皇帝怕失体面,让他们外迁海南岛谋生	【黎族】
WPH58.1.5.4	国王按承诺将三公主配犬后很羞惭,命工匠到深山建造房屋,送神犬夫妇到那里居住	【民族,关联】①
WPH58.1.5.5	公狗与头目的公主婚后,头目让他俩马上离开到很远的地方去不再相见	【高山族·布农人】@ [WPH52.1.6.2] 狗 与 布农人头目的公主婚
WPH58.1.5.6	高辛王把独生女辛女嫁给黄狗盘瓠怕坏了名誉将他们迁出	【苗族】
WPH58.1.6	盘瓠婚后怕帝王反悔外迁	

① 【瑶族】@[WPH15.16.1.1] 盘瓠立功后不恋荣华富贵,甘愿入深山过自食其力的俭朴生活;[WPH58.2.5] 盘瓠婚后外迁深山。

5. 盘瓠的婚姻 | WPH58.1.6.1—WPH58.2 |

W 编码	母题描述	关联项
WPH58.1.6.1	盘瓠婚后怕帝营反悔外迁	【苗族·瓦乡人】
WPH58.1.7	盘瓠婚后主动外迁	
WPH58.1.7.1	龙犬与平王三公主婚后主动外迁	【民族，关联】①
WPH58.1.7.2	盘瓠婚后为创业主动外迁	
WPH58.1.7.2.1	龙麒与三公主结婚生子后，认为不能老守在封金山上，就迁往岭南潮州凤凰山	【畲族】
WPH58.1.7.3	公主与邦尕婚后主动提出从家中迁出	【苗族】
WPH58.1.8	盘瓠婚后不愿为官迁居深山	
WPH58.1.8.1	盘瓠与公主婚后不愿为官迁居深山	【畲族】
WPH58.1.9	帝王怕人笑话盘瓠把盘瓠迁出	
WPH58.1.9.1	平王怕人笑话盘瓠送盘瓠夫妻到会稽山	【瑶族】
WPH58.1.10	与盘瓠婚后外迁原因有关的额其他母题	
WPH58.1.10.1	公主因为嫁狗不好意思婚后外迁	【苗族】
WPH58.1.10.2	盘瓠婚后觉得自己狗头人身不好意思携妻外迁	【畲族】
WPH58.2	盘瓠婚后外迁地点	[WPH36.3.3] 盘瓠外迁的地点

---

① 【瑶族】@[WPH43.5.4.1] 龙犬与三公主婚后变成人；[WPH52.1.2.2] 龙犬与平王三公主婚；[WPH57.1.1.1] 公主与龙犬的感情很好。

W 编码	母题描述	关联项
WPH58.2.0	盘瓠婚后外迁凤凰山	[WPH78.3.4] 盘瓠埋葬在凤凰山
WPH58.2.0.1	龙麒与高辛帝的公主成婚后回到凤凰山	【畲族】
WPH58.2.0.2	盘瓠和三公主成亲生子后，带子孙到凤凰山居住	【畲族】
WPH58.2.0.3	五彩狗与三公主成婚生子后，带子孙回到家乡凤凰山	【畲族】
WPH58.2.0.4	龙王和三公主结婚后外迁凤凰山	【畲族】
WPH58.2.0.5	盘瓠王和三公主结婚生子后，盘瓠王一家迁到广东凤凰山	【民族，关联】①
WPH58.2.0.6	龙犬与公主成亲后，带着公主迁到潮州凤凰山	【畲族】
WPH58.2.1	盘瓠婚后外迁会稽山	【瑶族·盘瑶】
WPH58.2.1.1	盘瓠与评王三公主成婚后迁青州会稽山	【瑶族】@ [WPH33.7.2.3] 盘瓠归隐广东省南阳海会稽山七贤洞
WPH58.2.1.2	盘护与平王的宫女婚后入会稽山安住	【瑶族】
WPH58.2.1.3	龙犬盘护与平王的二宫女结婚生子后迁青山州相县会稽山七宝洞	【瑶族】@ [WPH52.2.4.2] 龙犬盘护与平王的二宫女婚
WPH58.2.1.4	龙犬盘王与平王的二宫之女结婚生子后迁青县会稽山七贤洞青竹林中白雪山	【瑶族】

① 【畲族】@[WPH36.2a.2.3a] 高辛帝封盘瓠王去广东凤凰山；[WPH78.3.4.1] 盘瓠埋葬在广东路上凤凰山。

W 编码	母题描述	关联项
WPH58.2.1.5	盘护婚后迁居江东会稽岗	【瑶族】
WPH58.2.2	盘瓠婚后外迁南方大山	
WPH58.2.2.1	盘葫与高辛氏女儿婚后，离开部落迁到南边大山中	【汉族】
WPH58.2.2.2	盘瓠得高辛女后迁国之南的五溪之中山	【古代民族】
WPH58.2.2a	盘瓠婚后外迁南岭	
WPH58.2.2a.1	黄狗盘瓠与高王三公主婚后立即离了京城，到南岭定居	【瑶族】
WPH58.2.3	盘瓠婚后外迁崇山峻岭中	【苗族·瓦乡人】
WPH58.2.4	盘瓠婚后回南蛮崇山	【苗族】
WPH58.2.5	盘瓠婚后外迁深山（盘瓠婚后外迁山中）	【畲族】@ [WPH58.1.5.4] 国王按承诺将三公主配犬后很羞惭，命工匠到深山建造房屋，送神犬夫妇到那里居住
WPH58.2.5.1	金狗与皇女婚后外迁深山	【苗族】
WPH58.2.5.2	龙犬与平王三公主婚后迁青山白云深处	【瑶族】
WPH58.2.5.3	盘护与评王宫女婚后迁青山白云之中	【瑶族】
WPH58.2.5.4	龙犬得了高辛王的女儿和江山后，带着老婆进山种地	【瑶族】
WPH58.2.5.5	盘瓠王与高辛的三公主结婚生子后，一家移居山中	【畲族】
WPH58.2.5a	盘瓠婚后外迁高山	

W 编码	母题描述	关联项
WPH58.2.5a.1	人变成的狗与国王的女儿婚后到最高的一座山上的大山洞里居住	【彝族】
WPH58.2.5b	盘瓠婚后外迁无人大山	
WPH58.2.5b.1	狗头王与三公主迁居没有人烟的大山	【畲族】
WPH58.2.5c	盘瓠婚后外迁齐界岩坎山	
WPH58.2.5c.1	辛女与黄狗盘瓠婚后被高辛王赶到现在泸溪上堡乡侯家村和浦阳乡铁柱潭的齐界岩坎山上	【苗族】
WPH58.2.6	盘瓠婚后外迁南山	【苗族】
WPH58.2.6.1	高辛帝以少女配盘瓠，盘瓠得女后负入南山	【南蛮】
WPH58.2.6.2	盘瓠与高辛帝女婚后迁居南山石室	【南方古代民族】
WPH58.2.6.3	盘瓠与高辛帝女婚后迁居南山（五溪中山）石穴	【古代民族】@ [WPH58.2.2.2] 盘瓠得高辛女后迁国之南的五溪之中山
WPH58.2.7	盘瓠婚后外迁西洋宫	
WPH58.2.7.1	盘匏王婚后外迁西洋宫	【畲族】@ [WPH90.2.2.10] 盘瓠又称盘匏
WPH58.2.8	盘瓠婚后外迁巴蜀	[WPH65.7.6.0.3a.1] 盘瓠与高辛的少女婚生的后代有梁汉巴蜀武陵长沙庐江群夷
WPH58.2.8.1	盘瓠与帝喾女婚后外迁巴蜀	【古代民族】

5. 盘瓠的婚姻 | WPH58.2.9—WPH58.2.10.1 |

W 编码	母题描述	关联项
WPH58.2.9	盘瓠婚后外迁其他地方	
WPH58.2.9.1	盘瓠与南越王之女婚后迁石谷之中	【古代民族】
WPH58.2.9.2	盘瓠与辛女婚后安家在沅陵半溪石穴	【苗族】
WPH58.2.9.3	北京皇帝的公主与立战功的狼狗婚后迁到荔波县	【民族，关联】①
WPH58.2.9.4	盘瓠婚后迁徙湘南	【关联】②
WPH58.2.9.4.1	盆大护和三公主成亲后返回湘南居住	【畲族】@ [WPH65.12.5.1] 盘大护（盘瓠）助楚平王有功，为瑶人得到十二姓和种种特权
WPH58.2.9.5	盘瓠和三公主带着崽孙迁到广东潮州	【畲族】
WPH58.2.9.5.1	槃瓠王和三公主结婚生孩子后迁到广东潮州凤凰山	【民族，关联】③
WPH58.2.9.6	盘护与评王所赐花英婚后迁白云王百峒	【瑶族】
WPH58.2.10	与盘瓠婚后外迁地点有关的其他母题	
WPH58.2.10.1	犬与公主婚后顺河西迁	【苗族】

---

① 【瑶族·青裤瑶】@[WPH44.0.4.6]北京皇帝张榜说打退长毛贼者，愿把最幼的公主嫁给他；[WPH52.7.1.7.1]狼狗打败长毛贼后与北京皇帝的公主婚。
② [WPH33.6.7.1*]盘瓠蛮的祖居地是湘西南、湘南；[WPH65.9.6.1]瑶畲的共同先人"盘瓠蛮"迁徙时以湘南为起点开始分道扬镳。
③ 【畲族】@[WPH33.2.1.1]盘瓠定居广东潮州凤凰山；[WPH36.2a.2.3]高辛赐狗王广东潮州府凤凰山。

W 编码	母题描述	关联项
WPH58.2.10.2	盘瓠婚后外迁永属山林	【瑶族】
WPH58.2.10.2.1	盘王与三公主婚后迁居山林	【瑶族·盘瑶】
WPH58.2.10.3	狗与小姐成婚后迁到台湾	【高山族·太鲁阁人】
WPH58.2.10.4	辛女与黄狗（盘瓠）婚后迁到远远的沅水边上	[WPH35.4.1.1] 盘瓠南迁时乘独木舟逆沅水而上
WPH58.2.10.5	公主与黄狗婚后到民间生活	【彝族】
WPH58.3	与盘瓠婚后外迁有关的其他母题	
WPH58.3.1	盘瓠结婚时外迁	
WPH58.3.2	盘瓠婚后马上外迁	[WPH58.2.2a.1] 黄狗盘瓠与高王三公主婚后立即离了京城，到南岭定居
WPH58.3.3	盘瓠结婚生子后外迁	
WPH58.3.3.1	盘瓠与公主生三男一女后迁居深山	【畲族】
WPH58.3.3.2	盘瓠与高辛三公主生三男一女后迁广东会稽山七贤洞	【关联】①
WPH58.3.4	公主带孩子外迁	
WPH58.3.4.1	公主向高辛王为孩子讨了雷、蓝、钟、盘四姓后带着四个孩子到江南生活	【畲族】
WPH58.3.5	外迁时被追杀	

---

① [WPH33.3.4] 盘瓠居广东会稽山七贤洞；[WPH33.7.2.1] 盘瓠归隐广东潮州府会稽山七贤洞；[WPH33.7.2.3] 盘瓠归隐广东省南阳海会稽山七贤洞；[WPH78.3.1.1] 盘瓠埋葬在会稽山七贤洞。

5. 盘瓠的婚姻 | WPH58.3.5.1—WPH59.4.2.1 |

W 编码	母题描述	关联项
WPH58.3.5.1	公狗与头目的公主婚后头目把他俩赶出,有追兵想杀狗先生	【高山族·布农人】
WPH59	**与盘瓠婚姻有关的其他母题**	
WPH59.0	盘瓠婚姻的媒人(盘瓠婚姻的月老)	
WPH59.0.1	平王将三宫女嫁给龙犬时,平王为月老	【瑶族】
WPH59.1	盘瓠婚前恋爱	
WPH59.1.1	盘瓠幽会意中人	
WPH59.1.1.1	盘瓠大王白天在盘瓠崖,夜晚到辛女溪去和辛女娘娘相会	【苗族】
WPH59.3	盘瓠定婚(盘瓠婚姻的确定)	
WPH59.3.1	盘瓠因有功获得婚姻	【关联】①
WPH59.3.1.1	槃瓠平番有功,高辛帝把第三公主许配给他作妻子	【畲族】
WPH59.4	盘瓠婚后生育	
WPH59.4.1	盘瓠与公主婚后生怪胎	
WPH59.4.1.1	盘瓠与高辛公主婚生七块肉	【古代民族】
WPH59.4.1.2	麒麟与封为公主的宫女婚后,公主生一个大红血球	【民族,关联】②
WPH59.4.2	盘瓠婚后生子的地点	
WPH59.4.2.1	盘瓠和三公主在南京十宝殿生下六男六女	【瑶族】

① [WPH44] 盘瓠立战功;[WPH44.0.5] 盘瓠揭榜(盘瓠揭榜的情形)。
② 【畲族】@[WPH11.3.2] 盘瓠的外形是麒麟;[WPH25.6] 盘瓠是麒麟。

W 编码	母题描述	关联项
WPH59.4.2.2	盘护与评王三公主在会稽山生男育女	【民族，关联】①
WPH59.5*	盘瓠婚姻的含义	
WPH59.5.1*	盘瓠部族与高辛氏部族联姻	【古代民族】
WPH59.5.2*	盘瓠氏与高辛氏两个部族之间族内婚	【瑶族】@[WPH59.6.3*] 盘瓠的婚姻属于族外婚
WPH59.5.3*	盘瓠婚姻反映出民族融合	
WPH59.5.3.1*	帝辛女与盘瓠结合反映了中原华夏族与南方蛮族的融合	【南方民族】
WPH59.6*	盘瓠婚姻的性质	
WPH59.6.1*	盘瓠的婚姻属于对偶婚	【民族无考】
WPH59.6.2*	盘瓠与三公主婚属于母方交表婚	【民族无考】
WPH59.6.3*	盘瓠的婚姻属于族外婚	【瑶族】@[WPH59.5.2*] 盘瓠氏与高辛氏两个部族之间族内婚

① 【瑶族·盘瑶】@[WPH33.7.2.3] 盘瓠归隐广东省南阳海会稽山七贤洞；[WPH58.2.1.1] 盘瓠与评王三公主婚后迁青州会稽山。

6. 盘瓠的关系
【WPH60—WPH69】

W 编码	母题描述	关联项
WPH60	盘瓠的关系	
WPH61	盘瓠的祖先	
WPH61.1	盘瓠是黄帝后代	
WPH61.1.1	盘瓠是黄帝的嫡系子孙	
WPH61.1.1.1	盘瓠是黄帝的第四代子孙	【民族无考】
WPH61.1.1.2	盘瓠是黄帝的第五四代子孙	【古代民族】@ [WPH25.2.4.3*] 槃瓠是黄帝氏族第五代白犬
WPH61.1.2	犬是黄帝的子孙	
WPH61.1.2.1	白犬是黄帝第四代孙	【民族无考】@ [WPH08.6.2] 盘瓠的原型是白犬
WPH61.1.3*	崇拜盘瓠图腾的部落是黄帝之后	【古代民族】
WPH61.2	盘瓠是高辛后代（盘瓠是高辛氏后裔）	[WPH69.0.1.2*] 盘瓠与高辛有血缘关系
WPH61.2.1	盘瓠氏以高辛为祖	【古代民族】
WPH61.2.2*	高辛与盘瓠之间是始祖和后裔血亲关系	【畲族】
WPH61.3*	盘瓠为蚩尤之后	【民族，关联】①

① 【民族无考】@[WPH65.14.3] 盘瓠的后代与蚩尤有关；[WPH66.3.6.1*] 三苗联盟有九黎、蚩尤、祝融、熊芈、盘古（盘瓠）、驩兜（板兜或丹朱）等；[WPH69.4.1.1*] 蚩尤神有盘瓠的影子。

6. 盘瓠的关系 | WPH61.4*—WPH62.2.2.1* |

W 编码	母题描述	关联项
WPH61.4*	盘瓠是太昊之后（盘瓠为太昊裔）	【民族，关联】①
WPH61.5*	与盘瓠的祖先有关的其他母题	
WPH61.5.1*	盘瓠蛮的祖先是伏羲	【关联】②
WPH61.5.1.1*	盘瓠蛮的远宗出于伏羲	【古代民族】
WPH61.5.2*	盘瓠蛮的祖先是"三苗"	【关联】③
WPH61.5.2.1*	盘瓠蛮的近宗出于"三苗"	【民族，关联】④
WPH62	盘瓠的父母	
WPH62.1	盘瓠没有父母	
WPH62.2	盘瓠的父亲	
WPH62.2.1*	盘瓠是相鹞的儿子	
WPH62.2.1.1*	防风氏相鹞的儿子盘瓠	【民族无考】
WPH62.2.2	盘瓠的父亲是高辛帝	
WPH62.2.2.1*	盘瓠系高辛氏之子	【瑶族】

① 【古代三苗】@[WPH27.2.5.2*] 南迁三苗裔以太昊裔盘瓠为总领（王）；[WPH65.6.8.1.3*] 盘姓出自奉龙为图腾的太昊；[WPH94.6.3.2.1*] 龙是盘瓠的祖源图腾，是因为其祖太昊奉龙为图腾。

② [WPH61.5.1.1*] 盘瓠蛮的远宗出于伏羲；[WPH90.1.3.1*] 盘古、盘瓠都是伏羲的音转；[WPH90.4.6.1*] 伏羲与盘瓠是一音之转。

③ [WPH94.3.2.2*] 三苗主要以盘瓠图腾为标志；[WPH95.1.3.1.1*] 盘瓠神话的始作者应该是九黎、三苗部落；[WPH95.1.4a.1*] 盘瓠神话的产生早于蚩尤、三苗的传说。

④ 【古代民族】@[WPH33.6.7.1*] 盘瓠蛮的祖居地是湘西南、湘南；[WPH38.1.1] 盘瓠蛮系各部原处南方的深山老林中；[WPH66.3.6*] 盘瓠属于三苗联盟；[WPH92.3.3.1*] 畲服与远古盘瓠蛮中的苗、瑶服饰总体上呈现出相似性特征；[WPH94.3.2.2*] 三苗主要以盘瓠图腾为标志。

W 编码	母题描述	关联项
WPH62.2.2.2*	龙麒是高辛氏的第五个儿子	【畲族】@ [WPH90.2.2.6.1.1] 龙麒是高辛氏第五个妻姓刘名君秀亲生的儿子
WPH62.2.2a	盘瓠的父亲是评王	
WPH62.2.2a.1*	盘护王为帝王评皇赘子	【瑶族】
WPH62.2.3	盘瓠的父亲是盘古	
WPH62.2.3.1*	盘护的父亲是盘古	【瑶族·坳瑶】
WPH62.3	盘瓠的母亲	
WPH62.3.1	盘王的母亲是开天圣母	【瑶族】@ [WPH03.2.5.2] 开天圣母生盘王
WPH62.3.2	盘王的母亲是目母安	【瑶族】
WPH6a	盘瓠的岳父	
WPH62.1a	盘瓠的岳父是帝王	[WPH52.1] 盘瓠与公主婚
WPH62.1b	盘瓠的岳父是盘王	
WPH62.1b.1	盘瓠只是盘王的一个女婿	【瑶族·坳瑶】
WPH63	**盘瓠的兄弟姐妹**	
WPH63.1	盘瓠的兄长	
WPH63.1.1	盘瓠的哥哥盘田桐	【畲族】
WPH63.2	盘瓠的结拜兄弟	
WPH63.2.1	高辛帝独生女辛女把黄狗盘瓠当作兄弟	【苗族】
WPH64	**盘瓠的妻子 (盘瓠夫妻)**	[WPH50] 盘瓠的婚姻
WPH64.1	盘瓠的妻子三公主	

6. 盘瓠的关系 | WPH64.1.1—WPH64.1.1.5.2 |

W 编码	母题描述	关联项
WPH64.1.1	三公主	【畲族】@ [WPH22.6.5.1] 高辛帝的三公主是畲族的始祖婆
WPH64.1.1.0	三公主的出生	
WPH64.1.1.0.1	高辛王的三公主十四个月出生	【畲族】
WPH64.1.1.1	三公主的名称	
WPH64.1.1.1.1	三公主又称"帝女"	【民族无考】
WPH64.1.1.1.2	三公主又称"宛丘公主"	
WPH64.1.1.1.2.1*	河南盘瓠故事谓"宛丘公主"	【民族无考】
WPH64.1.1.1.3	三公主又称"奶变"	【苗族】
WPH64.1.1.1.4	三公主又称"盘古王婆"	【瑶族】
WPH64.1.1.2	三公主成仙	【畲族】@[WPH23.1.2] 盘瓠是仙人
WPH64.1.1.3	三公主传歌	【畲族】@[WPH27.5.3] 盘瓠制作乐器
WPH64.1.1.4	三公主的凤冠	
WPH64.1.1.4.1*	三公主上天为仙之前，把凤冠交给毛垟村山哈女雷四妹保管	【畲族】@ [WPH65.9.5.8.1] 盘瓠死后，三公主带子女迁徙到浙江景宁毛垟
WPH64.1.1.5	三公主的事迹	
WPH64.1.1.5.1	三公主发明饲养	
WPH64.1.1.5.1.1	高辛国三公主把猎来吃不掉的山禽野兽，圈地喂养起来，形成牛羊成群	【畲族】
WPH64.1.1.5.2	三公主发明音乐	

W 编码	母题描述	关联项
WPH64.1.1.5.2.1	高辛帝的三公主学会了百鸟的歌声，编成山歌传给后人唱	【畲族】
WPH64.1.1.5.3	三公主会治病	
WPH64.1.1.5.3.1	高辛王生了耳病，三公主取来各种草药为父王治疗	【畲族】
WPH64.1.1.5.4	三公主的归宿	
WPH64.1.1.5.4.1	三公主升天	
WPH64.1.1.5.4.1.2	龙麟死后，三公主踏彩云升天	【畲族】
WPH64.1.1.5.4.1.1	盘瓠死后，三公主踏彩云飞升天宫	【畲族】
WPH64.2	盘瓠妻子是美女	
WPH64.2.1	五色犬的五个美女妻子	【民族，关联】①
WPH64.3	盘瓠的妻子宫女	
WPH64.4	盘瓠的妻子辛女	
WPH64.4.1	盘瓠辛女又称"犬父神母"	【苗族】@[WPH84.8.2.2*] 正月初跳鼓祭盘瓠辛女
WPH64.4.2	辛女	
WPH64.4.2.1	辛女是高辛帝的女儿	【苗族】
WPH64.4.2.2	盘瓠的妻子辛女为盘瓠殉情而死	【苗族·瓦乡人】
WPH64.4.4.1.3	辛女化为石（辛女化为辛女岩）	【苗族】@[WPH76.1.3] 盘瓠死后化为石
WPH64.5		

① 【汉族】@[WPH11.2.2]盘瓠外形是五色犬；[WPH13.1]盘瓠的毛有五种颜色（盘瓠毛五色）；[WPH52.7.5.2]盘瓠有5个妻子；[WPH90.4.18.1]犬五色，因名瓠犬。

W 编码	母题描述	关联项
WPH64.6	盘瓠的妻子是普通女子	
WPH64.7	与盘瓠夫妻有关的其他母题	
WPH64.7.1	盘瓠的妻子婆王	【瑶族】@[W0729g.2.5] 盘瓠的妻子婆王
WPH65	**盘瓠的后代**	
WPH65.1	盘瓠婚生特定数量的子女	
WPH65.1.1	盘瓠婚生二男	
WPH65.1.1.1	盘瓠和辛女生二个儿子	
WPH65.1.1.1.1	盘瓠和辛女生二个儿子，取名托天和托地	【民族，关联】①
WPH65.1.1.2	更狗与皇帝的女儿婚生一对双胞胎男孩	【苗族】@[WPH90.4.29*] 盘瓠又称更狗
WPH65.1.1.3	蓝狗公与皇帝的姑娘七娘婚生二子	【瑶族】
WPH65.1.1a	盘瓠婚生三男	[W0729f.3.2a] 盘瓠有三个儿子
WPH65.1.1a.1	邦尕与公主婚生三个男孩	【苗族】@[WPH90.4.25*] 盘瓠又称邦尕
WPH65.1.1a.2	一条叫马犎的狗与黄帝的公主婚生三个儿子	【苗族】@[WPH53.1.1.2.2] 黄帝不愿把女儿嫁狗，但担心会失信天下人，只好把公主嫁给马犎
WPH65.1.1a.3	仙狗盘瓠与辛女婚生三个儿子	【苗族】

① 【苗族】@[WPH65.3.7.1] 盘瓠的儿子托天；[WPH65.3.7.2] 盘瓠的儿子托地。

W 编码	母题描述	关联项
WPH65.1.2	盘瓠婚生一对男女	
WPH65.1.2.1	狗与女子婚生一对男女	【苗族】
WPH65.1.2.2	天狗和天帝的婆女婚生一对男女	【黎族】@ [WPH52.7.1.3b] 天狗与天帝之女婆女下凡成婚
WPH65.1.3	盘瓠婚生三男一女	
WPH65.1.3.1	盘瓠与公主婚生三男一女	【畲族】
WPH65.1.3.1.1	盘瓠与高辛帝的三公主婚生三男一女	【畲族】@ [WPH52.1.1.1] 盘瓠与高辛帝三公主婚
WPH65.1.3.1.1a	盘瓠王与高辛的三公主婚生三男一女	【畲族】
WPH65.1.3.1.1b	盘瓠王与高辛帝的三公主婚生三男一女	【畲族】
WPH65.1.3.1.2	龙犬盘瓠与高辛帝的三公主婚生三男一女	【畲族】
WPH65.1.3.1.2a	龙犬与三女婚生三男一女	【畲族】
WPH65.1.3.1.2b	龙犬与公主婚生三男一女	【畲族】
WPH65.1.3.1.3	盘瓠和三公主婚后八年间生三男一女	【畲族】
WPH65.1.3.1.4	盘瓠和三公主婚后十年间生三男一女	【畲族】
WPH65.1.3.1.5	五彩狗和三公主婚后二十年间生三男一女	【畲族】
WPH65.1.3.1.6	盘瓠与高辛氏少女婚后二年生六男六女	【古代民族】
WPH65.1.3.2	狗头王与三公主婚生三男一女	【畲族】@[WPH90.4.1b] 盘瓠又称狗头王

6. 盘瓠的关系 | WPH65.1.3.3—WPH65.1.5.1

W 编码	母题描述	关联项
WPH65.1.3.3	龙麒与三公主婚生三男一女	【民族，关联】①
WPH65.1.3.4	盘匏与公主合生三男一女	【畲族】@[WPH90.2.2.10] 盘瓠又称盘匏
WPH65.1.3.5	龙王与三公主婚生三男一女	【民族，关联】②
WPH65.1.3a	盘瓠婚生三男三女	
WPH65.1.3a.1	盘古大护与盘婆婚生三男三女	【瑶族】@[WPH25.3.2.2] 龙犬是盘古大护
WPH65.1.3a.2	盘古大护盘婆夫妻生三男三女	【瑶族】
WPH65.1.3a.3	盘瓠与美女婚生三男三女	
WPH65.1.3a.3.1	盘瓠与五个美女婚生三男三女	【民族，关联】③
WPH65.1.3a.4	盘瓠与美女婚生三男六女	
WPH65.1.3a.4.1	盘瓠与五个美女婚生三男六女	【古代民族】
WPH65.1.4	盘瓠婚生四男四女	
WPH65.1.4.1	盘护王龙犬与三宫女婚生四男四女	【瑶族】
WPH65.1.4.2	龙犬与平王的三宫女婚生四男四女	【瑶族】
WPH65.1.5	盘瓠婚生五男六女	
WPH65.1.5.1	五色犬与美女婚生五男六女	【汉族】

---

① 【畲族】@[WPH65.14.9.3] 龙麒的子孙千千万；[WPH90.2.2.6] 盘瓠即龙麒。
② 【畲族】@[WPH90.2.1.7] 高辛为金虫盘瓠赐名"龙王"；[WPH90.4.4.1] 盘瓠大王又称"龙王"。
③ 【汉族】@[W0729f.3.2.1] 盘瓠与美女婚生三男三女；[WPH52.7.5.2] 盘瓠有五个妻子。

W 编码	母题描述	关联项
WPH65.1.6	盘瓠婚生六男六女	【瑶族】【瑶族·莫瑶】
WPH65.1.6.1	盘瓠与辛女婚生六男六女	【苗族】
WPH65.1.6.2	盘瓠与高辛公主婚生六男六女	【苗族】
WPH65.1.6.2a	盘瓠与高辛氏的少女婚生六男六女	【苗族】@[WPH65.7.6.2.4] 盘瓠与高辛氏少女婚生六男六女，其后滋蔓，号曰蛮夷
WPH65.1.6.2b	盘瓠与高辛帝的少女婚生六男六女	【南蛮】
WPH65.1.6.2c	盘瓠与帝高辛氏所赐少女婚生十二个男女	【古代民族】
WPH65.1.6.2d	盘瓠与高辛女婚生六男六女	【古代民族】
WPH65.1.6.3	盘护与评王的公主婚生六男六女	【瑶族】
WPH65.1.6.3.1	盘护与评王的公主花英婚生六男六女	【瑶族】@[WPH65.6.5.2j] 盘护与花英婚生盘、沈、包、黄、李、邓、赵、胡、雷、唐、冯、周
WPH65.1.6.4	盘瓠与平王三公主婚生六男六女	【苗族】
WPH65.1.6.4a	盘瓠王与评王三公主婚生六男六女	【瑶族】
WPH65.1.6.5	盘瓠与评皇宫女婚生六男六女	【瑶族】
WPH65.1.6.5a	盘瓠与评王宫女婚生六男六女	【瑶族】
WPH65.1.6.5b	盘瓠与评王的后宫女婚生六男六女	【瑶族】

6. 盘瓠的关系 | WPH65.1.6.5c—WPH65.1.6.8.4 |

W 编码	母题描述	关联项
WPH65.1.6.5c	盘护与评皇宫女婚生六男六女	【瑶族】
WPH65.1.6.5d	盘护与平王的一个宫女婚生六男六女	【瑶族】
WPH65.1.6.6	盘王与二宫女婚生六男六女	【瑶族】
WPH65.1.6.6a	盘王与平王的二宫之女婚生六男六女	【瑶族】
WPH65.1.6.6b	盘护与平王二宫女婚生六男六女	【瑶族】
WPH65.1.6.7	龙犬与高辛的女儿婚生六男六女	【民族，关联】①
WPH65.1.6.8	与盘瓠婚生六男六女有关的其他其他母题	
WPH65.1.6.8.1	神狗与寨老的三女儿婚生六男六女	【瑶族·红瑶】
WPH65.1.6.8.2	盘瓠婚生的六男六女封王瑶子孙	【瑶族】
WPH65.1.6.8.3	李大护与平王三女婚生六男六女	【瑶族】@ [WPH25.3.2.1.2*] 李大护即"龙犬盘王大护"
WPH65.1.6.8.3.1	李大护与平王二宫第三女生六男六女	【瑶族】
WPH65.1.6.8.3a	狗公与平王三女婚生六男六女	【瑶族】
WPH65.1.6.8.4	李大护与盘王三女婚生六男六女	【瑶族】@ [WPH65.1.6.8.3] 李大护与平王三女婚生六男六女

---

① 【瑶族】@[WPH25.3.8] 龙犬名盘瓠；[WPH90.2.1.1a] 龙犬姓盘名护。

W 编码	母题描述	关联项
WPH65.1.6.8.5	黄狗盘瓠与高王三公主婚生六男六女	【瑶族】
WPH65.1.6.8.6	盘瓠婚后三年生六男六女	
WPH65.1.6.8.6.1	盘瓠与高辛的少女婚后三年生六男六女	【古代民族】
WPH65.1.6.8.6.2	盘瓠与高辛帝女婚后三年生六男六女	【古代民族】
WPH65.1.7	盘瓠婚生其他特定数量的子女	
WPH65.1.7.1	盘瓠婚生三男六女	
WPH65.1.7.1.1	盘瓠与高辛帝公主婚生三男六女	【古代民族】
WPH65.1.7.2	盘瓠婚生七个儿子	【古代民族】@[WPH59.4.1.1] 盘瓠与高辛公主婚生七块肉
WPH65.1.7.2.1	盘瓠与高辛公主婚生七男	【古代民族】
WPH65.1.7.2a	盘瓠婚生七男七女	
WPH65.1.7.2a.1	黄狗翼洛与神农的女儿婚生七男七女	【民族,关联】①
WPH65.1.7.3	黄狗与土王的女儿婚生十个儿子	【民族,关联】②
WPH65.1.7.4	盘瓠婚生十二个儿子	
WPH65.1.7.4.1	金狗与皇帝女婚生十二个儿子	【苗族】
WPH65.1.7.5	盘瓠婚生六个儿子	

① 【苗族】@[WPH90.4.12] 盘瓠称为"翼洛";[WPH95.2.8.2*] 盘瓠神话的主角除了称盘瓠之外,还被称为邦尕、翼洛、更狗、伏羲。
② 【仡佬族】@[WPH25.2.5] 盘瓠是黄犬;[WPH90.1.1.5] 高王为大黄狗取名盘瓠。

W 编码	母题描述	关联项
WPH65.1.7.5.1	盘瓠与一女子婚生六子	【古代民族】
WPH65.1.7.5.2	狗变成小伙子与国王的独女婚后生六个儿子	【彝族】
WPH65.1.7.5.3	龙犬与二宫女婚生六男	【瑶族】
WPH65.1.7.6	盘瓠婚生四个儿子	
WPH65.1.7.6.1	盘瓠与高辛王的独生女辛女婚生四个儿子	【苗族】
WPH65.1.7.6.2	神犬与皇帝的三公主婚，一胎生四子	【瑶族·蓝田瑶】
WPH65.1.7.6.3	盘瓠与高辛小公主婚生大儿子托天，二儿子按地，三儿子擒龙，四儿子伏虎	【苗族】@[W0729f.3.2b.1] 盘瓠与高辛小公主婚生大儿子托天，二儿子按地，三儿子擒龙，四儿子伏虎
WPH65.1.7.7	盘瓠婚生四个孩子	
WPH65.1.7.7.1	麒麟与封为公主的宫女婚生四个孩子	【民族，关联】①
WPH65.1.7.7.2	神犬与公主婚生四个孩子	【汉族】
WPH65.1.8	与盘瓠婚生特定数量的子女有关的其他母题	
WPH65.1.8.1	盘瓠婚生的六男六女在盘瓠死后自相配偶	【古代民族】@[WPH65.7.6.20.1] 盘瓠与高辛公主婚生的六男六女自相夫妻是为南蛮
WPH65.1.8.2	一位妇女与犬相配后生八崽	【瑶族·八排瑶】

---

① 【畲族】@[WPH11.3.2] 盘瓠的外形是麒麟；[WPH25.6] 盘瓠是麒麟；[WPH52.2.1.1] 麒麟与高辛王封为公主的宫女婚；[WPH52.7.2a.1] 金麒麟与封为公主的宫女婚。

W 编码	母题描述	关联项
WPH65.1.8.3	盘葫与高辛氏的女儿婚生八个子女	【民族，关联】①
WPH65.1.8.4	黄狗与公主婚生几个儿子	【彝族】
WPH65.1.8.5	犬婚生一男	
WPH65.1.8.5.1	黑犬与皇帝的公主婚生一子	【黎族】@ [WPH25.2.10.1] 黑狗公王
WPH65.2	盘瓠生众多子女	
WPH65.2.1	人变成的狗与公主婚后生了很多孩子	【彝族】
WPH65.3	盘瓠的儿子	
WPH65.3.0	盘瓠的儿子盘王	[WPH65.3.8.1.1] 盘护生育了盘王、金王、包王、冯王和邓王五个王
WPH65.3.0.1	盘王的父亲是盘护	【瑶族·坳瑶】@ [WPH90.5.1] 盘瓠写作"盘护"（盘瓠又称"盘护"）
WPH65.3.1	盘瓠的长子（盘瓠后代中的长子）	
WPH65.3.1.1	盘瓠与高辛王三公主婚生的第一个孩子姓盘	【畲族】
WPH65.3.1.2	长子盘护	
WPH65.3.1.2.1	赐长男盘姓名护（瓠），封助国侯，食邑五千户，补充胜州刺史	【瑶族】

① 【汉族】@[WPH65.7.6.2a.1] 盘葫与高辛氏的女儿婚生八个子女，繁衍成八夷；[WPH90.5.12] 盘瓠又写作"盘葫"。

W 编码	母题描述	关联项
WPH65.3.1.2a	长子盘护龙	
WPH65.3.1.2a.1	盘瓠与评王的宫女婚后代，一赐长男姓盘名护龙，封助国侯，食邑五千户，补充腾州刺史	【瑶族】@[WPH65.1.6.5a] 盘瓠与评王宫女婚生6男6女
WPH65.3.1.3	长男盘启龙	
WPH65.3.1.3.1	赐长男姓盘名启龙，封助国公，食邑五千户，补充州刺史	【瑶族】
WPH65.3.1.4	长子盘四龙	
WPH65.3.1.4.1	平王女许名狗头瑶，繁衍十二姓瑶人，第一盘四龙	【瑶族】
WPH65.3.1.4.2	长男姓盘王号名四龙，封助国，食邑五千户，补充滕州刺史	【瑶族】
WPH65.3.1.4.3	盘护之后王傜奏上乞赐姓名，一赐男姓盘名启龙，封国侯，食邑五千户，补充滕州刺史	【瑶族】
WPH65.3.1.5	长子盘曰龙	
WPH65.3.1.5.1	盘大护后代王猺中，一赐长男姓盘曰（四）龙，封取国侯，食邑五千户，补充藤（滕）州刺史、尧州都尉、住奏者	【瑶族】@[WPH90.4.32] 盘瓠又称"盘大护"
WPH65.3.1.6	长子盘龙	【瑶族】
WPH65.3.1.6.1	长男姓盘名龙，一封助国侯，食邑五千户，补充滕州刺史	【瑶族】
WPH65.3.1.7	一姓男盘三六公	
WPH65.3.1.7.1	盘护与平王二宫女婚生下十二姓瑶人，一姓男盘三六公	【瑶族】

W 编码	母题描述	关联项
WPH65.3.1.8	长子盘才振	
WPH65.3.1.8.1	盘王公第一男子，姓盘六郎公，名才振，封助国护主，食邑五千户，补充腾州刺史卯（印）	【瑶族】
WPH65.3.1.9	长子盘自能	【畲族】
WPH65.3.1.9.1	盘瓠与高辛皇三公主婚生的长子追随父姓盘，叫盘自能	【畲族】
WPH65.3.1.9.2	高辛帝赐盘瓠王的长子姓盘，名自能，后封南阳郡"武骑侯"	【畲族】
WPH65.3.1.10	长子蓝灵征	
WPH65.3.1.10.1	蓝狗公与皇帝的七姑娘婚生长子蓝灵征	【瑶族】@ [WPH52.7.1e.2] 蓝狗公与皇帝的七姑娘婚
WPH65.3.1.11	与盘瓠的长子有关的其他母题	
WPH65.3.1.11.1	盘瓠的长子漂泊海外	
WPH65.3.1.11.1.1	盘瓠的长子盘姓一房人在坐船航行中遇风漂泊海外，所以畲族少盘姓	【畲族】
WPH65.3.1.11.1.2	盘瓠的老大盘自能不知去向，相传已下南洋	【畲族】
WPH65.3.1.11.2	女婿被封为长子	
WPH65.3.1.11.2.1	神犬虽然是个赘婿，却被国王封为长子	【瑶族】
WPH65.3.1.11.3	盘瓠的大儿子名托天	【民族，关联】①

① 【苗族】@[WPH65.3.7.1] 盘瓠的儿子托天；[WPH65.1.7.6.3] 盘瓠与高辛小公主婚生大儿子托天，二儿子按地，三儿子擒龙，四儿子伏虎。

6. 盘瓠的关系 | WPH65.3.2—WPH65.3.2.6

W 编码	母题描述	关联项
WPH65.3.2	盘瓠的二子（盘瓠后代中的次子）	
WPH65.3.2.1	盘瓠与三公主生的次子姓蓝	
WPH65.3.2.1.1	三公主赐次子姓篮（现在写作蓝）	【畲族】
WPH65.3.2.2	盘瓠的次子蓝昌奇	
WPH65.3.2.2.1	盘瓠次子姓蓝取名昌奇，封汝南郡	【畲族】
WPH65.3.2.3	盘瓠的次子蓝光辉	【畲族】
WPH65.3.2.3.1	盘瓠次子以蓝草为姓，叫蓝光辉	【畲族】
WPH65.3.2.3.2	高辛帝赐盘瓠的次子姓蓝，名光辉，后封为汝南郡"护国侯"	【畲族】
WPH65.3.2.4	次子蓝灵贵	
WPH65.3.2.4.1	蓝狗公与皇帝的七姑娘婚生次子蓝灵贵	【民族，关联】①
WPH65.3.2.5	次子沈贤成	
WPH65.3.2.5.1	赐二男姓沈名贤成，封骑国公，食邑四千户，补充尧州司马大将军	【瑶族】
WPH65.3.2.5.2	第二男子姓沈名贤成，封国侯，食邑五千户，补充剌州司马大将军印	【瑶族】
WPH65.3.2.6	次子沈飞凤	

---

① 【瑶族】@[WPH43.6.1.6]蓝狗公白日变狗，夜晚变成人；[WPH52.7.1e.2]蓝狗公与皇帝的七姑娘婚；[WPH65.3.1.10.1]蓝狗公与皇帝的七姑娘婚生长子蓝灵征。

W 编码	母题描述	关联项
WPH65.3.2.6.1	盘瓠与评王的宫女婚,繁衍后代,赐二男姓沈名飞凤,封武骑尉侯,食邑五千户,充赣州司马大将军	【瑶族】
WPH65.3.2.6.2	盘瓠后代各赐姓名官爵。胜(滕)州刺史。一赐二男姓沈名飞凤,封武骑尉侯,食邑五千户,充辑州司马大将军	【瑶族】
WPH65.3.2.6.3	赐二男姓沈名飞凤,封武骑尉卫侯,食邑五千户,补充珠州司马大将军	【瑶族】
WPH65.3.2.7	次子沈如飞	【瑶族】
WPH65.3.2.7.1	盘护之后王佺奏上乞赐姓名,赐男姓沈名如飞,封骑侯,食邑五千户,补充司马大将军	【瑶族】
WPH65.3.2.7.2	赐男姓沈名如飞,封骑侯,食邑五千户,补充剌州司马大将军	【瑶族】
WPH65.3.2.7.3	赐二男姓沈名如飞,封骑侯,食邑五十(千),补充剌州司马大将军	【瑶族】
WPH65.3.2.7.4	赐二男姓沈名如飞,封五尉骑侯,食邑五千,补充勒(尧)州司马大将军	【瑶族】
WPH65.3.2.7.5	赐二男姓沈名如飞,封武歌(国)侯,食邑五千户,互补充	【瑶族】
WPH65.3.2.8	次子沈文敬	
WPH65.3.2.8.1	盘护与平王二宫女成婚繁衍后代,二姓男沈文敬	【瑶族】

W 编码	母题描述	关联项
WPH65.3.2.9	盘瓠的二儿子名按地	【民族，关联】①
WPH65.3.3	盘瓠的三子（盘瓠后代中的第三子）	
WPH65.3.3.1	盘瓠与三公主婚生三子，三公主赐第三个孩子姓雷	【畲族】@ [WPH65.6.8.2] 盘瓠后代雷姓
WPH65.3.3.1a	龙王与三公主婚生三子，高辛赐第三个孩子姓雷	【畲族】
WPH65.3.3.2	三子郑广通	
WPH65.3.3.2.1	赐三男姓郑名广通，食邑三千户，刺史	【瑶族】
WPH65.3.3.3	老三雷巨佑	【畲族】
WPH65.3.3.3.1	高辛帝赐盘瓠王的三子姓雷，名巨佑，后封冯翌郡"立国侯"	
WPH65.3.3.4	三子姓雷，以承黄帝之妻嫘祖之姓	【畲族】
WPH65.3.3.5	三子包成	
WPH65.3.3.5.1	赐三男姓包名成，封光禄大夫，圣鲁侍郎，食邑三千户，补充饶州都尉	【瑶族】
WPH65.3.3.6	三子包进成	
WPH65.3.3.6.1	赐三男姓包名进成，食邑五千户，补充瑞州都尉	【瑶族】
WPH65.3.3.6.2	赐三男姓包名进成，封野尉侯，食邑三千户，补充州刺史	【瑶族】

---

① 【苗族】@[WPH65.3.7.2] 盘瓠的儿子托地；[WPH65.1.7.6.3] 盘瓠与高辛小公主婚生大儿子托天，二儿子按地，三儿子擒龙，四儿子伏虎。

W 编码	母题描述	关联项
WPH65.3.3.6a	三子包进承	
WPH65.3.3.6a.1	第三男子姓包名进承,封都尉,食邑三千户,补充排州刺史印	【瑶族】
WPH65.3.3.7	三子包成虎	
WPH65.3.3.7.1	赐三男姓包名成虎,封光禄大夫、圣鲁侍郎,食邑三千户,补充饶州都尉	【瑶族】
WPH65.3.3.8	三子包封野	
WPH65.3.3.8.1	赐三男姓包名封野,尉侯,食邑三千户,补充刺史	【瑶族】
WPH65.3.3.9	三子包凤	
WPH65.3.3.9.1	赐三男姓包名凤,封野尉侯,食邑二千户,补充扬州刺史	【瑶族】
WPH65.3.3.10	三子包容亮	【瑶族】
WPH65.3.3.11	三子包元明	【瑶族】
WPH65.3.3.12	三子冯四虎	
WPH65.3.3.12.1	赐三男姓冯名四虎,封野侯,食邑三千户,补充瑞州刺史	【瑶族】
WPH65.3.3.13	盘瓠的三儿子名擒龙	【苗族】
WPH65.3.4	盘瓠的四子(盘瓠后代中的第四子)	
WPH65.3.4.1	四子包文敬	
WPH65.3.4.1.1	赐四男姓包名文敬,封光禄大夫,食邑三千户,补充尧州都尉	【瑶族】
WPH65.3.4.2	四子黄虎	

W 编码	母题描述	关联项
WPH65.3.4.2.1	赐四男姓黄名虎，封光禄大夫、圣鲁侍郎，食邑三千户，补充饶州都尉	【瑶族】
WPH65.3.4.2.2	赐四男姓黄名虎，光禄大夫，旺鲁侍郎，食邑三千户，补充尧州都尉史	【瑶族】
WPH65.3.4.2.3	赐四男姓黄名虎，光禄夫，旺鲁侍郎，食邑三千户，补充尧州都尉	【瑶族】
WPH65.3.4.2.4	赐四男姓黄名虎，封光禄大夫、圣鲁侍郎，食邑三千户，补充饶州都尉	【瑶族】
WPH65.3.4.3	四子黄文敬	
WPH65.3.4.3.1	第四男姓黄名文敬，封光禄大夫，食邑二千户，补充饶州都尉印	【瑶族】
WPH65.3.4.3.2	赐四男姓黄名文敬，封光禄大夫都鲁侍郎，食邑三千户，补充尧州都尉	【瑶族】
WPH65.3.4.3.3	赐男姓黄名文敬，食邑一千户，封光禄侍郎，补尧州都尉	【瑶族】
WPH65.3.4.4	四子黄进成	【瑶族】
WPH65.3.4.5	四子黄世虎	【瑶族】
WPH65.3.4.6	四子黄曰虎	
WPH65.3.4.6.1	赐四男姓黄名曰虎，光禄夫郎，食邑三千户，补充饶州都尉	【瑶族】
WPH65.3.4.7	四子李应瑞	

W 编码	母题描述	关联项
WPH65.3.4.7.1	赐四男姓李名应瑞，封镇国大将军，食邑二千户，充本司仆射官郎	【瑶族】
WPH65.3.4.8	盘瓠的四儿子名伏虎	【苗族】
WPH65.3.5	盘瓠的五子（盘瓠第五子）	
WPH65.3.5.1	五子李应瑞	
WPH65.3.5.1.1	赐五男姓李名应瑞，封镇国大将军，食邑一千户，补充本司仆射官郎	【瑶族】
WPH65.3.5.1.2	赐五男姓李名应瑞，封紫禄大夫，食邑一千户，补充本司仆射郎官	【瑶族】
WPH65.3.5.1.3	赐五男姓李名应瑞，封紫金大夫，食邑一千户，补充本司仆射郎官	【瑶族】
WPH65.3.5.2	五子李思安	
WPH65.3.5.2.1	第五男子姓李名思安，封财禄大夫，食邑二千户，补充本司侯射郎印	【瑶族】
WPH65.3.6	盘瓠其他排行的儿子（与盘瓠相关的其他排行的特定名称的儿子）	
WPH65.3.6.1	盘瓠的六子（盘瓠后代中的第六子）	
WPH65.3.6.1.1	六子邓连宴	
WPH65.3.6.1.1.1	第六男子姓邓名连宴（安），封镇国大将，食邑一千户，补充腾州都尉印（印）	【瑶族】

W编码	母题描述	关联项
WPH65.3.6.1.2	六子邓协瑞	
WPH65.3.6.1.2.1	赐六男姓邓名协瑞,封镇国大将军,食邑一千户,补充信州都尉	【瑶族】
WPH65.3.6.1.2.2	赐六男姓邓名协瑞,封国大将军,食邑一千户,补充攸州都尉	【瑶族】
WPH65.3.6.1.3	六子邓琏	
WPH65.3.6.1.3.1	赐六男姓邓名琏,封尉左右大将军,食邑二千户,补充河南府陈氏夫人	【瑶族】
WPH65.3.6.2	盘瓠的七子(盘瓠后代中的第七子)	
WPH65.3.6.2.1	七子周元	
WPH65.3.6.2.1.1	赐七男姓周名元,封判使,食邑三千户,补充韶州府王氏夫人	【瑶族】
WPH65.3.6.2.1.2	赐七男姓周名元,封都尉判使,佑州王化(氏)夫人	【瑶族】
WPH65.3.6.2.2	七子周文旺	
WPH65.3.6.2.2.1	赐七男姓周名文旺,封都尉判使佐州王氏夫人	【瑶族】
WPH65.3.6.2.3	七子周有旺	
WPH65.3.6.2.3.1	第七男子,姓周名有旺,封都尉大将军王氏夫人	【瑶族】
WPH65.3.6.3	盘瓠的八子(盘瓠后代中的第八子)	
WPH65.3.6.3.1	八子赵才昌	【瑶族】

W 编码	母题描述	关联项
WPH65.3.6.3.2	八子赵朝昌	【瑶族】
WPH65.3.6.3.3	八子赵瑞	【瑶族】
WPH65.3.6.3.4	八子赵元	
WPH65.3.6.3.4.1	赐八男姓赵名元，封都尉镇国公，食邑五千户，补充哀州袁氏夫人	【瑶族】
WPH65.3.6.4	盘瓠的九子（盘瓠还中的第九子）	
WPH65.3.6.4.1	九子胡通广	
WPH65.3.6.4.1.1	第九男子姓胡名通广，封〔都〕尉总将永氏夫人	【瑶族】
WPH65.3.6.4.1.2	赐九男姓胡名通广，封都鲁将军永氏夫人	【瑶族】
WPH65.3.6.4.2	九子胡珍	
WPH65.3.6.4.2.1	赐九男姓胡名珍，封都鱼都将军永夫人	【瑶族】
WPH65.3.6.4.3	九子唐瑞	
WPH65.3.6.4.3.1	赐九男姓唐名瑞，封定国公尚书御禄库杨氏夫人	【瑶族】
WPH65.3.6.5	盘瓠的十子（盘瓠后代中第十子）	
WPH65.3.6.5.1	十子雷世元	
WPH65.3.6.5.1.1	赐十男姓雷名世元，御封定国公鲁侍郎，食邑盛县永氏夫人	【瑶族】
WPH65.3.6.5.2	十子雷万朝	

W 编码	母题描述	关联项
WPH65.3.6.5.2.1	第十男子，姓雷名万朝，封定国将军喜氏夫人	【瑶族】
WPH65.3.6.5.3	十子唐元瑞	
WPH65.3.6.5.3.1	赐十男姓唐名元瑞，封定国公尚书嘉氏夫人	【瑶族】
WPH65.3.6.5.3.2	赐十男姓唐名元瑞，定国公尚书都嘉夫人	【瑶族】
WPH65.3.6.6	盘瓠的十一子（盘瓠后代中第十一子）	
WPH65.3.6.6.1	十一子冯世瑞	
WPH65.3.6.6.1.1	赐十一男姓冯名世瑞，封经国侯尚书补大司仆射杨县夫人	【瑶族】
WPH65.3.6.6.2	十一子雷元卿	
WPH65.3.6.6.2.1	赐十一男姓雷名元卿，封定国班鲁侍郎，食邑甚昌县永氏夫人	【瑶族】
WPH65.3.6.6.2.2	赐十一男姓雷名元卿，封定国班鲁侍郎，食邑甚昌县永化夫人	【瑶族】
WPH65.3.6.6.3	十一子郑富有	
WPH65.3.6.6.3.1	第十一男子，姓郑名富有，封护国公都杨氏夫人	【瑶族】
WPH65.3.6.7	盘瓠的十二子（盘瓠后代中第十二子）	
WPH65.3.6.7.1	十二子蒲朝万	
WPH65.3.6.7.1.1	赐十二男姓蒲名朝万，定国公，补充本司仆射	【瑶族】
WPH65.3.6.7.2	十二子胡世珍	

W 编码	母题描述	关联项
WPH65.3.6.7.2.1	赐十二男姓胡名世珍，封都尉镇引将军，食邑三千户，补充流州永大夫人	【瑶族】
WPH65.3.6.7.3	十二子冯德忠	
WPH65.3.6.7.3.1	第十二男子，姓冯名德忠，经国门下大学士知柳氏夫人	【瑶族】
WPH65.3.6.7.4	十二子冯世瑞	
WPH65.3.6.7.4.1	赐十二男姓冯名世瑞，封经国侯，本司仆射郎石杨县柳氏夫人	【瑶族】
WPH65.3.6.7.5	十二子冯四瑞	
WPH65.3.6.7.5.1	赐十二男姓冯名四瑞，封经国侯，充本司充文州石羊县夫人	【瑶族】
WPH65.3.7	盘瓠其他特定名称的儿子	
WPH65.3.7.1	盘瓠的儿子托天	【苗族】@[WPH65.1.1.1.1] 盘瓠和辛女生两个儿子，取名托天和托地
WPH65.3.7.2	盘瓠的儿子托地	【苗族】@[WPH65.1.1.1.1] 盘瓠和辛女生两个儿子，取名托天和托地
WPH65.3.8	盘瓠的儿子是特定名称的王	
WPH65.3.8.1	盘护生育了五个王	
WPH65.3.8.1.1	盘护生育了盘王、金王、包王、冯王和邓王五个王	【瑶族·坳瑶】@[WPH65.3.0] 盘瓠的儿子盘王

W 编码	母题描述	关联项
WPH65.3.8.1.1.1	盘护的儿子金王	【瑶族·坳瑶】
WPH65.3.8.1.1.2	盘护的儿子包王	【瑶族·坳瑶】@[WPH65.6.8.11] 盘瓠后代包姓
WPH65.3.8.1.1.3	盘护的儿子冯王	【瑶族·坳瑶】@[WPH65.6.8.19] 盘瓠后代冯姓
WPH65.3.8.1.1.4	盘护的儿子邓王	【瑶族·坳瑶】@[WPH65.6.8.14] 盘瓠后代邓姓
WPH65.3.9	盘瓠后代中有名字的人物	
WPH65.4	盘瓠的女儿	
WPH65.4.1	盘瓠女儿的姓氏	
WPH65.4.1.1	盘瓠的女儿姓龙	
WPH65.4.1.1.1	盘瓠的女儿赐姓龙	【畲族】
WPH65.4.1.2	盘瓠的女儿姓钟	[WPH65.5.1.1] 盘瓠女儿嫁给钟姓
WPH65.4.1.2.1	盘瓠与高辛王三公主婚生女儿时传来钟声，三公主赐女儿姓钟	【畲族】
WPH65.4.1.2.2	高辛帝赐龙犬驸马的女儿外孙女长大嫁夫随夫姓，后来嫁给姓钟的就跟着姓钟	【畲族】@[WPH29.1] 盘瓠是驸马
WPH65.4.2	盘瓠女儿的名字	
WPH65.4.2.1	盘瓠的女儿淑玉	
WPH65.4.2.1.1	盘瓠与高辛皇三公主婚生下三男一女，女儿叫淑玉	【畲族】

W 编码	母题描述	关联项
WPH65.4.2.2	盘瓠的女儿郑元瑞	
WPH65.4.2.2.1	平王女许名狗头瑶，繁衍十二姓瑶人，有一女郑元瑞	【瑶族】
WPH65.4.2.3	盘瓠的女儿端正	
WPH65.4.2.3.1	李大护儿女名端正	【民族，关联】①
WPH65.4.3	盘瓠女儿的生活	
WPH65.4.3.1	盘瓠女进入武陵山区	【古代民族】
WPH65.4.3.2	盘瓠女变皇宫公主的发式为越人妇女的布盖项髻	【古代民族】
WPH65.4.4	与盘瓠女儿有关的其他母题	
WPH65.4.4.1	盘瓠的女儿的后代姓钟	【畲族】
WPH65.5	盘瓠的女婿	
WPH65.5.1	盘瓠女婿的姓氏	
WPH65.5.1.1	盘瓠女儿嫁给钟姓	【畲族】@ [WPH65.4.1.2.1] 盘瓠与高辛王三公主婚生女儿时传来钟声，三公主赐女儿姓钟
WPH65.5.1.2	狗王养女一宫，女婿姓钟	【畲族】@ [WPH65.6.2.1.5] 狗王与公主婚生三男一女，三男形成盘、篮、雷三姓，女婿钟姓
WPH65.5.2	盘瓠女婿的名字	

---

① 【瑶族】@[WPH25.3] 盘瓠是龙犬；[WPH25.3.2.1] 李大护龙犬。

6. 盘瓠的关系 | WPH65.5.2.1—WPH65.6.1 |

W 编码	母题描述	关联项
WPH65.5.2.1	盘瓠的女儿嫁给钟智深	【畲族】@ [W0729f.3.1.2.1] 槃瓠与高辛王的公主婚生长男槃自能，次男蓝光辉，三男雷巨佑；女儿嫁钟智深
WPH65.5.2.1a	盘瓠的女儿嫁给钟志琛	【畲族】
WPH65.5.2.1b	盘瓠王的女婿钟志清	
WPH65.5.2.1b.1	盘瓠王招赘女婿姓钟，名志清，封颍川郡"国勇侯"	【畲族】
WPH65.5.2.2	盆大护的女婿钟麟	【民族，关联】①
WPH65.6	盘瓠的后代是特定的姓氏	[WPH22.3] 盘瓠是特定姓氏的祖先
WPH65.6.0	盘瓠后代姓氏的产生	
WPH65.6.0.1	帝王为盘瓠后代赐姓	
WPH65.6.0.2	盘瓠与公主为子女命名姓氏	
WPH65.6.0.3	盘瓠为子女命名姓氏	
WPH65.6.0.4	三公主为子女赐姓	
WPH65.6.0.4.1	三公主为孩子赐盘、蓝、雷三姓	【畲族】
WPH65.6.0.5		
WPH65.6.1	盘瓠婚生三姓	[WPH65.6.7.5.1] 盘瓠之后在漳平有蓝、雷、钟三姓

---

① 【畲族】@[WPH82.2.2.5.1] 每年正月初一集中全畲老少拜祭祖先盆大护；[WPH90.2.1.1b] 龙犬号盘瓠（龙犬名盘护）；[WPH90.2.1.1d] 龙犬盘大护。

W 编码	母题描述	关联项
WPH65.6.1.1	龙犬盘瓠与高辛帝的三公主婚生三子一女，三男分别赐姓盘、蓝、雷	【畲族】
WPH65.6.2	盘瓠婚生四姓	
WPH65.6.2.1	盘瓠婚生三男一女 成为盘、钟、蓝、雷四姓	[WPH22.3.1] 盘瓠是雷、蓝、钟、盘姓的祖先
WPH65.6.2.1.1*	闽浙一带畲族以始祖盘瓠所生的三男一女形成的盘、钟、蓝、雷四姓为正统	【畲族】
WPH65.6.2.1.2	盘瓠与高辛皇帝三公主婚生三男一女，成为盘、蓝、雷、钟四姓	【民族，关联】①
WPH65.6.2.1.3	龙麒与三公主婚生三男一女，三子成为盘、蓝、雷三姓，女婿钟姓	【畲族】@ [WPH65.1.3.3] 龙麒与三公主婚生三男一女
WPH65.6.2.1.3a	龙麒与三公主婚生三男一女，三子成为盘、蓝、雷三姓，细女招亲钟姓子，女婿养子是姓钟	【畲族】
WPH65.6.2.1.3b	龙麒与三公主婚生三男一女，高辛王赐盘、蓝、雷、钟四姓	【畲族】
WPH65.6.2.1.4	狗头王与三公主婚生三男一女，形成篮、盘、雷、钟四姓	【民族，关联】②

---

① 【畲族】@[WPH52.1.1.1] 盘瓠与高辛帝三公主婚；[WPH65.1.3.1.1] 盘瓠与高辛帝的三公主婚生三男一女；[WPH65.4.1.2.2] 高辛帝赐龙犬驸马的女儿外孙女长大嫁夫随夫姓，后来嫁给姓钟的就跟着姓钟。

② 【畲族】@[WPH65.1.3.2] 狗头王与三公主婚生三男一女；[WPH90.4.1b] 盘瓠又称狗头王。

6. 盘瓠的关系 | WPH65.6.2.1.5—WPH65.6.4 |

W 编码	母题描述	关联项
WPH65.6.2.1.5	狗王与公主婚生三男一女，三男形成盘、篮、雷三姓，女婿钟姓	【畲族】@ [WPH65.5.1.2] 狗王养女一宫，女婿姓钟
WPH65.6.2.1.6	金麒麟与公主繁衍雷、蓝、钟、盘四姓	【畲族】[WPH25.6] 盘瓠是麒麟
WPH65.6.2.1.7	亢金龙与三公主婚生三男一女，分姓盘、蓝、雷、钟四姓，自称山哈人	【民族，关联】①
WPH65.6.2.1.8	五彩狗与三公主婚生三子一女，辛帝赐姓盘、蓝、雷、钟	【畲族】
WPH65.6.3	盘瓠婚生五姓	
WPH65.6.3.1	狗与皇女婚生雷、蓝、锤、鼓、盘五姓	【民族无考】
WPH65.6.3a	盘瓠婚生六姓	
WPH65.6.3a.1	盆大护和三公主婚生六男六女，盆大护给他们取了盆、盘、蓝、栏、来、雷六姓	【民族，关联】②
WPH65.6.3a.2	龙犬与二宫女婚生六男，分为盘、赵、郑、陈、邓、李六姓	【瑶族】
WPH65.6.4	盘瓠婚生七姓	

---

① 【畲族】@[WPH22.5.4.6*] 山哈祖先盘瓠；[WPH26.3.2] 盘瓠是亢金龙星下凡投胎；[WPH90.4.19] 盘瓠又称"金龙"。

② 【畲族】@[WPH65.6.4.2] 盆大护和三公主婚生六男六女，盆大护给儿女取盆、盘、蓝、栏、来、雷六姓，又招女婿钟姓；[WPH65.7.3.5.2.1] 盆大护和三公主婚生六男六女演化出七姓，后来部分盆、来、雷姓子孙由湖南迁入广东演变为畲族。

W 编码	母题描述	关联项
WPH65.6.4.1	盘瓠与高辛帝公主婚生七男，长大各认一姓，即田、雷、再（冉）、向、蒙、旴、叔孙氏	【古代民族】@ [W0729f.3.3.1.1] 盘瓠与公主婚生田、雷、再（冉）、向、蒙、旲、叔孙氏七姓
WPH65.6.4.1a	盘瓠与高辛帝公主婚生七男，长大各认一姓，即田、雷、再、向、蒙、旲、叔孙氏	【古代民族】
WPH65.6.4.2	盆大护和三公主婚生六男六女，盆大护给儿女取盆、盘、蓝、栏、来、雷六姓，又招女婿钟姓	【畲族】
WPH65.6.5	盘瓠婚生十二姓	[WPH65.14.3.2] 盘瓠繁衍的十二姓氏八姓为官，四姓为将
WPH65.6.5.1	盘瓠与评皇公主婚生六男六女，成为盘、沈、郑、黄、李、邓、周、赵、胡、冯、包、浦十二姓	【瑶族】
WPH65.6.5.2	盘瓠与评王三女儿婚生六男六女，赐盘、沈、包、黄、李、邓、周、赵、胡、雷、唐、冯十二姓	【瑶族】@ [WPH65.6.7.2] 盘瓠后代有盘、沈、包（鲍）、黄、李、邓、周、赵、胡、唐、雷、冯十二姓
WPH65.6.5.2a	龙犬盘瓠与评皇三公主婚生的六男六女成为为盘、沈、黄、李、邓、周、赵、胡、郑、冯、雷、蒋等十二姓瑶人祖先	【瑶族】@ [WPH65.6.5.2g] 龙犬盘瓠与评皇的后宫女婿生的六男六女成为为盘、沈、黄、李、邓、周、赵、胡、郑、冯、雷、蒋十二姓

W 编码	母题描述	关联项
WPH65.6.5.2b	盘瓠与评王的宫女婚生盘、沈、包、黄、李、邓、周、赵、唐、雷、冯、胡十二姓	【瑶族】@ [WPH65.6.7.2b] 盘护与评王公主生六男六女，评王赐盘、沈、包、黄、李、邓，赵、胡、雷、唐、冯、周十二姓
WPH65.6.5.2c	盘护与评王宫女婚生盘、沈、包、黄、李、邓、周、赵、唐、雷、冯、胡十二姓	【瑶族】
WPH65.6.5.2d	盘护与评王的宫女婚生盘、沈、包、黄、李、邓、周、赵、胡、唐、翟、冯十二姓	【瑶族】
WPH65.6.5.2e	盘护与评王的宫女婚生盘、沈、郑、黄、李、邓、周、赵、胡、冯、危(包)、蒲十二姓	【瑶族】
WPH65.6.5.2f	盘护与评王的宫女婚生盘、沈、黄、李、□、赵、胡、郑、冯、雷、蒋、□十二姓	【瑶族】
WPH65.6.5.2g	龙犬盘瓠与评皇的后宫女生的六男六女成为为盘、沈、黄、李、邓、周、赵、胡、郑、冯、雷、蒋十二姓	【瑶族】@ [WPH65.6.5.2a] 龙犬盘瓠与评皇三公主婚生的六男六女成为为盘、沈、黄、李、邓、周、赵、胡、郑、冯、雷、蒋等十二姓瑶人祖先
WPH65.6.5.2h	盘王与平王三公主婚生六男六女赐姓盘、包、黄、李、邓、赵、唐、周、富、沈、冯、胡	【瑶族】

W 编码	母题描述	关联项
WPH65.6.5.2j	盘护与花英婚生盘、沈、包、黄、李、邓、赵、胡、雷、唐、冯、周	【瑶族】@[WPH65.1.6.3.1] 盘护与评王的公主花英婚生六男六女
WPH65.6.5.2k	盘护与公主婚生赵、盘、黄、李、邓、郑蒋、周、胡、雷、冯、沈十二姓	【瑶族】
WPH65.6.5.2m	盘大护与平王宫女婚生六男六女,平王赐盘、沈、冯、黄、李、邓、周、赵、胡、唐、雷、蒋十二姓	【瑶族】@[WPH90.4.32] 盘瓠又称"盘大护"
WPH65.6.5.2n	盘护与评皇宫女婚生六子六女,评皇赐盘、沈、包、黄、李、邓、周、赵、张、雷、蒋、胡十二姓	【瑶族】
WPH65.6.5.3	盘护与评王的公主婚生六男六女赐十二姓	【瑶族】
WPH65.6.5.3.1	盘护与评王的公主婚生六男六女,评王赐十二姓	【瑶族】
WPH65.6.5.4	盘瓠与公主婚生六男六女,传十二姓瑶族	【瑶族】
WPH65.6.5.5	盘护与高辛帝的公主婚生六男六女赐十二姓	
WPH65.6.5.5.1	盘护与高辛帝的公主婚生六男六女,高辛帝赐十二姓	【瑶族】
WPH65.6.6	盘瓠婚生其他数量的姓氏	
WPH65.6.6.1	盘瓠婚生八姓	

6. 盘瓠的关系 | WPH65.6.6.1.1—WPH65.6.7.2a |

W 编码	母题描述	关联项
WPH65.6.6.1.1	盘护王龙犬与平王三宫女婚生四男四女，分为龙、蓝、卜、刘、唐、秦、戴、文八姓	【瑶族】@ [WPH65.1.4.1] 盘护王龙犬与三宫女婚生四男四女
WPH65.6.6.2	盘瓠婚生十三姓	
WPH65.6.6.2.1	盘王共生了十三个儿子，分作十三姓	【瑶族】
WPH65.6.6.3	盘瓠子女有多个姓氏	
WPH65.6.6.3.1	大将蓝公狗与皇帝的公主婚生班、蓝、罗、韦、蒙、袁数子	【瑶族】@ [WPH65.7.1.15] 蓝公狗与皇帝的公主婚生后代瑶人
WPH65.6.7	盘瓠后代有多种姓氏	
WPH65.6.7.0	盘瓠的后代分为十二姓宗支	【瑶族】
WPH65.6.7.1	盘瓠后代有冉、向、田、雷、蒙、叔孙等姓氏	
WPH65.6.7.2	盘瓠后代有盘、沈、包(鲍)、黄、李、邓、周、赵、胡、唐、雷、冯十二姓①	【瑶族】@ [WPH65.6.5.2] 盘瓠与评王三女儿婚生六男六女，赐盘、沈、包、黄、李、邓、周、赵、胡、雷、唐、冯十二姓
WPH65.6.7.2a	盘瓠后代有盘、蓝、雷、钟、沈、鲍、李、邓、赵、胡、冯、唐	【瑶族】

---

① 盘瓠后代有盘、沈、包(饱)、黄、李、邓、周、赵、胡、唐、雷、冯十二姓：这种情况主要是指盘瓠生的后代繁衍出十二种姓氏，与盘瓠婚生的六男六女十二个孩子被赐予十二个姓氏的情况有所不同。

W 编码	母题描述	关联项
WPH65.6.7.2b	盘护与评王公主生六男六女。评王赐盘、沈、包、黄、李、邓、赵、胡、雷、唐、冯、周十二姓	【瑶族】@[WPH65.6.5.2b] 盘瓠与评王的宫女婚生盘、沈、包、黄、李、邓、周、赵、唐、雷、冯、胡十二姓
WPH65.6.7.2c	盘护与评王的宫女婚生盘、沈、包、黄、李、邓、周、赵、胡、唐、雷、冯十二姓	【瑶族】@[WPH65.6.5.2c] 盘护与评王宫女婚生盘、沈、包、黄、李、邓、周、赵、唐、雷、冯、胡十二姓
WPH65.6.7.2d	盘护与平王的宫女婚生盘、沈、包、黄、李、邓、周、赵、胡、唐、雷、冯十二姓	【瑶族】
WPH65.6.7.3	盘瓠后代有吴、龙、麻、石、田、廖、雷、滕、杨、陈、满、李十二姓	【苗族】
WPH65.6.7.4	盘瓠后代有蒲、刘、丁、沈、石、陈、梁七姓氏	【瑶族】
WPH65.6.7.4.1	"七姓瑶"即蒲、刘、丁、沈、石、陈、梁七姓氏瑶人	【瑶族】
WPH65.6.7.5	盘瓠后代有蓝、雷、钟三姓	[WPH65.6.1] 盘瓠婚生三姓
WPH65.6.7.5.1	盘瓠之后在漳平有蓝、雷、钟三姓	【瑶族】
WPH65.6.7.6	盘瓠后代有田、彭、白三大姓	
WPH65.6.7.6.1*	酉阳州后溪田、彭、白三大姓可能是盘瓠的一支	【民族无考】

6. 盘瓠的关系 | WPH65.6.7.6.2*—WPH65.6.8.1.3*

W 编码	母题描述	关联项
WPH65.6.7.6.2*	酉阳州后溪田、彭、白三大姓称老汉族	【民族无考】
WPH65.6.7.7	盘瓠后代有冉氏向氏二姓	
WPH65.6.7.7.1*	三峡一带的盘瓠"蛮"系民族有冉氏向氏二姓	【古代民族】
WPH65.6.7.8	苟、雷、监等五姓是盘瓠后代	【畲族】
WPH65.6.7.9	盘瓠后代有三百六十二个姓氏	
WPH65.6.7.9.1	盘瓠后代有黄、邓、周、赵、胡、沈、郑、唐、雷、潘、廖、覃、刘、莫、祝、罗、张、韦、全等三百六十二个姓氏	【瑶族】
WPH65.6.8	作为盘瓠后代的常见姓氏	
WPH65.6.8.1	盘瓠后代盘姓	[WPH65.6.7.2a] 盘瓠后代有盘、蓝、雷、钟、沈、鲍、李、邓、赵、胡、冯、唐
WPH65.6.8.1.1	盘氏是盘瓠之种	
WPH65.6.8.1.1.1	盘氏为六种武陵蛮之首	【古代民族】
WPH65.6.8.1.1a	盘氏是盘瓠氏之后	【古代民族】
WPH65.6.8.1.1a.1*	盘氏与冉元巴李田为巴南六姓	【古代民族】
WPH65.6.8.1.2	盘瓠后代盘姓瑶人	【瑶族】
WPH65.6.8.1.2.1	瑶为盘瓠之后故多姓盘	【古代民族】
WPH65.6.8.1.2.2*	盘姓者为盘瓠之裔为真猺	【瑶族】@ [WPH65.6.9.1] 盘姓为真猺（瑶）
WPH65.6.8.1.3*	盘姓出自奉龙为图腾的太昊	【畲族】

W 编码	母题描述	关联项
WPH65.6.8.1.4*	盘姓属瑶族	【畲族】
WPH65.6.8.1.4a*	瑶出盘瓠，盘为瑶姓	【瑶族】
WPH65.6.8.1.5*	高辛狗王之后盘姓居多	【瑶族】@ [WPH27.1.2.3] 盘瓠是狗王
WPH65.6.8.1.6*	盘瓠之后盘姓生活在粤东西	【瑶族】
WPH65.6.8.2	盘瓠后代雷姓	【民族，关联】①
WPH65.6.8.2.1	龙麒与三公主生的第三个儿子皇帝赐姓雷	【畲族】
WPH65.6.8.2.2		
WPH65.6.8.2.3	与盘瓠后代雷姓有关的其他母题	[WPH65.11.7] 盘瓠后代雷姓分布福安、霞浦很多
WPH65.6.8.2.3.1*	雷姓出自奉牛为图腾的蚩尤	【畲族】
WPH65.6.8.2.3.2*	雷姓属苗族	【畲族】
WPH65.6.8.3	盘瓠后代蓝姓	【关联】②
WPH65.6.8.3.1*	蓝姓出自奉凤为图腾的少昊族裔	【畲族】
WPH65.6.8.3.2*	蓝姓最早写作"篮"	【畲族】

① 【畲族】@[WPH65.6.7.1] 盘瓠后代有冉、向、田、雷、蒙、叔孙等姓氏；[WPH65.6.7.2] 盘瓠繁衍盘、沈、包(鲍)、黄、李、邓、周、赵、胡、唐、雷、冯十二姓；[WPH65.6.7.2a] 盘瓠后代有盘、蓝、雷、钟、沈、鲍、李、邓、赵、胡、冯、唐；[WPH65.6.7.3] 盘瓠后代有吴、龙、麻、石、田、廖、雷、滕、杨、陈、满、李十二姓。

② [WPH65.6.6.1.1] 盘护王龙犬与三宫女婚生四男四女，分八姓，龙、蓝、卜、刘、唐、秦、戴、文八姓；[WPH65.6.7.2a] 盘瓠后代有盘、蓝、雷、钟、沈、鲍、李、邓、赵、胡、冯、唐。

W 编码	母题描述	关联项
WPH65.6.8.4	盘瓠后代钟姓	[WPH65.6.7.2a] 盘瓠后代有盘、蓝、雷、钟、沈、鲍、李、邓、赵、胡、冯、唐
WPH65.6.8.4.1*	钟姓出自奉凤为图腾的少昊族裔	【畲族】
WPH65.6.8.5	盘瓠后代冉姓	【关联】①
WPH65.6.8.5.1*	巴东冉氏是盘瓠苗裔的一支	【古代民族】
WPH65.6.8.6	盘瓠后代向姓	【关联】②
WPH65.6.8.7	盘瓠后代田姓	[WPH65.6.7.1] 盘瓠后代有冉、向、田、雷、蒙、叔孙等姓氏
WPH65.6.8.7.1	盘瓠后裔田氏是土家族之先民	【土家族】
WPH65.6.8.7.2	长江三峡地区田姓以盘瓠族居多	【民族无考】
WPH65.6.8.8	盘瓠后代蒙姓	[WPH65.6.7.1] 盘瓠后代有冉、向、田、雷、蒙、叔孙等姓氏
WPH65.6.8.9	盘瓠后代叔孙姓	[WPH65.6.7.1] 盘瓠后代有冉、向、田、雷、蒙、叔孙等姓氏

① [WPH65.6.4.1] 盘瓠与高辛帝公主婚生七男，长大各认一姓，即田、雷、再(冉)、向、蒙、旼、叔孙氏；[WPH65.6.7.1] 盘瓠后代有冉、向、田、雷、蒙、叔孙等姓氏；[WPH65.6.7.7.1*] 三峡一带的盘瓠“蛮”系民族有冉氏向氏二姓。

② [WPH65.6.7.1] 盘瓠后代有冉、向、田、雷、蒙、叔孙等姓氏；[WPH65.6.7.7.1*] 三峡一带的盘瓠“蛮”系民族有冉氏向氏二姓。

W 编码	母题描述	关联项
WPH65.6.8.10	盘瓠后代沈姓	【民族，关联】①
WPH65.6.8.11	盘瓠后代包姓	【民族，关联】②
WPH65.6.8.11a	盘瓠后代鲍姓	【瑶族】@ [WPH65.6.7.2a] 盘瓠后代有盘、蓝、雷、钟、沈、鲍、李、邓、赵、胡、冯、唐
WPH65.6.8.12	盘瓠后代黄姓	【瑶族】@ [WPH65.6.7.2] 盘瓠繁衍盘、沈、包（鲍）、黄、李、邓、周、赵、胡、唐、雷、冯十二姓
WPH65.6.8.13	盘瓠后代李姓	【民族，关联】③
WPH65.6.8.14	盘瓠后代邓姓	【民族，关联】④

① 【瑶族】@[WPH65.6.7.2]盘瓠繁衍盘、沈、包（鲍）、黄、李、邓、周、赵、胡、唐、雷、冯十二姓；[WPH65.6.7.2a]盘瓠后代有盘、蓝、雷、钟、沈、鲍、李、邓、赵、胡、冯、唐；[WPH65.6.7.4]盘瓠后代有蒲、刘、丁、沈、石、陈、梁七姓氏。

② 【瑶族】@[WPH65.6.7.2]盘瓠繁衍盘、沈、包（鲍）、黄、李、邓、周、赵、胡、唐、雷、冯十二姓；[WPH65.3.8.1.1.2]盘护的儿子包王。

③ 【瑶族】@[WPH65.6.7.2]盘瓠繁衍盘、沈、包（鲍）、黄、李、邓、周、赵、胡、唐、雷、冯十二姓；[WPH65.6.7.2a]盘瓠后代有盘、蓝、雷、钟、沈、鲍、李、邓、赵、胡、冯、唐；[WPH65.6.7.3]盘瓠后代有吴、龙、麻、石、田、廖、雷、滕、杨、陈、满、李十二姓。

④ 【瑶族】@[WPH65.3.8.1.1.4]盘护的儿子邓王；[WPH65.6.7.2]盘瓠繁衍盘、沈、包（鲍）、黄、李、邓、周、赵、胡、唐、雷、冯十二姓；[WPH65.6.7.2a]盘瓠后代有盘、蓝、雷、钟、沈、鲍、李、邓、赵、胡、冯、唐。

6. 盘瓠的关系 | WPH65.6.8.15—WPH65.6.8.20.1 |

W 编码	母题描述	关联项
WPH65.6.8.15	盘瓠后代周姓	【瑶族】@[WPH65.6.7.2] 盘瓠繁衍盘、沈、包（鲍）、黄、李、邓、周、赵、胡、唐、雷、冯十二姓
WPH65.6.8.16	盘瓠后代赵姓	【民族，关联】①
WPH65.6.8.17	盘瓠后代胡姓	【民族，关联】②
WPH65.6.8.18	盘瓠后代唐姓	【民族，关联】③
WPH65.6.8.19	盘瓠后代冯姓	【民族，关联】④
WPH65.6.8.20	盘瓠后代彭姓	
WPH65.6.8.20.1	源于盘瓠蛮的溪州彭氏后来融入土家族	【古代民族】

---

① 【瑶族】@[WPH65.6.7.2] 盘瓠繁衍盘、沈、包（鲍）、黄、李、邓、周、赵、胡、唐、雷、冯十二姓；[WPH65.6.7.2a] 盘瓠后代有盘、蓝、雷、钟、沈、鲍、李、邓、赵、胡、冯、唐。

② 【瑶族】@[WPH65.6.7.2] 盘瓠繁衍盘、沈、包（鲍）、黄、李、邓、周、赵、胡、唐、雷、冯十二姓；[WPH65.6.7.2a] 盘瓠后代有盘、蓝、雷、钟、沈、鲍、李、邓、赵、胡、冯、唐。

③ 【瑶族】@[WPH65.6.6.1.1] 盘护王龙犬与三宫女婚生四男四女，分八姓，龙、蓝、卜、刘、唐、秦、戴、文八姓；[WPH65.6.7.2] 盘瓠繁衍盘、沈、包（鲍）、黄、李、邓、周、赵、胡、唐、雷、冯十二姓；[WPH65.6.7.2a] 盘瓠后代有盘、蓝、雷、钟、沈、鲍、李、邓、赵、胡、冯、唐。

④ 【瑶族】@[WPH65.3.8.1.1.3] 盘护的儿子冯王；[WPH65.6.7.2] 盘瓠繁衍盘、沈、包（鲍）、黄、李、邓、周、赵、胡、唐、雷、冯十二姓；[WPH65.6.7.2a] 盘瓠后代有盘、蓝、雷、钟、沈、鲍、李、邓、赵、胡、冯、唐。

W 编码	母题描述	关联项
WPH65.6.8.21	盘瓠后代浦姓	【瑶族】@[WPH65.6.5.1] 盘瓠与评皇公主婚生六男六女，成为盘、沈、郑、黄、李、邓、周、赵、胡、冯、包、浦十二姓
WPH65.6.8.21.1	盘瓠后代蒲姓	【瑶族】@[WPH65.6.7.4] 盘瓠后代有蒲、刘、丁、沈、石、陈、梁七姓氏
WPH65.6.8.22	盘瓠后代吴姓	【苗族】@[WPH65.6.7.3] 盘瓠后代有吴、龙、麻、石、田、廖、雷、滕、杨、陈、满、李十二姓
WPH65.6.8.23	盘瓠后代龙姓	【民族，关联】[1]
WPH65.6.8.24	盘瓠后代麻姓	【苗族】@[WPH65.6.7.3] 盘瓠后代有吴、龙、麻、石、田、廖、雷、滕、杨、陈、满、李十二姓
WPH65.6.8.25	盘瓠后代石姓	【民族，关联】[2]

---

① 【苗族】@[WPH65.6.6.1.1] 盘护王龙犬与三宫女婚生四男四女，分八姓，龙、蓝、卜、刘、唐、秦、戴、文八姓；[WPH65.6.7.3] 盘瓠后代有吴、龙、麻、石、田、廖、雷、滕、杨、陈、满、李十二姓。

② 【苗族】@[WPH65.6.7.3] 盘瓠后代有吴、龙、麻、石、田、廖、雷、滕、杨、陈、满、李十二姓；[WPH65.6.7.4] 盘瓠后代有蒲、刘、丁、沈、石、陈、梁七姓氏。

6. 盘瓠的关系 | WPH65.6.8.26—WPH65.6.8.31 |

W 编码	母题描述	关联项
WPH65.6.8.26	盘瓠后代廖姓	【苗族】@[WPH65.6.7.3]盘瓠后代有吴、龙、麻、石、田、廖、雷、滕、杨、陈、满、李十二姓
WPH65.6.8.27	盘瓠后代滕姓	【苗族】@[WPH65.6.7.3]盘瓠后代有吴、龙、麻、石、田、廖、雷、滕、杨、陈、满、李十二姓
WPH65.6.8.28	盘瓠后代杨姓	【苗族】@[WPH65.6.7.3]盘瓠后代有吴、龙、麻、石、田、廖、雷、滕、杨、陈、满、李十二姓
WPH65.6.8.29	盘瓠后代陈姓	【民族，关联】[1]
WPH65.6.8.30	盘瓠后代满姓	【苗族】@[WPH65.6.7.3]盘瓠后代有吴、龙、麻、石、田、廖、雷、滕、杨、陈、满、李十二姓
WPH65.6.8.31	盘瓠后代昳姓	【古代民族】@[WPH65.6.4.1]盘瓠与高辛帝公主婚生七男，长大各认一姓，即田、雷、再（冉）、向、蒙、昳、叔孙氏

---

[1]【苗族】@[WPH65.6.7.3]盘瓠后代有吴、龙、麻、石、田、廖、雷、滕、杨、陈、满、李十二姓；[WPH65.6.7.4]盘瓠后代有蒲、刘、丁、沈、石、陈、梁七姓氏。

W 编码	母题描述	关联项
WPH65.6.8.32	盘瓠后代刘姓	【民族，关联】①
WPH65.6.8.33	盘瓠后代丁姓	【瑶族】@ [WPH65.6.7.4] 盘瓠后代有蒲、刘、丁、沈、石、陈、梁七姓氏
WPH65.6.8.34	盘瓠后代梁姓	【瑶族】@ [WPH65.6.7.4] 盘瓠后代有蒲、刘、丁、沈、石、陈、梁七姓氏
WPH65.6.8.35	盘瓠后代卜姓	【瑶族】@ [WPH65.6.6.1.1] 盘护王龙犬与三宫女婚生四男四女，分八姓，龙、蓝、卜、刘、唐、秦、戴、文八姓
WPH65.6.8.36	盘瓠后代秦姓	【瑶族】@ [WPH65.6.6.1.1] 盘护王龙犬与三宫女婚生四男四女，分八姓，龙、蓝、卜、刘、唐、秦、戴、文八姓
WPH65.6.8.37	盘瓠后代戴姓	【瑶族】@ [WPH65.6.6.1.1] 盘护王龙犬与三宫女婚生四男四女，分龙、蓝、卜、刘、唐、秦、戴、文八姓

---

① 【瑶族】@[WPH65.6.6.1.1] 盘护王龙犬与三宫女婚生四男四女，分龙、蓝、卜、刘、唐、秦、戴、文八姓；[WPH65.6.7.4] 盘瓠后代有蒲、刘、丁、沈、石、陈、梁七姓氏。

W 编码	母题描述	关联项
WPH65.6.8.38	盘瓠后代文姓	【瑶族】@ [WPH65.6.6.1.1] 盘护王龙犬与三宫女婚生四男四女，分龙、蓝、卜、刘、唐、秦、戴、文八姓
WPH65.6.9	与盘瓠的后代是特定的姓氏有关的其他母题	
WPH65.6.9.1	盘姓为真猺（瑶）	【瑶族】
WPH65.6.9.1.1*	宋代盘瓠系统的民族是指"猺"族，其中以"盘"姓为"猺"族正统	【民族无考】
WPH65.7	盘瓠的后代是特定的民族（特定民族是盘瓠后代，盘瓠的后代是特定的氏族）	
WPH65.7.0	多个民族是盘瓠后代	
WPH65.7.0.1	苗族、瑶族是盘瓠后代	【苗族】【瑶族】
WPH65.7.0.1.1*	苗瑶语各族与盘瓠有关	【古代民族】
WPH65.7.0.1.2*	辰州蛮是苗瑶系统的盘瓠子孙	【苗族】【瑶族】
WPH65.7.0.2	苗族、瑶族、畲族是盘瓠后代	【苗族】
WPH65.7.0.2.1*	苗族、瑶族和畲族同源异支，都是盘瓠蛮的后代	【苗族】
WPH65.7.0.3	瑶族、壮族是盘瓠苗裔	
WPH65.7.0.3.1*	粤西瑶壮为盘瓠苗裔	【瑶族】
WPH65.7.0.4	盘瓠与辛女繁衍苗、瑶、侗、土、畲、黎六个民族	【苗族】
WPH65.7.0.5	盘瓠之后畲民瑶僮	【畲族】

W 编码	母题描述	关联项
WPH65.7.1	瑶族是盘瓠后代	【民族，关联】①
WPH65.7.1.0	瑶是盘瓠蛮的后裔	【瑶族】
WPH65.7.1.1	瑶人是盘瓠之裔	【瑶族】
WPH65.7.1.2	瑶族特定支系是盘瓠的后代	【瑶族】
WPH65.7.1.3	瑶是五溪槃瓠的后代	【瑶族】
WPH65.7.1.4*	盘瓠的后人是瑶族的主干	【瑶族】
WPH65.7.1.5	平地瑶是盘瓠的后裔	【瑶族·平地瑶】
WPH65.7.1.6	蓝山瑶是盘瓠的后裔	【瑶族】
WPH65.7.1.7*	瑶族以盘瓠为祖，自称"十二姓尤勉"	【瑶族】@[WPH65.6.5]盘瓠婚生十二姓
WPH65.7.1.8*	瑶族以盘瓠为祖，自称"十二姓王瑶子孙"	【瑶族】@[WPH65.6.5]盘瓠婚生十二姓
WPH65.7.1.8a*	瑶族十二姓盘瓠子孙	【瑶族】
WPH65.7.1.8b	龙犬盘护婚生的六男六女为王偬子孙	【瑶族】
WPH65.7.1.9*	瑶本盘瓠之种	【瑶族】
WPH65.7.1.10*	盘瓠之裔，柳州之融县、怀远界者则谓之瑶	【瑶族】
WPH65.7.1.11*	瑶是五溪盘瓠之后	【瑶族】
WPH65.7.1.12*	黄狗盘瓠与高王三公主婚生六男六女的子孙繁衍成瑶族	【瑶族】
WPH65.7.1.13*	傜人自谓盘瓠之后	【瑶族】

---

① 【瑶族】@[WPH65.7.6.0.1b] 狄、犴、狑、狪、獐、猺等即盘瓠后裔；[WPH65.7.6.1.4*] 槃瓠种五溪之蛮今有五：曰苗、曰傜、曰獠、曰僮、曰仡佬；[WPH88.3.1.2*] 讲"勉语"瑶族包括盘瑶、过山瑶、山子瑶、坳瑶、蓝靛瑶、排瑶等信奉父系族祖"盘瓠"。

6. 盘瓠的关系 | WPH65.7.1.14*—WPH65.7.2.5.1* |

W 编码	母题描述	关联项
WPH65.7.1.14*	盘瑶、八排瑶、过山瑶、花监瑶，一说源于盘瓠蛮	【瑶族】
WPH65.7.1.15	蓝公狗与皇帝的公主婚生后代瑶人	【瑶族】@ [WPH65.6.6.3.1] 大将蓝公狗与皇帝的公主婚生班、蓝、罗、韦、蒙、袁数子
WPH65.7.2	苗族是盘瓠后代	【民族，关联】①
WPH65.7.2.1	苗人为盘瓠之种	【苗族】
WPH65.7.2.2	苗人为槃瓠之种	【苗族】
WPH65.7.2.3	贵州苗族自称盘瓠之后	[WPH82.1.1.1.2] 贵州苗族自称盘瓠之后，岁首祭盘瓠
WPH65.7.2.4	苗族特定支系是盘瓠的后代	
WPH65.7.2.4.1	瓦乡人是盘瓠、辛女的后代	【苗族】
WPH65.7.2.4.1a	盘瓠的后代哇乡人（瓦乡人）	【苗族】
WPH65.7.2.5	与苗族是盘瓠后代有关的其他母题	
WPH65.7.2.5.1*	盘瓠的后代东苗	【古代民族】@ [WPH65.7.6.0.4*] 盘瓠子孙曰宋家，曰蔡家，曰仲家，曰龙家，曰曾竹龙家，曰罗罗，曰打牙仡佬，曰红仡佬，曰花仡佬，曰东苗，曰西苗，曰紫姜苗

---

① 【苗族】@[WPH65.7.6.1.4*] 槃瓠种五溪之蛮今有五：曰苗、曰猺、曰獠、曰㺜、曰仡佬；[WPH88.3.1.1] 五溪地区崇拜盘瓠的苗族旧称蛮夷。

W 编码	母题描述	关联项
WPH65.7.2.5.2*	盘瓠的后代西苗	【古代民族】@[WPH65.7.6.0.4*] 盘瓠子孙曰宋家，曰蔡家，曰仲家，曰龙家，曰曾竹龙家，曰罗罗，曰打牙仡佬，曰红仡佬，曰花仡佬，曰东苗，曰西苗，曰紫姜苗
WPH65.7.2.5.3*	盘瓠的后代姜苗	【古代民族】@[WPH65.7.6.0.4*] 盘瓠子孙曰宋家，曰蔡家，曰仲家，曰龙家，曰曾竹龙家，曰罗罗，曰打牙仡佬，曰红仡佬，曰花仡佬，曰东苗，曰西苗，曰紫姜苗
WPH65.7.2.5.4*	苗族不是盘瓠的后裔	【苗族】
WPH65.7.2.5.5	人与犬婚生的后代繁衍苗族	【苗族】
WPH65.7.2.5.6	黄狗盘瓠皇上的女儿辛女婚生的两个儿子繁衍出了苗家人	【苗族】
WPH65.7.3	畲族是盘瓠后代	
WPH65.7.3.1	畲民是五溪盘瓠之后	【畲族】
WPH65.7.3.2	龙犬盘瓠与高辛帝的三公主婚生的三男一女繁衍畲族	【畲族】
WPH65.7.3.3*	畲民系盘瓠遗种	【古代民族】
WPH65.7.3.4	诸畲款状有自称盘瓠孙者	【畲族】
WPH65.7.3.5	与畲族是盘瓠后代有关的其他母题	
WPH65.7.3.5.1*	畲族不是盘瓠后代	【畲族】

6. 盘瓠的关系 | WPH65.7.3.5.2—WPH65.7.5.5*

W 编码	母题描述	关联项
WPH65.7.3.5.2	盆大护和三公主婚生的后代成为畲族	[WPH82.2.2.5.1] 每年正月初一集中全畲老少拜祭祖先盆大护
WPH65.7.3.5.2.1	盆大护和三公主婚生六男六女演化出七姓,后来部分盆、来、雷姓子孙由湖南迁入广东演变为畲族	【畲族】@ [WPH65.6.3a.1] 盆大护和三公主婚生六男六女,盆大护给他们取了盆、盘、蓝、栏、来、雷六姓
WPH65.7.4	黎族是盘瓠后代	
WPH65.7.5	其他民族是盘瓠后代	
WPH65.7.5.1	壮族是盘瓠后代	【壮族】@ [WPH65.7.6.1.4*] 槃瓠种五溪之蛮今有五:曰苗、曰傜、曰僚、曰僮、曰仡佬
WPH65.7.5.2	仡佬族是盘瓠后代	【关联】①
WPH65.7.5.3	土家族是盘瓠后代	
WPH65.7.5.3.1*	聚居湘西北的土家人为盘瓠蛮	【民族,关联】②
WPH65.7.5.4	毛南族是盘瓠后代(佯僙人是盘瓠后裔)	【毛南族】
WPH65.7.5.5*	彝族是盘瓠后代	【彝族】@ [WPH65.7.6.17] 盘瓠后代罗罗

① [WPH65.7.6.0.4*] 盘瓠子孙曰宋家,曰蔡家,曰仲家,曰龙家,曰曾竹龙家,曰罗罗,曰打牙仡佬,曰红仡佬,曰花仡佬,曰东苗,曰西苗,曰紫姜苗; [WPH65.7.6.1.4*] 槃瓠种五溪之蛮今有五:曰苗、曰傜、曰僚、曰僮、曰仡佬。

② 【古代民族】@[WPH33.6.7.1*] 盘瓠蛮的祖居地是湘西南、湘南;[WPH38.1.1] 盘瓠蛮各部原处南方的深山老林中;[WPH61.5.2.1*] 盘瓠蛮的近宗出于"三苗"。

W 编码	母题描述	关联项
WPH65.7.5.5a	小狗变成小伙子与国王的独女婚后生六个儿子,是彝族的六祖分支	【彝族】
WPH65.7.6	古代特定民族是盘瓠后代(特定古代群体是盘瓠后代)	
WPH65.7.6.0	多个古代民族是盘瓠后代	
WPH65.7.6.0.1	盘瓠与王女生子数人,曰獞、曰瑶、曰獠、曰狼、曰伶、曰狪,各成一族	【南方古代民族】@[WPH65.7.6.1a.3] 五溪之蛮,曰猫,曰瑶,曰犵,曰伶,曰犵狫,字皆从犬,尽盘瓠种
WPH65.7.6.0.1a	天河、思恩又有伶、獠、姆猺、狄、獐、狼、狪之属,皆盘瓠遗种	【毛南族】@[WPH65.7.6.1a.3] 五溪之蛮,曰猫,曰瑶,曰犵,曰伶,曰犵狫,字皆从犬,尽盘瓠种
WPH65.7.6.0.1b	狄、獐、伶、狪、獞、瑶等即盘瓠后裔	【古代南方民族】
WPH65.7.6.0.2*	荆蛮、蛮荆、五溪蛮、南夷、苗人均为盘瓠之后的同一族体	【民族,关联】①
WPH65.7.6.0.3*	盘瓠的后代梁、汉、巴、蜀、武陵、长沙、庐江郡夷	【古代民族】
WPH65.7.6.0.3a	盘瓠的后代有梁汉巴蜀武陵长沙庐江群夷	
WPH65.7.6.0.3a.1	盘瓠与高辛的少女婚生的后代有梁汉巴蜀武陵长沙庐江群夷	【古代民族】

① 【古代民族】@[WPH65.7.6.1] 盘瓠后代五溪蛮;[WPH65.7.6.18] 盘瓠后代荆蛮(盘瓠后代蛮荆)。

6. 盘瓠的关系 | WPH65.7.6.0.4*——WPH65.7.6.1a.2* |

W 编码	母题描述	关联项
WPH65.7.6.0.4*	盘瓠子孙曰宋家，曰蔡家，曰仲家，曰龙家，曰曾竹龙家，曰罗罗、曰打牙仡佬、曰红仡佬，曰花仡佬，曰东苗，曰西苗，曰紫姜苗	【古代民族】
WPH65.7.6.0.5*	盘瓠之后有水、佯、伶、侗、僮、瑶等种	【古代民族】
WPH65.7.6.0.6*	南郡、夷陵、竟陵、沔阳、沅陵、清江诸蛮承盘瓠之后	【古代民族】
WPH65.7.6.0.7*	荆雍州蛮、长沙蛮、湘州蛮、莫徭均为盘瓠之后	【民族，关联】①
WPH65.7.6.0.7.1*	荆雍州蛮为盘瓠之后	【古代民族】@ [WPH65.7.6.0.2*] 荆蛮、蛮荆、五溪蛮、南夷、苗人均为盘瓠之后的同一族体
WPH65.7.6.0.7.2*	荆、雍州诸蛮，盘瓠之种	【南方古代民族】
WPH65.7.6.1	盘瓠后代五溪蛮	【民族，关联】②
WPH65.7.6.1a	五溪之蛮是盘瓠种	【古代民族】
WPH65.7.6.1a.1*	五溪蛮皆盘瓠种，曰猫	【南方古代民族】
WPH65.7.6.1a.2*	锦、奖、溪州及辰、澄两州属五溪范围内，主体民族是盘瓠种落	【古代民族】

① 【瑶族】@[WPH65.7.6.0.3a.1] 盘瓠与高辛的少女婚生的后代有梁汉巴蜀武陵长沙庐江群夷；[WPH65.7.6.18.1*] 荆蛮为盘瓠之后，长沙、黔中五溪蛮皆是。

② 【五溪蛮】@[WPH22.5.7.5] 盘瓠是五溪蛮的祖先；[WPH65.7.6.0.2*] 荆蛮、蛮荆、五溪蛮、南夷、苗人均为盘瓠之后的同一族体；[WPH88.3.1.1a*] 五溪蛮（武陵蛮）崇拜盘瓠。

W 编码	母题描述	关联项
WPH65.7.6.1a.3	五溪之蛮,曰猫,曰猺,曰犽,曰狑,曰犵狫,字皆从犬,尽盘瓠种	【古代民族】
WPH65.7.6.1b	盘瓠后代滋蔓长沙、黔中五溪蛮	
WPH65.7.6.1b.1	盘瓠后代滋蔓长沙、黔中五溪蛮,一曰辰溪,二曰西溪,三曰巫溪,四曰武溪,五曰㵲溪	【古代民族】
WPH65.7.6.1.1	盘瓠种	
WPH65.7.6.1.1.1*	怀化一带的瑶族以"盘瓠种""盘瓠蛮"为主体	【瑶族】
WPH65.7.6.1.2*	畲民为五溪蛮	【民族无考】
WPH65.7.6.1.2a*	畲民为五溪槃瓠之后	【畲族】@ [WPH22.5.7.5] 盘瓠是五溪蛮的祖先
WPH65.7.6.1.3	武陵郡盘瓠后裔称"五溪蛮"	【古代民族】@ [WPH65.7.6.0.3a.1] 盘瓠与高辛的少女婚生的后代有梁汉巴蜀武陵长沙庐江群夷
WPH65.7.6.1.3a*	盘瓠之后居武陵者谓语"五溪蛮"	【古代民族】
WPH65.7.6.1.3b	武陵郡夷即盘瓠之种落	【古代民族】
WPH65.7.6.1.4*	槃瓠种五溪之蛮今有五:曰苗、曰傜、曰僚、曰僮、曰仡佬	【古代民族】
WPH65.7.6.1.5*	与五溪蛮有关的其他母题	

W 编码	母题描述	关联项
WPH65.7.6.1.5.1*	五溪蛮又称"黔中蛮""武陵蛮"	【古代民族】@[WPH65.7.6.0.3a.1] 盘瓠与高辛的少女婚生的后代有梁汉巴蜀武陵长沙庐江群夷
WPH65.7.6.1.5.2*	槃瓠之种遂昌畬民蔓衍为五溪蛮	【畬族】
WPH65.7.6.2	盘瓠后代蛮夷	[WPH88.3.1.1] 五溪地区崇拜盘瓠的苗族旧称蛮夷
WPH65.7.6.2.1	盘瓠与高辛公主婚生的六男六女自相夫妇号曰蛮夷	【古代民族】
WPH65.7.6.2.2	盘瓠与高辛公主婚生的六男六女其后滋蔓号曰蛮夷	【苗族】
WPH65.7.6.2.3	盘瓠之后武陵长沙庐江郡夷,号曰蛮夷	【南方古代民族】@[WPH65.7.6.0.3*] 盘瓠的后代梁、汉、巴、蜀、武陵、长沙、庐江郡夷
WPH65.7.6.2.3a	盘瓠的后代长沙、武陵蛮	【古代民族】@[WPH94.4.4.5] 长沙武陵蛮信奉盘瓠图腾
WPH65.7.6.2.4	盘瓠与高辛氏少女婚生六男六女,其后滋蔓,号曰蛮夷	【古代民族】@[WPH65.1.6.2a] 盘瓠与高辛氏的少女婚生六男六女
WPH65.7.6.2.4a	盘瓠与高辛女婚生六男六女,其后滋蔓,号曰蛮夷	【古代民族】

W 编码	母题描述	关联项
WPH65.7.6.2.4b	盘瓠与高辛帝女婚生六男六女,自相夫妻其后滋蔓,号曰蛮夷	【古代民族】
WPH65.7.6.2.4c	盘瓠与高辛帝少女婚生六男六女,自相夫妻其后滋蔓,号曰蛮夷	【古代民族】
WPH65.7.6.2a	盘瓠的后代八夷	
WPH65.7.6.2a.1	盘葫与高辛氏的女儿婚生八个子女,繁衍成八夷	【汉族】
WPH65.7.6.3	盘瓠后代盘瓠蛮	【民族,关联】①
WPH65.7.6.3.1*	叙州中的蛮、僚民族属"盘瓠蛮"	【古代民族】
WPH65.7.6.3.2	苗族以前曾称盘瓠蛮	[WPH61.5.2.1*] 盘瓠蛮的近宗出于"三苗"
WPH65.7.6.3.2.1*	宋元以来学者把苗族称为"盘瓠蛮"	【苗族】
WPH65.7.6.3.3*	盘瓠蛮部族与巴蛮部族同源	【古代民族】@ [WPH92.3.3.1*] 畬服与远古盘瓠蛮中的苗、瑶服饰总体上呈现出相似性特征
WPH65.7.6.3.4*	汉代武陵、长沙、零陵三郡的辖区范围的土著居民多属盘瓠种类,即所谓的"盘瓠蛮"	【古代民族】
WPH65.7.6.3.5*	"盘瓠蛮"及其后裔苗瑶语族之人始于楚地	【古代民族】

---

① 【古代民族】@[WPH33.6.7.1*] 盘瓠蛮的祖居地是湘西南、湘南;[WPH38.1.1] 盘瓠蛮系各部原处南方的深山老林中;[WPH65.7.5.3.1*] 聚居湘西北的土家人为盘瓠蛮;[WPH65.7.6.1.1] 盘瓠种。

W编码	母题描述	关联项
WPH65.7.6.3.6*	东部以大别山东部为中心以五色犬为图腾的部族，叫"盘瓠蛮"	【古代民族】
WPH65.7.6.3.7*	从武陵蛮到盘瓠蛮是华夏对南方土著认知与分类的一个重要转变	【古代民族】
WPH65.7.6.4	盘瓠后代獐	【民族，关联】①
WPH65.7.6.5	盘瓠后代獠	【古代民族】@[WPH65.7.6.0.1]盘瓠与王女生子数人，曰獐、曰猺、曰獠、曰狼、曰犽、曰犵，各成一族
WPH65.7.6.6	盘瓠后代犽	【民族，关联】②
WPH65.7.6.7	盘瓠后代犵	【民族，关联】③
WPH65.7.6.8	盘瓠后代梅山蛮	【民族，关联】④
WPH65.7.6.8.1*	梅山蛮是盘瓠种	【古代民族】
WPH65.7.6.9	盘瓠后代溪民	
WPH65.7.6.9.1*	溪民中有盘瓠后裔	【古代民族】
WPH65.7.6.10	盘瓠后代"巴"蛮	

---

① 【古代民族】@[WPH65.7.6.0.1]盘瓠与王女生子数人，曰獐、曰猺、曰獠、曰狼、曰犽、曰犵，各成一族；[WPH65.7.6.0.1b]狄、獉、犽、犵、獐、猺等即盘瓠后裔。

② 【古代民族】@[WPH65.7.6.0.1]盘瓠与王女生子数人，曰獐、曰猺、曰獠、曰狼、曰犽、曰犵，各成一族；[WPH65.7.6.0.1b]狄、獉、犽、犵、獐、猺等即盘瓠后裔。

③ 【古代民族】@[WPH65.7.6.0.1]盘瓠与王女生子数人，曰獐、曰猺、曰獠、曰狼、曰犽、曰犵，各成一族；[WPH65.7.6.0.1b]狄、獉、犽、犵、獐、猺等即盘瓠后裔。

④ 【古代民族】@[WPH27.11.5.1*]盘瓠是梅山教教主；[WPH80.5.2.15.1]梅山蛮每年农历十月十六日盘王节要"跳鼓堂"。

W 编码	母题描述	关联项
WPH65.7.6.10.1*	汉晋时中原人认为散居在今天湘、鄂及川东南地区山间溪谷中的人群"巴"或"蛮"人是"盘瓠"的子孙	【古代民族】
WPH65.7.6.11	盘瓠后代欢兜	【古代民族】
WPH65.7.6.12	盘瓠后代狼人	【古代民族】
WPH65.7.6.13	盘瓠后代宋家	【古代民族】@[WPH65.7.6.0.4*] 盘瓠子孙曰宋家，曰蔡家，曰仲家，曰龙家，曰曾竹龙家，曰罗罗，曰打牙仡佬，曰红仡佬，曰花仡佬，曰东苗，曰西苗，曰紫姜苗
WPH65.7.6.14	盘瓠后代蔡家	【古代民族】@[WPH65.7.6.0.4*] 盘瓠子孙曰宋家，曰蔡家，曰仲家，曰龙家，曰曾竹龙家，曰罗罗，曰打牙仡佬，曰红仡佬，曰花仡佬，曰东苗，曰西苗，曰紫姜苗
WPH65.7.6.15	盘瓠后代仲家	【古代民族】@[WPH65.7.6.0.4*] 盘瓠子孙曰宋家，曰蔡家，曰仲家，曰龙家，曰曾竹龙家，曰罗罗，曰打牙仡佬，曰红仡佬，曰花仡佬，曰东苗，曰西苗，曰紫姜苗

W 编码	母题描述	关联项
WPH65.7.6.16	盘瓠后代龙家	【古代民族】@[WPH65.7.6.0.4*] 盘瓠子孙曰宋家，曰蔡家，曰仲家，曰龙家，曰曾竹龙家，曰罗罗，曰打牙仡佬，曰红仡佬，曰花仡佬，曰东苗，曰西苗，曰紫姜苗
WPH65.7.6.16.1	盘瓠后代曾竹龙家	【古代民族】@[WPH65.7.6.0.4*] 盘瓠子孙曰宋家，曰蔡家，曰仲家，曰龙家，曰曾竹龙家，曰罗罗，曰打牙仡佬，曰红仡佬，曰花仡佬，曰东苗，曰西苗，曰紫姜苗
WPH65.7.6.17	盘瓠后代罗罗	【古代民族】@[WPH65.7.6.0.4*] 盘瓠子孙曰宋家，曰蔡家，曰仲家，曰龙家，曰曾竹龙家，曰罗罗，曰打牙仡佬，曰红仡佬，曰花仡佬，曰东苗，曰西苗，曰紫姜苗
WPH65.7.6.18	盘瓠后代荆蛮（盘瓠后代蛮荆）	【民族，关联】[1]
WPH65.7.6.18.1*	荆蛮为盘瓠之后，长沙、黔中五溪蛮皆是	【南方古代民族】@[WPH65.7.6.18] 盘瓠后代荆蛮（盘瓠后代蛮荆）

[1]【古代民族】@[WPH65.7.6.0.2*] 荆蛮、蛮荆、五溪蛮、南夷、苗人均为盘瓠之后的同一族体；[WPH66.3.2.1*] 商周时期为荆蛮的主要成员。

W 编码	母题描述	关联项
WPH65.7.6.18.2*	诗称蛮荆种自盘瓠	【南方古代民族】
WPH65.7.6.19*	盘瓠后代南夷	【古代民族】@[WPH65.7.6.0.2*] 荆蛮、蛮荆、五溪蛮、南夷、苗人均为盘瓠之后的同一族体
WPH65.7.6.20	盘瓠后代南蛮	[WPH58.2.4] 盘瓠婚后回南蛮崇山
WPH65.7.6.20.1	盘瓠与高辛公主婚生的六男六女自相夫妻是为南蛮	【民族，关联】①
WPH65.7.6.21	盘瓠后代伢人	【古代民族】
WPH65.7.6.22*	盘瓠后代犬封族	【古代民族】@[WPH65.8.2] 盘瓠的后代繁衍犬封国
WPH65.7.6.23	盘瓠之余人称之畬客	【畬族】
WPH65.7.6.24	土蕃乃盘瓠之孕	【古代民族】
WPH65.7.6.25	盘瓠后代犸猺	【古代民族】@[WPH65.7.6.0.1a] 天河、思恩又有伶、獠、犸猺、狄、獐、狼、狪之属，皆盘瓠遗种
WPH65.7.6.26	盘瓠后代狄	【民族，关联】②
WPH65.7.6.27	盘瓠后代獐	【民族，关联】③

① 【南方古代民族】@[WPH65.7.6.2.1] 盘瓠与高辛公主婚生的六男六女自相夫妇号曰蛮夷；[WPH94.4.4.4] 南蛮的图腾盘瓠狗王。

② 【古代民族】@[WPH65.7.6.0.1a] 天河、思恩又有伶、獠、犸猺、狄、獐、狼、狪之属，皆盘瓠遗种；[WPH65.7.6.0.1b] 狄、獐、伶、狪、獐、猺等即盘瓠后裔。

③ 【古代民族】@[WPH65.7.6.0.1a] 天河、思恩又有伶、獠、犸猺、狄、獐、狼、狪之属，皆盘瓠遗种；[WPH65.7.6.0.1b] 狄、獐、伶、狪、獐、猺等即盘瓠后裔。

6. 盘瓠的关系 | WPH65.7.6.28—WPH65.8.1.1 |

W 编码	母题描述	关联项
WPH65.7.6.28	西南溪峒诸蛮皆盘瓠种	【古代民族】
WPH65.7.6.29	盘瓠后代溆浦蛮夷	【古代民族】@ [WPH88.3.1.5.5*] 溆浦红苗盘瓠崇拜
WPH65.7.7	与盘瓠的后代是特定的民族有关的其他母题	
WPH65.7.7.1*	槃瓠真正的后代只能是"长沙蛮"和"零陵蛮",而不是"武陵蛮"	【古代民族】
WPH65.7.7.2	金狗与公主婚生的四个儿子成为四个民族	
WPH65.7.7.2.1	金狗与公主婚生四个儿子,长子叫苗大哥,次子叫仡佬二哥,三子是彝族,老幺是汉族	【仡佬族】
WPH65.7.7.3	狗的后代太鲁阁人	【高山族·太鲁阁人】
WPH65.7.7.4	盘瓠后代形成十二支族	
WPH65.7.7.4.1	神犬与大王的公主婚后子孙繁多,形成十二支族	【苗族】
WPH65.7.7.5	人犬婚繁衍汉族、苗族	【苗族】
WPH65.8	盘瓠的后代发展为国家(盘瓠后代是特定的国家,特定地区的是盘瓠的后代)	
WPH65.8.1	盘瓠的后代繁衍犬戎国	[WPH22.5.7.2] 盘瓠是犬戎族的始祖
WPH65.8.1.1	盘瓠与美女婚生的后代繁衍犬戎之国	【古代民族】

W 编码	母题描述	关联项
WPH65.8.1.2	盘瓠与美女五人婚生三男六女繁衍的犬戎之国衍生土蕃	【南方古民族】@ [W0729f.3.4.2.1] 盘瓠与美女五人婚生三男六女繁衍的犬戎之国衍生土蕃
WPH65.8.2	盘瓠的后代繁衍犬封国	【关联】①
WPH65.8.2.1	盘瓠与美女婚生的后代繁衍狗封之国	【古代民族】
WPH65.8.2.1.1	盘瓠与高辛所赐美女婚,生男为狗,女为美人,为狗封之民	【古代民族】
WPH65.8.2.2	盘瓠与高辛帝公主婚生的后代繁衍狗封国	【古代民族】
WPH65.8.2.3	犬封国曰犬戎国	【古代民族】
WPH65.8.2.4	犬封国人状如犬	【古代民族】
WPH65.8.2.5	与盘瓠的后代繁衍犬封国有关的其他母题	
WPH65.8.2.5.1	盘古立功招为驸马被封犬封国	【民族无考】
WPH65.8.3	盘瓠的后代繁衍狗头国	【汉族】
WPH65.8.4	盘瓠的后代繁衍狗民国	
WPH65.8.4.1	盘瓠的后代封为狗民国	【古代民族】
WPH65.8.4.1.1	盘瓠与高辛帝之女婚,生男为狗,生女为美女,封为狗民国	【古代民族】
WPH65.8.5	盘瓠的后代繁衍其他国家	

---

① [WPH65.7.6.22] 盘瓠后代犬封族;[WPH90.3.2.1] 盘瓠即犬戎国(盘瓠即犬封国); [WPH94.4.5.1] 犬戎、狗国、犬封国以犬为图腾。

6. 盘瓠的关系 | WPH65.8.5.1—WPH65.9 |

W 编码	母题描述	关联项
WPH65.8.5.1	盘瓠后代自为一国	【南蛮】
WPH65.8.6	特定地区是盘瓠的后代（特定地区的人是盘瓠的后代）	[WPH65.11] 盘瓠后代的活动地区
WPH65.8.6.1	上就、武阳二乡是盘瓠子孙	【古代民族】
WPH65.8.6.2	湖广靖州、永顺司等地皆出自盘瓠	【南方古代民族】
WPH65.8.6.3	南郡、夷陵、沅陵、九江、江夏诸郡皆承盘瓠之后	【南方古代民族】
WPH65.8.6.4	楚黔中郡皆盘瓠之后	【古代民族】
WPH65.8.6.5	湘西瓦乡人被视为盘瓠子孙	【苗族·瓦乡人】
WPH65.8.6.6	南宋绍庆府人皆盘瓠子孙	【古代民族】
WPH65.8.6.7	黔、径、巴、夏四邑苗众为槃瓠之后	【古代民族】
WPH65.8.6.8	遂昌有畲民是槃瓠之种	【畲族】
WPH65.8.6.9	盘瓠指代湘西山居人群	
WPH65.8.6.9.1*	后魏时，盘瓠始指代湘西山居人群	【古代民族】
WPH65.8.6.10	辰皆盘瓠子孙	
WPH65.8.6.10.1*	辰，蛮夷所居，其人皆盘瓠子孙	【关联】①
WPH65.8.6.11	朗州、楚黔中郡是盘瓠后代	
WPH65.8.6.11.1*	今朗州、楚黔中郡，其故城在辰州西廿里，皆盘瓠后	【南方古代民族】
WPH65.9	盘瓠后代的迁徙	【瑶族】

---

① [WPH33.6.6.1] 盘瓠原住桃源洞，辰州府内有家门；[WPH65.10.6.2*] 盘瓠子孙居辰；[WPH65.10.7.2.1*] 辰之沅陵，壤杂苗僚，祖皆尊盘瓠。

W 编码	母题描述	关联项
WPH65.9.1	盘瓠后代迁徙的原因	
WPH65.9.1.1	盘瓠后代争斗失败迁徙	
WPH65.9.1.1.1*	盘瓠蛮与中原华夏集团的争斗失败，被南迁、西移	【瑶族】
WPH65.9.1.1.2	三公主带着畲族四姓子孙在广东凤凰山与土皇作战被打败之后迁徙	【民族，关联】①
WPH65.9.1.2*	盘瓠蛮后裔受汉族移民影响南迁	【苗族】【瑶族】
WPH65.9.1.3*	盘瓠子孙因人多迁徙	【畲族】
WPH65.9.2	盘瓠后代迁徙的时间	
WPH65.9.2.1	三苗自舜时已迁徙三危	【五溪蛮】
WPH65.9.2.2	盘瓠死后后代迁徙	【瑶族】
WPH65.9.3	盘瓠后代迁徙的起点	
WPH65.9.3.1	瑶人举族从武昌府迁移	【瑶族】
WPH65.9.3.2	盘瓠后代从中原开始迁徙	[WPH33.6.3.1*] 盘瓠部族是从北方高辛氏商族分化出来的
WPH65.9.3.2.1*	盘瓠瑶从中原地区分封至江南山区	【瑶族·盘瓠瑶】@ [WPH33.6.5*] 盘瓠故乡在中原地区
WPH65.9.3.3	盘瓠后代离开千家峒渡海外迁	【瑶族】@[WPH65.10.4] 盘王子孙最早落居"千家峒"
WPH65.9.3.4	盘瓠后代从凤凰山外迁	

---

① 【畲族】@[WPH33.7.2.2] 盘瓠归隐广东凤凰山七贤祠；[WPH33.7.2.3] 龙麒居广东凤凰山。

6. 盘瓠的关系 | WPH65.9.3.4.1—WPH65.9.5.4 |

W 编码	母题描述	关联项
WPH65.9.3.4.1	凤凰山上多姓住，蓝雷钟姓四处分	【畲族】
WPH65.9.4	盘瓠后代迁徙的经过	
WPH65.9.4.1	盘瓠后代迁徙时渡长江、洞庭湖	【民族，关联】①
WPH65.9.4.2*	春秋以后，盘瓠后代南迁过洞庭湖	【瑶族】
WPH65.9.4.3	盘王的子孙平安渡过大海，回到南京十宝殿，后又迁到广东省韶州府乐昌县山冲里，最后分支到广西	【瑶族】
WPH65.9.5	盘瓠后代迁徙的终点	
WPH65.9.5.1	盘瓠后代迁徙到沅陵	
WPH65.9.5.1.1	盘瓠族沿着沅江向南迁徙到沅陵	【古代民族】
WPH65.9.5.2	盘瓠后代迁居五溪	[WPH65.14.3.1] 盘瓠后代入五溪各为一溪之长
WPH65.9.5.2.1	盘瓠六子入五溪而聚族	【古代民族】
WPH65.9.5.2.2	盘瓠之后武陵长沙庐江郡夷杂处五溪之内	【南方古代民族】
WPH65.9.5.3	盘瓠的三姓子孙迁到景宁和云和	【畲族】
WPH65.9.5.4	盘瓠后代迁到千家洞	[WPH65.10.4] 盘王子孙最早落居"千家峒"

---

① 【瑶族】@[WPH65.9.6.2*] 盘瓠蛮向南向东迁徙过程中分别在洞庭湖和鄱阳湖一带的当地土著融合成为"莫瑶"；[WPH65.11.9] 盘瓠后代生活在洞庭湖沿岸地区。

W 编码	母题描述	关联项
WPH65.9.5.4.1	盘瓠死后,瑶族十二姓从原始居地迁到千家洞	【瑶族】
WPH65.9.5.5*	盘瓠后代大部分越过五岭,到达两广和云贵	【瑶族】
WPH65.9.5.6	盘瓠后代迁徙到漫水	
WPH65.9.5.6.1	田姓农人感动盘瓠神,最终落址漫水	【苗族】
WPH65.9.5.7*	南朝以来散处湘鄂五溪地区的盘瓠蛮渐次向南向东迁徙,至宋代已广泛分布于赣闽粤结合区的赣、汀、漳、潮、梅、循等州	【古代民族】
WPH65.9.5.8	盘瓠后代有的以浙江为迁徙终点	【畲族】
WPH65.9.5.8.1	盘瓠死后,三公主带子女迁徙到浙江景宁毛垟	【畲族】
WPH65.9.5.9	盘瓠后代迁居湘、川、黔	【苗族】
WPH65.9.6	与盘瓠后代迁徙有关的其他母题	
WPH65.9.6.1	瑶畲的共同先人"盘瓠蛮"迁徙时以湘南为起点开始分道扬镳	【瑶族】@[WPH33.6.7.1*] 盘瓠蛮的祖居地是湘西南、湘南
WPH65.9.6.2*	盘瓠蛮向南向东迁徙过程中分别在洞庭湖和鄱阳湖一带的当地土著融合成为"莫瑶"	【瑶族】@[WPH65.11.9] 盘瓠后代生活在洞庭湖沿岸地区
WPH65.10	盘瓠后代的居所	
WPH65.10.1	盘瓠后代居各地	

6. 盘瓠的关系 | WPH65.10.2—WPH65.10.7.1.1*

W 编码	母题描述	关联项
WPH65.10.2	盘瓠之后居黔中、五溪、长沙间	【民族，关联】①
WPH65.10.3	盘瓠后代居山上	
WPH65.10.4	盘王子孙最早落居"千家峒"	【瑶族】[WPH65.9.3.3]盘瓠后代离开千家峒渡海外迁
WPH65.10.5*	"盘瓠种"分布在南方广大地区	【民族，关联】②
WPH65.10.5.1*	盘瓠蛮的后裔苗族和瑶族今天主要以南方的山区为居地	【苗族】【瑶族】
WPH65.10.6	盘瓠后代的其他居所	
WPH65.10.6.1*	盘瓠蛮主要居武陵郡	【古代民族】
WPH65.10.6.2*	盘瓠子孙居辰	【古代民族】
WPH65.10.6.3*	盘瓠后代居䍧牱	【古代民族】
WPH65.10.6.4	盘瓠后代居名山广泽	
WPH65.10.6.4.1	高辛帝赐盘瓠的子女名山广泽	【古代民族】
WPH65.10.6.5	盘瓠后代居青州县会稽山七宝洞	【瑶族】
WPH65.10.7	盘瓠后代居住的特点	
WPH65.10.7.1*	盘瓠后代划区域而居	
WPH65.10.7.1.1*	盘瓠种武溪蛮聚落区分	【古代民族】

---

① 【古代民族】@[WPH65.7.6.1]盘瓠后代五溪蛮；[WPH65.7.6.1.5.1*]五溪蛮又称"黔中蛮""武陵蛮"；[WPH88.3.1.1a*]五溪蛮（武陵蛮）崇拜盘瓠；[WPH94.4.4.5]长沙武陵蛮信奉盘瓠图腾。

② 【古地民族】@[WPH33.8.1.1]盘瓠生活在南方；[WPH38.1]盘瓠活动在南方深山老林。

W 编码	母题描述	关联项
WPH65.10.7.2*	盘瓠的后代杂居	
WPH65.10.7.2.1*	辰之沅陵，壤杂苗僚，祖皆尊盘瓠	【古代民族】@ [WPH65.10.6.2*] 盘瓠子孙居辰
WPH65.10.7.2.2*	秦汉以后廪君后裔与盘瓠后裔交相杂居	【古代民族】
WPH65.10.7.2.2a*	五溪地域内形成南边以盘瓠蛮为主，北边以廪君蛮为主相互杂居的格局	【古代民族】
WPH65.10.7.3	盘瓠的后代居高山	
WPH65.10.7.3.1	盘瓠后代所居高山为九分岗山无粮地，赶牛不上，打马不行	【瑶族】
WPH65.10.8	与盘瓠后代的居所有关的其他母题	
WPH65.10.8.1	盘王子孙居五湖四海青山	【瑶族】
WPH65.10.8.2	盘瓠后代依山建房居住	
WPH65.10.8.2.1	畲族始祖盘瓠王有三男一女分盘、蓝、雷、钟四姓，世世代代多是依山建房居住	【畲族】
WPH65.11	盘瓠后代的活动地区	[WPH65.8.6] 特定地区的是盘瓠的后代
WPH65.11.1	盘瓠后代生活多个地区	
WPH65.11.1.1*	盘瓠后代从楚省蔓延粤东之新宁、增城、曲江、乐昌、乳源、东安、连州等七州县	【瑶族】
WPH65.11.1.2*	盘瓠遗种(僮)元时自楚、黔至粤，蔓衍桂、平、梧各郡山谷间	【壮族】

6. 盘瓠的关系 | WPH65.11.1.3*—WPH65.11.1.14* |

W 编码	母题描述	关联项
WPH65.11.1.3*	盘瓠之种（苗人）楚、粤、黔皆有	【苗族】
WPH65.11.1.4*	五溪槃瓠之后（瑶）壤接广右，静江之兴安、义宁、古县，融川之融水、怀远县界皆有	【瑶族】
WPH65.11.1.5*	盘瓠子孙分布在东至武昌，南至四川广元县、西至天水、北至山西临汾区域	【古代民族】
WPH65.11.1.6*	盘瓠之余错处于虔、漳、潮之间	【畲族】
WPH65.11.1.7*	盘瓠之后居处（处州）之松、遂、云、龙诸邑	【畲族】
WPH65.11.1.8*	五溪盘瓠之后瑶族静江之兴安、义宁、古县，融州之融水、怀远县界皆有	【瑶族】@[WPH65.7.1.11* 瑶是五溪盘瓠之后
WPH65.11.1.9*	盘瓠死后，三子一婿遂于粤、闽、赣等各地繁衍生息	【畲族】
WPH65.11.1.10*	盘瓠后代生活在安徽西部、江西九江等地	【古代民族】@[WPH65.8.6.3] 南郡、夷陵、沅陵、九江、江夏诸郡皆承盘瓠之后
WPH65.11.1.11*	盘瓠后代生活在江苏、浙江一带	【古代民族】
WPH65.11.1.12*	盘瓠后代生活在黄河中下游及淮水中游一带	【古代民族】
WPH65.11.1.13*	盘瓠后代生活在豫东鲁西	【民族无考】
WPH65.11.1.14*	盘瓠后代生活着江淮荆州、洞庭湖、鄱阳湖、九嶷山一带	

W 编码	母题描述	关联项
WPH65.11.1.14.1*	商周时期作为荆蛮的主要成员的盘瓠生活在江淮荆州、洞庭湖、鄱阳湖、九嶷山一带	【瑶族】
WPH65.11.2	盘瓠后代生活在粤西山谷间	【狼人】
WPH65.11.3	盘瓠后代生活在马平县山谷间	【古代民族】
WPH65.11.4	盘瓠后代生活在长江三峡地区	
WPH65.11.4.1	盘瓠七姓冉、向、田、雷、蒙、叔孙等生活在长江三峡地区	【民族无考】@[WPH65.6.8.7.2] 长江三峡地区田姓以盘瓠族居多
WPH65.11.4a	盘瓠族裔主要在长江中上游生活	
WPH65.11.4a.1	汉晋之时盘瓠族裔主要在长江中上游（今陕南、四川、湖北、湖南、江西等地）生息繁衍	【南方古民族】
WPH65.11.5	盘瓠后代生活在巴蜀	【瑶族】@[WPH58.2.8.1] 盘瓠与帝喾女婚后外迁巴蜀
WPH65.11.5.1	盘瓠后代生活在蜀中	
WPH65.11.5.1.1	一支信奉狗图腾盘瓠民族的后裔生活在蜀中	【古代民族】
WPH65.11.6	盘瓠后代生活在湘西一带	
WPH65.11.6.1*	盘瓠子孙"巴""蛮"生活在湘西一带	【古代民族】
WPH65.11.6a	盘瓠后代生活在湘南	
WPH65.11.6a.1*	隋唐时，盘瓠后代大量汇集到湘南	【瑶族】

6. 盘瓠的关系 | WPH65.11.7—WPH65.12.3.1 |

W 编码	母题描述	关联项
WPH65.11.7	盘瓠后代雷姓分布福安、霞浦很多	【畲族】
WPH65.11.8	盘瓠后代生活在楚地	
WPH65.11.8.1	盘瓠部落处在楚地	【古代民族】
WPH65.11.9	盘瓠后代生活在洞庭湖沿岸地区	【民族，关联】①
WPH65.11.10	盘瓠后代生活在中国东南部	[WPH95.3.2.2*] 盘瓠神话广泛流传于东南亚地区
WPH65.11.10.1*	盘瓠氏为高辛氏之后，地域在东南部	【古代民族】
WPH65.11.11	与盘瓠后代的活动地区有关的其他母题	【关联】②
WPH65.12	盘瓠后代的生活（盘瓠后代的特点，盘瓠后代的待遇）	
WPH65.12.1	盘瓠后代擅长种蓝	
WPH65.12.1.1	盘瓠后代擅长种"兰"	【畲族】
WPH65.12.2	盘瓠的后代生活自由	
WPH65.12.2.1	盘瓠的后代任由天下落业	【瑶族】
WPH65.12.3	盘瓠的后代没有税赋	
WPH65.12.3.1	因盘瓠立功使后代免税	

① 【古代民族】@[WPH65.9.4.1] 盘瓠后代迁徙时渡长江、洞庭湖；[WPH65.9.6.2*] 盘瓠蛮向南向东迁徙过程中分别在洞庭湖和鄱阳湖一带的当地土著融合成为"莫瑶"。

② [WPH38.1.1] 盘瓠蛮系各部原处南方的深山老林中；[WPH38.2.1] 盘瓠族曾在武陵地区（今常德）活动。

W 编码	母题描述	关联项
WPH65.12.3.1.1	因祖先的盘瓠立功，楚平王赐予盘瓠子孙的免差徭的优待	【畲族】
WPH65.12.3.2	评王发给十二姓王瑶管山券牒赐永免徭役	【瑶族】
WPH65.12.3.3	盘瓠后代过关无税，过渡无钱	【瑶族】
WPH65.12.3.4	盘古瑶永无租税	【瑶族】
WPH65.12.3.5	盘瓠后代蛮夷以先父有功，母帝之女，田作贾贩，无关梁符传租税之赋	【古代民族】
WPH65.12.3.6	盘王子孙十二姓，代代不纳国税	【瑶族】
WPH65.12.4	盘瓠后代有其他特殊权利	
WPH65.12.4.1	盘瓠与三公主婚生的六男六女享有平等的姓氏权	【瑶族】
WPH65.12.4.2	盘瓠后代有多种特权	【瑶族·盘古瑶】
WPH65.12.4.3	盘瓠后代十二姓王（瑶）子孙见官不下跪	【瑶族】
WPH65.12.5	盘瓠后代权益的获得	
WPH65.12.5.1	盘大护（盘瓠）助楚平王有功，为瑶人得到十二姓和种种特权	【民族，关联】[①]
WPH65.12.5.2	盘瓠的后代封官加爵	[WPH65.14.3] 盘瓠后代为官
WPH65.12.5.2.1	平王为盘护与评王宫女婚生的子女齐相优赏，各补官爵	【瑶族】

[①]【瑶族·盘古瑶】@[WPH25.3.2.2] 龙犬是盘古大护；[WPH90.4.32] 盘瓠又称"盘大护"。

6. 盘瓠的关系 | WPH65.12.6—WPH65.14.0.7.1 |

W 编码	母题描述	关联项
WPH65.12.6	盘瓠后代刀耕火种	
WPH65.12.6.1	盘王子孙破砍大山，刀耕火种	【瑶族】
WPH65.13	盘瓠后代的事迹	
WPH65.13.1	盘瓠的后代开辟村寨	
WPH65.13.1.1	盘瓠后代先后开辟了会稽山、玉明冲、九牛山等许许多多村寨	【瑶族】
WPH65.14	与盘瓠的后代有关的其他母题	[WPH93.4.9.1*] 新建乡黑禾田村有一祭祀盘瓠后裔六对神侣的六王庙
WPH65.14.0	盘瓠后代的特征（盘瓠后代的体征）	
WPH65.14.0.1	神犬与三公主生浑身长毛的人	【瑶族】
WPH65.14.0.2	盘瓠的后代外痴内黠	【古代民族】
WPH65.14.0.3	盘瓠的儿女有狗尾	
WPH65.14.0.3.1	盘大护的儿女有狗尾	【瑶族】
WPH65.14.0.4	盘王后代人人身体强健，个个美貌	【瑶族】
WPH65.14.0.5	盘瓠的后代眉貌美身	
WPH65.14.0.5.1	盘护与评皇宫女婚生的六子六女眉貌美身	【瑶族】
WPH65.14.0.6	盘瓠的后代赤髀横裙	【古代民族】
WPH65.14.0.6a	盘瓠子孙赤髀横裙	【古代民族】
WPH65.14.0.7	盘瓠后代的语言特征	
WPH65.14.0.7.1	盘瓠后代语言侏离	【古代民族】

W 编码	母题描述	关联项
WPH65.14.1	盘瓠与美女婚生男为狗，生女为美人	【古代民族】@[WPH65.8.2.1.1] 盘瓠与高辛所赐美女婚，生男为狗，女为美人，为狗封之民
WPH65.14.1.1	盘瓠与高辛帝的美女婚，生男为狗，生女为美女	【古代民族】@[WPH64.2] 盘瓠妻子是美女
WPH65.14.1a	盘瓠与高辛帝之女婚，生男为狗，生女为美女	【古代民族】
WPH65.14.2	盘瓠的后代是人王（盘瓠的后代是首领）	
WPH65.14.2.1	公主与神犬生的孩子长大后各自做了不同部落的首领，开基创业	【汉族】
WPH65.14.2.2	人王是九头狗	
WPH65.14.2.2.1	人王是狗，九头九兄弟分九州	【瑶族】
WPH65.14.3	盘瓠后代为官	
WPH65.14.3.1	盘瓠后代入五溪各为一溪之长	【五溪蛮】@[WPH65.9.5.2.1] 盘瓠六子入五溪而聚族
WPH65.14.3.2	盘瓠繁衍的十二姓氏八姓为官，四姓为将	【瑶族】
WPH65.14.3.3	盘护与平王的宫女婚生六男六女繁衍十二姓，十二姓子孙各赐官品爵禄	【瑶族】
WPH65.14.3.4	龙犬与平王的二宫之女婚生六男六女，平王为之封官	【瑶族】

6. 盘瓠的关系 | WPH65.14.3.5—WPH65.14.6.1* |

W 编码	母题描述	关联项
WPH65.14.3.5	高辛帝以女配盘瓠,繁衍后代中有邑君长,皆赐印绶	【古代民族】
WPH65.14.3	盘瓠的后代与蚩尤有关	【关联】①
WPH65.14.3.1*	蚩尤后代斗志高,盘瓠子孙胆气豪	【苗族】
WPH65.14.4	盘瓠种	
WPH65.14.4.1*	以盘瓠为图腾的民族史称"盘瓠种"	【古地民族】@ [WPH65.10.5*] "盘瓠种"分布在南方广大地区
WPH65.14.4.2*	"盘瓠种"对应武陵蛮最迟在两晋时期开始确立	【民族无考】
WPH65.14.5	具体的人是盘瓠后代	
WPH65.14.5.1*	盘瓠后裔冉安昌	【古代民族】
WPH65.14.5.1.1*	冉安昌是巴东蛮帅	【古代民族】
WPH65.14.5.1.2*	盘瓠苗裔黄国公册安昌	【古代民族】
WPH65.14.5.2	盘瓠后代中有名渠帅曰精夫者	【古代民族】
WPH65.14.6	盘瓠后代有不同分支	[WPH22.5.3.9a*] 瑶族多数支系承认盘瓠是共同始祖
WPH65.14.6.1*	盘瓠后代有七个分支	【苗族·瓦乡人】@ [WPH92.3.11.1*] 泸溪侯家村有妇女的围裙上面挑有七枝稻穗花,据说是象征盘瓠的七支分支

---

① [WPH66.3.6.1*] 三苗联盟有九黎、蚩尤、祝融、熊芈、盘古(盘瓠)、驩兜(板兜或丹朱)等;[WPH69.4.1.1*] 蚩尤神有盘瓠的影子。

W 编码	母题描述	关联项
WPH65.14.6.2*	神狗与寨老的三女儿婚婚子女形成十二姓大瑶，七十四姓小瑶	【瑶族·红瑶】
WPH65.14.7	盘瓠生犬	
WPH65.14.7.1*	犬出自盘瓠	【民族无考】
WPH65.14.8	盘瓠后代的婚姻	
WPH65.14.8.1*	盘瓠婚生的子女男的娶妻，女的出嫁	【民族，关联】①
WPH65.14.8.2	盘瓠与帝高辛氏赐的少女婚生十二个子女，自相夫妻	【古代民族】@[WPH65.7.6.0.3a.1] 盘瓠与高辛的少女婚生的后代有梁汉巴蜀武陵长沙庐江群夷
WPH65.14.8.2a	盘瓠与高辛帝女婚生的六男六女自相夫妻	【古代民族】
WPH65.14.8.3	盘瓠死后婚生的六男六女自相夫妻	【古代民族】
WPH65.14.8.3a	盘瓠与高辛帝女婚生六男六女，盘瓠死后自相夫妻	【古代民族】
WPH65.14.8.3b	盘瓠与高辛帝少女婚生六男六女，盘瓠死后自相夫妻	【古代民族】
WPH65.14.8.4	盘王与三女婚生的六男六女长大后各自招婿和娶妻	【瑶族】
WPH65.14.8.5	盘王与三女婚生的六男六女，公子娶来外姓女，公主招来外姓儿	【瑶族】

---

① 【畲族】@[WPH65.1.8.1] 盘瓠婚生的六男六女在盘瓠死后自相配偶；[WPH65.7.6.20.1] 盘瓠与高辛公主婚生的六男六女自相夫妻是为南蛮。

W 编码	母题描述	关联项
WPH65.14.8.6	盘瓠的子女族外婚	
WPH65.14.8.6.1	盘瓠与评王宫女婚生六男六女,婚娶外姓子女为妻	【瑶族】
WPH65.14.8.6.2	盘瓠与评王宫女婚生六男六女,敕令六男婚取(娶)外人之婿(女)为妻,以传其后;敕令六女招赘外人之子〔为夫〕,以继其宗	【瑶族】
WPH65.14.9	盘瓠后代的人口数量	
WPH65.14.9.1	盘王子孙繁衍到八千人口	【瑶族】
WPH65.14.9.2	李大护与盘王三女繁衍百万千千户	【民族,关联】①
WPH65.14.9.3	龙麒的子孙千千万	【畲族】@ [WPH90.2.2.6] 盘瓠即龙麒
WPH65.14.10	犬的后代	
WPH65.14.10.1	公狗与公主婚生一个男孩,取名亚黎	【黎族】
WPH65.14.11	盘瓠后代的称谓	
WPH65.14.11.1	犬子	
WPH65.14.11.1.1	人们谦称自己的儿子为"犬子"	【汉族】
WPH66	盘瓠的从属	
WPH66.1	盘瓠的上司	
WPH66.1.1	盘瓠的上司是高辛帝	

---

① 【瑶族】@[WPH25.3] 盘瓠是龙犬;[WPH25.3.2.1] 李大护龙犬。

W 编码	母题描述	关联项
WPH66.1.1.1*	盘瓠是高辛帝政治集团中一个地位低下但很得力的亲信随从	【民族无考】
WPH66.1.1.2	五色犬是高辛的随从	【汉族】
WPH66.1.1.2.1*	五色犬	【民族，关联】①
WPH66.1.1.2.1.1*	五彩天狗	【汉族】@[WPH44.5.1.2] 五彩天狗帮帝喾战胜火山国和开荒国
WPH66.1.1.3	盘瓠是帝喾的畜犬	【民族，关联】②
WPH66.1.1.3a	盘瓠是帝喾的犬	【民族无考】
WPH66.1.1.3a.1	帝喾饲养了一条名叫盘瓠的狗	【汉族】@[WPH08.2.3.3] 盘瓠是高辛帝时的犬
WPH66.1.1.3a.2	盘瓠为高辛氏畜狗	【苗族】
WPH66.1.1.3a.3	高辛帝有畜狗曰盘瓠	【古代民族】
WPH66.1.1.3a.4	帝喾高辛帝有畜犬名曰盘瓠	【古代民族】
WPH66.1.1a	盘瓠是高辛帝的随从	
WPH66.1.1a.1	高辛帝帐前随从有个叫盘瓠的小伙子	【古代民族】
WPH66.1.1b	盘瓠与高辛氏是君臣关系	

① 【汉族】【瑶族】@[WPH11.2.2] 盘瓠外形是五色犬；[WPH44.2.3.2] 五色犬为高辛取房王头；[WPH64.2.1] 五色犬的五个美女妻子；[WPH65.1.5.1] 五色犬与美女婚生五男六女；[WPH90.4.24.1*] 瑶人把盘瓠龙犬俗称为彩狗；[WPH94.3.1.2*] 尧、舜时期的三苗部落以五色犬盘瓠为图腾。

② 【古代民族】@[WPH28.3.1*] 神犬盘瓠是家畜也是祖先神；[WPH44.2.9.1] 帝喾的畜犬盘瓠曾斩帝将军之头。

6. 盘瓠的关系 | WPH66.1.1b.1*—WPH66.2.1.1 |

W 编码	母题描述	关联项
WPH66.1.1b.1*	古文献中说盘瓠是高辛王畜犬，说明其与高辛氏的主奴君臣关系	【瑶族】
WPH66.1.1b.2	盘瓠是高辛的侍臣	【苗族】@[W0729c.8.1] 盘瓠是高辛的侍臣
WPH66.1.2	盘瓠上司是盘王	【瑶族】
WPH66.1.3	盘瓠上司是玉皇大帝	【畲族】@[WPH26.3.1] 盘瓠是玉皇大帝身边的娄金星
WPH66.1.4	盘瓠上司盘古	
WPH66.1.4.1	盘瓠是盘古的使者	【瑶族】
WPH66.1.5	盘瓠上司评王（盘瓠上司平王，盘瓠上司评皇）	【瑶族】@[WPH67.2] 盘瓠的助手龙犬
WPH66.1.5.1	评王有龙犬，不能畜之	【瑶族】@[WPH25.3] 盘瓠是龙犬
WPH66.1.5.2	评皇有盘龙（盘瓠龙犬）	【瑶族】
WPH66.1.5.3	盘护是评王佐殿龙犬	【瑶族】
WPH66.1.6	盘瓠上司神农	【关联】①
WPH66.1.6.1	龙犬是神农的爱宠	【瑶族】@[WPH25.3] 盘瓠是龙犬
WPH66.2	盘瓠的部下（盘瓠的随从）	[WPH57.1.4.2.1] 盘瓠婚后有奴婢搬运柴水，炊爨饮食，侍奉夫妻二人
WPH66.2.1	盘瓠有金童服侍	
WPH66.2.1.1	盘王出世福江庙，两个金童坐两边	【瑶族】

① [WPH27.1.1.3.1] 盘瓠是神农皇帝；[WPH84.8.3] 共祭神农和盘瓠。

W 编码	母题描述	关联项
WPH66.2.2	盘瓠的下属天兵天将	
WPH66.2.2.1	盘护带领天兵天将	【瑶族】
WPH66.2.3	盘瓠的仆人	
WPH66.2.3.1	龙犬盘护与宫女婚后，入会稽山后有奴仆二人伺候	【民族无考】
WPH66.3	盘瓠的族属	
WPH66.3.1*	盘瓠属于黄帝族	【黄帝族】
WPH66.3.1.1*	盘瓠是黄帝族系中的一支	【瑶族】
WPH66.3.1a*	盘瓠加入黄炎集团	【民族无考】
WPH66.3.2*	盘瓠属于荆蛮	[WPH65.7.6.18] 盘瓠后代荆蛮（盘瓠后代蛮荆）
WPH66.3.2.1*	商周时期为荆蛮的主要成员	【瑶族】
WPH66.3.3*	盘瓠属莱夷	
WPH66.3.3.1*	莱州、登州（今山东临淄、博兴、诸城等县地）古为薄姑之国，薄姑（盘瓠）即后来的莱夷	【古代民族】@ [WPH90.3.2.3*] 亳、薄姑、盘瓠、盘古等名可作国名
WPH66.3.4*	盘瓠属于黎部	
WPH66.3.4.1*	盘瓠和犬戎都属于黎部	【古代民族】
WPH66.3.5*	盘瓠属于犬戎族	【关联】①
WPH66.3.5.1*	盘瓠是犬戎族的一个普通族人	【古代民族】@ [WPH24.1] 盘瓠是平常人

① [WPH22.5.7.2] 盘瓠是犬戎族的始祖；[WPH65.8.1] 盘瓠的后代繁衍犬国；[WPH65.8.2] 盘瓠的后代繁衍犬封国；[WPH65.8.2.3] 犬封国曰犬戎国；[WPH90.3.2.1] 盘瓠即犬戎国（盘瓠即犬封国）；[WPH95.1.3.4*] 盘瓠神话源于犬戎。

6. 盘瓠的关系 | WPH66.3.6*—WPH68.3

W 编码	母题描述	关联项
WPH66.3.6*	盘瓠属于三苗联盟	【关联】①
WPH66.3.6.1*	三苗联盟有九黎、蚩尤、祝融、熊罴、盘古（盘瓠）、驩兜（板兜或丹朱）等	【古代民族】@ [WPH69.4.1.1*] 蚩尤神有盘瓠的影子
WPH66.4	与盘瓠的从属有关的其他母题	[WPH25.2.6] 盘瓠是南越王之犬
WPH66.4.1	犬是瑶祖养的猛畜	【瑶族】
WPH67	盘瓠的朋友（盘瓠的伙伴，盘瓠的助手）	
WPH67.1	盘瓠的伙伴龙麒	
WPH67.1.1	孤儿盘瓠与龙麒相依为命	【畲族】
WPH67.1.2	盘瓠出生后，龙麒与盘瓠相伴	【畲族】
WPH67.2	盘瓠的助手龙犬	【关联】②
WPH67.2.1	番王作乱时，盘瓠带龙犬请战	【畲族】
WPH68	盘瓠的对手（盘瓠的敌人）	
WPH68.1	盘瓠的敌人犬戎	
WPH68.1.1*	盘瓠的敌人"犬戎"应是"卢戎"	【古代民族】
WPH68.2	盘瓠的敌人戎人	
WPH68.2.1*	盘瓠的敌人是南入江南的戎人	【古代民族】
WPH68.3	盘瓠的敌人辛王	【民族无考】

---

① [WPH61.5.2.1*] 盘瓠蛮的近宗出于"三苗"；[WPH94.3.2.2*] 三苗主要以盘瓠图腾为标志。

② [WPH05.1.3] 盘瓠是龙犬的化身；[WPH90.6.8.1*] 盘瓠原名龙犬；[WPH94.6.2] 盘瓠龙犬图腾。

W 编码	母题描述	关联项
WPH68.4	盘瓠的敌人评王（平王）	【民族无考】@[WPH44.2.8]盘瓠取平王的头
WPH68.5	盘瓠的对手夷房突王	【民族，关联】①
WPH69	**与盘瓠的关系有关的其他母题**	
WPH69.0	盘瓠的血缘关系（盘瓠的裙带关系）	
WPH69.0.1*	盘瓠是皇室后裔	
WPH69.0.1.1*	因高辛帝女儿嫁给了盘瓠，盘瓠成了皇室后裔	【畲族】
WPH69.0.1.2*	盘瓠与高辛有血缘关系	【畲族】@[WPH61.2]盘瓠是高辛后代（盘瓠是高辛氏后裔）
WPH69.1	盘瓠的多重关系	
WPH69.1.1*	瑶族先祖盘瓠与高辛王既是主仆关系，又有血缘关系	【民族无考】
WPH69.2	盘瓠的师傅	[WPH36.9]盘瓠学法
WPH69.2.1	盘瓠王为许真君弟子	【畲族】
WPH69.3	盘瓠的同门	
WPH69.3.1	盘瓠王与陈靖姑同属闾山法门	【畲族】
WPH69.4	与盘瓠有关的其他人物	
WPH69.4.1*	蚩尤与盘瓠有关	【关联】②

① 【畲族】@[WPH44.2.3.3]盘瓠取滨夷房突王的头；[WPH44.3.5]盘瓠斩杀畎夷之将。
② [WPH21.1.1.1]苗族的始祖神有蚩尤、盘瓠神等；[WPH27.2.6.1*]盘瓠是早于蚩尤的尤人首领；[WPH61.3*]盘瓠为蚩尤之后；[WPH65.14.3]盘瓠的后代与蚩尤有关；[WPH66.3.6.1*]三苗联盟有九黎、蚩尤、祝融、熊羋、盘古（盘瓠）、驩兜（板兜或丹朱）等。

6. 盘瓠的关系 | WPH69.4.1.1*—WPH69.5.1.1* |

W 编码	母题描述	关联项
WPH69.4.1.1*	蚩尤神有盘瓠的影子	【古代民族】
WPH69.4.2	盘瓠的帮助者	
WPH69.4.2.1	太上老君是盘瓠的帮助者	
WPH69.4.2.1.1*	太上老君对全体畲民包括始祖盘瓠特别垂爱	【畲族】
WPH69.4.2.2	天狗在南蛇和蜂王帮助下下凡	【黎族】
WPH69.4.3	盘瓠的保护神	
WPH69.4.3.1	盘瓠的保护神是五色犬	【民族,关联】①
WPH69.4.4	盘瓠的恩人	
WPH69.4.4.1	狗是祖先(盘瓠)的救命恩人	【畲族】
WPH69.4.5	盘瓠的佣人	
WPH69.4.5.1	盘瓠王宫女	
WPH69.4.5.1.1	盘瓠王宫女招志深公为驸马	【畲族】
WPH69.5	盘瓠相关的事物(与盘瓠相关的现象)	
WPH69.5.1*	饕餮与盘瓠有关	
WPH69.5.1.1*	饕餮最早以犬为原型	【苗族】

---

① 【苗族】@[WPH11.2.2]盘瓠外形是五色犬;[WPH13.1]盘瓠的毛有五种颜色(盘瓠毛五色);[WPH25.3.5]盘瓠是五色龙犬;[WPH90.4.18.1]犬五色,因名瓠犬。

7. 盘瓠的寿命与死亡
【WPH70—WPH79】

W 编码	母题描述	关联项
WPH70	盘瓠的寿命	
WPH70.1	盘瓠不死	
WPH70.1.1	盘瓠氏寿命一百零八岁	
WPH70.2	盘瓠活了八十多岁	
WPH70.2.1	盘王(龙犬)夫妇相亲相爱，两人都活了八十多岁	【瑶族】
WPH70.3	盘瓠寿命五百六十岁	
WPH70.3.1	祖先盘皇活了五百六十岁	【苗族】@ [W0729g.3.1.1] 盘皇活了五百六十岁
WPH71	盘瓠的死亡	
WPH72	盘瓠死亡的原因	
WPH72.1	盘瓠落崖死亡	
WPH72.1.1	盘护到山中打猎时掉下悬崖而死	【瑶族】
WPH72.1.2	盘瓠为救羊身落悬崖而死	【瑶族】
WPH72.1.3	盘瓠因猎羚羊坠崖而死	【瑶族】@[WPH72.2.4] 盘瓠被羚羊抵死
WPH72.1.4	盘瓠作战时落崖而死	
WPH72.1.4.1	盘瓠王与天兵天将作战时被打落山崖跌死	【畲族】

7. 盘瓠的寿命与死亡 | WPH72.1.5—WPH72.2.1.9 |

W 编码	母题描述	关联项
WPH72.1.5	与盘瓠落崖死亡有关的其他母题	
WPH72.1.5.1	黄狗从悬崖跌落摔死	【民族，关联】①
WPH72.2	盘瓠被羊抵死	
WPH72.2.1	盘瓠被山羊抵死	
WPH72.2.1.1	盘瓠打猎时被山羊抵死	【畲族】
WPH72.2.1.2	盘瓠被野山羊抵死	
WPH72.2.1.2.1	槃瓠王巡猎时被一只高大凶猛的野山羊撞下陡壁死亡	【畲族】
WPH72.2.1.2a	龙王被野山羊撞死	【民族，关联】②
WPH72.2.1.3	龙麒打猎被山羊抵死	
WPH72.2.1.4	龙犬驸马外出学艺时被山羊撞死在崖边	【畲族】@[WPH36.4] 盘瓠学艺
WPH72.2.1.5	盘古打猎时被羊角触死	【瑶族】
WPH72.2.1.6	李大护被羊抵死	【瑶族】
WPH72.2.1.7	龙王给羊劝架拉架时滑倒，受伤死亡	【民族，关联】③
WPH72.2.1.8	盘瓠被山羊牴抵落石壁而死	【畲族】
WPH72.2.1.9	盘瓠被山羊冲到，山羊用犄角将他撬翻下崖，摔在半崖的一棵德芎树上丧了命	【瑶族】

① 【仡佬族】@[WPH25.2.5] 盘瓠是黄犬；[WPH90.1.1.5 高王为大黄狗取名盘瓠。
② 【畲族】@[WPH90.2.1.7] 高辛为金虫盘瓠赐名"龙王"；[WPH90.4.4.1] 盘瓠大王又称"龙王"。
③ 【畲族】@[WPH90.2.1.7] 高辛为金虫盘瓠赐名"龙王"；[WPH90.4.4.1] 盘瓠大王又称"龙王"。

W 编码	母题描述	关联项
WPH72.2.2	盘瓠被岩羊抵死	
WPH72.2.2.1	龙麟劝架岩羊时被抵死	【民族，关联】[①]
WPH72.2.3	盘瓠被石羊抵死	
WPH72.2.3.1	盘护转岭捕猎石羊时被石羊筑木打死	【瑶族】
WPH72.2.3.1a	盘护狩猎时脚被石羊角撬落石崖，梓木打伤而死	【瑶族】
WPH72.2.3.2	护出山转岭打猎，被石羊撞落石崖而死	【瑶族】
WPH72.2.3.3	犬被石羊抵死	【瑶族】
WPH72.2.4	盘瓠被羚羊抵死	[WPH72.1.3] 盘瓠因猎羚羊坠崖而死
WPH72.2.4.1	盘瓠游猎中被羚羊角刺死	【瑶族】
WPH72.2.4.1.1	盘瓠在山溪之畔石崖之下被羚羊角刺死	【瑶族】
WPH72.2.4.2	盘瓠为羚羊与梓木所害	【瑶族】
WPH72.2.4.3	盘护被羚羊杈死	【瑶族】
WPH72.2.4.4	盘护被羚羊角刺死	【瑶族】
WPH72.2.4.5	盘护被羚羊角触落石岩下而死	【瑶族】
WPH72.2.5	盘瓠被公羊抵死	
WPH72.2.5.1	盘瓠上山打猎时被一只带箭公羊撞跌窟下摔死	【瑶族】
WPH72.2.5a	盘瓠被公山羊抵死	

[①]【畲族】@[WPH11.4.1.2b]龙麟盘瓠头像狗来身是人；[WPH72.2.1.7]龙王给羊劝架拉架时滑倒，受伤死亡。

7. 盘瓠的寿命与死亡 | WPH72.2.5a.1—WPH72.5.0

W 编码	母题描述	关联项
WPH72.2.5a.1	盘护带儿子们上山打猎时,被一只公山羊撞下山崖丧命	【瑶族】
WPH72.2.6	与盘瓠被羊抵死有关的其他母题	
WPH72.2.6.1	龙王被羊抵死	【民族,关联】①
WPH72.2.6.2	龙麒岩头捉羊子,斗死在岩边	【畲族】@ [WPH90.2.2.6] 盘瓠即龙麒
WPH72.2.6.2a	龙麒因岩中捉羊崽,斗死在岩前	【畲族】@ [WPH90.2.2.6] 盘瓠即龙麒
WPH72.3	盘瓠被其他动物抵死	
WPH72.3.1	盘瓠遭猛兽撞击而死	
WPH72.3.1.1	盘瓠王巡猎中被猛兽撞下山崖而亡	【畲族】
WPH72.4	盘瓠摔死	
WPH72.4.1	盘瓠狩猎追赶山羊时不幸摔死	【畲族】
WPH72.4.2	龙麟追黄猓时失足摔死	【畲族】@ [WPH11.4.1.2b] 龙麟盘瓠头像狗来身是人
WPH72.4.3	犬不小心摔死	
WPH72.4.3.1	公狗变成的后生上山打猎,不小心从悬崖峭壁摔进深谷身亡	【黎族】
WPH72.5	盘瓠被杀死	
WPH72.5.0	盘瓠被子女杀死	

---

① 【畲族】@ [WPH90.2.1.7] 高辛为金虫盘瓠赐名"龙王";[WPH90.4.4.1] 盘瓠大王又称"龙王"。

W 编码	母题描述	关联项
WPH72.5.0.1	盘瓠被自己婚生的六男六女杀死	【苗族】
WPH72.5.0.2	盘瓠的十二个子女因怨恨父亲是犬将其杀死	【苗族】
WPH72.5.0.3	盘瓠被子女误杀	
WPH72.5.0.3.1	盘瓠的子女因受骗误杀盘瓠	【苗族】
WPH72.5.0.4	盘瓠婚生的一对男女长大后嫌狗老跑不动就把他打死	【苗族】
WPH72.5.1	盘瓠被儿子谋杀	
WPH72.5.1.1	盘瓠的儿子们因耻于其父为犬而将盘瓠杀死	【苗族】【瑶族】
WPH72.5.1.1.1	盘瓠的儿子得知父亲是狗，觉得没有脸面见人便杀死了盘瓠	【苗族】
WPH72.5.1.1.2	儿子们得知狗是父亲非常羞愧，把狗引到山沟里打死	【苗族】
WPH72.5.1.2	儿子怕外人笑话打死黄狗盘瓠	【民族，关联】①
WPH72.5.1.3	两个儿子知道黄狗是父亲后，趁一次打猎一顿乱棍把它打死	【苗族】
WPH72.5.1.4	盘瓠被六个儿子合谋杀死	【古代民族】
WPH72.5.1.4a	盘瓠被七个儿子杀死	
WPH72.5.1.4a.1	七个二儿子一怒之下抽出七把铜刀铜剑杀死翼洛	【民族，关联】②

① 【苗族】@[WPH25.2.5] 盘瓠是黄犬；[WPH90.1.1.5 高王为大黄狗取名盘瓠。
② 【苗族】@[WPH90.4.12] 盘瓠称为"翼洛"；[WPH95.2.8.2*] 盘瓠神话的主角除了称盘瓠之外，还被称为邦尕、翼洛、更狗、伏羲。

7. 盘瓠的寿命与死亡 | WPH72.5.1.5—WPH72.6.0

W 编码	母题描述	关联项
WPH72.5.1.5	三个儿子知道了自己的父亲是狗又气又羞，等妈妈走开就把他杀了	【苗族】
WPH72.5.1.6	犬渐衰老，子怒而杀之山中	【黎族】
WPH72.5.1.6a	狗老得跑不动时，孩子就打死了它	【苗族】
WPH72.5.1.7	金犬被儿子设计割破舌头而死	【苗族】
WPH72.5.2	盘瓠被儿子误杀	
WPH72.5.2.1	黄狗随儿子进山打猎时，兄弟误杀黄狗	【彝族】
WPH72.5.2.2	儿子长大后错杀了天狗父亲	【黎族】
WPH72.5.2.3	儿子在打猎时误杀随自己打猎的黑狗父亲	【黎族】
WPH72.5.2.4	小孩把狗打死了，因为妈妈没有跟她讲狗是她的爸爸	【高山族·太鲁阁人】
WPH72.5.3	盘瓠被复仇者杀死	
WPH72.5.3.1	犬戎国复仇者偷袭刺杀盘瓠	【民族，关联】①
WPH72.5.4	盘获被平王害死	
WPH72.5.4.1	平王怕盘瓠日后作乱篡位，暗下毒药害死盘获	【瑶族】
WPH72.5.5	盘瓠被其他人所杀	
WPH72.5.5.1	盘瓠被吴将军余孽杀害	【苗族】
WPH72.6	盘瓠死亡的其他情形	
WPH72.6.0	盘瓠战死	

---

① 【苗族】@[WPH22.5.7.2]盘瓠是犬戎族的始祖；[WPH65.8.1]盘瓠的后代繁衍犬戎国。

W 编码	母题描述	关联项
WPH72.6.0.1	盘瓠战恶龙时命丧沅江	【苗族】@ [W0729g.3.3.1] 盘瓠战恶龙时命丧沅江
WPH72.6.1	狗失去皮毛死亡	
WPH72.6.1.1	神狗被烧掉皮后死亡	【瑶族·红瑶】
WPH72.6.2	盘瓠被夹死	
WPH72.6.2.1	狗公追猎物时夹死在一棵双叉树上	【瑶族】
WPH72.6.3	盘瓠自然死亡	
WPH72.6.3.1	苗汉两兄弟长大成人,亲生父亲更狗就归天了	【民族,关联】①
WPH72.6.4	盘瓠累死	[W0729g.3.4] 盘瓠累死
WPH72.6.4.1	盘瓠王双手撑天累死	【苗族】@ [W0729g.3.4.1] 盘瓠王双手撑天累死
WPH73	**盘瓠死亡的时间**	
WPH73.0	盘瓠死亡于三月三	
WPH73.0.1	盘瓠三月三猎时不幸殉身	【畲族】
WPH73.1	盘瓠死亡是农历十月十六	【瑶族】
WPH73.1.1	农历十月十六是盘王忌日	【瑶族·盘瑶】@ [WPH08.3.2.1 盘王生日是农历十月十六
WPH74	**盘瓠死亡的地点**	
WPH74.1	盘瓠死于矛山	

---

① 【苗族】@[WPH65.1.1.2] 更狗与皇帝的女儿婚生一对双胞胎男孩;[WPH90.4.29*] 盘瓠又称更狗。

W编码	母题描述	关联项
WPH74.1.1	盘瓠打猎时死于矛山	【畲族】
WPH74.2	盘瓠死于龙虎岩	
WPH74.2.1	盘瓠打猎时死于龙虎岩	【畲族】
WPH75	**盘瓠的尸体**	
WPH75.1	盘瓠的尸体挂在树上	[WPH78.1.2.1*] 盘瓠初死,置之于树
WPH75.1.1	盘瓠尸体挂在树杈上	
WPH75.1.1.1	盘瓠尸体挂在悬挂在一株古树杈上	【畲族】
WPH75.1.1.2	盘瓠跌死在一株万年古树杈上	【畲族】
WPH75.1.1.3	盘瓠尸体挂在悬挂在石岩枣树上	【瑶族】
WPH75.1.2	盘瓠尸体倒挂于悬崖下的梓树上	【民族无考】
WPH75.2	盘瓠死后抛尸水中	
WPH75.2.1	盘瓠死后尸体抛入沅水	
WPH75.2.1.1	儿子杀死盘瓠后抛尸沅水之中	【苗族】
WPH75.2.1.2	复仇者杀死盘瓠后把尸首抛入沅水	【苗族】@ [WPH72.5.3.1] 犬戎国复仇者偷袭刺杀盘瓠
WPH75.2.1.3	盘瓠被吴将军余孽杀害并抛尸沉水	【苗族】@ [WPH72.5.5.1] 盘瓠被吴将军余孽杀害
WPH75.2.3	盘瓠被抛尸江中	【苗族】
WPH75.3		
WPH75.4	寻找盘瓠尸体	

W 编码	母题描述	关联项
WPH75.4.1	三公主派人寻找盘瓠尸体	
WPH75.4.1.1	人们通过头顶有乌鸦找到盘瓠尸体	【畲族】
WPH75.5	保护盘瓠尸体	
WPH75.5.1	野兽要吃盘匏的尸体	[WPH90.2.2.10] 盘瓠又称盘匏
WPH75.5.1.1	人们敲锣打鼓驱赶围绕盘瓠尸体的野兽	【畲族】
WPH76	**盘瓠死而再生**	
WPH76.1	盘瓠死后化身	
WPH76.1.1	盘瓠死后化为犬（盘瓠死后化为狗）	
WPH76.1.1.1	盘瓠死后化成石狗	【瑶族】@ [WPH76.1.3.1] 武山有岩石状似狗，为盘瓠所化
WPH76.1.2	盘瓠死后化为象	
WPH76.1.2.1	盘瓠初死置于树，以笋刺其下，其后化为象	【古代民族】
WPH76.1.3	盘瓠死后化为石	【关联】①
WPH76.1.3.1	武山有岩石状似狗，为盘瓠所化	【苗族】
WPH77	**盘瓠死后升天（盘瓠死后成神）**	
WPH77.1	盘瓠的升天日	
WPH77.1.1	盘瓠五月十五升天	

① [WPH43.6.2.1] 盘瓠死后化山；[WPH64.4.1.3] 辛女化为石（辛女化为辛女岩）。

7. 盘瓠的寿命与死亡 | WPH77.1.1.1—WPH78.2.1 |

W 编码	母题描述	关联项
WPH77.1.1.1	盘瓠五月十五化白龙升天	【苗族】
WPH77.2	盘瓠升天处	
WPH77.2.1	大庙是盘瓠升天的地方	【苗族】
WPH77.3	盘瓠狩猎死亡后成为神	【民族无考】
WPH77.4	神犬死后成神	【瑶族】@[WPH25.2.2] 盘瓠是神犬（盘瓠是神狗）
WPH77.4.1	神犬死后成神，称为盘王	【瑶族】
WPH78	**盘瓠的丧葬**	
WPH78.0	盘瓠的埋葬者	
WPH78.0.1	妻子埋葬盘瓠	
WPH78.0.1.1	儿子打死盘瓠，妻子辛女抱起盘瓠埋葬在黄狗坨村上方山坡上	【苗族】
WPH78.1	盘瓠丧葬的形式	
WPH78.1.1	土葬盘瓠（用土埋葬盘瓠）	
WPH78.1.2	树葬盘瓠	[WPH75.1] 盘瓠的尸体挂在树上
WPH78.1.2.1*	盘瓠初死，置之于树	【民族无考】
WPH78.1.3	垒石葬盘瓠	
WPH78.1.3.1	三公主和大家在凤凰山刨土垒石埋葬了龙麒	【畲族】
WPH78.1.4	石铁作板葬盘瓠	
WPH78.1.4.1	石铁作板安葬李大护	【瑶族】
WPH78.2	盘瓠的葬礼	
WPH78.2.1	葬礼祭拜盘瓠	

W 编码	母题描述	关联项
WPH78.2.1.1	祭奠盘瓠时大男小女，连于把臂，身着斑衣，摇天动地，唱不绝	【瑶族】
WPH78.2.1.2	盘护死后，十二姓子孙瑶动长鼓，吹笛笙歌鼓板	【瑶族】
WPH78.2.1.3	安葬盘瓠时，儿孙连手抱臂，呵呵唱跳作乐三日三夜	【瑶族】
WPH78.2.2	盘瓠入殓	
WPH78.2.2.1	将盘瓠入于木函	【瑶族】
WPH78.2.2.2	盘瓠入棺时用花帕、花裤、花裙装裹其身	【瑶族】
WPH78.2.2.3	盘瓠死后将花衣花帕装束，绣斑衣一件以遮其体，一身人与木函	【瑶族】
WPH78.2.2.4	盘瓠入殓时将黄金入木函中	【瑶族】
WPH78.2.3	盘瓠葬礼的情形	
WPH78.2.3.1	葬盘瓠时孝男孝女，哀声不绝	【瑶族】
WPH78.2.3.2	盘瓠葬礼上男子击长鼓	【民族，关联】①
WPH78.2.3.3	邦尕刚刚死去后，妻子把他停放在正房，拿些树圪垯让孩子们敲打，守灵一天一夜	【民族，关联】②
WPH78.2.3.4	葬盘瓠时，男男女女着起苎布衫，敲起檠爿，唱起山歌，为他做功德	【畲族】

① 【瑶族】@[WPH84.4.3] 芦笙长鼓舞祭盘瓠；[WPH84.5.2*] 打长鼓吹芦笙祭盘瓠。
② 【苗族】@[WPH65.1.1a.1] 邦尕与公主婚生三个男孩；[WPH90.4.25*] 盘瓠又称邦尕。

W 编码	母题描述	关联项
WPH78.2.4	盘瓠丧葬时祭祀	
WPH78.2.4.1	葬盘瓠时，三公主让儿女们砍下岩羊牯的头摆在盘瓠的灵位前，他们哭哑了喉咙，流干了泪水，唱着悲痛欲绝的哀歌向父亲的遗体告别	【畲族】@[WPH84.7] 祭盘瓠仪式
WPH78.2.5	盘瓠丧葬时超度	
WPH78.2.5.1	天神下降来超度，超度龙麒上西天	【畲族】@[WPH90.2.2.6] 盘瓠即龙麒
WPH78.3	盘瓠的坟墓（盘瓠的埋葬地）	
WPH78.3.1	盘瓠埋葬在会稽山	【畲族】
WPH78.3.1.1	盘瓠埋葬在会稽山七贤洞	【民族，关联】[1]
WPH78.3.2	盘瓠埋葬在龙虎山	
WPH78.3.2.1	狗王之墓在龙虎山	【畲族】@[WPH27.1.2.3] 盘瓠是狗王
WPH78.3.3	盘瓠埋葬在虎头山	
WPH78.3.3.1	盘瓠葬南京西门虎头山	【畲族】
WPH78.3.4	盘瓠埋葬在凤凰山	【畲族】@[WPH58.2.0.1] 龙麒与高辛帝的公主成婚后回到凤凰山
WPH78.3.4.1	盘瓠埋葬在广东路上凤凰山	【畲族】
WPH78.3.4.2	盘瓠埋葬在南京凤凰山	【畲族】

[1] 【畲族】@[WPH33.3.4] 盘瓠居广东会稽山七贤洞；[WPH78.3.4.4] 盘瓠埋葬在广东七贤洞凤凰山。

W 编码	母题描述	关联项
WPH78.3.4.3	盘瓠坟在饶平的凤凰山	【畲族】
WPH78.3.4.4	盘瓠埋葬在广东七贤洞凤凰山	【畲族】@ [WPH78.3.1.1] 盘瓠埋葬在会稽山七贤洞
WPH78.3.4.5	盘瓠王的坟墓做在凤凰山中	【畲族】
WPH78.3.5	盘瓠埋葬在通虎山	
WPH78.3.5.1	盘瓠埋葬在龙虒山（通虎山）	【畲族】
WPH78.3.5a	盘瓠埋葬在青龙山	
WPH78.3.5a.1	李大护葬青龙大山	【民族，关联】①
WPH78.3.5b	盘瓠埋葬在十宝山	
WPH78.3.5b.1	盘王葬南京十宝山	【瑶族】
WPH78.3.6	盘瓠埋葬在潮州	
WPH78.3.6.1	盘瓠埋葬在潮州城外二里	【畲族】
WPH78.3.7	盘瓠埋葬在武陵	
WPH78.3.7.1	盘瓠埋葬在武陵大道	
WPH78.3.8	盘瓠埋葬的其他地点	
WPH78.3.8.1	盘瓠葬在特定的山下	
WPH78.3.8.1.1	盘瓠葬在辛女岩山脚下	【苗族】
WPH78.3.8.2	盘瓠葬于南山祖墓	【畲族】
WPH78.3.8.3*	南海有盘古墓	【民族无考】
WPH78.3.8.4	盘护王安葬在七贤大洞南面	【民族，关联】②

① 【瑶族】@ [WPH25.3.2.1.2*] 李大护即"龙犬盘王大护"；[WPH90.2.2.1.5] 盘王李大护。

② 【瑶族】@ [WPH33.3.4] 盘瓠居广东会稽山七贤洞；[WPH78.3.1.1] 盘瓠埋葬在会稽山七贤洞；[WPH78.3.4.4] 盘瓠埋葬在广东七贤洞凤凰山。

W 编码	母题描述	关联项
WPH78.3.8.5	狗王葬在南京路上	【民族,关联】①
WPH78.3.9	盘瓠的土坟	
WPH78.3.9.1	埋葬盘瓠的土坟叫狗岩山	【苗族】@ [WPH93.2.1.1] 盘瓠山又叫"狗岩山"
WPH78.3.10	与盘瓠的坟墓有关的其他母题	
WPH78.3.10.1	盘瓠王坟图	【畲族】
WPH78.3.10.2	狗王墓	[WPH90.4.1c.1*] 畲族有的祖图称槃瓠墓为"狗王之墓"
WPH78.3.10.2.1	皇恩赐葬狗王之墓	【畲族】
WPH78.4	盘瓠的陪葬品	
WPH78.4.1	埋葬盘瓠时将花衣、花帽、花带、花帕绣斑衣一件掩其体	【瑶族】
WPH78.5	盘瓠丧葬的善后	
WPH78.6	与盘瓠丧葬有关的其他母题	
WPH78.6.1	犬的丧葬(为狗举办葬礼)	
WPH78.6.1.1*	狗死后用土丧葬以求氏族兴旺	【畲族】
WPH78.6.1.2*	狗死后要举行隆重的丧礼	【瑶族】
WPH78.6.2	盘瓠二次葬	
WPH78.6.2.1*	新干大墓为王者盘瓠之墓,是其子孙发达后的重葬之墓	【古代民族】
WPH78.6.3	葬金犬	
WPH78.6.3.1	金犬被儿子害死后,母亲要儿子们选一块风水宝地安葬	【苗族】

① 【畲族】@[WPH90.4.1c] 盘瓠又称狗王;[WPH90.4.1c.2] 盘瓠王俗称狗王。

W 编码	母题描述	关联项
WPH79	与盘瓠死亡有关的其他母题	
WPH79.1	盘瓠未善其中其终	【瑶族】
WPH79.2	盘瓠的死亡属于善终	
WPH79.2.1	盘护被羚羊抵死死，乃善终身	【瑶族】
WPH79.3	青蛙的死亡	
WPH79.3.1	公主与青蛙变成的小伙龙王宝成婚，皇太后偷偷烧掉青蛙的皮，龙王宝死亡	【壮族】@ [WPH72.6.1.1] 神狗被烧掉皮后死亡

8. 盘瓠的纪念与祭祀

【WPH80—WPH89】

W 编码	母题描述	关联项
WPH80	盘瓠的纪念（祭盘瓠）	
WPH80.1	与龙有关的祭盘瓠	
WPH80.1.1	祭龙犬	【畲族】
WPH80.2	与犬有关的祭盘瓠	
WPH80.2.1*	祭祖先狗头王	【瑶族】@[WPH90.4.1b]盘瓠又称狗头王
WPH80.2.1.1*	祭狗与盘瓠神话有关	【苗族】
WPH80.3	与麒麟有关的祭盘瓠	
WPH80.4	与其他物有关的祭盘瓠	
WPH80.5	祭盘瓠的不同名称	
WPH80.5.1	祭盘瓠又称祭盘王	【瑶族】
WPH80.5.1.1	祭盘王	
WPH80.5.1.1.1*	祭盘王的对象是盘古还是盘瓠尚无定论	【瑶族】
WPH80.5.1.1.2*	瑶族祭盘王一般指祭盘瓠	【瑶族】
WPH80.5.2	祭盘瓠又称还盘王愿	【瑶族】
WPH80.5.2.0	还盘王愿的原因	
WPH80.5.2.0.1	瑶人飘湖过海三个月未靠岸，遂许盘王愿	【瑶族】
WPH80.5.2.1*	还盘王愿又称还盘古皇愿	【瑶族】

8. 盘瓠的纪念与祭祀 | WPH80.5.2.2*—WPH80.5.2.15.1* |

W 编码	母题描述	关联项
WPH80.5.2.2*	还盘王愿又称太公愿	【瑶族】@[WPH90.4.3c] 盘瓠又称太公
WPH80.5.2.3	还盘王愿又称跳盘王	【民族，关联】①
WPH80.5.2.3.1*	在盘王庙举行的跳盘王仪式	【瑶族·坳瑶】
WPH80.5.2.3a	还盘王愿又称"做盘王"	[WPH82.2.7.3.1*] 盘王节又称做盘王
WPH80.5.2.3a.1*	瑶语支每年举行崇拜祖先的祭祀活动还盘王愿又称"做盘王"	【瑶族】
WPH80.5.2.4*	还盘王愿又称跳盘皇	【瑶族】
WPH80.5.2.5*	还盘王愿又称赛盘古	【瑶族】
WPH80.5.2.6*	还盘王愿又称祭盘王	【瑶族】
WPH80.5.2.7*	还盘王愿又称调盘王	【瑶族】
WPH80.5.2.8*	还盘王愿又称盘皇节	【瑶族】
WPH80.5.2.9*	还盘王愿又称奏盘王	【瑶族】
WPH80.5.2.10*	还盘王愿又称奏铛	【瑶族】
WPH80.5.2.11*	还盘王愿又称拜王	【瑶族】
WPH80.5.2.12*	还盘王愿又称跳王	【瑶族】
WPH80.5.2.13*	还盘王愿又称调王	【瑶族】
WPH80.5.2.14*	还盘王愿又称会阆	【瑶族】
WPH80.5.2.15*	还盘王愿又称跳鼓堂	【瑶族】
WPH80.5.2.15.1*	梅山蛮每年农历十月十六日盘王节要"跳鼓堂"	【古代民族】@[WPH65.7.6.8] 盘瓠后代梅山蛮

---

① 【瑶族】@[WPH82.1.9.1] 跳盘王在冬季农闲时举行；[WPH82.2.7.3.2*] 盘王节又称跳盘王。

W 编码	母题描述	关联项
WPH80.5.2.16*	还盘王愿又称跳古堂	【瑶族】
WPH80.5.2.17*	还盘王愿又称耍歌堂	【瑶族】@[WPH84.4.5] 坐歌堂
WPH80.5.2.17.1*	"藻勉"语支排瑶称为祭盘瓠为"耍歌堂"	【瑶族】
WPH80.5.2.18*	还盘王愿又称打盘王斋	【瑶族】
WPH80.5.2.19	还盘王愿历时七天七夜	【瑶族】
WPH80.5.2.20*	"还盘王愿"是瑶人感谢瑶族先祖保佑瑶人度过生存危机的活动	【瑶族】
WPH80.5.2.19	还盘皇愿	
WPH80.5.2.19.1	每年都要还盘皇愿	【瑶族·八排瑶】
WPH80.5.2.19a	还傩愿	
WPH80.5.2.19a.1*	湘西苗区的还傩愿主要是祭祀盘瓠	【苗族】
WPH80.5.2.20*	祭盘瓠又称"赛盘瓠"	【瑶族】
WPH80.5.2.21	祭盘瓠又称"调盘王"	【瑶族】
WPH80.5.2.21.1*	"调盘王"是瑶族对盘瓠图腾的原始信仰活动，与祖先崇拜相结合	【瑶族】
WPH80.5.2.22	祭盘瓠瑶语称"奏堂"	【瑶族】
WPH80.6	与祭盘瓠有关的其他母题	【关联】[①]
WPH80.6.1	祭盘瓠的来源	
WPH80.6.1.1*	盘瓠祭源于龙犬图腾	【苗族】@[WPH94.6.2] 盘瓠龙犬图腾

[①] [WPH78.2.4] 盘瓠丧葬时祭祀；[WPH97.5.1.1] 盘瓠文化遗存盘瓠祭。

8. 盘瓠的纪念与祭祀 | WPH80.6.1.2*—WPH81.1.2 |

W 编码	母题描述	关联项
WPH80.6.1.2*	祭盘瓠受道教影响	【瑶族】@ [WPH84.7.1.6*] 用道教仪式祭盘瓠
WPH80.6.2	纪念高王（狗王）	【畲族】@ [WPH27.1.2.3] 盘瓠是狗王
WPH80.6.2a	祭狗王	[WPH82.1.7.1] 正朔祭狗王
WPH80.6.2b	祭盘古大王	[WPH93.4.4.1*] 广西贺州市西湾镇盘古大王庙所供奉的神灵是瑶族的祖先神盘瓠
WPH80.6.2b.1	在七贤洞祭盘古大王	【瑶族】
WPH80.6.3	祭盘瓠的演变	
WPH80.6.3.1*	祭盘瓠改为祭盘古	
WPH80.6.3.1.1*	三江瑶原祭盘瓠，民国时改祭盘古	【瑶族】
WPH80.6.4	祭青蛙	
WPH80.6.4.1	每年正月末至二月初举行祭蛙活动祭祀与公主结婚的青蛙变成的小伙龙王宝	【壮族】
WPH80.6.4.2	正月跳蚂蜥舞、抬蚂蜥轿周游田垌纪念驸马蚂蜥	【壮族】
WPH81	纪念盘瓠的方式	
WPH81.1	通过特定名称纪念盘瓠	
WPH81.1.1	特定地名纪念盘瓠	
WPH81.1.2	特定人名纪念盘瓠	

W 编码	母题描述	关联项
WPH81.1.2.1	给孩子取与狗有关的名字纪念盘瓠	【民族无考】
WPH81.1.2.1.1	给小孩取名"狗剩""狗儿""狗宝""狗亮""三狗""小狗子"纪念盘瓠	【苗族】@[WPH92.4.4.2.1*] 官坝苗族常把带有"狗"字的词语作为爱称来称呼幼童,把幼童称作"狗儿""狗娃""狗宝"等
WPH81.1.2.1.2	给小孩取名"狗屎"纪念盘瓠	【苗族】
WPH81.1.2.2	姓名后面加"狗"纪念盘瓠	
WPH81.1.2.2.1*	贵州松桃县二区大红岩苗寨,凡石姓的人家不论男女(从外面娶来的媳妇不在内),即使是从那一姓氏分出去的人,老幼名字的后面,必附加一个"狗"字。如男姓的名字叫"光德",后面就要附加一个"狗"字,合成"光德狗";女姓名字叫"秋英",就叫"秋英狗"	【苗族】
WPH81.2	通过特定服饰纪念盘瓠	【关联】①
WPH81.2.1	特定样式的帽子纪念盘瓠	
WPH81.2.2	衣服上特定图案纪念盘瓠	
WPH81.2.2.1	用衣服上的两条交叉红线纪念犬	【瑶族】@[WPH92.3.10.7.1*] 广西南丹白裤瑶男子裤管上绣五根红线,以象征盘瓠坠崖 5 个手指在膝上留下的血印

① [WPH92.3.1] 特定头饰与盘瓠遗俗有关;[WPH92.3.2] 特定衣服装饰与盘瓠遗俗有关。

W 编码	母题描述	关联项
WPH81.2.3	男人外出挂"狗粮袋"	【瑶族·蓝田瑶】
WPH81.3	通过特定活动纪念盘瓠	
WPH81.3.1	通过唱歌纪念盘瓠	
WPH81.3.2	通过舞蹈纪念盘瓠	[WPH84.4.2] 跳舞祭盘瓠
WPH81.3.2.1	通过龙头舞纪念盘瓠	【畲族】
WPH81.3.2.2	通过手执铃刀,吹起号角,以三步一回头的舞步跳跃前进纪念盘瓠王殉难	【畲族】
WPH81.3.3	通过划龙舟纪念盘瓠	【苗族】@[WPH89.2.4.2] 参加盘瓠龙舟比赛就要连续参加三年,不能间断
WPH81.3.3.1	龙舟竞渡源于纪念始祖盘瓠	【苗族】
WPH81.3.3.2*	苗乡划龙舟不是为了纪念屈原,而是纪念祖先盘瓠	【苗族】
WPH81.3.4	跳古坛	
WPH81.3.4.1*	"跳古坛"源于瑶族"盘瓠祭"	【瑶族】@[WPH84.7.1.9*] "跳古坛"祭先祖盘瓠王
WPH81.3.5	跳庙	
WPH81.3.5.1*	敬盘王神称为"跳庙"	【瑶族】
WPH81.3.5.2*	跳庙时由师公跳长鼓舞,歌师歌女唱盘王歌,时间三天三夜	【瑶族】@[WPH84.4.3] 芦笙长鼓舞祭盘瓠
WPH82	祭祀盘瓠的时间(纪念盘瓠的时间)	【古代民族】
WPH82.0	不定期祭盘瓠	

W 编码	母题描述	关联项
WPH82.0.1	时时祭盘瓠	【瑶族】
WPH82.0.2	四季八节祭盘瓠	【畲族】
WPH82.0.2.1	时节祭盘瓠	【瑶族】
WPH82.0.2.2	春夏秋冬祭拜盘瓠	【瑶族】
WPH82.0.2.3	春夏秋冬祭拜盘皇	【瑶族】
WPH82.1	特定时间祭盘瓠	
WPH82.1.1	岁时祭盘瓠	【侗族等】【畲族】
WPH82.1.1.1	岁首祭盘瓠	【侗族】【毛南族】【水族】【瑶族·平地瑶】
WPH82.1.1.1.1	十月朔为大节,岁首祭盘瓠	【古代民族】
WPH82.1.1.1.2	贵州苗族自称盘瓠之后,岁首祭盘瓠	【苗族】
WPH82.1.1.2	岁首年尾祭盘瓠	
WPH82.1.1.2.1	麻阳苗族每年首末祭祀盘瓠	【苗族】
WPH82.1.2	正月初八祭盘瓠	【畲族】
WPH82.1.2a	正月十四祭盘瓠	【畲族】
WPH82.1.2b	正月初一至初五祭盘瓠	
WPH82.1.2b.1	正月初一至初五祭拜祠堂中的祖图画像	【畲族】
WPH82.1.2c	正月岁旦祭盘瓠	
WPH82.1.2c.1	每年正月岁旦要举行祭盘瓠仪式	【瑶族】
WPH82.1.2d	正月初八和三月初三祭盘瓠	
WPH82.1.2d.1	正月初八和三月初三畲族祭始祖盘瓠和始祖婆三公主	【畲族】

8. 盘瓠的纪念与祭祀 | WPH82.1.3—WPH82.1.5.1 |

W 编码	母题描述	关联项
WPH82.1.3	十月十六日祭盘瓠	[WPH08.3.2] 盘瓠生日是农历十月十六日
WPH82.1.3.1	夏历十月十六盘王节时祭盘瓠	【瑶族】@ [WPH82.2.7.5.1*] 农历正月十六为壮族"盘王节"
WPH82.1.3.2	十月十六日祭盘王	【瑶族】
WPH82.1.3a	农历十月祭盘瓠	
WPH82.1.3a.1	农历十月到盘瓠庙、辛女庵祭盘瓠	【苗族·瓦乡人】
WPH82.1.3a.2	十月还盘王愿	【瑶族·盘瑶】@ [WPH80.5.2] 祭盘瓠又称还盘王愿
WPH82.1.3b	农历十月十五祭盘瓠	
WPH82.1.3b.1	农历十月十五到盘瓠庙酬谢盘瓠大王恩赐予的五谷丰登	【苗族】
WPH82.1.4	七月望日祭盘瓠（七月十五祭盘瓠，中元节祭盘瓠）	
WPH82.1.4.1	七月望日祭狗头王	【瑶族·板瑶】@ [WPH90.4.1b] 盘瓠又称狗头王
WPH82.1.4.2	赵、冯、邓、唐等七月十五日祀其祖有狗头王	【瑶族】
WPH82.1.4a	七月十四祭盘瓠	
WPH82.1.4a.1	罗旁瑶族七月十四拜年祭盘瓠	【瑶族】
WPH82.1.5	七月二十五日祭盘瓠	[WPH84.4.6.1] 七月二十五日以牛戳酒□，椎鼓踏歌祭盘瓠
WPH82.1.5.1	武陵蛮七月二十五日祭盘瓠	【古代民族】

W 编码	母题描述	关联项
WPH82.1.6	五月初一祭盘瓠	
WPH82.1.6.1	农历五月初一接龙参神向盘瓠大王祈祝	【苗族】
WPH82.1.6a	每年农历五月祭盘瓠	
WPH82.1.6a.1	农历五月初一到五月十七日祭盘瓠	【苗族】
WPH82.1.7	正朔祭盘瓠	
WPH82.1.7.1	正朔祭狗王	【瑶族】
WPH82.1.8	每年农历九月下旬至十月中旬祭盘瓠	
WPH82.1.8.1	每年农历九月下旬至十月中旬村民们以跳香仪式祭祀盘瓠	【苗族·瓦乡人】 [WPH84.4.2.7] 跳香
WPH82.1.9	冬季祭盘瓠	
WPH82.1.9.1	跳盘王在冬季农闲时举行	【民族，关联】[1]
WPH82.2	特定节日祭盘瓠（时节祭盘瓠）	【瑶族】
WPH82.2.1	年节时祭盘瓠	【汉族（客家）】【苗族】@[WPH86.4.1.1*] 每逢岁时节令，或过红白喜事时向盘瓠酬愿
WPH82.2.1.1	十二月三十日大年节祭三清盘傜王圣帝、盘十七郎、盘九郎、盘十郎	【瑶族】
WPH82.2.1.2	逢年过节祭盘皇	【苗族】@[W0729c.2.1.2] 逢年过节祭祀盘皇

---

[1] 【瑶族·盘瑶】@[WPH80.5.2] 祭盘瓠又称还盘王愿；[WPH80.5.2.3] 还盘王愿又称跳盘王。

8. 盘瓠的纪念与祭祀 | WPH82.2.2—WPH82.2.4.2 |

W 编码	母题描述	关联项
WPH82.2.2	春节祭盘瓠	[WPH84.7.4.1] 春节祭盘瓠时要祭族谱
WPH82.2.2.1	除夕夜祭盘瓠	【畲族】
WPH82.2.2.2	除夕祭狗头神像	【畲族】@[WPH89.3.3] 盘瓠神像
WPH82.2.2.3	除夕祭狗年夜饭	【土家族】
WPH82.2.2.4	大年初二祭拜祖先"狗头王"	【畲族】@[WPH90.4.1b] 盘瓠又称狗头王
WPH82.2.2.5	正月初一祭盘瓠	
WPH82.2.2.5.1	每年正月初一集中全畲老少拜祭祖先盆大护	【民族，关联】①
WPH82.2.3	清明节祭盘瓠	
WPH82.2.3.1*	湖南怀化杨村乡的水垄村、铁坡乡的双岭村、篙吉坪瑶族自治乡的助溪村等清明祭盘瓠	【瑶族】
WPH82.2.3.2	清明节晚上祭盘瓠	
WPH82.2.3.2.1	每年清明节晚上选派老年代表朝拜木偶狗头，以示感恩	【瑶族】
WPH82.2.4	端午节祭盘瓠（端阳节祭盘瓠）	【畲族】
WPH82.2.4.1	端午龙舟节纪念盘瓠	【民族，关联】②
WPH82.2.4.2	农历五月初五或五月下旬举行盘瓠龙舟节	【苗族】

① 【畲族】@[WPH65.12.5.1] 盘大护（盘瓠）助楚平王有功，为瑶人得到十二姓和种种特权；[WPH58.2.9.4.1] 盆大护和三公主成亲后返回湘南居住。

② 【苗族】@[WPH34.1.2] 农历五月龙舟节祭盘瓠时抬像巡游；[WPH84.3] 划龙舟祭盘瓠。

W 编码	母题描述	关联项
WPH82.2.4.3	五月大端午盘瓠龙舟节	【苗族】
WPH82.2.4.3.1	五月十五的大端午在浦溪里划龙船纪念先祖盘瓠大王	【苗族】
WPH82.2.5	中秋节祭盘瓠	
WPH82.2.5.1	八月十五纪念犬（中秋舞火狗）	【瑶族】
WPH82.2.5.2	每年农历八月十五晚，蓝田瑶乡"舞火狗"，以纪念祖先，表达不忘狗神养育之恩	【瑶族·蓝田瑶】
WPH82.2.6	其他特定节日祭盘瓠	
WPH82.2.6.1	尝新节与祭盘瓠有关	
WPH82.2.6.1.1*	六月六尝新节祭盘瓠	【民族，关联】①
WPH82.2.6.1.2	请盘王尝新	【瑶族·盘瑶】
WPH82.2.6.1.3	六月六尝新节先喂狗	【瑶族】
WPH82.2.6.1.4	瑶族"尝新节"先让狗尝新米饭，吃麸子肉	【瑶族】
WPH82.2.6.2	重阳节祭盘瓠	
WPH82.2.6.2.1*	九月重阳祭祖宗做白粿时用手指在粿上压一印以示"犬脚迹"	【畲族】
WPH82.2.7	盘王节	
WPH82.2.7.1	盘王节的内容	
WPH82.2.7.1.1*	盘王节是瑶族祭祀始祖盘瓠的盛大节日	【瑶族】

---

① 【苗族】@[WPH85.1.6.1.1]尝新时第一碗新米饭祭祖先盘瓠王；[WPH88.5.4.3*]尝新节与犬崇拜有关。

W 编码	母题描述	关联项
WPH82.2.7.2	盘王节的形式（盘王节的仪式）	
WPH82.2.7.2.1*	盘王节时添丁的人家还要举行挂灯仪式	【瑶族】
WPH82.2.7.2.2*	盘王节仪式包括敬盘王、唱盘王和跳盘王三大部分	【瑶族】
WPH82.2.7.3	盘王节的名称	
WPH82.2.7.3.1*	盘王节又称做盘王	【瑶族·盘瑶】@ [WPH80.5.2.3a] 还盘王愿又称"做盘王"
WPH82.2.7.3.2*	盘王节又称跳盘王	【瑶族·盘瑶】@ [WPH84.4.4.1] 踏盘王仪式主要形式之一是击打长腰鼓跳起乐舞
WPH82.2.7.3.2a	盘王节又称拜盘王	【瑶族】
WPH82.2.7.3.2b	盘王节又称还盘王愿	【瑶族】@ [WPH80.5.2.1] 还盘王愿又称还盘古皇愿
WPH82.2.7.3.2c	盘王节又称祭盘王	【瑶族】
WPH82.2.7.3.2d	盘王节又称跳盘皇	【瑶族】@ [WPH80.5.2.4] 还盘王愿又称跳盘皇
WPH82.2.7.3.3*	盘王节又称做堂	【瑶族·盘瑶】
WPH82.2.7.3.4*	盘王节又称耍歌堂	【瑶族·盘瑶】
WPH82.2.7.3.5*	盘王节又称还大愿	【瑶族·盘瑶】
WPH82.2.7.3.6*	盘王节又称搞愿	【瑶族·盘瑶】
WPH82.2.7.3.7*	盘王节又称朝踏筵笙歌踏答愿	【瑶族】

W 编码	母题描述	关联项
WPH82.2.7.3.8*	盘王节又称朝踏节	【瑶族】
WPH82.2.7.4	盘王节的分布（举办盘王节的群体）	
WPH82.2.7.4.1*	瑶族盘王节主要分布在广西、广东、湖南、云南、贵州、江西等省的瑶族聚居地区	【瑶族】
WPH82.2.7.4.2*	滇南红河瑶族盘王节	【瑶族】
WPH82.2.7.5	与盘王节有关的其他母题	
WPH82.2.7.5.1*	农历正月十六为壮族"盘王节"	【壮族】@ [WPH82.1.3.1] 夏历十月十六盘王节时祭盘瓠
WPH82.2.7.5.2	踏瑶节	
	龙麒定下一年一度"踏瑶节"	【畲族】
WPH82.2.7	与特定节日祭盘瓠有关的其他母题	
WPH82.2.7.1	祭盘瓠三月八日为大节	【南方古代民族】
WPH82.3	特定事件时祭盘瓠	[WPH86.5] 有事时祭盘瓠
WPH82.3.1*	成年礼时祭盘瓠	
WPH82.3.1.1*	男子十六岁做醮仪式时祭拜盘瓠	【畲族】
WPH82.3.2	红白喜事唱盘瓠	
WPH82.3.2.1*	白喜事时唱《盘王歌》	【瑶族】
WPH82.3.2.2*	遇喜事祭盘瓠	【瑶族】
WPH82.3.2.3*	婚礼时悬一狗头人身的祖象于堂中，大家围着歌舞	【畲族】
WPH82.3.3	农业生产时祭盘瓠	

W 编码	母题描述	关联项
WPH82.3.3.1*	挑秧粪时祭盘瓠	【苗族】
WPH82.4	祭盘瓠的周期（祭盘瓠的时长）	
WPH82.4.1	每年祭盘瓠	【苗族·瓦乡人】【瑶族】@[WPH80.5.2.19.1] 每年都要还盘皇愿
WPH82.4.2	每三年祭盘瓠	【畲族】
WPH82.4.2.1*	每三年举族大祭盘瓠一次	【畲族】
WPH82.4.2.2*	畲族过去的祭盘瓠仪式每三年一次	【畲族】
WPH82.4.3	祭盘瓠需要一天一夜	【瑶族】@[WPH87.3.2.1] 小祭盘瓠为一天一夜
WPH82.4.4	祭盘瓠需要三天三夜	【瑶族·盘瑶】@[WPH87.3.2.2] 小祭盘瓠三天三夜
WPH82.4.5	祭盘瓠需要三天三夜或一天两晚	【瑶族】@[WPH87.3.1.1*] 大祭盘瓠三天三夜或一天两晚
WPH82.4.6	祭盘瓠需要五天	【武陵蛮】
WPH82.4.7	祭盘瓠需要七天七夜	【关联】①
WPH83	**祭祀盘瓠的场所（祭盘瓠的地点）**	
WPH83.1	在庙中祭盘瓠	【古代民族】@[WPH80.5.2.3.1] 在盘王庙举行的跳盘王仪式
WPH83.1.1	在盘瓠庙、辛女庵中祭祀盘瓠	【苗族·瓦乡人】

① [WPH80.5.2.19] 还盘王愿历时七天七夜；[WPH87.3.1.2*] 大祭盘瓠七天七夜。

W 编码	母题描述	关联项
WPH83.1.2	庙中供盘瓠像	[WPH89.3] 盘瓠像
WPH83.1.2.1	盘瓠庙供奉盘瓠公公像	【苗族·瓦乡人】@[WPH90.4.3] 盘瓠公公（盘瓠又称"公公"）
WPH83.1a	神屋内祭盘瓠	【瑶族·盘瑶】
WPH83.2	在祠堂中祭盘瓠	
WPH83.2.1	在氏族祠堂祭盘瓠王	【畲族】
WPH83.2.1.1	同姓男女老幼聚集在本姓宗祠祭盘瓠	【畲族】
WPH83.2.2	在原祖地祠堂祭祀"狗头王"	【畲族】@[WPH90.4.1b] 盘瓠又称狗头王
WPH83.2.3	在盘古殿祭盘瓠	【瑶族】
WPH83.2.3.1*	盘古神殿中祭盘瓠	【瑶族】
WPH83.2.4	在神堂祭盘瓠	
WPH83.2.4.1*	在神堂前跳舞祭盘瓠	【畲族】@[WPH84.4.2.3] 盘瓠祭祀舞
WPH83.2.5	在宗祠内祭盘瓠	[WPH93.4a.1.2] 盘瓠宗祠
WPH83.2.5.1*	河市厝斗弯丘后村就保留有供奉祖先盘瓠宗祠	【畲族】
WPH83.2.6	在祖堂祭盘瓠	
WPH83.2.6.1*	瑶族祭盘瓠的祖堂在西厅左	【瑶族】
WPH83.2.7	在太祖殿祭盘瓠	
WPH83.2.7.1*	在太祖殿跳香祭祀盘瓠	【民族，关联】[1]

---

[1]【苗族】@[WPH82.1.8.1] 每年农历九月下旬至十月中旬村民们以跳香仪式祭祀盘瓠；[WPH84.4.2.7] 跳香。

8. 盘瓠的纪念与祭祀 | WPH83.3—WPH83.5.2.3

W 编码	母题描述	关联项
WPH83.3	家中祭盘瓠	
WPH83.3.1	在家中西厅左祖堂祭盘瓠	【瑶族】@[WPH83.2.6.1*] 瑶族祭盘瓠的祖堂在西厅左
WPH83.3.2	在家中祭祀盘王	【瑶族】
WPH83.4	野外祭盘瓠（坟地祭盘瓠）	
WPH83.4.1*	狗坟祖山祭盘瓠	【瑶族】
WPH83.5	与祭祀盘瓠地点有关的其他母题	
WPH83.5.1	盘瓠的神位	
WPH83.5.1.1	家中神龛上设盘瓠神位	【苗族】
WPH83.5.1.1.1*	瑶族家家设有盘瓠神位	【瑶族】
WPH83.5.1.1.2*	瑶、畲、苗等族在各家堂屋内供奉一个盘王神位	【苗族】
WPH83.5.1.2	祠庙中供盘瓠神位	【瑶族】
WPH83.5.1.3	盘瓠神位以"新息大王"和"四官大王"为陪附	【苗族】
WPH83.5.1.4	盘瓠神位下设一对龙头	【苗族】
WPH83.5.1.5	盘瓠神位处增放开天辟地盘古大帝之牌位	【瑶族】@[WPH84.8.1*] 共祭盘瓠与盘古
WPH83.5.2	盘瓠神龛	
WPH83.5.2.1	盘瓠神龛设置住宅厅堂两边屏风上方	【畲族】
WPH83.5.2.2	在家庭堂屋中设有祭祀盘瓠的神龛	【瑶族】
WPH83.5.2.3	神犬神龛	

W 编码	母题描述	关联项
WPH83.5.2.3.1	光身"神犬"祖龛	【民族无考】
WPH84	祭祀盘瓠的方法（祭盘瓠仪式）	[WPH81] 纪念盘瓠的方式
WPH84.1*	筑坛祭盘瓠	【古代民族】
WPH84.2	烧香祭盘瓠	
WPH84.2.1	香纸祀盘瓠	
WPH84.2.1.1*	锦和镇、尧市乡、大桥江一带农村，不少苗民香纸以祀家中神龛上的"盘瓠大王神位"	【苗族】
WPH84.2.1a	祭盘瓠不烧纸钱	
WPH84.2.1a.1*	祭祖时不烧纸钱是因为怕烧掉祖宗身上的毛	【畲族】@ [WPH72.6.1.1] 神狗被烧掉皮后死亡
WPH84.3	划龙舟祭盘瓠	【苗族】【苗族·瓦乡人】@ [WPH81.3.3] 通过划龙舟纪念盘瓠
WPH84.3.1	划龙舟祭祖先槃瓠	【苗族】
WPH84.3.2	竞舟寻狗父	【苗族】@ [WPH90.4.7a] 盘瓠又称"狗父"
WPH84.4	歌舞祭盘瓠	【瑶族】@ [WPH82.3.2.3*] 婚礼时悬一狗头人身的祖象于堂中，大家围着歌舞
WPH84.4.1	唱歌祭盘瓠	
WPH84.4.1.1	唱《盘王歌》祭盘瓠	【瑶族】【瑶族·蓝靛瑶】
WPH84.4.1.2	唱《根源歌》纪念盘瓠	【苗族】
WPH84.4.1.3*	唱狗皇歌纪念盘瓠	【畲族】

8. 盘瓠的纪念与祭祀 | WPH84.4.1.4—WPH84.4.2.7.2* |

W 编码	母题描述	关联项
WPH84.4.1.4	唱《开神门》请盘瓠	【苗族】
WPH84.4.2	跳舞祭盘瓠	【关联】①
WPH84.4.2.1	跳灯演盘瓠	【苗族】
WPH84.4.2.2	龙灯舞祭盘瓠（龙舞祭盘瓠）	【苗族】@ [WPH81.3.2.1] 通过龙头舞纪念盘瓠
WPH84.4.2.3	盘瓠祭祀舞	【畲族】
WPH84.4.2.4	盘王舞	【苗族】
WPH84.4.2.5	剑皇舞	
WPH84.4.2.5.1*	祭盘瓠时剑皇舞以表现盘瓠带兵打仗后庆祝胜利的场面	【瑶族】
WPH84.4.2.6	黄泥鼓舞	
WPH84.4.2.6.1*	跳黄泥鼓舞是金秀大瑶山瑶族特别是坳瑶族群祭祀和怀念祖先盘瓠的一种重要仪式	【瑶族·坳瑶】
WPH84.4.2.6.2*	跳盘王时鼓手跳黄泥鼓舞	【瑶族·坳瑶】
WPH84.4.2.6.3	用黄泥鼓悼念盘护	【瑶族】
WPH84.4.2.6.4	逢年过节时打黄泥鼓，唱盘王歌怀念祖先	【瑶族】
WPH84.4.2.7	跳香	【关联】②
WPH84.4.2.7.1*	跳香仪式展演盘瓠信仰	【苗族】
WPH84.4.2.7.2*	跳香会	

① [WPH81.3.2] 通过舞蹈纪念盘瓠；[WPH82.2.5.1] 八月十五纪念犬（中秋舞火狗）。
② [WPH82.1.8.1] 每年农历九月下旬至十月中旬村民们以跳香仪式祭祀盘瓠；[WPH83.2.7.1*] 在太祖殿跳香祭祀盘瓠。

W 编码	母题描述	关联项
WPH84.4.2.7.2.1*	祭祀盘瓠的跳香会属于巫风巫舞	【苗族】@ [WPH84.7.6.3.1*] 梅山教派以巫化的形式祭祀盘瓠
WPH84.4.2.8	绊腾舞	
WPH84.4.2.8.1*	祭盘王跳"绊腾舞"时，两舞者以手足在地上爬行，用一红布条穿过胯下互连在双方裤腰上，表示盘王与三公主的交配	【民族，关联】①
WPH84.4.2.8a	"狗绊腾"舞	
WPH84.4.2.8a.1*	"跳古坛"祭盘瓠王时，法师男女做受孕仪式跳"狗绊腾"舞，即尾对尾跳四方，尾对尾爬四方，说笑话、唱山歌等	【瑶族】
WPH84.4.2.9	打王舞	【畲族】
WPH84.4.2.10	铃刀舞	【畲族】
WPH84.4.2.11	柴爿舞	【畲族】
WPH84.4.2.12	统兵舞	【畲族】
WPH84.4.2.13	传师学师舞	【畲族】
WPH84.4.2.14	羊角舞	
WPH84.4.2.14.1*	瑶族祭祀祖先盘瓠时要有羊角舞	【瑶族】

① 【瑶族】@[WPH84.7.1.15.1*] 瑶族祭盘王的第三夜，两师公戴上面具，上身赤裸，下身只围草叶裙，跳模拟人狗交配动作舞蹈；[WPH84.7.1.15.2*] 湘南江永瑶族祝盘王节的祭典中，待入夜深人静时，由祭师引导一男一女两个拜盘王，在桌下拉一条红布，做狗交媾状。

W 编码	母题描述	关联项
WPH84.4.2.14a	羊角短鼓舞	
WPH84.4.2.14a.1*	江华县羊角短鼓舞祭盘瓠是在秋收以后祭祀盘王时跳的一种男子集体舞蹈	【瑶族】
WPH84.4.2.15	长鼓舞	【关联】①
WPH84.4.2.15.1*	瑶族祭祀祖先盘瓠时跳以羊皮蒙鼓作乐器的长鼓舞	【瑶族】
WPH84.4.2.15.2*	过去的长鼓舞主要用来祭祀先祖盘瓠	【瑶族】
WPH84.4.2.15.3*	瑶族长鼓舞在盘瓠祭祀仪式中起到人神交流媒介作用	【瑶族】
WPH84.4.2.15.4	长鼓舞纪念狗公	【瑶族】
WPH84.4.2.16	春社舞	【瑶族】
WPH84.4.2.17	仙女出堂舞	【瑶族】
WPH84.4.2.18	跳堂舞	【瑶族】
WPH84.4.2.19*	盘瓠舞蹈与宗教祭祀有关	【苗族】
WPH84.4.2.20	高山瑶岁首祭盘瓠，群舞以为礼	【瑶族】
WPH84.4.2.21	猎捕舞	
WPH84.4.2.21.1	纪念槃瓠王的祭祖仪式猎捕舞	【畲族】
WPH84.4.3	芦笙长鼓舞祭盘瓠	【瑶族】@ [WPH36.2a.3.2.1] 高辛氏帝奖励盘瓠宫号（芦笙）1 对

① [WPH81.3.5.2*] 跳庙时由师公跳长鼓舞，歌师歌女唱盘王歌，时间三天三夜；[WPH84.4.3] 芦笙长鼓舞祭盘瓠。

W 编码	母题描述	关联项
WPH84.4.4	踏盘王	[WPH82.2.7.3.2*] 盘王节又称跳盘王
WPH84.4.4.1	踏盘王仪式主要形式之一是击打长腰鼓跳起乐舞	【瑶族】
WPH84.4.5		[WPH80.5.2.17] 还盘王愿又称耍歌堂
WPH84.4.5.1	祭祀盘王（盘瓠）仪式有的称"坐歌堂"	【瑶族】
WPH84.4.5.2	旺歌堂	【瑶族·排瑶】
WPH84.4.5.3	香歌堂	【瑶族·排瑶】
WPH84.4.5.4	挨歌堂	【瑶族·排瑶】
WPH84.4.6	椎鼓踏歌祭盘瓠	
WPH84.4.6.1	七月二十五日以牛豕酒□，椎鼓踏歌祭盘瓠	【古代民族】@ [WPH82.1.5] 七月二十五日祭盘瓠
WPH84.5	击鼓奏乐祭盘瓠	
WPH84.5.1	击鼓吹笛笙簧祭盘王圣帝	【瑶族】
WPH84.5.2*	打长鼓吹芦笙祭盘瓠	【瑶族】@ [WPH78.2.3.2] 盘瓠葬礼上男子击长鼓
WPH84.5.3	击鼓祭盘瓠	
WPH84.5.3.1	敲黄泥鼓祭盘瓠王	【瑶族】@ [WPH84.4.2.6] 黄泥鼓舞
WPH84.6	吃牯脏祭盘瓠	
WPH84.6.1*	吃牯脏祭盘瓠又称"吃牛"	【苗族】

W 编码	母题描述	关联项
WPH84.6.2	吃牯脏祭盘瓠又称"椎牛"	【苗族】@[WPH84.8.2.1*] 椎牛祭祀盘瓠辛女
WPH84.6.3	王为了纪念死去犬邦尕规定"吃鼓藏"	【苗族】
WPH84.6.4	为了纪念死去犬邦尕形成十三年拿大水牯行祭的"吃鼓藏"	【苗族】
WPH84.7	祭盘瓠仪式	
WPH84.7.1	用特定仪式祭盘瓠	
WPH84.7.1.1*	祭盘王时举行度戒仪式	【瑶族】
WPH84.7.1.2*	盘王祭典时九坛七献，焚燎奏乐	【瑶族】@[WPH84.7.1.9*] "跳古坛"祭先祖盘瓠王
WPH84.7.1.3*	祭盘瓠时有"吃猪"仪式	【苗族】
WPH84.7.1.4*	祭盘瓠时有"接龙"仪式	【苗族】
WPH84.7.1.4.1*	麻阳把祭祀始祖神盘瓠的仪式叫"接龙"	【苗族】@[WPH82.1.6.1] 农历五月初一接龙参神向盘瓠大王祈祝
WPH84.7.1.5*	出灯祭盘瓠	【苗族】
WPH84.7.1.6*	用道教仪式祭盘瓠	【瑶族】@[WPH80.6.1.2*] 祭盘瓠受道教影响
WPH84.7.1.7*	祭盘瓠挂盘瓠画像	【畲族】
WPH84.7.1.8*	祭盘瓠期间举行男子成丁礼	[WPH84.7.1.1*] 祭盘王时举行度戒仪式
WPH84.7.1.8.1*	祭盘瓠时举行男子成丁礼又称"学师"	【畲族】

W 编码	母题描述	关联项
WPH84.7.1.8.2*	醮名祭	【畲族】
WPH84.7.1.9*	"跳古坛"祭先祖盘瓠王	【瑶族】@[WPH81.3.4]跳古坛
WPH84.7.1.10*	农历五月十一日请盘瓠下水	【苗族】
WPH84.7.1.11	椎牛祭盘瓠	【苗族】@[WPH84.6.2]吃牯脏祭盘瓠又称"椎牛"
WPH84.7.1.11.1*	必须敬完十六堂苗神苗鬼，二十堂客神客鬼后，才能进行"椎牛"祭盘瓠	【苗族】
WPH84.7.1.11.2*	"椎牛"主祭的是盘瓠，在苗家五大祭祀活动最隆重	【苗族】
WPH84.7.1.11.3*	花垣苗族的椎牛祭祖主要是祭祀盘瓠	【苗族】
WPH84.7.1.11.4*	高村乡漫水盘瓠庙庙门上方刻有椎牛祭祖图案	【苗族】
WPH84.7.1.11.5*	湘西苗族椎牛祭祖即祭狗盘瓠	【苗族】
WPH84.7.1.12*	禁风节	【瑶族】
WPH84.7.1.13*	祭盘瓠仪式除了喃词、诵咒、唱歌、法事外，还穿插盘王舞	【苗族】@[WPH84.4.2.4]盘王舞
WPH84.7.1.14*	祭盘瓠招兵仪式	
WPH84.7.1.14.1*	祭盘瓠招兵仪式要演绎盘瓠征番杀燕王，得龙王差遣六丁六甲神兵相助等情形	【畲族】
WPH84.7.1.14.2*	客家人招兵仪式主要是为了再现驸马王(盘瓠)执掌天下兵马的神威	【汉族(客家)】
WPH84.7.1.14.3	招兵节	

8. 盘瓠的纪念与祭祀 | WPH84.7.1.14.3.1*—WPH84.7.1.15.3* |

W 编码	母题描述	关联项
WPH84.7.1.14.3.1*	畲族乡村"招兵节"每三五年举行一次	【畲族】
WPH84.7.1.14.3.1a	龙麒定下三年一度"招兵节"	【畲族】
WPH84.7.1.14.3.2*	畲族乡村"招兵节"仪式重现槃瓠神话中忠勇王招兵征番的情节	【畲族】
WPH84.7.1.14.4	负狗祭盘瓠	
WPH84.7.1.14.4.1*	每值正朔,家人负狗环行炉完三匝,然后举家男女向狗膜拜	【瑶族】
WPH84.7.1.15	祭盘瓠中的模仿仪式	
WPH84.7.1.15.1*	瑶族祭盘王的第三夜,两师公戴上面具,上身赤裸,下身只围草叶裙,跳模拟人狗交配动作舞蹈	【瑶族】@ [WPH84.4.2.8.1*]祭盘王跳"绊腾舞"时,两舞者以手足在地上爬行,用一红布条穿过胯下互连在双方裤腰上,表示盘王与三公主的交配
WPH84.7.1.15.2*	湘南江永瑶族祝盘王节的祭典中,待入夜深人静时,由祭师引导一男一女两个拜盘王,在桌下拉一条红布,做狗交媾状	【瑶族】
WPH84.7.1.15.3*	祭盘瓠中的受孕模仿仪式	【瑶族】@ [WPH84.4.2.8a.1*]"跳古坛"祭盘瓠王时,法师男女做受孕仪式跳"狗绊腾"舞,即尾对尾跳四方方,尾对尾爬四方,说笑话、唱山歌等

W 编码	母题描述	关联项
WPH84.7.2	祭盘瓠仪式有特定环节	
WPH84.7.2.1	祭盘瓠仪式有请盘王、接盘王、排盘王、会乐歌章，娱乐神灵、还愿送圣五个环节	【瑶族】
WPH84.7.2.2	祭盘瓠时挂祖图，供祖杖，唱盘瓠歌	【畲族】
WPH84.7.2.2a	祭祀盘瓠仪式上悬挂画有盘瓠形象的"祖图"，供"龙头祖杖"，唱"高皇歌"	【畲族】
WPH84.7.2.3	盘瓠祭要严格按照"八神"的程序进行	【苗族】
WPH84.7.3	请盘瓠（接盘瓠，请盘王）	【畲族】
WPH84.7.3.1	葬礼上请盘瓠	
WPH84.7.3.1.1	父母葬礼中巫师请盘瓠王和诸祖先	【瑶族·红头瑶】
WPH84.7.3.1.2	五月初一开神门接祖神盘瓠大王	【苗族】
WPH84.7.3.3	击鼓请盘王	
WPH84.7.3.3.1	翻手打得阳手鼓，盘古大王降来临	【瑶族·盘瑶】
WPH84.7.4	祭族谱	
WPH84.7.4.1	春节祭盘瓠时要祭族谱	【畲族】@[WPH82.2.2]春节祭盘瓠
WPH84.7.4a	祭盘瓠像	
WPH84.7.4a.1	画盘瓠鬼神之像张挂十二姓王瑶子孙之家，永受祭祀	【瑶族】

8. 盘瓠的纪念与祭祀 | WPH84.7.4a.2—WPH84.8

W 编码	母题描述	关联项
WPH84.7.4a.2	除夕起由族长在村中厅（宗祠）内亲挂"狗头祖像图（盘瓠）"	【畲族】
WPH84.7.5	祭狗	
WPH84.7.5.1*	盘瓠图腾崇拜采用祭狗的形式	【南方民族】
WPH84.7.6	与盘瓠祭祀仪式有关的其他母题	
WPH84.7.6.1*	祭祀中的音乐	【苗族】
WPH84.7.6.2	通过呼喊祭盘瓠	
WPH84.7.6.2.1	叩槽而号祭盘瓠	【南方古民族】@ [WPH85.1.1.1] 杂糅鱼肉，叩槽而号，以祭盘瓠
WPH84.7.6.2.1.1*	岁首祭盘瓠时杂揉鱼肉酒饭于木槽，扣槽群号为礼	【瑶族】
WPH84.7.6.2.1.2*	"叩槽而号"祭盘瓠属于最古老的巫术	【古代民族】
WPH84.7.6.3	巫祭盘瓠	[WPH84.7.6.2.1.2*] "叩槽而号"祭盘瓠属于最古老的巫术
WPH84.7.6.3.1*	梅山教派以巫化的形式祭盘瓠	【古代民族】@ [WPH84.4.2.7.2.1*] 祭祀盘瓠的跳香会属于巫风巫舞
WPH84.7.6.4	祭盘瓠的皮骨	【古代民族】
WPH84.7.6.5	祭盘瓠之皮	【古代民族】
WPH84.8	祭盘瓠与其他神共祭	

W 编码	母题描述	关联项
WPH84.8.1*	共祭盘瓠与盘古	【瑶族】@ [WPH83.5.1.5] 盘瓠神位处增放开天辟地盘古大帝之牌位
WPH84.8.1.1*	共祭盘瓠和盘古王公婆	【瑶族·排瑶】
WPH84.8.1.2*	瑶人盘、沈、包、黄、李、邓、周、赵、胡、唐、雷、冯十二姓常把盘古和盘瓠合在一起庙祭	【瑶族·排瑶】
WPH84.8.1.3*	先祭盘古后祭盘瓠	
WPH84.8.1.3.1*	湖南、广西的瑶、畲两族居民在祭祀祖先的地方仍然是把盘古牌位放在第一位,盘瓠放在第二位	【畲族】【瑶族】
WPH84.8.2	共祭盘瓠辛女	【苗族】
WPH84.8.2.1*	椎牛祭祀盘瓠辛女	【民族,关联】①
WPH84.8.2.2*	正月初跳鼓祭盘瓠辛女	【苗族】@ [WPH64.4] 盘瓠的妻子辛女
WPH84.8.2.3*	纪念辛女和盘瓠	【苗族】@ [WPH93.4.3.1] 泸溪县铁柱潭的辛女庙叫公公庙,里面以供奉辛女的丈夫盘瓠为主
WPH84.8.2a	共祭盘瓠和公主	
WPH84.8.2a.1	祭祀始祖盘瓠和始祖婆三公主	【畲族】@ [WPH22.6.5.1] 高辛帝的三公主是畲族的始祖婆

① 【苗族】@[WPH84.6.2] 吃牯脏祭盘瓠又称"椎牛";[WPH84.7.1.11*] 椎牛祭盘瓠。

W 编码	母题描述	关联项
WPH84.8.3	共祭神农和盘瓠	[WPH27.1.1.3.1] 盘瓠是神农皇帝
WPH84.8.3.1*	祭神农后祭盘瓠	【苗族】
WPH84.8.4	共祭盘瓠和帝喾	
WPH84.8.4.1*	神龛上供祖宗盘瓠、帝喾	【畲族】
WPH84.8.5	共祭祖先盘瓠和其他神	
WPH84.8.5.1*	神龛中供奉祖宗盘瓠、帝喾和陈靖姑、齐天大圣、八仙等	【畲族】
WPH84.8.5.2*	盘瓠庙内盘瓠大王、四官大王、新息大王三神共祭	【苗族】
WPH84.8.5.3*	苗族祭始祖神蚩尤、盘瓠神和傩公傩母	【苗族】@ [WPH21.1.1.1*] 苗族的始祖神有蚩尤、盘瓠神等
WPH84.8.5.4	龙犬子孙祭盘古大王、盘十七郎、盘十八郎、盘十九郎	【瑶族】
WPH84.9	与祭盘瓠方法有关的其他母题	
WPH84.9.1	密祭盘瓠	
WPH84.9.1.1*	在族内密祭盘瓠	【畲族】
WPH84.9.1.2*	在家中密祭盘瓠	【汉族（客家）】
WPH84.9.1.3*	在本姓宗祠关上门纪念盘瓠生日	【畲族】
WPH84.9.2	为盘瓠招魂	【瑶族】
WPH84.9.3	祭祀盘瓠洞	[WPH91.1.2.2] 盘瓠洞
WPH84.9.3.1*	在盘瓠庙祭祀后，也祭祀盘瓠洞	【苗族】

W 编码	母题描述	关联项
WPH85	祭祀盘瓠的用品（祭盘瓠的祭品）	
WPH85.1	用酒肉祭盘瓠	[WPH84.4.6.1] 七月二十五日以牛羹酒□，椎鼓踏歌祭盘瓠
WPH85.1.1	用鱼肉酒饭祭盘瓠	【瑶族·平地瑶】
WPH85.1.1.1	杂糅鱼肉，叩槽而号，以祭盘瓠	【古代民族】
WPH85.1.1.2	猱杂鱼肉而归以祭盘瓠	【古代民族】
WPH85.1.2*	用用鸡鸭、酒、"方箱"等祭盘瓠王	【瑶族】
WPH85.1.3	用酒祭盘瓠	
WPH85.1.3.1	向盘瓠王敬酒三杯	【瑶族】
WPH85.1.3.2	用酒祭盘瓠时唱酒歌	【瑶族】
WPH85.1.4	用猪酒祭盘瓠	【民族，关联】①
WPH85.2	用三牲祭盘瓠（用多种动物祭盘瓠）	
WPH85.2.1	用三牲祭盘瓠王	【畲族】
WPH85.2.2	用牛、猪祭盘瓠	【苗族】
WPH85.2.2.1	五月初一开神门，椎牛杀猪祭祖神（盘瓠）	【苗族】
WPH85.3	用猪祭盘瓠	[WPH84.7.1.3*] 祭盘瓠时有"吃猪"仪式
WPH85.3.1	祭盘王须有盘王猪	

---

① 【瑶族】@[WPH84.7.1.3*] 祭盘瓠时有"吃猪"仪式；[WPH90.4.5.1] 瑶人遇喜事供奉必由亲族在堂呼盘瓠始祖伯公回来收领猪酒。

8. 盘瓠的纪念与祭祀 | WPH85.3.1.1—WPH85.5.5

W 编码	母题描述	关联项
WPH85.3.1.1	饲养盘王猪有特定禁忌	【瑶族】
WPH85.4	用羊祭盘瓠	
WPH85.4.1	猎得山羊必先祭盘瓠王	
WPH85.4.1.1	用山羊盘瓠王时先生祭,煮熟后再以羊头和五脏祭一次	【畲族】
WPH85.5	祭盘瓠的其他用品	[WPH82.2.2.3] 除夕祭狗年夜饭
WPH85.5.1	用新米祭盘瓠	
WPH85.5.1.1	尝新时第一碗新米饭祭祖先盘瓠王	【畲族】@ [WPH82.2.6.1] 尝新节与祭盘瓠有关
WPH85.5.1.1.1	收新米后第一碗米饭放设有祖先盘瓠神位的香火案上请盘瓠王尝新	【畲族】
WPH85.5.2*	用狗祭盘瓠	【民族无考】
WPH85.5.3	用牛祭盘瓠	[WPH86.1.1] 杀牛祭祖希望盘瓠保护消灾赐福,家族兴旺
WPH85.5.3.1	用水牛祭盘瓠	
WPH85.5.3.1.1	因水牛诱骗盘瓠的子女杀死盘瓠,故杀水牛祭奠盘瓠	【苗族】
WPH85.5.4	用乌饭祭盘瓠	[WPH32.2] 盘瓠喜吃乌饭
WPH85.5.4.1	因盘瓠喜吃此饭,三月三日取柴汁和米蒸乌饭祭盘瓠	【畲族】
WPH85.5.5	用红色米饭祭盘瓠王	

W 编码	母题描述	关联项
WPH85.5.5.1	春节、端阳时，各家各户用红色米饭祭盘瓠王	【畲族】
WPH85.5.6	用米果祭盘瓠	
WPH85.5.6.1*	除夕夜，畲族家家户户用大米做成米果，放在竹席上，男女老少双膝下跪，用嘴咬起米果祭祀祖先（盘瓠）	【畲族】
WPH85.6	祭盘瓠用品的处置	
WPH85.6.1	祭品放地上祭盘瓠	【畲族】
WPH85.6.2	祭品放槽内	
WPH85.6.2.1	祭盘瓠时揉鱼肉于木槽	【苗族】
WPH85.7	祭品的要求	
WPH85.7.1	用特定颜色的动物做牺牲祭盘瓠	
WPH85.7.1.1	用白牛、白猪（后改为纯毛猪）祭盘瓠	【苗族】
WPH85.7.2	特定物不能作祭品	【苗族】@ [WPH89.2.2.1] 狗肉忌做祭品
WPH85.8	与盘瓠祭品有关的其他母题	
WPH85.8.1	水碗与祭盘瓠有关	
WPH85.8.1.1	盘王出世福江庙，庭前水碗十三双	【瑶族】
WPH85.8.2	分食祭品（分圣餐）	
WPH85.8.2.1*	能给家人分点祭盘瓠时"五贡"是意外之喜	【民族无考】

W 编码	母题描述	关联项
WPH86	祭祀盘瓠的结果（祭盘瓠的原因）	
WPH86.0	祭盘瓠源于诺言	
WPH86.0.1	瑶族祭盘瓠源于渡海时的许诺	
WPH86.0.1.1*	瑶族渡海时烧香求祖先盘王保佑，并许下日后还愿的诺言，日后应验遂祭祀祖先盘王	【瑶族】
WPH86.1	祭盘瓠保平安	[WPH92.3.1.5.2*] 官坝苗民给孩子戴狗耳帽就像盘瓠的头像，藉此以镇邪祈福
WPH86.1.1	杀牛祭祖希望盘瓠保护消灾赐福，家族兴旺	【苗族】@[WPH27.7.1] 盘瓠护佑子孙后代
WPH86.2	祭盘瓠能祈丰祛厉	【瑶族】
WPH86.2a	祭盘瓠能祈福消灾	【民族无考】
WPH86.3	祭盘瓠求雨	
WPH86.3.1*	"抬狗"求雨	【古代民族】@[WPH99.1.1.1] 盘瓠的化身是犬
WPH86.3.1.1*	干旱时，让小孩子抬着活狗，带上柳条或扎成草龙各处游走	【苗族】@[WPH34.1.2] 农历五月龙舟节祭盘瓠时抬像巡游
WPH86.4	向盘瓠酬愿	
WPH86.4.1	向盘瓠酬愿的时间	
WPH86.4.1.1*	每逢岁时节令，或过红白喜事时向盘瓠酬愿	【苗族】
WPH86.4.2	向盘瓠酬愿的形式	

W 编码	母题描述	关联项
WPH86.4.2.1*	酬愿主家多延请戏班演出南戏、阳戏、傩戏、花灯戏等折子戏剧目	【苗族】
WPH86.5	有事时祭盘瓠	[WPH82.3] 特定事件时祭盘瓠
WPH86.5.1	村里有重要的事情时要去祭拜公公(盘瓠)和娘娘(辛女)	【苗族】
WPH86.5.2	有灾有难时祭盘瓠	[WPH86.2a] 祭盘瓠能祈福消灾
WPH86.5.2.1*	有灾有难祈求盘瓠保佑	【苗族】
WPH86.6	祭盘瓠源于传统文化	
WPH86.6.1*	盘瓠祭祀起源于远古的盘瓠图腾崇拜和盘瓠神话	【苗族】
WPH87	**祭盘瓠的类型**	
WPH87.1*	祭盘瓠分族祭和家祭两种	【瑶族】
WPH87.2*	祭盘瓠分村祭和家祭两种	【瑶族·盘瑶】
WPH87.3	祭盘瓠有大祭和小祭两种	
WPH87.3.1	大祭盘瓠	
WPH87.3.1.1*	大祭盘瓠三天三夜或一天两晚	【瑶族】@[WPH82.4.5] 祭盘瓠需要三天三夜或一天两晚
WPH87.3.1.2*	大祭盘瓠七天七夜	【瑶族】
WPH87.3.2	小祭盘瓠	
WPH87.3.2.1	小祭盘瓠为一天一夜	【瑶族】@[WPH82.4.3] 祭盘瓠需要一天一夜

W编码	母题描述	关联项
WPH87.3.2.2	小祭盘瓠三天三夜	【瑶族·盘瑶】@[WPH82.4.4]祭盘瓠需要三天三夜
WPH87.3.3	祭盘王三年一小祭，五年一大祭	【瑶族·盘瑶】@[WPH82.4.2]每三年祭盘瓠
WPH87.3.3.1	盘瓠死后三年一庆，五年一乐	【瑶族】
WPH87.4	祭盘瓠有定期、不定期二种	
WPH87.4.1	不定期祭盘瓠	
WPH87.4.1.1*	不定期择每年秋收后举行	【瑶族】
WPH87.5	祭盘瓠有三年、五年之分	【瑶族】@[WPH82.4.2]每三年祭盘瓠
WPH88	**盘瓠崇拜**	
WPH88.1	盘瓠崇拜的产生	
WPH88.1.1	盘瓠崇拜源于犬崇拜（盘王崇拜源于犬图腾崇拜）	[WPH88.2.4*]盘瓠崇拜即狗崇拜
WPH88.1.1.1*	瑶族人对盘王的崇拜早期是对盘瓠的"犬"图腾崇拜	【瑶族】
WPH88.1.1.2*	盘瓠崇拜源于神犬崇拜	【长沙武陵蛮】
WPH88.1.2	盘瓠崇拜产生于特定时期	
WPH88.1.2.1*	盘瓠崇拜产生于母系氏族社会	【民族，关联】①
WPH88.1.3	盘瓠崇拜由特定民族带来	
WPH88.1.3.1*	盘瓠崇拜是从五溪地区迁移来的蛮、傜带来的	【畲族】

---

① 【古代民族】@[WPH08.2.8]盘瓠产生于母系氏族社会；[WPH95.1.2.5*]盘瓠神话产生于母系氏族社会。

W 编码	母题描述	关联项
WPH88.1.4	盘瓠崇拜产生于特定事件	
WPH88.1.4.1*	通过度戒形成盘瓠崇拜	【瑶族】
WPH88.1.5	盘瓠崇拜源于特定地区	
WPH88.1.5.1*	盘瓠崇拜最早起源于西北	【古代民族】@[WPH08.4.4] 盘瓠源于西北
WPH88.2	盘瓠崇拜的意义（盘瓠崇拜的内容）	
WPH88.2.1	盘瓠是崇拜物	
WPH88.2.1.1*	盘瓠是原始氏族阶段的图腾崇拜物	【民族无考】
WPH88.2.1.2*	盘瓠是南方苗、瑶、畲族所共有的一种古老的图腾崇拜物	【苗族】【畲族】【瑶族】
WPH88.2.2*	盘瓠崇拜具有生殖崇拜意蕴	【民族无考】
WPH88.2.2.1*	盘瓠崇拜是龙崇拜亦即生殖崇拜的一种具体表现	【苗族】@[WPH08.1.3*] 盘瓠源于生殖崇拜
WPH88.2.3*	盘瓠崇拜是对神明化的族人的崇拜和祖先的崇拜	【畲族】
WPH88.2.4*	盘瓠崇拜即狗崇拜	【民族，关联】①
WPH88.2.5	盘瓠崇拜即雷神崇拜	
WPH88.2.5.1*	因"盘瓠"一词实系汉字记音瑶语的"雷公"，故盘瓠崇拜是雷神崇拜	【瑶族】@[WPH21.5.6.1*] 盘瓠是雷公

---

① 【民族无考】@[WPH21.4] 盘瓠是犬神；[WPH25.2] 盘瓠是犬（盘瓠是狗）；[WPH27.1.2.3] 盘瓠是狗王；[WPH29.3.2.2*] 盘瓠是犬图腾；[WPH88.3.5*] 盘瓠崇拜表现为敬狗爱狗；[WPH90.2.1.4a] 盘瓠是犬的号；[WPH90.4.23*] 盘瓠是犬图腾的尊称。

8. 盘瓠的纪念与祭祀 | WPH88.2.6*—WPH88.3.1.3* |

W 编码	母题描述	关联项
WPH88.2.6*	盘瓠崇拜是图腾崇拜	【瑶族】
WPH88.3	盘瓠崇拜的表现	
WPH88.3.1	崇拜盘瓠的群体	[WPH88.2.1.2*] 盘瓠是南方苗、瑶、畲族所共有的一种古老的图腾崇拜物
WPH88.3.1.1*	五溪地区崇拜盘瓠的苗族旧称蛮夷	【苗族】
WPH88.3.1.1a*	五溪蛮（武陵蛮）崇拜盘瓠	【民族，关联】①
WPH88.3.1.2*	瑶族盘瓠崇拜	【瑶族】
WPH88.3.1.2a*	讲"勉语"瑶族包括盘瑶、过山瑶、山子瑶、坳瑶、蓝靛瑶、排瑶等信奉父系族祖"盘瓠"	【瑶族】
WPH88.3.1.2b*	崇拜盘瓠的瑶众分布极为广阔，从湖南到广西、广东、贵州、云南，乃至东南亚的一些国家	【瑶族】
WPH88.3.1.2c*	瑶族以共同敬奉神犬盘瓠始祖维持民族认同	【瑶族】
WPH88.3.1.3*	武陵、长沙、庐江一带崇拜盘瓠	【畲族】【瑶族】@ [WPH65.7.6.0.3a.1] 盘瓠与高辛的少女婚生的后代有梁汉巴蜀武陵长沙庐江群夷

① 【苗族】【瑶族】@ [WPH65.7.6.1] 盘瓠后代五溪蛮；[WPH94.4.4.5] 长沙武陵蛮信奉盘瓠图腾；[WPH96.3.1*] 盘瓠传说盛行于武陵蛮地区。

W 编码	母题描述	关联项
WPH88.3.1.4*	"蛮夷""蛮荆""荆雍州蛮""盘瓠蛮""武陵蛮"中有一部分崇拜盘瓠	【古代民族】
WPH88.3.1.5	苗族盘瓠崇拜	
WPH88.3.1.5.1*	苗族的图腾崇拜有盘瓠崇拜和牛王崇拜，盘瓠崇拜只在苗民心里，不像牛王崇拜有复杂仪式	【苗族】
WPH88.3.1.5.2*	苗族盘瓠崇拜有十分鲜明的龙图腾意味	【苗族】
WPH88.3.1.5.3*	苗族盘瓠崇拜超出了自然崇拜的范围，变成了典型的祖先崇拜	【苗族】
WPH88.3.1.5.4*	苗族盘瓠崇拜是一种图腾与始祖崇拜	【苗族】
WPH88.3.1.5.5*	溆浦红苗盘瓠崇拜	【古代民族】
WPH88.3.1.6	畲族盘瓠崇拜	
WPH88.3.1.6.1*	畲族特定姓氏崇拜盘瓠	
WPH88.3.1.6.1.1*	兴国县畲族蓝姓、雷姓民国时期还保存着"盘瓠"崇拜	【畲族】
WPH88.3.1.7	多民族存在盘瓠崇拜	
WPH88.3.1.7.1*	盘瓠崇拜不惟"盘瓠蛮"后裔的苗、瑶、畲诸族独有，其他民族中亦有流传	【民族无考】
WPH88.3.2	盘王崇拜	【瑶族】@[WPH95.5.3*]盘瓠神话衍生出盘王崇拜

W 编码	母题描述	关联项
WPH88.3.2.1*	瑶人（排瑶）崇拜的盘王实际上是盘瓠，即一种犬神	【瑶族·八排瑶】
WPH88.3.3*	特定地方不是盘瓠崇拜区域	
WPH88.3.3.1*	土家族为主聚居的古溪州不是盘瓠崇拜的地域	【民族无考】
WPH88.3.4*	特定称谓表现出盘瓠崇拜	
WPH88.3.4.1*	"蛮（蛮夷）"作为自己族称（自称）的蛮（苗）族即为崇拜盘瓠	【南方古代民族】
WPH88.3.5*	盘瓠崇拜表现为敬狗爱狗	【瑶族·过山瑶】
WPH88.3.6*	盘瓠崇拜有多种流传形式	
WPH88.3.6.1*	盘瓠崇拜以神话传、民歌传、图传、谱传、仪式传等多种形式流传	【畲族】
WPH88.3.7*	盘瓠崇拜是多种形象的综合体	
WPH88.3.7.1*	盘瓠崇拜集图腾、祖先、英雄、神灵等不同形象于一体	【民族无考】
WPH88.3.8	盘瓠崇拜的标志物	
WPH88.3.8.1*	因盘瓠崇拜而立的图腾柱（鬼杆）	【古代民族】
WPH88.3.9	盘瓠为大宗崇拜	[WPH22.4.3*] 盘瓠为大宗
WPH88.3.9.1*	盘瓠为大宗崇拜即对人类祖先的崇拜	【瑶族】
WPH88.3.10*	盘瓠崇拜与雷有关	【畲族】@[WPH88.2.5] 盘瓠崇拜即雷神崇拜

W 编码	母题描述	关联项
WPH88.4	盘瓠崇拜的延伸（盘瓠崇拜的演变）	[WPH94.6.2.2*] 龙犬图腾源于盘瓠崇拜
WPH88.4.1*	瑶族的祖先崇拜历经从葫芦崇拜到伏羲崇拜到盘瓠崇拜的转换	【瑶族·白裤瑶】
WPH88.4.2*	盘瓠崇拜延伸出其他文化	
WPH88.4.2.1*	苗族的龙和龙文化主要源于盘瓠崇拜	【苗族】
WPH88.4.3*	盘瓠崇拜延伸盘古崇拜	
WPH88.4.3.1*	岭南瑶、畲等族对盘古的崇敬源于其对祖先盘瓠的崇敬	【畲族】【瑶族】
WPH88.4.3.2*	客家地区的盘古崇拜系从畲、瑶的盘瓠崇拜演绎而成	【汉族】
WPH88.4.4*	盘瓠崇拜演化出张五郎崇拜	【民族无考】@ [WPH99.1.2.1] 盘瓠的化身是张五郎
WPH88.5	与盘瓠崇拜有关的其他母题	【关联】①
WPH88.5.1	龙崇拜	
WPH88.5.2	麒麟崇拜	
WPH88.5.3	凤凰崇拜	
WPH88.5.4	犬崇拜	【汉族】【畲族】
WPH88.5.4.1	尝新节与犬崇拜有关	【苗族】

① [WPH21.5.2*] 盘瓠是图腾崇拜的神；[WPH29.3] 盘瓠是图腾；[WPH29.3.2.2*] 盘瓠是犬图腾；[WPH29.3.4*] 盘瓠是图腾崇拜；[WPH90.4.23*] 盘瓠是犬图腾的尊称；[WPH92.3.10.5.1*] 龙胜县红头瑶妇女服饰在衣背上各有两枚对称的"狗爪"，称"盘王爪"，象征盘瓠崇拜；[WPH95.2.3*] 盘瓠神话是图腾神话

8. 盘瓠的纪念与祭祀 | WPH88.5.5*—WPH89.1.3 |

W 编码	母题描述	关联项
WPH88.5.5*	盘瓠崇拜属于图腾崇拜	【畲族】
WPH88.5.5a*	盘瓠崇拜是一种图腾崇拜	【古代民族】
WPH88.5.5a.1*	盘瓠崇拜是图腾崇拜而非祖先崇拜	【苗族】
WPH88.5.6*	盘瓠崇拜与一般的犬崇拜不同	【民族无考】
WPH88.5.7*	盘瓠崇拜是仡佬族的附属图腾信仰	【仡佬族】
WPH88.5.8*	盘瓠崇拜在畲族文化中占据主体地位	【畲族】
WPH88.5.8a*	盘瓠崇拜是畲族唯一图腾崇拜	【畲族】
WPH88.5.9*	因盘瓠崇拜产生族体的名称	[WPH96.4.3*] 盘瓠传说影响姓氏解释
WPH88.5.9.1*	勉瑶或过山瑶因崇拜盘瓠，也被称为"盘瑶"	【瑶族·盘瑶】
WPH88.5.10*	因盘瓠崇拜产生地名	
WPH88.5.10.1*	雷州名称的由来与盘瓠崇拜有关	【畲族】
WPH89	与纪念祭祀盘瓠有关的其他母题	【关联】[1]
WPH89.1	祭盘瓠的参与者（祭盘瓠者，祭盘瓠的群体）	
WPH89.1.1	盘瓠的妻子和子女祭盘瓠	
WPH89.1.2	盘瓠的子女祭盘瓠	
WPH89.1.3	盘瓠的后代祭盘瓠（盘瓠的子孙祭盘瓠）	

[1] [WPH82.2.7.3.2c*] 盘王节又称祭盘王；[WPH92.3.1.1a.1*] 盘瓠子孙为了纪念祖先盘瓠，有了盘头与绑腿的习俗；[WPH92.4.5.1] 彭水民间有墓雕神犬之俗。

W 编码	母题描述	关联项
WPH89.1.3.1	子孙祭祀盘瓠王	【瑶族】@ [WPH27.1.4.2.1*] 十二姓王瑶子孙敬奉盘王圣帝
WPH89.1.4	祭盘王时亲友临门祝贺	【瑶族】
WPH89.1.5	特定群体祭盘瓠	
WPH89.1.5.1	特定姓氏祭盘瓠	
WPH89.1.5.1.1	田氏宗族祭祀盘瓠	【苗族】
WPH89.1.5.1.2	外姓人祭盘瓠	
WPH89.1.5.1.2.1*	外姓人中的多为中老年人到盘瓠庙烧献	【民族无考】
WPH89.2	盘瓠禁忌	
WPH89.2.1	与盘瓠有关的饮食禁忌	
WPH89.2.1.1	忌食狗肉	【苗瑶语族民族】
WPH89.2.1.1.1*	滇南红河瑶族全民禁吃狗肉	【瑶族】
WPH89.2.1.1.2*	忌看到别人吃狗肉	【苗族】【瑶族】
WPH89.2.1.1.3*	盘瑶认为盘瓠（龙犬）是祖先，故禁吃狗肉	【瑶族·盘瑶】
WPH89.2.1.1.4	畲族怀念那只曾为盆大护建立过功劳的猎犬，把伴随他们狩猎为生的狗奉为神物，不吃狗肉	【畲族】
WPH89.2.1.1.5	狗与公主婚生彝族的六祖分支，彝族人不吃狗肉	【彝族】
WPH89.2.1.3	狗肉不上桌	
WPH89.2.1.3.1	狗肉不上灶，狗肉不入席	【苗族】
WPH89.2.1.3.2	狗肉不上正席	【苗族】

8. 盘瓠的纪念与祭祀 | WPH89.2.1.4—WPH89.2.6 |

W 编码	母题描述	关联项
WPH89.2.1.4	与忌食狗肉有关的其他母题	
WPH89.2.1.4.1	特定的群体忌食狗肉	
WPH89.2.1.4.1.1	行医行巫者忌食狗肉	【苗族】
WPH89.2.1.4.1.2	尤其是老人、妇女、祭师、仙娘、木匠、岩匠、民间艺人等忌食狗肉	【苗族】
WPH89.2.1.4.2	忌食狗肉有特定的原因	
WPH89.2.1.4.2.1	不能吃狗肉，是因为御犬是瑶族的祖宗	【瑶族·板瑶】
WPH89.2.2	与盘瓠有关的其他生活禁忌	
WPH89.2.2.1	狗肉忌做祭品	【瑶族】
WPH89.2.2.2	狗肉忌馈赠亲友	【瑶族】
WPH89.2.3	与盘瓠有关的生产禁忌	
WPH89.2.4	与盘瓠有关的行为禁忌	
WPH89.2.4.1	忌打骂狗	
WPH89.2.4.1.1*	为了表达对祖先盘瓠的尊重禁止打骂狗	【苗族】【畲族】【瑶族】
WPH89.2.4.2	参加盘瓠龙舟比赛就要连续参加三年，不能间断	【苗族】@[WPH81.3.3]通过划龙舟纪念盘瓠
WPH89.2.4.3	狗不能买卖	【土家族】
WPH89.2.5	盘瓠名称禁忌（与盘瓠有关的语言禁忌）	
WPH89.2.5.1	盘瓠庙一般不直接称呼"盘瓠庙"，而称"龙王庙"	【苗族】
WPH89.2.5.2	禁用"家狗""家狗骨"等词语	【畲族】
WPH89.2.6	与盘瓠有关的其他禁忌	

W 编码	母题描述	关联项
WPH89.2.6.1	槃瓠像不能示人	【瑶族】
WPH89.3	盘瓠像	
WPH89.3.1	盘瓠塑像	[WPH11.5.2.1*] 盘瓠的塑像半龙半犬
WPH89.3.1.1	盘瓠像为木刻龙头	【畲族】
WPH89.3.1.2	盘瓠皇塑像	
WPH89.3.1.2.1	盘瓠皇塑像为狗头人身	【瑶族】
WPH89.3.1.2.1a	盘瓠塑像为狗头人身	【瑶族】
WPH89.3.1.3	盘瓠的塑象龙头狗身	【苗族】@[WPH11.5.4] 盘瓠龙头狗身
WPH89.3.1.4	龙犬像上挂一对牛角、卷毛如狮,似在腾云驾雾	【苗族】
WPH89.3.2	盘瓠画像	【瑶族】@[WPH11.4.2.1] 狗王画像犬首人眼
WPH89.3.2.1	祖图中画盘瓠像	【畲族】
WPH89.3.2.2	祖图上盘瓠画像为"龙头公"	【畲族】@[WPH12.0.3] 盘瓠是龙头
WPH89.3.2.3	盘瓠画像是麒麟头,龙身的龙麒	【畲族】@[WPH12.0.2] 龙麒的头像豹头又像麒麟头
WPH89.3.3	盘瓠神像	
WPH89.3.3.1	盘瓠的神像是狗头人身	【民族无考】
WPH89.3.3.2	狗头神像(盘瓠像狗头)	
WPH89.3.3.2.1	畲民在大年除夕悬狗头神像	【畲族】
WPH89.3.3.2.2	畲族族谱上有神犬图像	【畲族】

8. 盘瓠的纪念与祭祀 | WPH89.3.4—WPH89.4 |

W 编码	母题描述	关联项
WPH89.3.4	盘瓠像的特征	
WPH89.3.4.1	盘瓠像犬首人身（槃瓠像犬首人身）	【苗族】【瑶族】
WPH89.3.4.2	盘瓠像似狗形	【古代民族】
WPH89.3.4.2a	盘瓠像石狗形	【古代民族】@[W0729g.4.8.1] 盘瓠石像似狗形
WPH89.3.4.3*	盘瓠塑像都是完整的人像	【民族无考】@[WPH24] 盘瓠是人
WPH89.3.4.4*	盘瓠像是人貌之容	【瑶族】
WPH89.3.5	盘瓠像的放置	[WPH83.1.2] 庙中供盘瓠像
WPH89.3.5.1	宗祠内承梁上雕刻着神犬盘瓠的形像	【苗族】
WPH89.3.5.2	祭祀盘瓠祠堂正中会悬挂祖图高皇盘瓠像	【畲族】
WPH89.3.6	与盘瓠像有关的其他母题	【关联】①
WPH89.3.6.1	高皇盘瓠像	【畲族】
WPH89.3.6.2	石狗盘瓠像	[WPH76.1.1.1] 盘瓠死后化成石狗
WPH89.3.6.2.1	武山石窟有一石狗是盘瓠遗像	【古代民族】
WPH89.3.6.2.2	盘瓠像为石狗形	【古代民族】
WPH89.3.6.3	祭盘瓠像能求子	【民族，关联】②
WPH89.4	盘瓠神圣不可侵犯	

① [WPH89.2.4.1] 槃瓠像不能示人；[WPH98.1.3] 祖杖象征盘瓠头像。
② 【古代民族】@[WPH27.11.7] 盘瓠管生育（盘瓠是生育神）；[W0729g.4.8.2] 盘瓠像使人生育。

W 编码	母题描述	关联项
WPH89.5	盘瓠祖图（盘瓠图册、长连、长联、太公图、谱牒、族谱）	
WPH89.5.0	祖图的来历	
WPH89.5.0.1	三公主留下的祖图	【畲族】
WPH89.5.1*	特定姓氏的祖图	
WPH89.5.1.1*	《兰氏祖图》以连环画的形式记述了盘瓠出生、揭榜、立功、娶妻、帝为其子命名、敕封为王的故事	【畲族】
WPH89.5.2*	盘瓠祖图又称高皇图	
WPH89.5.2.1*	高皇图描绘了盘瓠传说、畲族起源、刀耕火种、婚丧嫁娶、繁衍子孙的故事	【畲族】
WPH89.5.3*	族谱的保存（祖图的放置）	
WPH89.5.3.1*	每个房支都存有族谱	【畲族】@[WPH84.7.4]祭族谱
WPH89.5.3.2*	祖图放祭坛前	【畲族】
WPH89.5.4*	谱碟的内容	[WPH89.3.3.2.2]畲族族谱上有神犬图像
WPH89.5.4.1*	谱碟前有盘瓠的龙像木刻版画，题"敕封盘瓠"	【畲族】
WPH89.5.4.2*	祖图上绘盘瓠衔犬戎将军头故事，或高辛氏以女妻盘瓠故事	【畲族】
WPH89.5.4.3*	祖图又称"太公图"，用连环画的形式表现始盘瓠（龙麒）的英雄业绩	【民族，关联】①

① 【畲族】@[WPH80.5.2.2]还盘王愿又称太公愿；[WPH90.4.3c]盘瓠又称太公。

8. 盘瓠的纪念与祭祀 | WPH89.5.5*—WPH89.5.6.1* |

W 编码	母题描述	关联项
WPH89.5.5*	祖图即祖师图	
WPH89.5.5.1*	祖师图是以三清肖像为统摄的神像画	【畲族】
WPH89.5.6	祖图的形制	
WPH89.5.6.1*	祖图画幅长可数丈	【畲族】

9. 与盘瓠有关的其他母题
【WPH90—WPH99】

W 编码	母题描述	关联项
WPH90	盘瓠的名称	
WPH90.1	盘瓠的名字的来历（盘瓠名称的产生）	
WPH90.1.1	盘瓠是帝王取的名字（帝王为盘瓠赐名）	
WPH90.1.1.1	皇帝为盘瓠取名	
WPH90.1.1.1.1	皇帝为龙孟取名叫龙麒	【畲族】@ [WPH90.2.2.7] 盘瓠又称龙孟
WPH90.1.1.2	高辛氏为盘瓠命名	
WPH90.1.1.2.1	高辛氏为龙日出生的儿子命名龙麒	【畲族】
WPH90.1.1.3	高辛帝为龙犬赐名为"龙麒"，又称"盘瓠"	【畲族】
WPH90.1.1.3a	高辛皇为龙犬赐名龙期，号称盘瓠	【畲族】
WPH90.1.1.3b	高辛氏为龙犬赐名龙期，号称槃瓠	【古代民族】@ [W0729g.4.3.1] 高辛氏为龙犬赐名龙期，号称槃瓠
WPH90.1.1.4	评王为龙犬赐名盘瓠	【瑶族】@ [WPH90.4.22.1] 评王赐龙犬为盘护（瓠）太宁之名
WPH90.1.1.4a	评王为盘瓠赐名盘太宁	

9. 与盘瓠有关的其他母题 | WPH90.1.1.4a.1—WPH90.1.3.2* |

W 编码	母题描述	关联项
WPH90.1.1.4a.1	评王殿上为盘护赐名盘太宁	【瑶族】
WPH90.1.1.5	高王为大黄狗取名盘瓠	【民族，关联】①
WPH90.1.1a	主人为盘瓠取名	
WPH90.1.1a.1	主人生一男，将盘放左，瓠摆右，指物为儿取名盘瓠	【畲族】
WPH90.1.1b	高老祖婆为盘瓠取名	
WPH90.1.1b.1	高山始祖辛老太婆耳中物变成小狗，视为吉祥，当即取名盘瓠	【民族无考】
WPH90.1.2	盘瓠的特定动物的名字	
WPH90.1.2.1	龙犬的名字叫"盘瓠"	【古代民族】
WPH90.1.2.2	龙犬盘瓠	【民族，关联】②
WPH90.1.3	盘瓠的名称源于音变（盘瓠有不同读音）	
WPH90.1.3.1*	盘古、盘瓠都是伏羲的音转	【民族，关联】③
WPH90.1.3.2*	伏羲、庖牺、盘古、盘瓠为一词，声训可通	【民族，关联】④

① 【瑶族】@[WPH04.2.2.2] 耳中生出来的金虫变为一条黄色神犬（盘瓠）；[WPH25.2.2.1] 盘瓠是黄色神犬；[WPH25.2.5] 盘瓠是黄犬。

② 【瑶族】@[WPH11.2.1.1] 龙犬盘瓠身披二十四道斑纹；[WPH11.6.1.1] 龙犬盘瓠满身毫光；[WPH65.1.3.1.2] 龙犬盘瓠与高辛帝的三公主婚生三男一女；[WPH65.6.1.1] 龙犬盘瓠与高辛帝的三公主婚生三子一女，三男分别赐姓盘、蓝、雷；[WPH65.7.3.2] 龙犬盘瓠与高辛帝的三公主婚生的三男一女繁衍畲族。

③ 【民族无考】@[WPH61.5.1.1*] 盘瓠蛮的远宗出于伏羲；[WPH90.4.6.1*] 伏羲与盘瓠是一音之转。

④ 【古代民族】@[WPH08.7.1*] 盘瓠与伏羲同源 [WPH90.2.2.4] 盘瓠即盘古；[WPH90.4.6] 盘瓠即伏羲。

W 编码	母题描述	关联项
WPH90.1.3.3*	"盘瓠"与"包羲"字异而声义同	【民族无考】
WPH90.1.3.4*	盘瓠为"亳"的音转	【民族无考】
WPH90.1.4*	盘瓠的名称源于古代传统	
WPH90.1.4.1*	龙麒名称符合《易经》命名法	【畲族】
WPH90.1.5*	盘瓠的名字与特定职业有关	
WPH90.1.5.1*	盘瓠的名称与制陶养蚕有关	【苗族】【瑶族】【畲族】
WPH90.1.6	盘瓠的名字与特定事象有关	
WPH90.1.6.1*	槃木星被说成是饲犬星导致了盘瓠神话中的狗称为"盘瓠"	【民族无考】
WPH90.1.6.2*	"盘瓠"一词来源于《山海经》中被称为槃木的"扁担星",又称"牛郎星"	【民族无考】
WPH90.1.7	盘瓠名称源于出生后使用的物件	
WPH90.1.7.1	皇后耳中取出一虫以瓠载之,将盘覆之,化作龙后,故名盘瓠	【畲族】
WPH90.1.7.2	高辛氏有老妇耳中挑出的如茧之物盛瓠中,覆之以叶,化为犬,因名盘瓠	【古代民族】
WPH90.1.7.3	高辛氏有老妇耳虫放瓠蓠,覆以盘,化为犬,因名盘瓠	【古代民族】
WPH90.1.7.4	高辛氏有老妇耳虫以瓠离盛之,以盘覆之,化为犬,因名盘瓠。	【古代民族】

9. 与盘瓠有关的其他母题 | WPH90.1.7.4a—WPH90.2.1.1a |

W 编码	母题描述	关联项
WPH90.1.7.4a	高辛氏有老妇耳中如茧之物盛瓠中，覆之以槃，化为犬，因名盘瓠	【古代民族】@[W0729g.4.1.1.2] 因放在槃中故名槃瓠
WPH90.1.7.5	高辛时，人家生一犬，当初弃道下之时，以盘盛叶覆之，因名盘瓠	【古代民族】
WPH90.1.7.6	金虫以玉盘贮养，以瓠叶为盖，号称盘瓠	【民族，关联】①
WPH90.1.8	与盘瓠名称来历有关的其他母题	
WPH90.1.8.1*	盘瓠名称源于葫芦祖先崇拜	【民族，关联】②
WPH90.1.8.2*	盘瓠得名与图腾崇拜有关	【民族无考】
WPH90.2	盘瓠的称号（盘瓠的名号，盘瓠的称谓，盘瓠的姓氏）	
WPH90.2.1	盘瓠是名号（盘瓠的名号，盘瓠的封号）	
WPH90.2.1.1	盘护号龙犬	【民族，关联】③
WPH90.2.1.1a	龙犬姓盘名护	【民族，关联】④

① 【畲族】@[WPH25.8.1]盘瓠是金虫；[WPH90.2.1.11.1]金虫长大后形似凤凰，取名麟狗，号称盘瓠。

② 【民族无考】@[WPH05.1.1]盘瓠是葫芦的化身；[WPH08.6.1*]盘瓠的原型是葫芦；[WPH11.6.4*]盘瓠的外形是葫芦；[WPH24.2.3.1]盘瓠是使用葫芦或与葫芦有关系的人；[WPH26.1]盘瓠是葫芦；[WPH90.4.28*]盘瓠又称为葫芦狗。

③ 【瑶族】@[WPH90.2.2.11.1]盘瓠是东海苍龙出世，故尊称为"龙狗"；[WPH90.5.1]盘瓠写作"盘护"（盘瓠又称"盘护"）。

④ 【瑶族】@[WPH22.5.4.2*]畲族鼻祖盘护；[WPH22.5.3.5*]瑶族称盘护为始祖盘王；[WPH25.3.8]龙犬名盘瓠；[WPH29.1.3.1]宫中龙犬名盘护被评皇吉良辰招赘驸马。

W 编码	母题描述	关联项
WPH90.2.1.1b	龙犬号盘瓠（龙犬名盘护）	【畲族】【瑶族】@[WPH90.2.1.4a] 盘瓠是犬的号
WPH90.2.1.1c	评王的龙犬名叫盘护	【瑶族·盘瑶】
WPH90.2.1.1d	龙犬盘大护	[WPH90.4.32] 盘瓠又称"盘大护"
WPH90.2.1.1d.1	平王殿前龙犬盘大护	【瑶族】
WPH90.2.1.1e	盘龙王犬盘护	【瑶族】
WPH90.2.1.1e.1	盘龙王犬护	【瑶族】
WPH90.2.1.1f	盘瓠龙犬合称盘龙	【瑶族】
WPH90.2.1.2	龙麒号曰盘瓠	【畲族】@[WPH90.2.2.6] 盘瓠即龙麒
WPH90.2.1.2.1	龙麒是人的名称	【畲族】
WPH90.2.1.3	盘瓠号曰瓠瓜	【畲族】
WPH90.2.1.3a	盘瓠号曰雷宗子	【畲族】
WPH90.2.1.4	犬字曰盘瓠	
WPH90.2.1.4.1	帝辛有犬字曰盘瓠	【古代民族】
WPH90.2.1.4a	盘瓠是犬的号	[WPH25.2]盘瓠是犬（盘瓠是狗）
WPH90.2.1.4a.1	大耳婆左耳中的卵生一犬子，号曰盘瓠	【畲族】@[WPH04.2.5.4] 东海苍龙生于大耳婆左耳
WPH90.2.1.5	盘瓠号龙宠	【关联】①

---

① [WPH44.2.6.1] 龙宠取回燕王首级；[WPH44.4.3.1] 龙宠乘燕王大醉咬断首级。

9. 与盘瓠有关的其他母题 | WPH90.2.1.5.1—WPH90.2.2.1.2.1 |

W 编码	母题描述	关联项
WPH90.2.1.5.1	龙狗即二十八宿中娄金狗，又号龙宠	【畲族】
WPH90.2.1.6	盘瓠受封"盘瓠始祖"	【瑶族】
WPH90.2.1.7	高辛为金虫盘瓠赐名"龙王"	【畲族】
WPH90.2.1.8	高辛为金虫盘瓠赐名"金龙"	【畲族】
WPH90.2.1.9	盘葫取名为"狗"	【汉族】
WPH90.2.1.10	盘瓠的名"麟狗"	
WPH90.2.1.10.1	金虫长大后取名麟狗	【畲族】
WPH90.2.1.11	金虫的号为"盘瓠"	
WPH90.2.1.11.1	金虫长大后形似凤凰，取名麟狗，号称盘瓠	【畲族】@ [WPH90.1.7.6] 金虫以玉盘贮养，以瓠叶为盖，号称盘瓠
WPH90.2.2	盘瓠的相同称谓	
WPH90.2.2.1	盘瓠即盘王	【民族，关联】①
WPH90.2.2.1.1*	盘瓠的名字演变为盘王	【瑶族】@ [WPH90.2.2.5.1*] 盘瓠的名字渐次演变为盘王、盘三获
WPH90.2.2.1.2	盘瓠称"始祖盘王"	【民族无考】@ [WPH90.5.1.1] 盘护为始祖盘王
WPH90.2.2.1.2.1	瑶族称盘瓠为始祖盘王	【瑶族】@[WPH22.5.3] 盘瓠是瑶族的祖先（盘瓠是瑶族始祖）

① 【瑶族】@[WPH22.1.1] 盘瓠是盘王圣祖；[WPH29.3.1] 龙犬盘瓠即盘王，是瑶族先民的图腾；[WPH36.2.2.1] 盘瓠龙犬有功于王朝被封为盘王；[WPH90.5.1.1] 盘护为始祖盘王；[WPH90.6.3.3*] 盘瓠即"盘王"的意思。

W 编码	母题描述	关联项
WPH90.2.2.1.3*	"盘王"是瑶族群众尊称其始祖盘瓠的专用名	【瑶族】
WPH90.2.2.1.4	盘瓠尊称盘王	【瑶族】@ [W0729g.4.5.5] 盘瓠称盘王（盘王即盘瓠王）
WPH90.2.2.1.4.1*	大瑶山地区的瑶族习惯将盘瓠尊称为"盘王"	【瑶族】
WPH90.2.2.1.5	盘王李大护	【瑶族】@ [WPH25.3.2.1.2*] 李大护即"龙犬盘王大护"
WPH90.2.2.1.6	盘王盘太祖	【瑶族】
WPH90.2.2.1.7	盘王的数量	
WPH90.2.2.1.7.1	三个盘王（三盘王）	
WPH90.2.2.1.7.1.1	上古、中古、下古三盘王	【瑶族】
WPH90.2.2.1.7.2	三州三位盘王圣王	
WPH90.2.2.1.7.2.1	三州三位盘王圣王即灵州圣王、谭阳平行圣王、福灵圣王	【瑶族】
WPH90.2.2.1.8	盘王是特定的人名	
WPH90.2.2.1.8.1	太子人孙小名盘王	【瑶族】
WPH90.2.2.1.9	盘王是龙犬	
WPH90.2.2.1.9.1	平王殿前龙犬名唤盘王	【瑶族】
WPH90.2.2.1.10	盘王祖地（盘王的故乡）	
WPH90.2.2.1.10.1	盘王祖地南海佛（浮）桥头	【瑶族】
WPH90.2.2.1.11	盘王在天有灵	【瑶族】
WPH90.2.2.2	盘瓠即盘皇	【瑶族】@ [WPH80.5.2.19] 还盘皇愿

9. 与盘瓠有关的其他母题 WPH90.2.2.2.1*—WPH90.2.2.4.5*

W 编码	母题描述	关联项
WPH90.2.2.2.1*	海南苗族崇拜的盘皇即盘瓠	【苗族】
WPH90.2.2.3	盘瓠即盘皇圣帝	【瑶族·过山瑶】
WPH90.2.2.4	盘瓠即盘古	
WPH90.2.2.4.1*	盘瓠即盘古王	【瑶族】
WPH90.2.2.4.1a*	"盘古"从"盘瓠"音转而来	【民族无考】@[WPH90.1.3.2*] 伏羲、庖牺、盘古、盘瓠为一词,声训可通
WPH90.2.2.4.1a.1*	盘古与盘瓠为一音之转	【民族,关联】①
WPH90.2.2.4.1b*	盘瓠演化为盘古	【民族无考】
WPH90.2.2.4.1c*	土瑶用瑶语称狗为"古",故盘瓠变成了盘古	【瑶族】
WPH90.2.2.4.1d*	盘瓠又称盘古王公	【瑶族】@[WPH84.8.1.1*] 共祭盘瓠和盘古王公婆
WPH90.2.2.4.1e*	盘瓠又叫盘古	【黎族】【苗族】【彝族】
WPH90.2.2.4.2*	盘瓠和盘古有时同名	【瑶族·过山瑶】
WPH90.2.2.4.3*	盘古与盘瓠二者声音相同或相近	【民族无考】
WPH90.2.2.4.4*	盘瓠演变成盘古盘瓠变成盘古	【民族无考】
WPH90.2.2.4.4.1*	盘瓠无意中变成了开天辟地的盘古	【民族无考】
WPH90.2.2.4.5*	盘瓠等同于盘古	【瑶族】

---

① 【民族无考】@[WPH90.1.3.1*] 盘古、盘瓠都是伏羲的音转;[WPH90.6.4] 盘瓠名称的变化。

W 编码	母题描述	关联项
WPH90.2.2.4a*	盘瓠非盘古（盘瓠不是盘古）	【民族，关联】①
WPH90.2.2.4a.1*	蓝靛瑶群众只知盘古，不知龙犬盘瓠	【瑶族·蓝靛瑶】
WPH90.2.2.4a.2*	盘瓠与盘古在神性上有区别	
WPH90.2.2.4a.2.1*	盘古是开天辟地神和人类始祖，盘王（盘瓠）是民族始祖神	【瑶族】
WPH90.2.2.4a.3*	盘古和盘瓠是两个完全不同的神话传说人物	【民族无考】
WPH90.2.2.4b	盘古被封为盘王	【瑶族】@[WPH36.2.2.1] 盘瓠龙犬有功于王朝被封为盘王
WPH90.2.2.4c	盘古大王	【关联】②
WPH90.2.2.4c.1	御犬成为盘古大王	【瑶族·板瑶】@[WPH44.5.9] 御犬（盘古大王）杀死霸王
WPH90.2.2.4c.2	盘古大王是御犬	【瑶族·板瑶】
WPH90.2.2.4c.3	畲族称盘瓠为"盘古大王"	【畲族】
WPH90.2.2.5*	盘瓠即盘三狱	
WPH90.2.2.5.1*	盘瓠的名字渐次演变为盘王、盘三狱	【瑶族】@[WPH90.2.2.1.1*] 盘瓠的名字演变为盘王
WPH90.2.2.6	盘瓠即龙麒	[WPH04.2.2.1] 金虫化作龙麒盘瓠

① 【瑶族】@[WPH08.2.1*] 盘瓠的产生晚于盘古；[WPH93.4.1.2.8.1*] 广西马平县城江东岸有盘瓠庙曾误称"盘古庙"；[WPH93.4.1.2.9.1*] 广西柳江县的盘瓠庙旧志注为瑶壮所建俗误为"盘古"。

② [WPH80.6.2b] 祭盘古大王；[WPH93.4.4] 盘古大王庙。

9. 与盘瓠有关的其他母题 | WPH90.2.2.6.1—WPH90.2.2.10.1.1 |

W 编码	母题描述	关联项
WPH90.2.2.6.1	龙麒是高辛氏之子	
WPH90.2.2.6.1.1	龙麒是高辛氏第五个妻姓刘名君秀亲生的儿子	【畲族】@ [WPH04.2.2.3b] 高辛皇后刘氏君秀耳生的三寸金虫变成龙麒
WPH90.2.2.6.2	麒麟变成人后，高辛王赐名为龙麒	【畲族】
WPH90.2.2.6a	龙麒不是盘瓠	
WPH90.2.2.6a.1*	畲族崇拜的始祖是龙麒不是盘瓠	【畲族】
WPH90.2.2.7	盘瓠又称龙孟	【关联】①
WPH90.2.2.7a	盘瓠又称龙猛	
WPH90.2.2.7a.1*	皖南畲民又称盘瓠为"龙猛"	【畲族】
WPH90.2.2.8*	盘瓠、盘王、盘古是同一人	【瑶族】
WPH90.2.2.9	盘瓠又称葫芦盘	【民族，关联】②
WPH90.2.2.10	盘瓠又称盘匏	【民族，关联】③
WPH90.2.2.10.1	匏瓠	
WPH90.2.2.10.1.1	"女娲"即"女匏瓠""女伏羲"	【民族无考】@[W0710]女娟

① [WPH90.1.1.1.1] 皇帝为龙孟取名叫龙麒；[WPH90.2.2.6] 盘瓠即龙麒。
② 【民族无考】@[WPH05.1.1]盘瓠是葫芦的化身；[WPH08.6.1*]盘瓠的原型是葫芦；[WPH11.6.4*] 盘瓠的外形是葫芦；[WPH24.2.3.1] 盘瓠是使用葫芦或与葫芦有关系的人；[WPH26.1]盘瓠是葫芦；[WPH90.1.8.1*] 盘瓠名称源于葫芦祖先崇拜。
③ 【畲族】@[WPH26.2.1*] 盘瓠是原始人将匏剖为两半的容器；[WPH75.5.1] 野兽要吃盘匏的尸体；[WPH90.2.2.10] 盘瓠又称盘匏；[WPH90.3.3.1] "盘瓠"是"器物"的名称；[WPH90.5.10*] 盘瓠又写作"匏"。

9. 与盘瓠有关的其他母题

W 编码	母题描述	关联项
WPH90.2.2.10a	盘匏王（祖公盘匏王）	[WPH58.2.7.1] 盘匏王婚后迁西洋宫
WPH90.2.2.10a.1	高辛皇帝时，祖公盘匏王平定番邦	【畲族】
WPH90.2.2.11	盘瓠尊称龙狗	【畲族】
WPH90.2.2.11.1	盘瓠是东海苍龙出世，故尊称为"龙狗"	【畲族】@ [WPH04.2.5.2] 盘瓠原系东海苍龙出世
WPH90.3	盘瓠名称的不同的种类	
WPH90.3.1	以地名命名盘瓠	[WPH91.1.1] 有些地名是盘瓠遗迹
WPH90.3.1.1	五溪盘瓠	【畲民】
WPH90.3.1.2*	盘瓠又称梅山峒蛮	【民族，关联】①
WPH90.3.1.3*	亳、薄姑、盘瓠、盘古等名可作地名	【民族无考】[WPH66.3.3.1*] 莱州、登州（今山东临淄、博兴、诸城等县地）古为薄姑之国，薄姑（盘瓠）即后来的莱夷
WPH90.3.2	以国名命名盘瓠	
WPH90.3.2.1	盘瓠即犬戎国（盘瓠即犬封国）	【民族，关联】②
WPH90.3.2.2	盘瓠国	
WPH90.3.2.2.1	山中自作盘瓠国	【畲族】

---

① 【古代民族】[WPH27.11.5.1*] 盘瓠是梅山教教主；[WPH65.7.6.8] 盘瓠后代梅山蛮。
② 【古代民族】[WPH22.5.7.2] 盘瓠是犬戎族的始祖；[WPH65.8.1] 盘瓠的后代繁衍犬戎国；[WPH65.8.2] 盘瓠的后代繁衍犬封国；[WPH65.8.2.3] 犬封国曰犬戎国。

9. 与盘瓠有关的其他母题 | WPH90.3.2.3* — WPH90.4

W 编码	母题描述	关联项
WPH90.3.2.3*	亳、薄姑、盘瓠、盘古等名可作国名	【民族无考】[WPH66.3.3.1*] 莱州、登州（今山东临淄，博兴、诸城等县地）古为薄姑之国，薄姑（盘瓠）即后来的莱夷
WPH90.3.3	以器物命名盘瓠	【关联】①
WPH90.3.3.1	"盘瓠"是"器物"的名称	【民族无考】
WPH90.3.4	盘瓠可作社名	
WPH90.3.4.1*	亳、薄姑、盘瓠、盘古等名可作社名	【民族无考】@[WPH90.1.3.4*] 盘瓠为"亳"的音转
WPH90.3.5	盘瓠可作人名（盘瓠是特定的人的名字）	【关联】②
WPH90.3.5.1*	亳、薄姑、盘瓠、盘古等名可作人名	【民族无考】@[WPH66.3.3.1*] 莱州、登州（今山东临淄，博兴、诸城等县地）古为薄姑之国，薄姑（盘瓠）即后来的莱夷
WPH90.3.5.2*	盘瓠是氏族中一成员的名字	【民族无考】
WPH90.4	盘瓠的相关称谓（盘瓠的尊称）	[WPH90.2.2.1.3*]"盘王"是瑶族群众尊称其始祖盘瓠的专用名

① [WPH05.1.1] 盘瓠是葫芦的化身；[WPH08.6.1*] 盘瓠的原型是葫芦；[WPH11.6.3*] 盘瓠的外形是容器；[WPH11.6.4*] 盘瓠的外形是葫芦；[WPH24.2.3.1] 盘瓠是使用葫芦或与葫芦有关系的人；[WPH26.1] 盘瓠是葫芦；[WPH90.1.8.1*] 盘瓠名称源于葫芦祖先崇拜；[WPH90.2.2.9] 盘瓠又称葫芦盘。

② [WPH24] 盘瓠是人；[WPH27.2.0.1*] 盘瓠是氏族首领的名称；[WPH81.1.2] 特定人名纪念盘瓠。

W 编码	母题描述	关联项
WPH90.4.1	盘瓠又称狗皇	【畲族】
WPH90.4.1a	盘瓠又称狗头皇	
WPH90.4.1a.1*	犬图腾演化出狗头皇	【瑶族·过山瑶】
WPH90.4.1b	盘瓠又称狗头王	【关联】①
WPH90.4.1b.1*	两粤之瑶宗狗头王，王即盘瓠	【瑶族】
WPH90.4.1c	盘瓠又称狗王	
WPH90.4.1c.1*	畲族有的祖图称槃瓠墓为"狗王之墓"	【畲族】
WPH90.4.1c.2	盘瓠王俗称狗王	【瑶族】@ [W0729g.4.5.8.1] 盘瓠王俗称狗王
WPH90.4.1d	盘瓠又称高王（狗王）	[WPH80.6.2] 纪念高王（狗王）
WPH90.4.1d.1*	凤南山犁乡雷氏祖图中称其祖先为"高（狗）王"	【畲族】
WPH90.4.1e	狗尾王	[WPH22.5.5.1] 狗尾王为黎祖
WPH90.4.1e.1	女子与狗婚生子孙，曰狗尾王	【古代民族】
WPH90.4.2	盘瓠又称麟豹王	【畲族】
WPH90.4.3	盘瓠公公（盘瓠又称"公公"）	【苗族】【苗族·瓦乡人】@[WPH83.1.2.1] 盘瓠庙供奉盘瓠公公像
WPH90.4.3.1	盘瓠庙敬着盘瓠公公	【苗族·瓦乡人】
WPH90.4.3.2	盘瓠和妻子辛女被称为盘瓠公公、辛女娘娘	【苗族】

① [WPH82.1.4.1] 七月望日祭狗头王；[WPH82.2.2.4] 大年初二祭拜祖先"狗头王"；[WPH83.2.2] 原祖地祠堂祭祀"狗头王"。

9. 与盘瓠有关的其他母题 | WPH90.4.3a—WPH90.4.6 |

W 编码	母题描述	关联项
WPH90.4.3a	龙头公	【畲族】@ [WPH89.3.2.2] 祖图上盘瓠画像为"龙头公"
WPH90.4.3b	护国公	
WPH90.4.3b.1	盘瓠又称护国公	【民族无考】
WPH90.4.3c	盘瓠又称太公	[WPH80.5.2.2] 还盘王愿又称太公愿
WPH90.4.3c.1	盘瓠与三公主称为"太公""太婆"	【畲族】
WPH90.4.4	盘瓠大王	
WPH90.4.4.1	盘瓠大王又称"龙王"	【民族,关联】①
WPH90.4.4.2*	苗、瑶、畲等民族把始祖盘瓠尊称为"盘瓠大王"	【苗族】@ [WPH22.5.1.3*] 盘瓠是苗族、瑶族、畲族的祖先
WPH90.4.5	盘瓠始祖伯公	【瑶族】@ [WPH90.2.1.6] 盘瓠受封"盘瓠始祖"
WPH90.4.5.1	瑶人遇喜事供奉必由亲族在堂呼盘瓠始祖伯公回来收领猪酒	【瑶族】
WPH90.4.6	盘瓠即伏羲	【民族,关联】②

① 【苗族】@[WPH51.2.1.1] 龙王咬掉番王头,高辛按约让三公主和龙王结婚;[WPH90.2.1.7] 高辛为金虫盘瓠赐名"龙王"。

② 【汉族】@[WPH95.2.8.2*] 盘瓠神话的主角除了称盘瓠之外,还被称为邦兖、翼洛、更狗、伏羲;[W0675] 伏羲;[W0683.2.4*] 伏羲即槃瓠;[W0729g.4.5.9*] 槃瓠即伏羲。

W 编码	母题描述	关联项
WPH90.4.6.1*	伏羲与盘瓠是一音之转	【民族，关联】①
WPH90.4.6.2	公主称呼丈夫黄狗为"伏婿"，后来人们把"婿"字念转音念成了"羲"字，"伏婿"慢慢变成了"伏羲"	【汉族】
WPH90.4.6a	盘瓠即炎帝	【关联】②
WPH90.4.6a.1*	"盘瓠""盘古"即原始的火神炎帝	【古代民族】
WPH90.4.7	盘瓠又称爸狗	[WPH64.1.1.1.3] 三公主又称"奶变"
WPH90.4.7.1*	吴、龙、麻、石、田、廖、雷、滕、杨、陈、满、李十二姓称盘瓠为"爸狗"	【苗族】
WPH90.4.7a	盘瓠又称"狗父"	【苗族】
WPH90.4.8	盘瓠又称玛媾	
WPH90.4.8.1*	苗族称盘瓠"玛媾"	【苗族】
WPH90.4.8.2*	苗语称盘瓠为"妈苟"	【苗族】
WPH90.4.9	盘哥瓠妹	
WPH90.4.9.1	洪水后盘哥瓠妹婚生六男六女	【苗族】
WPH90.4.10	盘瓠称为"圣帝"	【民族无考】
WPH90.4.11	盘瓠称为"圣祖"	【民族无考】

① 【民族无考】@[WPH61.5.1.1*] 盘瓠蛮的远宗出于伏羲；[WPH90.1.3.1*] 盘古、盘瓠都是伏羲的音转；[WPH90.1.3.2*] 伏羲、庖牺、盘古、盘瓠为一词，声训可通。

② [W0742] 炎帝；[WPH27.1.1.3.1] 盘瓠是神农皇帝；[WPH52.1.5.2] 盘瓠与炎帝的女儿婚。

9. 与盘瓠有关的其他母题 | WPH90.4.12—WPH90.4.18.1 |

W 编码	母题描述	关联项
WPH90.4.12	盘瓠称为"翼洛"	【苗族】@[WPH95.2.8.2*] 盘瓠神话的主角除了称盘瓠之外，还被称为邦尕、翼洛、更狗、伏羲
WPH90.4.13	盘瓠尊称为"神父"	
WPH90.4.13.1	湘西苗人尊辛女为"神母"，尊盘瓠为"神父"	【苗族】
WPH90.4.14	盘瓠郎	【畲族】@[WPH03.2.1] 阿妈雷凤生盘瓠郎
WPH90.4.15	盘瓠的名称叫"更"	【苗族】
WPH90.4.16	盘瓠称"忠勇王"	[WPH15.6] 盘瓠忠勇
WPH90.4.16.1	盘瓠立功被封为"忠勇王"	【畲族】
WPH90.4.16.1.1	龙麒平番立大功封其忠勇大王位	【畲族】
WPH90.4.16.1.2	始祖盘瓠平定番邦，高辛帝封他为"忠勇王"	【畲族】
WPH90.4.16.2	畲族祠堂称盘瓠为"忠勇王"	【畲族】
WPH90.4.16.3	高辛皇帝赦封忠勇王盘瓠长生香火祖师	【畲族】@[WPH84.7.1.14.3.2*] 畲族乡村"招兵节"仪式重现槃瓠神话中忠勇王招兵征番的情节
WPH90.4.17	盘瓠又称"浮江大王"	
WPH90.4.17.1	"度戒"请盘瓠王时称之为"浮江大王"	【瑶族·红头瑶】
WPH90.4.18	盘瓠又称"瓠犬"	
WPH90.4.18.1	犬五色，因名瓠犬	【古代民族】

W 编码	母题描述	关联项
WPH90.4.19	盘瓠又称"金龙"	[WPH65.6.2.1.7] 亢金龙与三公主婚生三男一女，分姓盘、蓝、雷、钟四姓，自称山哈人
WPH90.4.19.1	高辛皇宫视所生之物吉祥，特取名"盘瓠""龙期""金龙"或"龙犬"	【民族，关联】①
WPH90.4.19.2	金龙化身麒麟	【民族，关联】②
WPH90.4.20	盘瓠又称"麟凤"	【关联】③
WPH90.4.20.1	盘瓠遂成了麒麟与凤凰的组合，命名为"麟凤"	【畲族】
WPH90.4.21	驸马护骑国盘瓠	
WPH90.4.21.1	龙凤高辛帝祖敕赐驸马护骑国盘瓠	【畲族】
WPH90.4.22	盘护太宁	
WPH90.4.22.1	评王赐龙犬为盘护（瓠）太宁之名	【瑶族】
WPH90.4.23*	盘瓠是犬图腾的尊称	【民族，关联】④
WPH90.4.23.1*	祖先神盘瓠发展成具有强大凝聚力和向心力的精神偶像——犬图腾	【瑶族】

---

① 【古代民族】@[WPH11.3.1.1] 盘瓠的外形是金龙；[WPH35.5.2.1.1] 龙期是龙王赠送给盘瓠的礼物。

② 【畲族】@[WPH04.2.2.1] 金虫化作龙麒盘瓠；[WPH11.3.2] 盘瓠的外形是麒麟；[WPH25.6] 盘瓠是麒麟；[WPH90.2.2.6] 盘瓠即龙麒。

③ [WPH11.3.2] 盘瓠的外形是麒麟；[WPH11.3.3] 盘瓠的外形是凤凰。

④ 【瑶族】@[WPH29.3] 盘瓠是图腾；[WPH29.3.2.2*] 盘瓠是犬图腾；[WPH95.2.3*] 盘瓠神话是图腾神话。

9. 与盘瓠有关的其他母题 | WPH90.4.24*—WPH90.4.30a |

W 编码	母题描述	关联项
WPH90.4.24*	盘瓠俗称彩狗	[WPH66.1.1.2.1*] 五色犬
WPH90.4.24.1*	瑶人把盘瓠龙犬俗称为彩狗	【瑶族·过山瑶】
WPH90.4.25*	盘瓠又称邦尕	[WPH05.3.1.1] 王面无故生瘤，长大后自脱落，化为犬，取名"邦尕"；[WPH84.6.3] 王为了纪念死去犬邦尕规定"吃鼓藏"
WPH90.4.25.1*	"盘瓠"与"邦尕"为同名变音	【苗族】@[WPH95.2.8.2*] 盘瓠神话的主角除了称盘瓠之外，还被称为邦尕、翼洛、更狗、伏羲
WPH90.4.26*	盘瓠又称盘发	【古代民族】
WPH90.4.27*	盘瓠又称白犬	【民族，关联】①
WPH90.4.28*	盘瓠又称为葫芦狗	【民族，关联】②
WPH90.4.29*	盘瓠又称更狗	[WPH95.2.8.2*] 盘瓠神话的主角除了称盘瓠之外，还被称为邦尕、翼洛、更狗、伏羲
WPH90.4.30	盘瓠又称"弁洪"	
WPH90.4.30.1	青松村尤勉称盘瓠为"弁洪"	【瑶族】
WPH90.4.30a	盘瓠又称"弁获洪"	

---

① 【古代民族】@[WPH08.6.2] 盘瓠的原型是白犬；[WPH25.2.4*] 盘瓠是白犬[WPH61.1.2.1] 白犬是黄帝第四代孙。
② 【南方民族】@[WPH05.1.1] 盘瓠是葫芦的化身；[WPH08.6.1*] 盘瓠的原型是葫芦；[WPH11.6.4*] 盘瓠的外形是葫芦；[WPH26.1] 盘瓠是葫芦；[WPH90.1.8.1*] 盘瓠名称源于葫芦祖先崇拜。

W 编码	母题描述	关联项
WPH90.4.30a.1	青松村尤勉称盘瓠为"弁获洪"	【瑶族】
WPH90.4.31	盘瓠又称"驸马"	[WPH29.1] 盘瓠是驸马
WPH90.4.31.1	盘瓠尊称"驸马""驸王"	【畲族】@[WPH29.1.1] 盘瓠是驸王
WPH90.4.32	盘瓠又称"盘大护"	[WPH90.2.1.1d] 龙犬盘大护
WPH90.4.32.1	畲族称盘瓠为"盘大护"	【畲族】
WPH90.4.33	盘瓠又称"盘大驸"	
WPH90.4.33.1	畲族称盘瓠为"盘大驸"	【畲族】
WPH90.5	盘瓠的不同写法	
WPH90.5.1	盘瓠写作"盘护"（盘瓠又称"盘护"）	【瑶族】@[WPH65.3.0.1] 盘王的父亲是盘护
WPH90.5.1.1	盘护为始祖盘王	【瑶族】@[WPH90.2.2.1] 盘瓠即盘王
WPH90.5.1.2*	《过山榜》常用"盘护"代替"盘瓠"	【瑶族】
WPH90.5.1.3	盘护王	【民族，关联】①
WPH90.5.1.4	护王	【畲族】
WPH90.5.1.5	護王	
WPH90.5.1.5.1*	凤凰山畲族称"盘瓠"为"護王"	【畲族】

① 【民族无考】@[WPH65.1.4.1]盘护王龙犬与三宫女婚生四男四女；[WPH65.6.6.1.1] 盘护王龙犬与三宫女婚生四男四女，分八姓，龙、蓝、卜、刘、唐、秦、戴、文八姓。

9. 与盘瓠有关的其他母题 | WPH90.5.1a—WPH90.5.11* |

W 编码	母题描述	关联项
WPH90.5.1a	盘护名字不是"盘瓠"	
WPH90.5.1a.1*	不能把券牒中盘护的名字改为盘瓠	【瑶族】
WPH90.5.2*	盘瓠又写作"槃瓠"	
WPH90.5.2.1*	"槃瓠"可能是从"槃木"讹误而来	【民族无考】
WPH90.5.2.2*	"槃""盘"古文相通,故"槃瓠"即为"盘瓠"	【民族无考】
WPH90.5.2a*	盘瓠又写作"磐瓠"	【古代民族】
WPH90.5.2b*	盘瓠又写作"槃瓢"	【古代民族】
WPH90.5.3*	盘瓠又写作"盤護"	
WPH90.5.3.1*	"盘瓠"在瑶族民间有人写作"盤護"	【瑶族】
WPH90.5.4*	盘瓠又写作"般瓠"	【民族无考】
WPH90.5.5*	盘瓠又写作"盘弧"	【瑶族】
WPH90.5.6*	盘瓠又写作"排吾"	【苗族】
WPH90.5.7*	盘瓠又写作"盘吾"	【苗族】
WPH90.5.8*	盘瓠又写作"盘房"	【民族无考】
WPH90.5.9*	盘瓠又写作"盘匏"	【畲族】@ [WPH90.2.2.10] 盘瓠又称盘匏
WPH90.5.10*	盘瓠又写作"狍"	【关联】①
WPH90.5.10.1*	"狍"为"盘瓠"的别写	【古代民族】
WPH90.5.11*	盘瓠氏又写作"卞瓠"	【民族无考】

① [WPH90.2.2.10] 盘瓠又称盘匏;[WPH26.2.1*] 盘瓠是原始人将匏剖为两半的容器。

W 编码	母题描述	关联项
WPH90.5.12	盘瓠又写作"盘萌"	【汉族】
WPH90.6	与盘瓠名称有关的其他母题（与盘瓠的名字有关的其他母题）	【关联】①
WPH90.6.1	盘瓠是氏族名称（盘瓠是民族的名称）	[WPH27.2.0.1*] 盘瓠是氏族首领的名称
WPH90.6.1.1*	龙犬以盘瓠为名意味着其最初属于以葫芦为图腾的氏族	【民族，关联】②
WPH90.6.1.2	盘瓠族（盘瓠部族）	【多民族】
WPH90.6.1.2.1	岭南盘瓠族	
WPH90.6.1.2.1.1	先秦岭南盘瓠族受惠于"五羊"（五色犬）	【民族无考】
WPH90.6.1.2.2	盘瓠族崇拜鸟	
WPH90.6.1.2.2.1	盘瓠为"卵"（蛋）所生，故盘瓠族最早的信仰是"鸟"	【古代民族】@ [WPH03.3] 卵生盘瓠（盘瓠是卵生的）
WPH90.6.1.2.3*	盘瓠部族是远古众多崇拜犬的民族部落中的一支	【民族无考】
WPH90.6.1.2a	盘瓠部落	【关联】③

① [WPH89.2.5] 盘瓠名称禁忌；[WPH89.2.5.1] 盘瓠庙一般不直接称呼"盘瓠庙"，而称"龙王庙"。

② 【古代民族】@[WPH05.1.1] 盘瓠是葫芦的化身；[WPH08.6.1*] 盘瓠的原型是葫芦；[WPH11.6.4*] 盘瓠的外形是葫芦；[WPH26.1] 盘瓠是葫芦；[WPH90.1.8.1*] 盘瓠名称源于葫芦祖先崇拜。

③ [WPH48.1.1*] 盘瓠部落击败土家族老蛮头吴著冲（禾撮冲）部族；[WPH65.11.8.1] 盘瓠部落处在楚地。

9. 与盘瓠有关的其他母题 | WPH90.6.1.2a.1—WPH90.6.2.1.1* |

W 编码	母题描述	关联项
WPH90.6.1.2a.1	盘瓠部落的图腾是犬	【古代民族】@ [WPH94.4] 盘瓠图腾的群体
WPH90.6.1.2a.2*	盘瓠部落可能以"狗"为图腾	【古代民族】
WPH90.6.1.2a.3*	盘瓠部落勇敢善战，曾战胜犬戎	【古代民族】
WPH90.6.1.2a.4*	盘瓠部落与高辛氏农耕部落发生婚姻关系	【古代民族】
WPH90.6.1.2a.5*	盘瓠部落是东夷高辛氏部落联盟一员	【古代民族】
WPH90.6.1.2a.6*	隋唐两宋融合的"盘瓠"部落成为现代苗族并逐渐迁入黔滇桂等地	【古代民族】
WPH90.6.1.3*	盘瓠是古民族名称	【古代民族】
WPH90.6.1.3.1*	盘瓠是南方古老氏族	【古代民族】
WPH90.6.1.4*	槃瓠是槃古族	【古代民族】
WPH90.6.1.5*	盘瓠是蛮族名称	
WPH90.6.1.5.1*	蛮族有板楯、盘瓠、廪君三大支	【古代民族】
WPH90.6.1.6*	神犬盘瓠代表的只是崇拜盘瓠的一个氏族或部落	【瑶族】
WPH90.6.1.7*	盘瓠代表的氏族是瑶族中的盘瑶系统	【民族无考】
WPH90.6.2	盘瓠作为姓氏（盘瓠是姓氏）	
WPH90.6.2.1	盘瓠为什么姓盘	
WPH90.6.2.1.1*	盘瓠姓"盘"源于"盘"在卦象上为震	【民族无考】

W 编码	母题描述	关联项
WPH90.6.2.2	畲客以盘瓠为姓	【畲族】【瑶族】
WPH90.6.2.3	高辛帝赐姓盘瓠	
WPH90.6.2.3.1	高辛帝为龙犬赐姓盘瓠	【畲族】
WPH90.6.2.4	犬封氏	
WPH90.6.2.4.1	盘瓠浮之东南海中,是为犬封氏	【古代民族】
WPH90.6.3	盘瓠名称的含义	
WPH90.6.3.1*	盘瓠象征多子多孙	【民族无考】
WPH90.6.3.2*	"盘瓠"或"盘古"中的"瓠""古"是"瓜"的意思	【瑶族】
WPH90.6.3.3*	盘瓠即"盘王"的意思	【民族,关联】①
WPH90.6.3.4*	"盘"代表了"阳"性的本质,"瓠"则表示目前阳气已经发展到了"阳极阴生"状态	【民族无考】
WPH90.6.3.5*	"盘王"自产生起就兼具盘古、盘瓠的文化意义	【瑶族】
WPH90.6.4	盘瓠名称的变化(盘瓠名称的演变)	【关联】②
WPH90.6.4.1*	"奢比尸"即"盘瓠"的讹变	【古代民族】
WPH90.6.4.2*	盘瓠称呼经历了由狗头王、神犬到龙头公、龙麒的变化	【畲族】
WPH90.6.5*	狗是盘瓠的隐喻	[WPH25.2.8] 盘瓠是犬名

① 【瑶族】@[WPH36.2.2.1] 盘瓠龙犬有功于王朝被封为盘王;[WPH90.2.2.1] 盘瓠即盘王;[WPH90.5.1.1] 盘护为始祖盘王。

② [WPH90.1.3.1*] 盘古、盘瓠都是伏羲的音转;[WPH90.1.3.2*] 伏羲、庖牺、盘古、盘瓠为一词,声训可通;[WPH90.2.2.4.4*] 盘瓠演变成盘古。

9. 与盘瓠有关的其他母题 | WPH90.6.5.1*—WPH91.1.1.2 |

W 编码	母题描述	关联项
WPH90.6.5.1*	"狗"与"盘瓠"在相当长的历史时期内构成了隐喻关系	【瑶族】
WPH90.6.6*	盘瓠是图腾名称	
WPH90.6.6.1*	盘瓠是图腾之名,并非种族的名称	【畲族】
WPH90.6.7*	盘瓠与瓠瓜有关	
WPH90.6.7.1	大耳婆左耳生的耳卵生一犬子(瓠瓜)	【畲族】@[WPH14.2.3] 犬子(瓠瓜)养大八个月,身长八尺,高四尺
WPH90.6.8*	盘瓠的原名	
WPH90.6.8.1*	盘瓠原名龙犬	【民族,关联】①
WPH90.6.9	盘古三郎	
WPH90.6.9.1	开宝元年八月十五给牒文中有"盘古三郎"称谓	【瑶族】
WPH91	**盘瓠遗迹**	
WPH91.1	盘瓠遗迹的类型	
WPH91.1.1	有些地名是盘瓠遗迹(与盘瓠有关的地名)	[WPH90.3.1] 以地名命名盘瓠
WPH91.1.1.1	地名与狗相关	
WPH91.1.1.1.1*	在地名方面带"狗"字的也较多,如"狗冲""狗湾""野狗湾""狗巴寨""狗巴岩"等	【苗族】
WPH91.1.1.2	古丈县与盘瓠有关	【苗族】

---

① 【畲族】@[WPH05.1.3] 盘瓠是龙犬的化身;[WPH67.2] 盘瓠的助手龙犬; [WPH94.6.2] 盘瓠龙犬图腾。

W 编码	母题描述	关联项
WPH91.1.2	有些风物是盘瓠遗迹	【民族，关联】[①]
WPH91.1.2.1	凤凰山盘瓠祠	【民族，关联】[②]
WPH91.1.2.2	盘瓠洞	[WPH84.9.3] 祭祀盘瓠洞
WPH91.1.2.2.1	沪溪有盘瓠栖身之洞	【苗族】
WPH91.1.2.3	盘瓠石室	[WPH91.1.2.7] 盘瓠石
WPH91.1.2.3.1	武山高万仞，山半有盘瓠石室，可容数万人，中有石床，盘瓠行迹	【古代民族】
WPH91.1.2.3.2	辰州卢溪县盘瓠石室	【古代民族】
WPH91.1.2.4	沉狗潭	【苗族】
WPH91.1.2.5	狗岩山	【苗族】
WPH91.1.2.6	流狗滩	【苗族】
WPH91.1.2.7	盘瓠石	【古代民族】@ [WPH91.1.2.3] 盘瓠石室
WPH91.1.3	有些习俗是盘瓠遗迹	[WPH92] 盘瓠遗俗
WPH91.1.4	有些技能是盘瓠遗迹（有些技术是盘瓠遗迹）	
WPH91.1.4.1	畲家拳源自盘瓠	【畲族】
WPH91.1.5	人的某些体征时盘瓠遗迹	
WPH91.1.5.1	神犬与国王的三公主婚生浑身长毛的孩子，后来蒸煮退毛时因火功未到，形成了现在人有头发、腋毛和阴毛	【瑶族】

① 【苗族】[WPH91.2.1.1] 湘西泸溪县目前有辛女岩、辛女祠等 26 处盘瓠遗迹；[WPH93] 盘瓠有关的风物。

② 【畲族】@[WPH93.4a.1.1.1] 凤凰山盘瓠总祠；[WPH93.4a.1.1.2] 广东潮州府凤凰山重建盘瓠氏总祠。

9. 与盘瓠有关的其他母题 | WPH91.1.5.2—WPH92.3.1.1

W 编码	母题描述	关联项
WPH91.1.5.2	人们现在脑瓜顶上的头发是盘瓠变形不彻底的遗迹	【汉族】@ [WPH43.5.3.1.1.4] 盘瓠变形需要猛火蒸煮七天七夜，第七个晚上公主打开笼盖，造成头顶还有一块狗毛未变
WPH91.2	盘瓠遗迹的数量	
WPH91.2.1	盘瓠遗迹在某地数量众多	
WPH91.2.1.1	湘西泸溪县目前有辛女岩、辛女祠等26处盘瓠遗迹	【苗族】
WPH92	盘瓠遗俗	
WPH92.1	与盘瓠有关的生产生活习俗	
WPH92.1.1	为孩子取带"狗"字的小名	
WPH92.1.1.1*	凤凰县腊尔山台地一带的苗族家中有敬奉盘瓠神像，并喜欢给小孩取带"狗"字的小名	【苗族】@ [WPH21.1.1.3*] 视盘瓠为祖神的苗族主要分布在凤凰县腊尔山台地一带
WPH92.1.2	尊狗爱狗习俗	【苗瑶语族民族】@ [WPH89.2.1.1] 忌食狗肉
WPH92.1.3	踏虎盘瓠凿花	【苗族】
WPH92.2	与盘瓠有关的饮食习俗	【关联】①
WPH92.2.1	盘瓠后代饮食蹲踞	【南方古民族】
WPH92.3	与盘瓠有关的服饰习俗	
WPH92.3.1	特定头饰与盘瓠遗俗有关	
WPH92.3.1.1	苗族裹头巾（狗头帕）	

---

① [WPH82.2.6.1] 尝新节与祭盘瓠有关；[WPH89.2.1.1] 忌食狗肉。

W 编码	母题描述	关联项
WPH92.3.1.1.1	苗族人裹头巾源于公主用长丝帕盘在丈夫的头上遮盖狗毛	【苗族】
WPH92.3.1.1.2*	苗族成年男女包的头帕，常常在头顶盘帕的后边，留下两三寸长的头帕末端翘出来示为帕尾，是犬图腾的一种表现形式	【苗族】
WPH92.3.1.1a	包头与绑腿	
WPH92.3.1.1a.1	盘瓠子孙为了纪念祖先盘瓠，有了盘头与绑腿的习俗	【瑶族·花瑶】@ [WPH96.4.2.1*] 盘瓠传说衍生出"缠头和绑腿"、"留长发"和不食狗肉等族群标识
WPH92.3.1.1a.2*	缠头和绑腿习俗是为了纪念盘瓠变形	【畲族】
WPH92.3.1.1a.3	瑶族男女仍然缠着头布是为了纪念龙犬变人时头上脚上还有毛，只好用布缠裹起来	【瑶族】
WPH92.3.1.1b	缠头巾与扎绑腿	
WPH92.3.1.1b.1*	瑶族以盘瓠为图腾，无论男女皆喜欢缠头巾，扎绑腿	【瑶族】
WPH92.3.1.1c	带耳包头	
WPH92.3.1.1c.1*	花瑶男性的包头的两端都从耳后下垂，据说是为了遮盖耳后的毛发且看起来像犬耳	【瑶族·花瑶】
WPH92.3.1.1d	红布头巾	
WPH92.3.1.1d.1	排瑶成年男子用红布作头巾	【瑶族·八排瑶】

9. 与盘瓠有关的其他母题 | WPH92.3.1.1d.1.1*—WPH92.3.1.2.7a* |

W 编码	母题描述	关联项
WPH92.3.1.1d.1.1*	一位女子与狗婚生八子,母亲在每个儿子脖子上系一片红布,形成排瑶成年男子用红布作头巾的习俗	【瑶族·八排瑶】
WPH92.3.1.1e	与头巾有关的其他母题	[WPH92.3.10.6.1* 瑶族服饰一般将红布或刺绣花纹装饰在袖口、胸襟、裤脚、头帕、围腰及腰带的边缘部位,以吻合盘瓠形制
WPH92.3.1.2	狗头帽(狗头冠)	【苗族】@[WPH92.3.6a]狗头衫
WPH92.3.1.2.1	南方瑶族及其后裔喜戴狗头帽	【瑶族】
WPH92.3.1.2.2*	瑶族先民流行狗头冠	【瑶族】
WPH92.3.1.2.3*	冬天戴的狗头帽后面常垂一条三角形状的宽尾,苗语叫"尖帽吉刀光",意为"犬尾帽"	【苗族】
WPH92.3.1.2.4*	五溪地区各地的小孩喜戴狗头帽	【苗族】
WPH92.3.1.2.5*	旧称为"湘西苗疆"的辰州辖地的各厅县和五溪南部的城步、绥宁、新宁、靖县等县苗瑶聚居地的小孩喜戴狗头帽	【苗族】
WPH92.3.1.2.6*	城步农村苗民普遍给幼儿戴狗头帽	城步农村苗民普遍给幼儿戴狗头帽
WPH92.3.1.2.7*	狗头帽的两耳竖立,耳里缀满茸毛	【苗族】
WPH92.3.1.2.7a*	银制的狗头帽的左右两侧各竖一狗耳形状,布满茸毛的尖顶	【苗族】

W 编码	母题描述	关联项
WPH92.3.1.2.7b	狗耳状的尖角帽	
WPH92.3.1.2.7b.1*	瑶族群众女性则戴狗耳状的尖角帽	【瑶族】
WPH92.3.1.2.8*	三式"狗头冠"	
WPH92.3.1.2.8.1*	浙江丽水、景宁和福建福州罗冈的三式"狗头冠"有狗头、狗身、狗尾三个主要部分	【畲族】
WPH92.3.1.2.9*	苗族选择狗头帽作为族徽	【苗族】
WPH92.3.1.2a	狗头狗尾帽	
WPH92.3.1.2a.1*	参加祭盘瓠仪式的人戴狗头狗尾帽	【畲族】@[WPH65.14.0.3.1] 盘大护的儿女有狗尾
WPH92.3.1.3*	尖角帽	
WPH92.3.1.3.1*	瑶族女人帽之尖角,象狗之两耳	【瑶族】
WPH92.3.1.4	狗蹄帕	【苗族】
WPH92.3.1.4.1	女子婚丧嫁娶时戴狗蹄帕	
WPH92.3.1.4a	花帕束额	
WPH92.3.1.4a.1*	龙胜县江底乡盘瑶成年妇女要剃光头发,在外面包上多层花毛巾,以形似盘瓠"花帕束额"	【瑶族·红瑶】
WPH92.3.1.5	狗耳帽	
WPH92.3.1.5.1*	官坝苗民喜欢给自己的幼童做狗耳帽	【苗族】

W 编码	母题描述	关联项
WPH92.3.1.5.2*	官坝苗民给孩子戴狗耳帽就像盘瓠的头像，藉此以镇邪祈福	【民族，关联】①
WPH92.3.1.6	凤冠	
WPH92.3.1.6.1*	三公主告诉山哈女子头戴凤冠	【畲族】@[WPH64.1] 盘瓠的妻子三公主
WPH92.3.1.6.2	高辛帝让王后取出传世的凤冠亲自为女儿戴在头上，后来畲族妇女就一代一代把它戴在头上	【畲族】
WPH92.3.1.7	织机帽	
WPH92.3.1.7.1*	湖南资兴瑶族女性头戴织机帽源于对金毛犬救主恩情的纪念	【瑶族】
WPH92.3.1.7.2	瑶家妇女所戴的织机帽两边的飘带，表示金毛犬的耳朵	【瑶族】
WPH92.3.2	特定衣服装饰与盘瓠遗俗有关	
WPH92.3.2.1	盘瓠族"赤服鸟章"	【古代民族】
WPH92.3.2.2	盘瓠族斑衣，插雉尾于颠	【古代民族】
WPH92.3.2.3	盘瓠族衣五彩衣，必插鸡毛于首	【古代民族】
WPH92.3.2.4	服章以斑布为饰	
WPH92.3.2.4.1	南郡、夷陵、竟陵、沔阳、沅陵、清江诸蛮承盘瓠之后，服章多以斑布为饰	【古代民族】

---

① 【苗族】@[WPH21.3] 盘瓠是保护神；[WPH86.1] 祭盘瓠保平安。

W 编码	母题描述	关联项
WPH92.3.2.5	盘瑶和红瑶在服饰上对始祖盘瓠的纪念方式不同，盘瑶模仿其头部，红瑶模仿其尾部	【瑶族·红瑶】
WPH92.3.2.5a	神狗婚生的后代中盘瑶先走有角，红瑶后走有尾	【瑶族·红瑶】
WPH92.3.3	畲族服饰有盘瓠印迹	
WPH92.3.3.1*	畲服与远古盘瓠蛮中的苗、瑶服饰总体上呈现出相似性特征	【畲族】
WPH92.3.4	凤凰装	
WPH92.3.4.1	凤凰为盘瓠的女儿衔来五彩斑斓的"凤凰装"	【畲族】
WPH92.3.4.2	盘瓠王的后代凡生下女儿都赐予凤凰的装束	【畲族】
WPH92.3.4.3	根据三公主的吩咐，畲族妇女在婚嫁日和逢有重大节日就穿戴上美丽端庄的凤凰装	【畲族】
WPH92.3.5	五色衣（五彩衣）	【关联】[①]
WPH92.3.5.1*	五色衣源于高辛部落文化	【古代民族】
WPH92.3.5.2*	苗族古老的五彩衣与中华文化中的"五行"有关	【苗族】
WPH92.3.5.3*	瑶族五色衣裳象征盘瓠的五彩绒毛	【民族，关联】[②]
WPH92.3.5.4	五色衣服裁制皆有尾形（有尾五色衣）	【古代民族】

① [WPH11.2.2] 盘瓠外形是五色犬；[WPH11.7.6] 盘瓠有五色文 [WPH25.3.5] 盘瓠是五色龙犬；[WPH66.1.1.2.1.1*] 五彩天狗；[WPH92.3.13.3] 绣品图案中的五色。

② 【瑶族】@[WPH11.2.2] 盘瓠外形是五色犬；[WPH11.7.6] 盘瓠有五色文。

9. 与盘瓠有关的其他母题 | WPH92.3.5.4a—WPH92.3.9.1*

W 编码	母题描述	关联项
WPH92.3.5.4a	五色衣服制裁皆有尾形，衣裳斑兰	【古代民族】
WPH92.3.5.5	盘瓠死后，后代好五色衣服	【古代民族】
WPH92.3.6	狗尾衫（犬尾衫，狗尾服）	【古代民族】
WPH92.3.6.1*	南方瑶族及其后裔喜穿狗尾衫以纪念祖先盘瓠	【瑶族】
WPH92.3.6.2*	瑶族先民流行犬尾衫	【瑶族】
WPH92.3.6.3*	瑶族女用五采增帛于两袖前至腰、后幅垂至膝下，名狗尾衫，示不忘祖	【瑶族】
WPH92.3.6a	狗头衫	[WPH92.3.1.2] 狗头帽（狗头冠）
WPH92.3.6a.1*	瑶族穿狗头衫实际上是一种图腾造型，据此求得到盘瓠的保佑	【瑶族】
WPH92.3.7	狗尾巾	
WPH92.3.7.1*	女人腰间所束之白布巾必将两端作三角形，悬于两股上侧，系狗尾之形	【瑶族】
WPH92.3.8	百褶裙（窝窝伞）	
WPH92.3.8.1	苗族妇女喜穿的百褶裙源于盘瓠的妻子辛女	【苗族】@[WPH52.6.3] 盘瓠与辛女婚
WPH92.3.8a	横裙	
WPH92.3.8a.1	晋以前横裙是盘瓠种男子的一种特殊服饰	【古代民族】
WPH92.3.9	斑斓衣（斑烂衣）	
WPH92.3.9.1*	瑶族因以五色龙犬盘瓠为图腾，故喜着斑斓衣	【瑶族】

W 编码	母题描述	关联项
WPH92.3.9.2*	因祖先盘瓠是一只犬首人身，五彩斑斓的龙犬，因此瑶族喜穿"斑烂衣"	【瑶族】
WPH92.3.9.3	盘瓠后代穿花衣花裤	【瑶族】
WPH92.3.9.4	畲女右开襟"大花"青布衣	【畲族】@ [WPH92.4.3.1.4] 畲族女人右开襟的"大花"青布衣的襟边钉上一块三角红布，象征高辛帝的骑缝印
WPH92.3.10	衣服上绣的图案是盘瓠遗俗（衣服上的装饰是盘瓠遗俗）	
WPH92.3.10.1*	衣服袖口上会绣织盘瓠图案	【瑶族】
WPH92.3.10.2*	瑶族男子沿胸两边对称缝一条红布	
WPH92.3.10.2.1*	瑶族男子为纪念纪念盘瓠流血而死，沿胸两边对称缝红布	【瑶族】
WPH92.3.10.3*	粤北瑶族服饰图纹与始祖盘瓠传说有联系	【瑶族】
WPH92.3.10.4	服饰上绣龙犬	
WPH92.3.10.4.1*	贵州台江等地苗族服饰中有人头狗身、狗头蛇身、龙头狗身等许多"狗"的形象	【苗族】
WPH92.3.10.5	服饰上的狗爪（盘王爪）	
WPH92.3.10.5.1*	龙胜县红头瑶妇女服饰在衣背上各有两枚对称的"狗爪"，称"盘王爪"，象征盘瓠崇拜	【瑶族·红头瑶】
WPH92.3.10.6	红布装饰袖口	

W 编码	母题描述	关联项
WPH92.3.10.6.1*	瑶族服饰一般将红布或刺绣花纹装饰在袖口、胸襟、裤脚、头帕、围腰及腰带的边缘部位,以吻合盘瓠形制	【瑶族】
WPH92.3.10.7	男子裤子绣红线	
WPH92.3.10.7.1*	广西南丹白裤瑶男子裤管上绣五根红线,以象征盘瓠坠崖五个手指在膝上留下的血印	【瑶族·白裤瑶】
WPH92.3.10.8	裤腿绣五个红色线条	
WPH92.3.10.8.1*	瑶族把五个红色线条绣在裤腿处,象征着盘瓠的手印	【瑶族】
WPH92.3.10.9	服饰的条形红色	
WPH92.3.10.9.1*	瑶人服饰上的条形红色是为寄托对始祖盘瓠的哀思	【瑶族·白裤瑶】
WPH92.3.10.10	花边衣	
WPH92.3.10.10.1*	湖南资兴瑶族女性身穿精美的花边衣源于对金毛犬救主恩情的纪念	【瑶族】
WPH92.3.11	特定图案的绣花围裙	
WPH92.3.11.1*	泸溪侯家村有妇女的围裙上面挑有七枝稻穗花,据说象征盘瓠的七个分支	【苗族·瓦乡人】@ [WPH65.14.6] 盘瓠后代有不同分支
WPH92.3.12	狗儿鞋	
WPH92.3.12.1*	瓦乡人小孩穿狗儿鞋表达盘瓠崇拜	【苗族·瓦乡人】
WPH92.3.13	其他与盘瓠有关的服饰习俗	

W 编码	母题描述	关联项
WPH92.3.13.1*	瓦乡人过节时或走亲戚时便穿起象征盘瓠信仰的红衣服，撑起大红伞	【苗族·瓦乡人】
WPH92.3.13.2	佩挂绣袋	
WPH92.3.13.2.1*	广东排瑶至今保留着盘瓠形制中的插饰鸡毛雉尾和佩挂绣袋的原始习俗	【瑶族】
WPH92.3.13.3	绣品图案中的五色	[WPH92.3.5] 五色衣（五彩衣）
WPH92.3.13.3.1*	瑶族绣品图案中的五色与盘瓠传说有关	【瑶族·排瑶】
WPH92.4	与盘瓠有关的其他习俗	
WPH92.4.1	盘瓠国有椎髻遗风	【畲族】
WPH92.4.2*	盘瓠神话导致神犬崇拜的风俗	【苗族】【瑶族】
WPH92.4.3	使用盘王印习俗	
WPH92.4.3.1	盘王印	
WPH92.4.3.1.1*	盘王印是瑶族先民纪念始祖盘瓠的刺绣图案，被广泛运用于各种装饰	【瑶族·过山瑶】
WPH92.4.3.1.2*	男子婚礼长衫后背正中绣饰"盘王印"图案	【瑶族】
WPH92.4.3.1.3	高辛帝最爱的三公主拜别父王时，高辛皇帝拿出御印将自己的衣衫和女儿的衣衫对在一起，盖上一个印	【畲族】
WPH92.4.3.1.4	畲族女人右开襟的"大花"青布衣的襟边钉上一块三角红布，象征高辛帝的骑缝印	【畲族】@ [WPH92.3.9.4] 畲女右开襟"大花"青布衣

9. 与盘瓠有关的其他母题 | WPH92.4.4—WPH92.4.5.2.3 |

W 编码	母题描述	关联项
WPH92.4.4	与盘瓠有关的日常用语	
WPH92.4.4.1	"夫妻"称为"庖务"	
WPH92.4.4.1.1*	湘西苗语称"夫妻"作"庖务",与"盘瓠"恰系一音	【苗族】
WPH92.4.4.2	"狗"字是爱称	
WPH92.4.4.2.1*	官坝苗族常把带有"狗"字的词语作为爱称来称呼幼童,把幼童称作"狗儿""狗娃""狗宝"等	【苗族】@[WPH81.1.2.1.1] 给小孩取名"狗剩""狗儿""狗宝""狗亮""三狗""小狗子"纪念盘瓠
WPH92.4.5	与盘瓠有关的丧葬习俗	
WPH92.4.5.1	彭水民间有墓雕神犬之俗	【苗族】@[WPH25.2.2] 盘瓠是神犬(盘瓠是神狗)
WPH92.4.5.2	丧葬时用竹竿祭祀	
WPH92.4.5.2.1	盘瓠初死是悬挂在树上的,所以瑶族在丧葬当天晚上会接篙,每人手中拿一丈长带着枝叶的竹竿祭祀	【瑶族】
WPH92.4.5.2.2	发丧时蹉蛆赶老鸦	【彝族】
WPH92.4.5.2.3	丧葬祭祖舞意为驱赶野兽及妖魔鬼怪不能再伤害龙王,不能再啄龙王的肉	【民族,关联】①

---

① 【畲族】@[WPH90.2.1.7] 高辛为金虫盘瓠赐名"龙王";[WPH90.4.4.1] 盘瓠大王又称"龙王"。

W 编码	母题描述	关联项
WPH92.4.5.2.4	山哈人凡是老人过辈就用饭甑炊饭，分给崽孙、叔伯、亲眷吃，名曰"崽孙饭"；柴月唱歌跳舞，名曰"做少年"，或"山哈功德"，与盘瓠死后丧葬有关	【畲族】
WPH92.4.6	与盘瓠有关的婚嫁习俗	【关联】①
WPH92.4.6.1*	女初嫁垂一绣带，以缅怀祖妣高辛氏女配盘瓠	【瑶族】
WPH92.4.6.2*	广东畲族姑娘出嫁陪嫁品中，娘家要赠象征吉祥纳福的几颗狗头芋	【畲族】
WPH92.4.6.3*	结婚时新郎、新娘要穿贴身白衣裤	【畲族】
WPH92.4.6.4	俗说"嫁鸡随鸡，嫁狗随狗"	【汉族】
WPH92.4.7	与盘瓠有关的民间活动	
WPH92.4.7.1	划龙舟与盘瓠有关	【关联】②
WPH92.4.7.1.1	倒划盘瓠龙舟求扫除瘟病	【苗族】
WPH92.4.8	盘瓠后代好山恶都	【南方古民族】
WPH93	**与盘瓠有关的风物**	[WPH91.1.2] 有些风物是盘瓠遗迹
WPH93.1	与盘瓠有关的印记	
WPH93.1.1	盘瓠的脚印	
WPH93.1.2	西洋锡兰山有盘瓠的足迹	

① [WPH82.3.2.3*] 婚礼时悬一狗头人身的祖象于堂中，大家围着歌舞；[WPH92.4.3.1.2*] 男子婚礼长衫后背正中绣饰"盘王印"图案。

② [WPH81.3.3] 通过划龙舟纪念盘瓠；[WPH84.3] 划龙舟祭盘瓠。

9. 与盘瓠有关的其他母题 | WPH93.2—WPH93.4.1.2.3*

W 编码	母题描述	关联项
WPH93.2	与盘瓠有关的山	
WPH93.2.1	盘瓠山	【苗族】
WPH93.2.1.1	盘瓠山又叫"狗岩山"	【苗族】@ [WPH78.3.9.1] 埋葬盘瓠的土坟叫狗岩山
WPH93.2.2	狗公山	【关联】①
WPH93.2.2.1	为纪念盘瓠辛女,有狗王岩、狗公山之类遗迹	【苗族】
WPH93.3	与盘瓠有关的河	
WPH93.3.1	盘瓠河	
WPH93.3.1.1*	"盘古河""盘谷河"实为"盘瓠河"	【苗族】
WPH93.4	与盘瓠有关的庙	
WPH93.4.1	盘瓠庙	【苗族·瓦乡人】@ [WPH90.4.3.1] 盘瓠庙敬着盘瓠公公
WPH93.4.1.1	盘瓠庙产生时间	
WPH93.4.1.1.1*	建于明代的盘瓠庙	【苗族】
WPH93.4.1.2	盘瓠庙的地点(盘瓠庙的分布)	
WPH93.4.1.2.1*	盘瓠庙主要分布在南方瑶、苗、畲等民族中	【民族,关联】②
WPH93.4.1.2.2*	广西金秀莲花山盘瓠庙	【瑶族】
WPH93.4.1.2.3*	蓝里镇新营盘瓠庙	【苗族】

---

① [WPH25.2] 盘瓠是犬(盘瓠是狗);[WPH90.4.1a] 盘瓠又称狗头皇。
② 【南方古代民族】@[WPH33.8.1.1]盘瓠生活在南方;[WPH38.1]盘瓠活动在南方深山老林;[WPH65.10.5*] "盘瓠种"分布在南方广大地区。

W 编码	母题描述	关联项
WPH93.4.1.2.4*	五溪流域盘瓠庙	【民族无考】
WPH93.4.1.2.5*	兰里乡新营盘瓠庙	【苗族】
WPH93.4.1.2.6*	郭公坪乡陈家坡盘瓠庙	【苗族】
WPH93.4.1.2.7*	贵州的松桃、铜仁、务川、道真，四川的秀山、彭水，湘西的花垣、吉首、凤凰、保靖、古丈、泸溪、沅溪、辰溪、麻阳等县都有盘瓠庙	【苗族】
WPH93.4.1.2.8*	广西马平县城江东岸有盘瓠庙	
WPH93.4.1.2.8.1*	广西马平县城江东岸有盘瓠庙曾误称"盘古庙"	【瑶族】【壮族】@[WPH90.2.2.4] 盘瓠即盘古
WPH93.4.1.2.9*	广西柳江县的盘瓠庙	
WPH93.4.1.2.9.1*	广西柳江县的盘瓠庙旧志注为瑶壮所建俗误为"盘古"	【瑶族】【壮族】@[WPH90.2.2.4a*] 盘瓠非盘古（盘瓠不是盘古）
WPH93.4.1.2.10*	（盘瓠）庙堂设在木官上	【苗族】
WPH93.4.1.3	盘瓠庙内的情形	
WPH93.4.1.3.1	盘瓠庙中除正中盘瓠王像外，还三公主及十二个子女塑像	【瑶族】
WPH93.4.1.3.2	盘瓠庙中有"盘瓠大王"神位	【苗族】
WPH93.4.1.3.2a	盘瓠庙中有"本祭般瓠大王"神位	【苗族】
WPH93.4.1.3.2a.1	盘瓠庙中三块石碑的中间一块雕刻"本祭般瓠大王位"	【苗族】
WPH93.4.1.3.2b	盘瓠庙中有"三座盘瓠大王位"	【苗族】

9. 与盘瓠有关的其他母题 | WPH93.4.1.4—WPH93.4.6

W 编码	母题描述	关联项
WPH93.4.1.4	盘瓠庙的管理者	
WPH93.4.1.4.1	盘瓠庙由几位男性管理	【苗族】
WPH93.4.1a	盘瓠庙堂	
WPH93.4.1a.1*	瑶族各地均建有盘瓠庙堂	【瑶族】
WPH93.4.2	盘王庙	
WPH93.4.2.1	盘王庙又称"盘古庙"	
WPH93.4.2.1.1*	湖南江永县瑶族盘王庙称"盘古庙"	【瑶族】
WPH93.4.2.2	盘古王庙	
WPH93.4.2.2.1*	广东连南八排瑶祖公大庙又称"盘古王庙"	【瑶族·八排瑶】
WPH93.4.2a	盘王殿	【瑶族】
WPH93.4.3	公公庙	
WPH93.4.3.1	泸溪县铁柱潭的辛女庙叫公公庙，里面以供奉辛女的丈夫盘瓠为主	【苗族】@[WPH64.4] 盘瓠的妻子辛女
WPH93.4.4	盘古大王庙	【关联】①
WPH93.4.4.1*	广西贺州市西湾镇盘古大王庙所供奉的神灵是瑶族的祖先神盘瓠	【瑶族】
WPH93.4.5	盘瓠庙又称"祖神庙"	[WPH21.1] 盘瓠是祖先神
WPH93.4.5.1*	苗族称盘瓠庙和盘瓠祠为"祖神庙"	【苗族】
WPH93.4.6	盘瓠庙又称"龙庙"	[WPH25.1] 盘瓠是龙

---

① [WPH44.5.9] 御犬（盘古大王）杀死霸王；[WPH80.6.2b] 祭盘古大王。

W 编码	母题描述	关联项
WPH93.4.6.1	湘西麻阳县苗族称盘瓠庙为"龙庙"	【苗族】
WPH93.4.7	盘瓠庙又称"龙王庙"	
WPH93.4.7.1	盘瓠庙在麻阳民间多称"龙王庙""三座大王庙"等	【苗族】
WPH93.4.8	狗王庙	[WPH27.1.2.3] 盘瓠是狗王
WPH93.4.8.1*	铜鼎乡铜鼎坪与青市两村以前曾有狗王庙	【民族无考】
WPH93.4.9	六王庙	
WPH93.4.9.1*	新建乡黑禾田村有一祭祀盘瓠后裔六对神侣的六王庙	【民族无考】
WPH93.4a	与盘瓠有关的祠	
WPH93.4a.1	盘瓠祠	【畲族】
WPH93.4a.1.1	盘瓠总祠	[WPH93.4.5.1*] 苗族称盘瓠庙和盘瓠祠为"祖神庙"
WPH93.4a.1.1.1	凤凰山盘瓠总祠	【畲族】@ [WPH91.1.2.1] 凤凰山盘瓠祠
WPH93.4a.1.1.2	广东潮州府凤凰山重建盘瓠氏总祠	【畲族】@ [WPH36.2a.2.3] 高辛赐狗王广东潮州府凤凰山
WPH93.4a.1.2	盘瓠宗祠	
WPH93.4a.1.2.1	芦阳镇大斗村有盘瓠宗祠	【民族无考】
WPH93.4a.1.3	卢溪县西南三十有盘瓠祠	【古代民族】
WPH93.5	与盘瓠有关的村	

9. 与盘瓠有关的其他母题 | WPH93.5.1—WPH94.3.1* |

W 编码	母题描述	关联项
WPH93.5.1	盘瓠村	【侗族】
WPH93.5.1.1*	今花垣县南自古有一地名叫排吾、盘吾，今排吾乡即由此得名	【苗族】
WPH93.6	与盘瓠有关的其他名称的风物	
WPH93.6.1	引狗冲	【苗族】
WPH93.6.2	盘瓠树	【苗族】
WPH94	**盘瓠图腾**	【关联】①
WPH94.1	盘瓠图腾产生的时间	
WPH94.2	盘瓠图腾产生的条件（盘瓠图腾产生的地区，盘瓠图腾产生的源泉）	
WPH94.2.1*	盘瓠图腾产生于渔猎经济	【南方民族】
WPH94.2.2*	犬图腾（盘瓠图腾）源出中原西而的三危山	【瑶族】
WPH94.2.3*	盘瓠图腾源于神话传说	
WPH94.2.3.1*	红苗的犬图腾崇拜源于"官母犬父"的神话传说	【苗族·红苗】@ [WPH96.1.1*] 盘瓠传说是图腾崇拜的产物
WPH94.2.4*	盘瓠图腾的原型是犬	（无考）
WPH94.3	盘瓠图腾的性质	
WPH94.3.1*	盘瓠图腾是犬图腾	【南方民族】@ [WPH94.3.3.1*] 盘瓠图腾是鸟犬二合一的图腾，而不是单一的犬图腾

---

① [WPH21.4] 盘瓠是犬神；[WPH29.3] 盘瓠是图腾；[WPH29.3.2.2*] 盘瓠是犬图腾 [WPH95.2.3*] 盘瓠神话是图腾神话。

W 编码	母题描述	关联项
WPH94.3.1.1*	犬是古三苗部族中以"盘瓠"为祖神的氏族集团图腾	【古代民族】@[WPH33.6.4.1*] 盘瓠氏族部落早期活动在今山东境内
WPH94.3.1.2*	尧、舜时期的三苗部落以五色犬盘瓠为图腾	【古代民族】@[WPH66.1.1.2.1*] 五色犬
WPH94.3.1a*	盘瓠图腾即麒麟图腾	【畲族】
WPH94.3.2*	盘瓠图腾是特定标志	
WPH94.3.2.1*	盘瓠图腾是畲族最原始的标志,并非凤鸟图腾	【畲族】
WPH94.3.2.1a*	盘瓠图腾成为畲族群体新的族属标志	
WPH94.3.2.1a.1*	畲族群体从更大的氏族群体中分裂出来后,盘瓠图腾成为畲族群体新的族属标志	【畲族】
WPH94.3.2.2*	三苗主要以盘瓠图腾为标志	【民族,关联】①
WPH94.3.3*	盘瓠图腾是鸟犬二合一的图腾	[WPH94.3.1*] 盘瓠图腾是犬图腾
WPH94.3.3.1*	盘瓠图腾是鸟犬二合一的图腾,而不是单一的犬图腾	【畲族】
WPH94.3.4*	盘瓠图腾是龙、犬的组合	
WPH94.3.4.1*	苗族盘瓠图腾是龙、犬因素结合物	【苗族】
WPH94.4	盘瓠图腾的群体	
WPH94.4.1	特定地区的民族有盘瓠图腾	[WPH90.6.1.2a.1] 盘瓠部落的图腾是犬

---

① 【苗族】@[WPH61.5.2*] 盘瓠蛮的祖先是"三苗";[WPH95.1.3.1.1*] 盘瓠神话的始作者应该是九黎、三苗部落。

W 编码	母题描述	关联项
WPH94.4.1.1*	盘瓠图腾民族的分布是东起沿海的浙闽，中经粤、湘、桂、滇，南至越南之东京北部，西至缅甸之景东，而止于怒江东岸	【畲族】
WPH94.4.1.2*	湘西、黔东北以邻近的川东、鄂西地区的苗族先民以盘瓠为图腾	【苗族】
WPH94.4.1.3*	盘瓠图腾几乎覆盖整个南中国的族群	【多民族】@[WPH96.3.2.1*] 信奉盘瓠传说的有部分苗族、壮族、傣族、黎族、瑶族及高山族泰雅人等，几乎覆盖整个南中国的族群
WPH94.4.2	盘瓠是苗瑶语民族的图腾	
WPH94.4.2.1	槃瓠是苗瑶语民族的先民的一种图腾崇拜	【苗瑶语族民族】
WPH94.4.3	盘瓠是苗族、瑶族、畲族的图腾	【苗族】【畲族】【瑶族】
WPH94.4.3.1*	盘瓠是瑶族、畲族和部分苗族的先民过去的图腾崇拜	【苗族】【畲族】【瑶族】
WPH94.4.4	盘瓠是其他特定群体的图腾	
WPH94.4.4.1	苗族盘瓠图腾	【苗族】@[WPH94.4.1.2*] 湘西、黔东北以邻近的川东、鄂西地区的苗族先民以盘瓠为图腾
WPH94.4.4.1a*	苗族主要以盘瓠为图腾	【苗族】

W 编码	母题描述	关联项
WPH94.4.4.1b*	苗族先民三苗以盘瓠（犬）为图腾	【民族，关联】①
WPH94.4.4.2	瑶族盘瓠图腾	【瑶族】
WPH94.4.4.3	畲族盘瓠图腾	
WPH94.4.4.3a*	畲族图腾崇拜包括盘瓠图腾崇拜和凤凰图腾崇拜	【畲族】
WPH94.4.4.4	南蛮的图腾盘瓠狗王	【古代民族】@[WPH65.7.6.20.1]盘瓠与高辛公主婚生的六男六女自相夫妻是为南蛮
WPH94.4.4.5	长沙武陵蛮信奉盘瓠图腾	【古代民族】
WPH94.4.5	与盘瓠图腾群体有关的其他母题	
WPH94.4.5.1	犬戎、狗国、犬封国以犬为图腾	【民族，关联】②
WPH94.5	盘瓠图腾的演化	
WPH94.5.1*	盘瓠图腾演化为盘瓠传说	【畲族】@[WPH96.1.1*]盘瓠传说是图腾崇拜的产物
WPH94.5.2*	盘瓠图腾发生了形象上从犬到龙、麒麟的渐变	【畲族】
WPH94.6	与盘瓠图腾有关的其他母题	【民族，关联】③

① 【苗族】@[WPH61.5.2.1*]盘瓠蛮的近宗出于"三苗"；[WPH66.3.6*]盘瓠属于三苗联盟；[WPH94.3.2.2*]三苗主要以盘瓠图腾为标志。

② 【古代民族】@[WPH65.7.6.22]盘瓠后代犬封族；[WPH65.8.2]盘瓠的后代繁衍犬封国。

③ [WPH25.2.8.2*]盘瓠之所以被说成是一只狗，是因图腾标志所致；[WPH88.5.5*]盘瓠崇拜属于图腾崇拜。

9. 与盘瓠有关的其他母题 | WPH94.6.1—WPH95.1.1.1* |

W 编码	母题描述	关联项
WPH94.6.1	犬图腾（狗图腾）	【关联】①
WPH94.6.1.1*	犬图腾的发源地是中国南方的洞庭湖区	【九黎、三苗部落】
WPH94.6.1.2	神犬图腾	【畬族】
WPH94.6.2	盘瓠龙犬图腾	【关联】②
WPH94.6.2.1*	瑶族崇拜盘瓠龙犬图腾	【瑶族】
WPH94.6.2.2*	龙犬图腾源于盘瓠崇拜	【民族无考】
WPH94.6.3	盘瓠的图腾	
WPH94.6.3.1*	犬是盘瓠的感恩图腾	【民族无考】
WPH94.6.3.2*	龙是盘瓠的祖源图腾	
WPH94.6.3.2.1*	龙是盘瓠的祖源图腾，是因为其祖太昊奉龙为图腾	【民族，关联】③
WPH94.6.4	盘瓠图腾柱	
WPH94.6.4.1*	盘瓠崇拜产生的图腾柱是盘瓠文化的一种物态化	【多民族】
WPH95	盘瓠神话	
WPH95.1	盘瓠神话的产生	
WPH95.1.1*	盘瓠神话产生的原因	
WPH95.1.1.1*	图腾崇拜是盘瓠神话产生的原因	

---

① [WPH94.3.1*] 盘瓠图腾是犬图腾；[WPH94.3.3*] 盘瓠图腾是鸟犬二合一的图腾。

② [WPH05.1.3] 盘瓠是龙犬的化身；[WPH11.2.1] 盘瓠外形是龙犬；[WPH25.3] 盘瓠是龙犬 [WPH35.3.2] 盘瓠的坐骑是龙犬；[WPH90.6.8.1*] 盘瓠原名龙犬；[WPH99.4.1*]《盘瓠王歌》中把盘瓠改成龙犬。

③ 【畬族】@[WPH27.2.5.2*] 南迁三苗裔以太昊裔盘瓠为总领（王）；[WPH65.6.8.1.3*] 盘姓出自奉龙为图腾的太昊。

W 编码	母题描述	关联项
WPH95.1.1.1.1*	盘瓠神话源于东夷的太阳神崇拜和鸟神崇拜	【古代民族】
WPH95.1.1.2*	盘瓠神话源于某种历史事件	
WPH95.1.1.2.1*	盘瓠神话是"神道设教"的产物	【民族无考】
WPH95.1.2*	盘瓠神话产生的时间	
WPH95.1.2.1*	盘瓠神话传说产生于新石器时代晚期	【瑶族】
WPH95.1.2.2*	盘瓠神话是原始氏族社会的产物	【民族无考】
WPH95.1.2.2a*	盘瓠神话的产生于原始社会末期	【民族无考】
WPH95.1.2.3*	盘瓠神话产生于上古	【畲族】@[WPH95.2.1.2*] 盘瓠神话是上古的族源神话
WPH95.1.2.4*	盘瓠神话产生的时间比盘古神话不知要迟多少年	【民族,关联】①
WPH95.1.2.4a*	盘古神话的产生时代不比盘瓠晚	【民族无考】
WPH95.1.2.5*	盘瓠神话产生于母系氏族社会	【民族无考】@[WPH08.2.8] 盘瓠产生于母系氏族社会
WPH95.1.3*	盘瓠神话的发源地（盘瓠神话产生的特定群体）	
WPH95.1.3.1*	盘瓠神话产生于特定民族	

---

① 【民族无考】@[WPH08.2.1*]盘瓠的产生晚于盘古；[WPH95.1.5*]盘瓠神话源于特定神话。

9. 与盘瓠有关的其他母题 | WPH95.1.3.1.1*—WPH95.1.5.1* |

W 编码	母题描述	关联项
WPH95.1.3.1.1*	盘瓠神话的始作者应该是九黎、三苗部落	【九黎、三苗部落】@[WPH95.1.4a.1*] 盘瓠神话的产生早于蚩尤、三苗的传说
WPH95.1.3.1.2*	盘瓠神话源于中原汉族	【畲族】
WPH95.1.3.2*	盘瓠神话源于我国中原一带	【民族无考】@[WPH95.1.3.1.2*] 盘瓠神话源于中原汉族
WPH95.1.3.3*	沅水孕育了盘瓠与辛女的婚配神话	【苗族】
WPH95.1.3.4*	盘瓠神话源于犬戎	【关联】①
WPH95.1.3.4.1*	盘瓠神话源于古代北方的犬戎	【古代民族】
WPH95.1.4*	盘瓠神话晚于创世神话	
WPH95.1.4.1*	作为图腾神话的盘瓠神话晚于创世神话	【苗族】【畲族】【瑶族】@[WPH95.2.3*] 盘瓠神话是图腾神话
WPH95.1.4a*	盘瓠神话的产生早于特定的传说	
WPH95.1.4a.1*	盘瓠神话的产生早于蚩尤、三苗的传说	【民族无考】@[WPH61.5.2.1*] 盘瓠蛮的近宗出于"三苗"
WPH95.1.5*	盘瓠神话源于特定神话	
WPH95.1.5.1*	蚕马神话衍生出的盘瓠神话（盘瓠神话来源于蚕马神话）	【多民族】@[WPH04.2.8] 蚕变成盘瓠

---

① [WPH22.5.7.2] 盘瓠是犬戎族的始祖；[WPH65.8.1] 盘瓠的后代繁衍犬戎国；[WPH65.8.2] 盘瓠的后代繁衍犬封国；[WPH65.8.2.3] 犬封国曰犬戎国；[WPH90.3.2.1] 盘瓠即犬戎国（盘瓠即犬封国）。

W 编码	母题描述	关联项
WPH95.1.5.1.1*	蚕马神话在流传中变异为蚕犬神话（即盘瓠神话）	【民族无考】
WPH95.1.5.1.2*	蚕犬神话演化为后来的盘瓠神话	【民族无考】
WPH95.1.5.1a*	盘瓠神话与蚕马神话有关系	【民族无考】
WPH95.1.5.1a.1*	盘瓠神话很可能源于蚕马神话	【民族无考】
WPH95.1.5.2*	盘瓠神话源于昆仑神话	【古代民族】
WPH95.1.5.3*	盘瓠神话源于西北古代氐羌人的神话	【古代民族】@[WPH08.4.4.1] 盘瓠源于西北的氐羌
WPH95.2	盘瓠神话的意义（盘瓠神话的内容，盘瓠神话的性质）	
WPH95.2.1*	盘瓠神话解释族源（盘瓠神话是族源神话）	【古代民族】@[WPH95.2.3.1*] 盘瓠神话是关于瑶族起源的图腾神话
WPH95.2.1.1*	盘瓠神话解释了西南民族起源	【民族无考】
WPH95.2.1.2*	盘瓠神话是上古的族源神话	【畲族】
WPH95.2.1a*	盘瓠神话不是族源神话	
WPH95.2.1a.1*	盘瓠神话不是族源神话，而是在神话基础上对社会秩序与政治关系的规范与维持	【多民族】
WPH95.2.1a.2*	将盘瓠神话视为苗、瑶、畲的族神话不十分符合逻辑	【苗族】【畲族】【瑶族】
WPH95.2.1b*	盘瓠神话不同于族源神话	
WPH95.2.1b.1*	盘瓠神话不同于族源叙事，它只是识别各支系范畴的标志	【民族无考】

9. 与盘瓠有关的其他母题 | WPH95.2.2*—WPH95.2.3a.1* |

W 编码	母题描述	关联项
WPH95.2.2*	盘瓠神话是民族创始神话	
WPH95.2.2.1*	盘瓠神话是畲族记述其弟兄祖先（蓝、雷、钟）并含有弟兄祖先历史心性的民族创始神话	【畲族】
WPH95.2.2a*	盘瓠神话具有民族共同始祖性质	【古代民族】
WPH95.2.2b*	盘瓠神话反映了人类起源	
WPH95.2.2b.1*	盘瓠神话是人类起源的镜像	【民族无考】
WPH95.2.2c*	盘瓠神话是始祖神话	【多民族】
WPH95.2.2c.1*	盘瓠神话不属于变形神话，而是一种民族的始祖神话	【民族无考】
WPH95.2.3*	盘瓠神话是图腾神话	【民族，关联】①
WPH95.2.3.1*	盘瓠神话是关于瑶族起源的图腾神话	【瑶族】
WPH95.2.3.2*	瑶族盘瓠神话反映了高辛氏部落联盟的犬图腾崇拜	【瑶族】
WPH95.2.3.3*	盘瓠神话反映的是一个民族的原始图腾信仰	【畲族】
WPH95.2.3.4*	畲族盘瓠神话反映了原始时代图腾崇拜的情形，其中包括了盘瓠崇拜和凤凰崇拜	【畲族】
WPH95.2.3a*	盘瓠神话不是图腾神话	
WPH95.2.3a.1*	盘瓠神话不等于犬图腾神话	【苗瑶语族民族】

---

① 【苗族】【畲族】【瑶族】@[WPH29.3] 盘瓠是图腾；[WPH94] 盘瓠图腾；[WPH95.1.4.1*] 作为图腾神话的盘瓠神话晚于创世神话。

W 编码	母题描述	关联项
WPH95.2.3a.2*	将盘瓠神话视为苗、瑶、畲的图腾神话不十分符合逻辑	【苗族】【畲族】【瑶族】
WPH95.2.3b*	盘瓠神话表达图腾崇拜	
WPH95.2.3b.1*	盘瓠神话是瑶、苗、畲等少数民族的祖先神图腾崇拜	【苗族】【畲族】【瑶族】
WPH95.2.4*	盘瓠神话是历史	【关联】①
WPH95.2.4.1*	盘瓠神话包含了瑶族先民开疆辟地、披荆斩棘的历史事实	【瑶族】
WPH95.2.4.2*	盘瓠神话有父系社会的影子	【瑶族】
WPH95.2.4.3*	盘瓠神话是关于祖先的真实历史	【苗族·瓦乡人】
WPH95.2.4.4*	盘瓠神话可能有历史影子	【民族无考】
WPH95.2.4a*	盘瓠神话不是历史	
WPH95.2.4a.1*	盘瓠神话不是畲族的历史	【畲族】
WPH95.2.5*	盘瓠神话反映的是民族关系	
WPH95.2.5.1*	盘瓠神话反映了瑶族与周边民族的共生关系	【瑶族】
WPH95.2.5.2*	盘瓠神话反映了苗瑶畲三族既自相区别、又互相认同的民族关系	【苗族】【畲族】【瑶族】
WPH95.2.6*	盘瓠神话有历时性特征	
WPH95.2.6.1*	盘瓠神话具有口语固化的虚拟性、信史记录的真实性和疑古书写的批评性	【民族无考】

---

① [WPH23.2.1*] 湘西苗族认为巨人盘瓠实有其人；[WPH95.2.2b.1*] 盘瓠神话是人类起源的镜像。

9. 与盘瓠有关的其他母题 | WPH95.2.7*—WPH95.3.1* |

W 编码	母题描述	关联项
WPH95.2.7*	盘瓠神话的主题（盘瓠神话的母题）	
WPH95.2.7.1*	盘瓠神话的基本母题是犬生人	【苗族·瓦乡人】
WPH95.2.8*	盘瓠神话的主人公（盘瓠神话的主角）	
WPH95.2.8.1*	盘瓠神话是以"盘瓠"为故事主角的神话	【多民族】
WPH95.2.8.2*	盘瓠神话的主角除了称盘瓠之外，还被称为邦尕、翼洛、更狗、伏羲	【民族，关联】①
WPH95.2.9*	盘瓠神话是南方神话	
WPH95.2.9a*	盘瓠神话是北方神话	【民族，关联】②
WPH95.2.10*	盘瓠神话是英雄神话	【关联】③
WPH95.2.10.1*	盘瓠神话是瑶族的英雄神话	【瑶族】
WPH95.2.11*	盘瓠神话具有神秘性	【畲族】
WPH95.2.12*	盘瓠神话是人类早期文化的典型	【民族无考】
WPH95.3	盘瓠神话的传播	
WPH95.3.1*	盘瓠神话在特定民族传播	

---

① 【民族无考】@[WPH90.4.6] 盘瓠即伏羲；[WPH90.4.12] 盘瓠称为"翼洛"；[WPH90.4.25*] 盘瓠又称邦尕；[WPH90.4.29*] 盘瓠又称更狗。

② 【民族无考】@[WPH95.1.3.2*] 盘瓠神话源于我国中原一带；[WPH95.3.4.1*] 盘瓠神话起源于古代北方的犬戎，由原居于北方的苗瑶语族带到了南方。

③ [WPH21.5.0.2*] 盘瓠是融图腾神、祖先神、英雄神和民族保护神于一身的综合性神；[WPH22.5.3.10*] 盘瓠是瑶族英雄祖先；[WPH22.6.4*] 盘瓠是英雄祖先（英雄祖先盘瓠）；[WPH27.3] 盘瓠是英雄（盘瓠是文化英雄）。

W 编码	母题描述	关联项
WPH95.3.1.1*	盘瓠神话在苗、瑶、畲、水、侗、壮、黎、土家、仡佬、毛南等民族传播	【多民族】@ [WPH95.3.2.3*] 盘瓠神话在湘、黔、川、鄂、滇、桂、粤、闽、浙、赣等省的苗、侗、壮、瑶、畲、水等民族广为流传
WPH95.3.1.2*	盘瓠神话在壮侗语族的黎族、仡佬族里流传	【仡佬族】
WPH95.3.1.3*	盘瓠神话主要流传于瑶语支系持"勉语"方言的瑶族之中	【瑶族·勉瑶】
WPH95.3.1.4*	盘瓠神话广泛分布在苗、瑶、畲、汉、壮等民族中	【多民族】
WPH95.3.1.5*	盘瓠神话在台湾少数民族地区流传	
WPH95.3.1.5.1*	台湾少数民族盘瓠神话源自我国大陆地区	【台湾少数民族】
WPH95.3.1.6*	苗瑶语族民族广泛流传着关于龙犬盘瓠的神话	【苗瑶语族民族】
WPH95.3.2*	盘瓠神话在特定地区流传	
WPH95.3.2.1*	盘瓠神话源于中原一带,后来在岭南民族地区流传	【民族无考】
WPH95.3.2.2*	盘瓠神话广泛流传于东南亚地区	【民族无考】
WPH95.3.2.3*	盘瓠神话在湘、黔、川、鄂、滇、桂、粤、闽、浙、赣等省的苗、侗、壮、瑶、畲、水等民族广为流传	【多民族】@ [WPH95.3.1.1*] 盘瓠神话在苗、瑶、畲、水、侗、壮、黎、土家、仡佬、毛南等民族传播

9. 与盘瓠有关的其他母题 | WPH95.3.3*—WPH95.5.4* |

W 编码	母题描述	关联项
WPH95.3.3*	盘瓠神话跨国流传	
WPH95.3.3.1*	盘瓠神话远涉东南亚的越南、泰国、老挝等国	【多民族】
WPH95.3.4*	盘瓠神话的传播者	
WPH95.3.4.1*	盘瓠神话起源于古代北方的犬戎,由原居于北方的苗瑶语族带到了南方	【古代民族】@[WPH95.2.9a*] 盘瓠神话是北方神话
WPH95.4	盘瓠神话的功能	
WPH95.4.1*	盘瓠神话引发出姓氏	
WPH95.4.1.1*	畲族和瑶族的姓氏都来源于盘瓠神话	【畲族】【瑶族】
WPH95.5	盘瓠神话的延伸	
WPH95.5.1*	盘瓠神话延伸出盘古神话	【关联】①
WPH95.5.1.1*	古人吸收南方少数民族盘瓠神话加以推衍创造盘古形象	【多民族】
WPH95.5.2*	盘瓠神话延伸出五羊神话	
WPH95.5.2.1*	五羊神话源于先秦南方盘瓠神话,"五羊"即"五色犬盘瓠"	【民族无考】
WPH95.5.3*	盘瓠神话衍生出盘王崇拜	【瑶族】@[WPH88.3.2] 盘王崇拜
WPH95.5.4*	盘瓠神话演变为狗盗取谷种神话	【民族无考】@[WPH95.6.2.2*] 盘瓠取谷种型神话

① [WPH08.2.1a.1*] 清末的夏曾佑到民国许多学者认为盘瓠产生早于盘古;[WPH95.1.2.4*] 盘瓠神话产生的时间比盘古神话不知要迟多少年;[WPH96.4.1*] 盘古神话可能吸纳了盘瓠传说的某些因素;[WPH96.5.1] 盘瓠故事与盘古神话无关。

W 编码	母题描述	关联项
WPH95.5.5*	盘瓠神话引发渡海神话	[WPH36.6] 盘瓠渡海
WPH95.5.5.1*	渡海神话与盘瓠神话一脉相承	【瑶族】
WPH95.5.5.1a*	盘瓠神话的主导地位被后来产生的"渡海"神话取代	【瑶族】
WPH95.5.5.2*	渡海神话出现于瑶族盘瓠神话衰退之后	【瑶族】
WPH95.5.5.3*	渡海神话的真谛正在于由渡海而和救世主盘王结成的恩义关系	【瑶族】
WPH95.6	盘瓠神话的类型	
WPH95.6.1*	盘瓠神话分两种类型	
WPH95.6.1.1*	盘瓠的原生神话	【苗族】
WPH95.6.1.2*	盘瓠的衍生神话	【苗族】
WPH95.6.2*	盘瓠神话分3种类型	
WPH95.6.2.1*	盘瓠立战功型神话	【多民族】
WPH95.6.2.2*	盘瓠取谷种型神话	【多民族】@ [WPH95.5.4*] 盘瓠神话演变为狗盗取谷种神话
WPH95.6.2.3*	盘瓠治病型神话	【多民族】
WPH95.7	与盘瓠神话有关的其他母题	
WPH95.7.1*	盘瓠神话的关联事象	
WPH95.7.1.1*	盘瓠神话与民间信仰、仪式有密切的关联	【多民族】
WPH95.7.1.1.1*	多种仪式涉及盘瓠神话内容	【瑶族】
WPH95.7.1.2*	节日与盘瓠神话有关	【瑶族】
WPH95.7.1.3*	歌舞与盘瓠神话有关	

9. 与盘瓠有关的其他母题 | WPH95.7.1.3.1*—WPH96.1.2

W 编码	母题描述	关联项
WPH95.7.1.3.1*	唱盘王歌与盘瓠神话有关	【瑶族】
WPH95.7.1.3.2*	跳盘王舞与盘瓠神话有关	【瑶族】
WPH95.7.1.4*	特定的传说与盘瓠神话有关	
WPH95.7.1.4.1*	瑶族千家峒和漂洋过海的传说与盘瓠神话有关	【瑶族】
WPH95.7.2*	盘瓠神话与特定神话相通	
WPH95.7.2.1*	盘瓠神话与伏羲神话、盘古神话相通	【民族无考】
WPH95.7.3*	盘瓠型神话	
WPH95.7.3.1*	盘瓠型神话主要是针对各文本中不同名称，龙犬、盘瓠等，但其本质都与盘瓠神话叙事一致	【民族无考】
WPH95.7.3.2*	盘瓠型神话异文	【壮族】
WPH95.7.4*	盘瓠神话的载体	
WPH95.7.4.1*	盘王大歌	
WPH95.7.4.1.1*	《盘王大歌》最早手抄本距今七百多年	【瑶族】
WPH95.7.4.1.2*	《盘王大歌》又称《盘王歌》《盘古歌》或《大歌书》	【瑶族】
WPH96	盘瓠传说（盘瓠故事）	
WPH96.1	盘瓠传说的产生	
WPH96.1.1*	盘瓠传说是图腾崇拜的产物	【民族，关联】①
WPH96.1.2	盘瓠传说源于外来	

---

① 【畲族】@[WPH94]盘瓠图腾；[WPH94.2.3.1*]红苗的犬图腾崇拜源于"官母犬父"的神话传说；[WPH94.5.1*]盘瓠图腾演化为盘瓠传说。

W 编码	母题描述	关联项
WPH96.1.2.1*	河坝畲村原未流传盘瓠传说后来恢复畲族身份时，部分畲民从外面获取了盘瓠传说及相关禁忌并在村中传播	【畲族】
WPH96.1.3	盘瓠传说源于历史记忆	
WPH96.1.3.1*	武陵蛮的盘瓠传说来自对他们祖先的追根溯源	【古代民族】@ [WPH96.3.1*] 盘瓠传说盛行于武陵蛮地区
WPH96.1.4	盘瓠传说源于文创策略	
WPH96.1.4.1*	盘瓠传说的"制造"和言说，实际上是身为华夏边缘的人群得以进入地方社会生活、权利体系，获得生态、文化资源的文化适应策略	【畲族】
WPH96.2*	盘瓠传说的内容（盘瓠传说的意义，盘瓠传说的性质）	
WPH96.2.1*	盘瓠故事是一个身份鉴别神话	【民族无考】
WPH96.2.2*	盘瓠传说是历史	【关联】①
WPH96.2.2.1*	蓝氏姓氏历史与畲族盘瓠传说地融合在一起	【畲族】
WPH96.2.2.2*	盘瓠传说反映历史事实	【瑶族】
WPH96.2.2.3*	盘瓠传说表达着瑶族族群与中原王朝的历史渊源和社会关系	【瑶族】
WPH96.2.3*	盘瓠传说是畲族的氏族崇拜	【畲族】
WPH96.2.4	盘瓠传说记录民族文化	

① [WPH24.3] 盘瓠是历史人物；[WPH24.3.1*] 盘瓠不是虚构人物符号而是真实的历史人物；[WPH95.2.4*] 盘瓠神话是历史。

9. 与盘瓠有关的其他母题 | WPH96.2.4.1*—WPH96.3.3* |

W 编码	母题描述	关联项
WPH96.2.4.1*	"盘瓠传说"蕴含着瑶族的居住方式、服饰、语言以及生计等文化	【瑶族】
WPH96.2.5	盘瓠传说反映了特定历史时期状况	
WPH96.2.5.1*	盘瓠传说反映的是由母系社会的对偶家庭阶段向一夫一妻制的父系社会过渡的交替时期的状况	【民族无考】
WPH96.2.5.2*	盘瓠传说反映了特定历史时期的社会与家庭	
WPH96.2.5.2.1*	盘瓠传说反映了人类原始社会由母系氏族社会向父系氏族社会过渡的家庭与社会	【民族无考】
WPH96.2.6*	盘瓠传说标志身份认同	【瑶族】
WPH96.3*	盘瓠传说的流传	
WPH96.3.1*	盘瓠传说盛行于武陵蛮地区	【武陵蛮】@[WPH94.4.4.5] 长沙武陵蛮信奉盘瓠图腾
WPH96.3.2*	盘瓠传说流传于南方地区	
WPH96.3.2.1*	信奉盘瓠传说的有部分苗族、壮族、傣族、黎族、瑶族及高山族泰雅人等，几乎覆盖整个南中国的族群	【多民族】@[WPH94.4.1.3*] 盘瓠图腾几乎覆盖整个南中国的族群
WPH96.3.2.2*	盘瓠传说广泛流传于我国南方诸如瑶族、畲族、苗族以及壮族、侗族等少数民族地区	【南方少数民族】
WPH96.3.3*	盘瓠传说流传于多个瑶族支系	

W 编码	母题描述	关联项
WPH96.3.3.1*	崇信盘瓠传说的瑶族有盘瓠瑶、盘瑶、板瑶、顶板瑶、过山瑶等	【瑶族】
WPH96.3.4	盘瓠传说的载体	
WPH96.3.4.1*	盘瓠传说记在族谱上	
WPH96.3.4.1.1*	联修兴国、泰和、永丰蓝、雷族谱之前,他们一直保存着自己的草谱,草谱记载盘瓠传说	【畲族】
WPH96.3.4.2*	族谱格式中包含盘瓠传说	
WPH96.3.4.2.1*	《雷氏族谱》的基本格式中包含盘瓠传说	【畲族】
WPH96.3.4.3*	盘瓠传说表现于畲族文学艺术、山歌对唱、民间传说、祖图文物、祭祀音乐、风俗民情等	【畲族】
WPH96.3.5	盘瓠传说有多种版本	
WPH96.3.5.1*	盘瓠传说的版本中有说盘瓠为犬,有说盘瓠为龙麒,也有说盘瓠是龙与凤的结合等	【畲族】
WPH96.4*	盘瓠传说的影响	
WPH96.4.1*	盘古神话可能吸纳了盘瓠传说的某些因素	【民族无考】@[WPH95.5.1*] 盘瓠神话延伸出盘古神话
WPH96.4.2*	盘瓠传说影响了民族习俗	
WPH96.4.2.1*	盘瓠传说衍生出"缠头和绑腿""留长发"和不食狗肉等族群标识	【畲族】

9. 与盘瓠有关的其他母题 | WPH96.4.3*—WPH97.2.3* |

W 编码	母题描述	关联项
WPH96.4.3*	盘瓠传说影响姓氏解释	
WPH96.4.3.1*	赣南对畲族的姓氏来源解释主要是盘瓠传说	【畲族】
WPH96.5	与盘瓠传说有关的其他母题	
WPH96.5.1	盘瓠故事与盘古神话无关	【民族无考】@[WPH95.5.1*] 盘瓠神话延伸出盘古神话
WPH96.5.2	盘瓠传说与畲族"龙"神话有关	
WPH96.5.2.1*	盘瓠传说与畲族"龙"神话是结合在一起的	【畲族】
WPH97	盘瓠文化	
WPH97.1	盘瓠文化的产生	
WPH97.1.1*	盘瓠文化源于盘瓠传奇	
WPH97.1.1.1*	瑶族围绕着犬名盘瓠的种种神奇故事创造了一种盘王文化	【民族,关联】①
WPH97.1.2*	盘瓠文化的发源地是湖南泸溪	【民族无考】
WPH97.1.3*	盘瓠文化的发祥地是会稽	【民族无考】
WPH97.1.4*	盘瓠文化的发祥地是中原地区	【民族无考】
WPH97.2	盘瓠文化的特征	
WPH97.2.1*	盘瓠文化是一种古老而又充满神秘色彩的文化现象	【苗族】【畲族】【瑶族】
WPH97.2.2*	盘瓠文化是民族文化	【多民族】
WPH97.2.3*	盘瓠文化是多种文化的融合	

---

① 【瑶族】@[WPH29.3.1] 龙犬盘瓠即盘王,是瑶族先民的图腾;[WPH90.2.2.1] 盘瓠即盘王。

W 编码	母题描述	关联项
WPH97.2.3.1*	"盘瓠"融合了龙(蛇)与犬的两种图腾文化	【瑶族】
WPH97.3	盘瓠文化的流传(盘瓠文化的演化)	
WPH97.3.1*	盘瓠文化遍及湘西以及渝、鄂交界的苗族和瑶、畲族聚居区	【苗族】【畲族】【瑶族】
WPH97.3.2*	盘瓠文化与盘古文化的融合	
WPH97.3.2.1*	盘古文化与盘瓠文化在岭南的共存与相融	【多民族】
WPH97.3.3*	盘瓠文化盘古化	【瑶族】
WPH97.3.4*	盘瓠文化延伸出长寿文化	【苗族】
WPH97.4	盘瓠文化的类型	
WPH97.4.1*	口碑型盘瓠文化	
WPH97.4.1.1*	故事型盘瓠文化	【畲族】
WPH97.4.1.2*	歌谣型盘瓠文化	【畲族】
WPH97.4.2	文献型盘瓠文化	
WPH97.5	与盘瓠文化有关的其他母题	
WPH97.5.1	盘瓠文化遗存	
WPH97.5.1.1	盘瓠文化遗存盘瓠祭	【苗族】@[WPH80]盘瓠的纪念(祭盘瓠)
WPH97.5.1.2	盘瓠文化遗存花灯戏	【苗族】
WPH97.5.1.3	盘瓠文化遗存傩戏	【苗族】
WPH97.5.1.4	盘瓠文化遗存辰河高腔	【苗族】

W 编码	母题描述	关联项
WPH97.5.2	盘瓠信仰	[WPH96.3.3.1*] 崇信盘瓠传说的瑶族有盘瓠瑶、盘瑶、板瑶、顶板瑶、过山瑶等
WPH97.5.1.2.1*	瑶族有以盘瓠信仰为主的盘瓠盘古双重信仰	【瑶族】
WPH97.5.1.2.2*	盘瓠信仰不仅以神话以及与神话有关的地名表现出来，而且还在宗教仪式中展演	【苗族·瓦乡人】
WPH98	盘瓠的象征物	
WPH98.1	祖杖象征盘瓠	【畲族】
WPH98.1.1*	祭祀盘瓠的祠堂正中的盘瓠祖杖是盘瓠的标志	【畲族】
WPH98.1.2	盘瓠祖杖	
WPH98.1.2.1	祖公龙麒头像的木杖又叫盘瓠祖杖	【畲族】
WPH98.1.2.2	祭祀盘瓠的祠堂的神案边上一定要放置盘瓠祖杖	【畲族】
WPH98.1.2.2a	祖杖一般立于中堂	【畲族】
WPH98.1.2.3	雕有祖公龙麒头像的盘瓠祖杖	【畲族】
WPH98.1.2.4	龙头祖杖	
WPH98.1.2.4.1	龙头祖杖又称盘瓠杖	【畲族】
WPH98.1.2.4.2	每个宗族都有一根雕刻有龙头的祖杖，是畲族图腾信仰的主要标志	【畲族】
WPH98.1.2.5	盘瓠杖	

W 编码	母题描述	关联项
WPH98.1.2.5.1*	盘瓠杖一般都保存在族长家中，平时不得随便挪动	【畲族】
WPH98.1.2.5.2*	每一家族都有一根盘瓠杖	【畲族】
WPH98.1.2.5.3*	盘瓠杖雕刻龙头	【畲族】@ [WPH98.1.2.4.1] 龙头祖杖又称盘瓠杖
WPH98.1.2.5.4*	盘瓠杖雕有盘瓠王头像	【畲族】
WPH98.1.2.5.5*	盘瓠杖作为祭祖用具	【畲族】
WPH98.1.2.5.6*	盘瓠杖又称师爷杖	【畲族】
WPH98.1.2.5.7*	葫芦藤缠盘瓠杖	【畲族】
WPH98.1.2.6	祖公杖	
WPH98.1.2.6.1*	拜祭盘瓠王时，香案旁放置的一根三权手杖俗称"祖公杖"	【畲族】
WPH98.1.2.6.2*	祖公杖是祖先盘瓠在茅山学法时撑盛法水钵所用	【畲族】
WPH98.1.2.7	祖杖又称"龙拐"	
WPH98.1.2.7.1*	用把象征祖先的"祖杖"上的神犬头改为龙头，故又称"龙拐"	【畲族】
WPH98.1.2.8	祖杖又称"龙头杖"	[WPH35.1.1.1] 盘瓠右手持龙头杖
WPH98.1.2.8.1*	新城的盘瓠坐像，右手持"龙头杖"今畲族称为"祖杖"	【畲族】
WPH98.1.2.9*	畲族的祖杖是专门用以祭祖的圣物	【畲族】
WPH98.1.3	祖杖象征盘瓠头像	

9. 与盘瓠有关的其他母题 | WPH98.1.3.1*—WPH99.1.3

W 编码	母题描述	关联项
WPH98.1.3.1*	雕刻着象征盘瓠头像的祖杖	【畲族】@[WPH98.1.2.3] 雕有祖公龙麒头像的盘瓠祖杖
WPH98.2	麒麟是盘瓠的象征物	
WPH98.2.1*	祖厝建筑中把麒麟作为盘瓠的象征	【畲族】
WPH98.3	梅花链是盘瓠象征物	
WPH98.3.1*	苗民借梅花链五瓣梅花暗示"狗脚印","狗脚印"象征心中的祖神盘瓠	【苗族】
WPH99	**与盘瓠有关的其他母题**	
WPH99.1	盘瓠的化身	[WPH43] 盘瓠的变形（盘瓠会变形，盘瓠会化生）
WPH99.1.1	盘瓠化身为动物	
WPH99.1.1.1	盘瓠的化身是犬	【民族，关联】①
WPH99.1.1.2	盘瓠的化身是龙鱼	【民族，关联】②
WPH99.1.2	盘瓠化身为特定人物	
WPH99.1.2.1	盘瓠的化身是张五郎	【瑶族】@[WPH88.4.4*] 盘瓠崇拜演化出张五郎崇拜
WPH99.1.3	龙麒会化身	【畲族】@[WPH90.2.2.6] 盘瓠即龙麒

① 【苗族】@[WPH05.1.3] 盘瓠是龙犬的化身；[WPH11.2] 盘瓠外形是犬；[WPH86.3.1.1*] 干旱时，让小孩子抬着活狗，带上柳条或扎成草龙各处游走。

② 【畲族】@[WPH04.2.7] 鱼龙变成盘瓠；[WPH25.5] 盘瓠是龙鱼。

W 编码	母题描述	关联项
WPH99.2	盘瓠人	
WPH99.3	盘瓠的演变	
WPH99.4*	《盘瓠王歌》中把盘瓠改成龙犬	【民族，关联】①

① 【畲族】@[WPH11.2.1] 盘瓠外形是龙犬；[WPH25.3] 盘瓠是龙犬。

附表1

盘古神话母题（文本类）数据目录①

W 编码	母题描述	关联项
✳ W0720	盘古	
W0721	盘古的产生	
W0721.1	盘古来于某个地方或自然存在	
W0721.1.1	盘古从天上下凡（盘古源于天，天降盘古）	【民族，关联】②
W0721.1.1.1	玉帝让盘古下凡	【汉族】
W0721.1.1.1.1	玉皇大帝派盘古女娲下凡	【汉族】
W0721.1.1.2	盘古被贬到人间	【壮族】
W0721.1.2	盘古被贬人间	【壮族】
W0721.1.3	盘古自然存在	【汉族】
W0721.2	盘古是造出来的	
W0721.2.1	如来造盘古	【侗族】

① 鉴于盘瓠神话与盘古神话的密切联系，此处设置"附表1"的主要目的是便于读者通过对两种类型的比较发现神话母题的奥秘。这些母题均源于盘古神话作品文本。具体来源可参见王宪昭《中国神话母题 W 编目》（中国社会科学出版社 2013 年版）和《中国神话人物（W0）数据目录》（中国社会科学出版社 2019 年版）。

② [W0723.2.5.2.1] 盘古下凡后变成巨人；[W0723.2.8.1] 天降大圣盘古；[W0723.3.7.2] 盘古是天上到地上最早的人；[W0728.1.0.1] 盘古原来住天上。

附表1　盘古神话母题(文本类)数据目录

W 编码	母题描述	关联项
W0721.3	盘古是生育产生的	【汉族】@[W2130～W2299]生育产生人
W0721.3.1	混沌生盘古	【民族，关联】[①]
W0721.3.1.1	盘古在混沌中经历一万八千年产生	【汉族】
W0721.3.2	天地生盘古	【汉族】
W0721.3.2.1	像鸡蛋的天地中生盘古	【汉族】
W0721.3.2.1a	像大西瓜的天地中生盘古	【汉族】
W0721.3.2.2	混沌的天地生盘古	【汉族】@[W0721.3.9.0.4]混沌的天地卵生盘古
W0721.3.2.2a	像鸡蛋的混沌天地生盘古	【汉族】
W0721.3.2.3	天生盘古	
W0721.3.2.4	地生盘古(地孕育盘古)	
W0721.3.2.4.1	地中央孕育盘古	【汉族】
W0721.3.2.4.2	地心中生盘古	【汉族】
W0721.3.3	世界生盘古	[W0721.3.9.4a]世界卵生盘古
W0721.3.3.1	像鸡蛋和西瓜的世界生盘古	【汉族】
W0721.3.4	宇宙生盘古	
W0721.3.4.1	像蛋的混沌宇宙生盘古	【汉族】
W0721.3.4.2	鸡蛋一样的宇宙中孕育出盘古	【汉族】
W0721.3.5	土生盘古	【汉族】
W0721.3.5.1	泥团中生盘古	

① 【汉族】@[W0711.3.7]混沌生女娲；[W0721.3.9.0]混沌卵生盘古。

附表1　盘古神话母题（文本类）数据目录

W 编码	母题描述	关联项
W0721.3.5.1.1	鸭子潜水取泥形成的泥团生盘古氏	【汉族】@[W1179.4] 潜水取土造地
W0721.3.5a	山生盘古	[W0723b.4.5.1] 盘古死后化山
W0721.3.5a.1	昆仑山生盘古	
W0721.3.5a.1.1	昆仑山吐血水生盘古	【汉族】
W0721.3.6	神或神性人物生盘古	
W0721.3.6.1	地母生盘古	[W0721.4b.1.2] 天地婚后地母生盘古
W0721.3.6.2	盘古是土地神的子孙	【毛南族】
W0721.3.6a	人生盘古	
W0721.3.6a.1	云变成的女子感青草生盘古王	【瑶族（八排）】
W0721.3.6a.2	一对兄妹婚生盘古	
W0721.3.6a.2.1	洪水后幸存的一对兄妹婚生盘古	【汉族】
W0721.3.7	云生盘古	
W0721.3.7.1	五彩云生盘古	【瑶族】
W0721.3.8	气生盘古	【汉族】@[W0029.3] 气生神
W0721.3.8.1	气球中生盘古	【汉族】@[W0725.4.2.0.1] 大气球生盘古爷盘古奶
W0721.3.8.1.1	宇宙气团的中心生育盘古	【汉族】
W0721.3.8.2	元气生盘古	
W0721.3.8.2.1	混沌卵元气结成的精华生盘古	【汉族】
W0721.3.8.2.2	元气孕育的中和之气生盘古	【汉族】

W 编码	母题描述	关联项
W0721.3.8.3	雾气生盘古	
W0721.3.8.3.1	混沌的一团雾气生盘古	【汉族】
W0721.3.8.3.2	像鸡蛋的一团雾气生盘古	【汉族】
W0721.3.8.4	气团生盘古	
W0721.3.8.4.1	世界最早产生的大气团生盘古	【汉族】
W0721.3.9	卵生盘古	【民族，关联】①
W0721.3.9.0	混沌卵生盘古	【民族，关联】②
W0721.3.9.0.1	混沌的圆东西中炸出盘古	【汉族】
W0721.3.9.0.2	混沌聚成的卵生盘古	【汉族】
W0721.3.9.0.3	混沌卵有灵气后生盘古	【汉族】
W0721.3.9.0.4	混沌的天地卵生盘古	【汉族】
W0721.3.9.0.5	混沌卵的胚胎变成盘古	【汉族】
W0721.3.9.0.6	混沌卵生盘古真人	【汉族】
W0721.3.9.0.7	混沌卵在阳气的作用下生盘古	【汉族】
W0721.3.9.1	龙蛋生盘古	【汉族】@[W0728.3.7.5.1] 龙蛋生的一对兄妹都叫盘古
W0721.3.9.1.1	九条龙孵龙蛋孵出盘古	【汉族】
W0721.3.9.1.2	大龙蛋孵九千年孵出盘古	【汉族】
W0721.3.9.2	鸟卵生盘古	【汉族】
W0721.3.9.2.1	大鸟在天和地合缝处下的蛋生盘古	【汉族】
W0721.3.9.3	石卵生盘古	

---

① 【汉族】【侗族】@[W0728.1.4] 盘古住卵中。

② 【汉族】@[W0721.3.1] 混沌生盘古；[W0725.6.7.1.1.1] 混沌卵生巨人远古。

附表1　盘古神话母题（文本类）数据目录

W编码	母题描述	关联项
W0721.3.9.3.1	混沌孕育的石卵生盘古	【土族】
W0721.3.9.3.2	混合无极生的石卵生盘古	【土族】
W0721.3.9.4	巨卵生盘古	【汉族】
W0721.3.9.4a	世界卵生盘古	【汉族】@[W0728.3.3.5] 盘古像盘龙鸡在世界卵中盘着，故名"盘古"
W0721.3.9.4a.1	世界卵蛋黄中生盘古	【汉族】
W0721.3.9.5	天地生的卵生盘古	【苗族】
W0721.3.9.6	与卵生盘古有关的其他母题	
W0721.3.9.6.1	盘古啄破蛋壳而生	【汉族】
W0721.3.9.6.1a	盘古用脚蹬破蛋壳出生	【汉族】
W0721.3.9.6.2	开天的远古生的卵孵出盘古	【汉族】
W0721.3.9.6.2a	世界最早的巨人远古生的卵孵出盘古	【汉族】
W0721.3.9.6.3	鸡蛋生盘古	【汉族】@[W0721.4.6.1] 盘古在大鸡蛋中变成人
W0721.3.9.6.3.1	鸡蛋黄里头孵出盘古	【汉族】
W0721.3.9.6.3.2	混沌的鸡蛋中生盘古	【汉族】
W0721.3.9.6.3.3	黑暗混沌的鸡蛋中孵出盘古	【汉族】
W0721.3.9.6.3.4	混沌的大鸡蛋生盘古	【汉族】
W0721.3.9.6.3.5	像鸡蛋的宇宙卵生盘古	【汉族】
W0721.3.9.6.4	见风就长的蛋生盘古	【苗族】
W0721.3.9.6.5	石鼓中孕生盘古	【汉族】
W0721.3.9.6.6	黑色的卵生盘古	【汉族】
W0721.3.10	特定人物生的卵生盘古	

W 编码	母题描述	关联项
W0721.3.10.1	修狃老公公生的修狃蛋生盘古	【苗族】
W0721.3.11	光生盘古	【关联】①
W0721.3.12	与生育盘古有关的其他母题	【汉族】
W0721.3.12.1	孕生盘古用了一万八千年	【侗族】【汉族】
W0721.3.12.2	盘古是灵胎	【汉族】
W0721.3.12.3	盘古出生用了四十九天	【汉族】
W0721.3.12.4	盘古再度转世	【汉族】
W0721.3.12.5	母亲怀孕盘古用了两个十三年	【汉族】
W0721.3.12.6	盘古从特殊的地方出生	
W0721.3.12.6.1	盘古从母亲的腋窝方出生	【汉族】
W0721.3.12.7	盘古出生时有异常现象	
W0721.3.12.7.1	盘古出生时天崩地裂	【白族】
W0721.4	盘古是变化产生的	
W0721.4.1	特定的人物化为盘古	
W0721.4.1.1	女性神性人物变成盘古	
W0721.4.1.1.1	江沽化为盘古	[W0725.6.6.1] 张古和盘古
W0721.4.1.1.1.1	江沽出世后吸气喝水变成为盘古	【汉族】
W0721.4.2	动物变成盘古	
W0721.4.2.1	猿变成盘古	【汉族】[W0725.2.0.1]2只猿变成盘古兄妹
W0721.4.3	植物变成盘古	

① [W0029.5] 光生神;[W2215] 光生人。

附表1　盘古神话母题(文本类)数据目录

W 编码	母题描述	关联项
W0721.4.3.1	蟠桃变成盘古	【侗族】@[W0722.5.5.1]盘古的原形是蟠桃
W0721.4.4	自然物变成盘古	
W0721.4.	云变成盘古	【瑶族】
W0721.4.5	其他特定物变成盘古	
W0721.4.6	与变化产生盘古有关的其他母题	
W0721.4.6.1	盘古在大鸡蛋中变成人	【汉族】
W0721.4.6.2	盘古慢慢变成人形	
W0721.4.6.2.1	盘古经一万两千年变成人形	【汉族】
W0721.4a	盘古是化生的(化生盘古)	
W0721.4a.1	气的精华化为盘古	【汉族】
W0721.4a.2	龙血与天精与地灵化生盘古	
W0721.4a.2.1	昆仑山五龙的血与天精与地灵化生盘古	【汉族】@[W0721.3.5a.1]昆仑山生盘古
W0721.4a.3	龙的血化生盘古	【汉族】@[W2388.2]血化生人
W0721.4a.3.1	龙吐的鲜血孕出盘古	【汉族】
W0721.4a.4	龙血和海水化生盘古	
W0721.4a.4.1	昆仑山五龙的血水和东海水孕出盘古	【汉族】
W0721.4a.5	与变化产生盘古有关的其他母题	[W0721.3.9.0.5]混沌卵的胚胎变成盘古
W0721.4b	盘古是婚生的(婚生盘古)	
W0721.4b.1	天地婚生盘古	【汉族】

附表1 盘古神话母题(文本类)数据目录

W 编码	母题描述	关联项
W0721.4b.1.1	天地交合孕育盘古	【汉族】
W0721.4b.1.2	天地婚后地母生盘古	【汉族】@[W0721.3.6.1]地母生盘古
W0721.4c	盘古是感生的(感生盘古)	
W0721.4c.1	特定的人感生盘古	【瑶族】
W0721.5	与盘古产生有关的其他母题	
W0721.5.1	盘古产生的原因	
W0721.5.2	盘古产生的时间	
W0721.5.2.0	盘古产生在天地未分时	【汉族】
W0721.5.2.1	盘古产生在混沌初开时	
W0721.5.2.1a	盘古产生在混沌之初	【汉族】
W0721.5.2.2	盘古产生在天地分开之后	【侗族】
W0721.5.2.3	盘古产生在远古	【苗族】
W0721.5.2.4	盘古产生在万年前	【汉族】
W0721.5.2.5	盘古产生在洪水后	【瑶族】
W0721.5.2.6	盘古产生在鸿君老祖之后	【土家族】
W0721.5.2.7	盘古产生在三皇之前	【汉族】
W0721.5.2.8	盘古产生在扁鼓王开天之后	【民族，关联】[1]
W0721.5.2.9	盘古之前有个远古	【汉族】@[W0725.6.7.1.2]远古又称扁古
W0721.5.2.10	盘古产生最早	[W0723.3.7]盘古是世上第一人
W0721.5.2.10.1	世界上盘古氏最早产生	【汉族】

[1] 【汉族】@[W0725.1.1.1]盘古王的父亲扁古王；[W0728.3.7.2]盘古是扁古。

附表1 盘古神话母题(文本类)数据目录

W编码	母题描述	关联项
W0721.5.3	盘古的生日	[W1401.1]盘古出世时天地相连
W0721.5.3.1	盘古生日是农历三月初三	【汉族】
W0721.5.3.2	盘古生日是农历十月十六日	【南方民族】【瑶族】
W0721.5.3.2.1	盘古氏生日是农历十月十六日	【南方民族】
W0721.5.4	盘古产生的地点	
W0721.5.4.1	盘古来源于东方	【苗族】
W0721.5.4.2	盘古出生在王屋山东面的山上	【汉族】
W0721.5.4.3	盘古出生在王屋山东边山腰的盘古寺上	【汉族】
W0721.5.5	盘古产生的同源人物	
W0721.5.5.1	盘古与玉皇同时生出	【瑶族】
W0721.5.5.2	盘古与九天女同时产生	【瑶族】
W0721.5.5.3	盘古与地母同时产生	【汉族】
W0722	盘古的特征	
W0722.1	盘古的身高	
W0722.1.0	盘古身高八尺	【汉族】
W0722.1.1	盘古身高一丈二尺五寸(盘古身高一丈二尺五)	【土家族】@[W1332.8.5.1]盘古用头上长出的4个枝杈的长角支天不成功
W0722.1.2	盘古身高一丈八尺(盘古身高一丈八)	【白族】
W0722.1.3	盘古身高三丈六尺(盘古身高三丈六)	

附表1　盘古神话母题（文本类）数据目录

W 编码	母题描述	关联项
W0722.1.3.1	盘古身高三丈六，腰围九抱粗，肚子赛蒸笼	【侗族】
W0722.1.4	盘古身高九万里	【汉族】
W0722.1.4.1	盘古身长九万里，身宽九万里	【汉族】
W0722.1.4.2	盘古经一万八千年身高长到九万里	【汉族】
W0722.1.4.2.1	盘古撑天经一万八千年身高长到九万里	【汉族】
W0722.1.4a	盘古身高几万里	【汉族】
W0722.1.5	盘古如天高	【汉族】
W0722.1.5.1	盘古站着齐天高，躺下与地长	【汉族】
W0722.1.6	盘古极长	【汉族】
W0722.2	盘古的外形（盘古的外貌，盘古的体征）	
W0722.2.1	盘古的奇特外形	
W0722.2.1.0	盘古龙首人身	【汉族】
W0722.2.1.0a	盘古人首龙身	【汉族】
W0722.2.1.1	盘古龙头蛇身（盘古龙首蛇身）	【汉族】
W0722.2.1.1.1	盘古王龙头蛇身	【汉族】
W0722.2.1.1.2	盘古为顶天变成龙头蛇身	【汉族】
W0722.2.1.2	盘古牛头马面龙身	【汉族】
W0722.2.1.3	盘古三头六臂两角	【汉族】
W0722.2.1.3.1	盘古三头六臂	【汉族】@[W0073.3.1]神有三头六臂
W0722.2.1.4	盘古龙头蛇尾	

附表1　盘古神话母题（文本类）数据目录

W 编码	母题描述	关联项
W0722.2.1.4.1	盘古是龙头蛇尾的男子	【汉族】
W0722.2.1.5	盘古人头蛇身（盘古人首蛇身）	[W0632.1] 人头蛇身之神
W0722.2.1.6	盘古鸡头龙身	【汉族】
W0722.2.1.6.1	盘古鸡头龙身如盘龙鸡	【汉族】
W0722.2.1.7	盘古奇形怪状	【汉族】
W0722.2.2	盘古动物的头人的身体	
W0722.2.2.1	盘古是狮头人身	【汉族】@[W0633.10] 狮头人身之神
W0722.2.2.1.1	盘古王是狮头人身的巨人	【汉族】
W0722.2.2.2	盘古龙头人身	【汉族】@[W0633.4] 龙头人身之神
W0722.2.2.3	盘古虎头人身	【仡佬族】
W0722.2.2.4	盘古鸡头人身	【汉族】@[W0633.2] 鸡头人身之神
W0722.2.3	盘古动物的头动物的身体	
W0722.2.3.1	盘古龙头蛇身	【汉族】
W0722.2.3.2	盘古牛头龙身	【汉族】
W0722.2.4	盘古的头	[W1545.2a.2.1] 盘古的头变成日月
W0722.2.4.1	盘古有多个头	
W0722.2.4.1.1	盘古三个头	【汉族】@[W0722.2.1.3] 盘古三头六臂两角
W0722.2.4.2	盘古头上生角	【汉族】
W0722.2.4.2.1	盘古头生双角（盘古头上长着两只角）	【汉族】

W 编码	母题描述	关联项
W0722.2.4.2.1.1	盘古头上长着两个肉犄角	【汉族】
W0722.2.4.2.1.2	盘古头上长着两个长角能发光	【汉族】
W0722.2.4.2.2	盘古头生龙角	【汉族】
W0722.2.4.2.2.1	盘古的头是两角八权的"龙头"	【汉族】
W0722.2.4.3	盘古头上的角的作用	
W0722.2.4.3.1	盘古头上的角是与兽搏斗的武器	【汉族】
W0722.2.4.3.2	盘古头上的角可以作为死亡的信号	【汉族】
W0722.2.4.4	盘古头上的角的消失	
W0722.2.4.4.1	老天爷让天将截去盘古爷头上的长角	【汉族】
W0722.2.5	盘古的脸	
W0722.2.5.1	盘古的脸是方的（盘古方脸）	【汉族】
W0722.2.6	盘古的眼睛	
W0722.2.6.1	盘古的左眼和右眼	
W0722.2.6.2	盘古的眼睛是日月	【汉族】@[W1545.2.8] 盘古的眼睛变成日月
W0722.2.6.3	盘古的眼泪	
W0722.2.7	盘古的嘴巴	
W0722.2.8	盘古的耳朵	
W0722.2.8.1	盘古死后耳朵变成神王	【彝族】@[W0723b.4.4] 盘古的耳朵变神王
W0722.2.9	盘古的鼻子	
W0722.2.10	盘古的须发	

附表1　盘古神话母题（文本类）数据目录

W 编码	母题描述	关联项
W0722.2.11	盘古的心脏	[W0050.1.1] 盘古的心脏变成神
W0722.2.11.1	盘古的心飞升天外	【汉族】
W0722.2.12	盘古的四肢	
W0722.2.12.1	盘古四肢坚硬巨大	【汉族】
W0722.2.12.2	盘古的手	
W0722.2.12.3	盘古的脚	
W0722.2.13	盘古的尾巴	
W0722.2.13.1	盘古蛇尾	【汉族】@ [W0722.2.1.4.1] 盘古是龙头蛇尾的男子
W0722.2.14	盘古的肚子	
W0722.2.15	盘古的毛发	
W0722.2.15.1	盘古浑身长毛	【土族】
W0722.2.15.2	盘古的汗毛	
W0722.2.16	与盘古的外形有关的其他母题	
W0722.2.16.1	盘古的身体像柱子	【汉族】
W0722.2.16.2	盘古无形	【民族，关联】①
W0722.2.16.3	盘古有形又无形	【汉族】@[W0070.2.1] 神有形又无形
W0722.2.16.4	盘古很丑陋	【汉族】
W0722.3	盘古的力量	
W0722.3.1	盘古力气巨大	【汉族】

① 【汉族】@[W0070.2] 神是无形的（神无形，人看不见神）；[W0723.1.3.4] 有形的开天辟地的盘古变化成无形的盘古神。

附表1　盘古神话母题(文本类)数据目录

W 编码	母题描述	关联项
W0722.3.1.1	盘古力能托天	【侗族】
W0722.4	盘古的声音	
W0722.4.1	盘古说话像打雷	【侗族】@[W0084.2.2]神的声音如雷
W0722.4.2	盘古的声音成为雷	【汉族】
W0722.5	与盘古的特征有关的其他母题	
W0722.5.0	盘古的性格	
W0722.5.0.1	盘古是个急性子	【汉族】
W0722.5.0.2	盘古心眼好(盘古心地善良)	【汉族】
W0722.5.0.3	盘古性格实在	【汉族】
W0722.5.1	盘古是云	【瑶族】
W0722.5.2	盘古最大	【彝族】
W0722.5.3	盘古的呼吸	
W0722.5.3.1	盘古的呼吸形成风云	【汉族】
W0722.5.3.2	盘古的呼吸形成风雨雷电	【汉族】
W0722.5.4	盘古身上的虫子	
W0722.5.4.1	盘古身上诸虫化为人类	【汉族】
W0722.5.5	盘古的原形	
W0722.5.5.1	盘古的原形是蟠桃	【侗族】
W0722.5.6	盘古的灵魂	
W0722.5.6.1	盘古的神魂统摄万物	【民族,关联】[1]
W0722.5.6.2	盘古的灵魂借助石狮子照管子孙	【汉族】

---

[1] 【汉族】@[W0723.4.1.1]盘古的神魂管辖一切神鬼;[W0723.4.2]盘古是万物管理者。

附表1　盘古神话母题（文本类）数据目录

W 编码	母题描述	关联项
W0723	**盘古的身份**	
W0723.1	盘古是神	【汉族】
W0723.1.0	盘古是开辟神	
W0723.1.0.1	盘古氏是开辟首君	【畲族】
W0723.1.1	盘古是天父（天神）	【汉族】@[W0142.5.2.1] 盘古和女娲是天父地母
W0723.1.1.1	盘古是开天神	【苗族】
W0723.1.1.2	盘古是天神	
W0723.1.1.2.1	盘古造人后升天成为天神	【汉族】
W0723.1.1.3	盘古是天公	【汉族】@[W0142.4.3] 天公地母即盘古和地母
W0723.1.1a	盘古是地神	
W0723.1.1a.1	盘古是地神老地爷	【汉族】
W0723.1.2	盘古是神灵	【汉族】
W0723.1.2.1	盘古氏是每日变化的神灵	【汉族】
W0723.1.3	与盘古是神有关的其他母题	【汉族】@[W0728.7] 盘古神圣不可侵犯
W0723.1.3.1	盘兄古妹是两个神	【毛南族】
W0723.1.3.2	盘古王是开天辟地的玉书（神名）	【仡佬族】
W0723.1.3.3	盘古是天地间睡着的一个神	【汉族】
W0723.1.3.4	有形的开天辟地的盘古变化成无形的盘古神	【汉族】
W0723.1.3.5	盘古是保护神	
W0723.1.3.5.1	盘古是盘古山的保护神	【汉族】

附表1 盘古神话母题（文本类）数据目录

W 编码	母题描述	关联项
W0723.1.3.6	盘古是始祖神（盘古是祖先神）	【壮族】
W0723.2	盘古是神性人物	
W0723.2.1	盘古是祖先	[W0723.1.3.6] 盘古是始祖神（盘古是祖先神）
W0723.2.1.0	盘古是天地万物之祖	
W0723.2.1.0.1	盘古氏是天地万物之祖	【汉族】
W0723.2.1.1	盘古是万物之祖	【汉族】
W0723.2.1.2	盘古是人的始祖（盘古是人祖）	【布依族】【侗族】【汉族】
W0723.2.1.2.1	盘古是人类的老祖宗	【汉族】
W0723.2.1.2.2	盘古氏是人祖	【汉族】
W0723.2.1.2.3	盘古兄妹是人祖	【汉族】
W0723.2.1.2.4	盘古爷是人根之祖	【汉族】@[W0725.4.2.7] 盘古爷、盘古奶是人类的老祖先
W0723.2.2	盘古是神仙	【白族】【侗族】【汉族】【土家族】
W0723.2.2.1	盘古死后成为神仙	【侗族】
W0723.2.2.2	盘古是仙人	【土家族】
W0723.2.2.3	盘古一万八千岁时成仙	【侗族】
W0723.2.2.4	盘古盘生兄弟造天地后成仙	【白族】
W0723.2.2.5	盘古白日升仙	【汉族】
W0723.2.3	盘古是宗教神	【汉族】
W0723.2.3.1	盘古修炼成佛	【侗族】@[W0723c.1.2] 盘古修炼功劳深

附表1　盘古神话母题(文本类)数据目录

W 编码	母题描述	关联项
W0723.2.3.2	盘古是菩萨	
W0723.2.3.2.1	盘古和女娲成为菩萨	【汉族】
W0723.2.4	盘古是天地之精	
W0723.2.4.1	盘古老人是天地之精	【汉族】
W0723.2.4.2	盘古真人是天地之精	【汉族】
W0723.2.5	盘古是巨人	【侗族】【汉族】【苗族】
W0723.2.5.1	巨人盘古顶天立地	【鄂伦春族】【汉族】
W0723.2.5.2	盘古变成巨人	
W0723.2.5.2.1	盘古下凡后变成巨人	【汉族】@[W0721.1.1] 盘古从天上下凡
W0723.2.5.2.2	盘古在天地间长成巨人	【汉族】
W0723.2.5.3	巨人盘古枕山卧海	【汉族】
W0723.2.5.4	盘古是高九万里的巨人	【汉族】@[W0722.1.4] 盘古身高9万里
W0723.2.6	盘古是神人	【汉族】
W0723.2.7	盘古是精怪	
W0723.2.7.1	盘古是怪物	【汉族】
W0723.2.7.2	盘古是蚯蚓精	【民族，关联】①
W0723.2.8	盘古是圣人	
W0723.2.8.1	天降大圣盘古	【汉族】@[W0721.1.1] 盘古从天上下凡
W0723.2.9	与盘古是神性人物有关的其他母题	

---

① 【汉族】@[W0687.4.1] 洪钧老祖是蚯蚓；[W1996.2.7.3] 世界最早产生的是蚯蚓。

W 编码	母题描述	关联项
W0723.3	盘古是人	[W2021.3.1] 第一个男人是盘古
W0723.3.1	盘古是华夏人氏	【侗族】
W0723.3.2	盘古是最早的人	【关联】①
W0723.3.2.1	盘古是世上第一人	【汉族】
W0723.3.2.2	盘古是地上最早出现的人	【汉族】
W0723.3.2.3	盘古是天上到地上最早的人	【汉族】
W0723.3.2.4	盘古兄妹是最早的人	【汉族】
W0723.3.3	盘古是劳动者	
W0723.3.3.1	盘古是砍柴人	【白族】
W0723.3.3.2	盘古是种地者(盘古是庄稼汉)	
W0723.3.3.2.1	盘古种地没有牲口	【汉族】
W0723.3.4	盘古是超人	【侗族】
W0723.3.5	盘古是佣人	
W0723.3.5.1	盘古是帝王的佣人	【苗族】@[W0725.6.1.1] 盘古是三皇五帝的下人
W0723.3.6	盘古是大力士	
W0723.3.6.1	盘古是五大三粗的大力士	【汉族】
W0723.3.7	盘古是读书郎	【汉族】
W0723.3.8	盘古是平常人	
W0723.3.8.1	盘古是凡间玩耍的小男孩	【汉族】
W0723.3.9	盘古由神变成人	

---

① [W2021]世上出现的第一个人;[W2021.3]世上最早只有一个男人。

附表1 盘古神话母题（文本类）数据目录

W 编码	母题描述	关联项
W0723.3.9.1	盘古的仙气被风吹掉后由神变成人	【汉族】
W0723.3a	盘古是动物	[W0723.2.7.2] 盘古是蚯蚓精
W0723.3a.1	盘古是龙	【汉族】@[W0722.2.1.4.1] 盘古是龙头蛇尾的男子
W0723.4	盘古是管理者	[W0723a] 盘古的职能
W0723.4.1	盘古管理鬼神	【汉族】@[W0432.4] 管理神的大神
W0723.4.1.1	盘古的神魂管辖一切神鬼	【汉族】
W0723.4.2	盘古是天地万物管理者	【汉族】
W0723.4.2.1	盘古管理天地	【汉族】
W0723.4.2.2	盘古管理万物	【关联】①
W0723.4.3	盘古管理婚姻	【汉族】@[W0467] 婚姻神
W0723.4.4	盘古管理天仙、人和龙	【布依族】
W0723.4.5	与盘古是管理者有关的其他母题	
W0723.4.5.1	盘古治世一万九千九百九十九年	【汉族】
W0723.5	与盘古的身份有关的其他母题	
W0723.5.1	盘古是造物者	【汉族】@[W1015] 创世者（造物主）
W0723.5.2	盘古化身昆多崩婆	【侗族】

① [W0722.5.6.1] 盘古的神魂统摄万物；[W4626] 自然秩序的建立。

附表1　盘古神话母题（文本类）数据目录

W 编码	母题描述	关联项
W0723.5.3	盘古是帝王	【汉族】@[W0723.3.5.1]盘古是帝王的佣人
W0723.5.3.1	盘古皇	【瑶族】
W0723.5.3.2	盘古王	[W0729g.4.5.4]盘瓠称盘古大王
W0723.5.3.2.1	盘古氏被推举为盘古王	【汉族】
W0723.5.3.2.2	盘古为中州之主	【汉族】
W0723.5.3.3	盘古君	【汉族】
W0723.5.3.4	盘古大帝	【壮族】
W0723.5.3a	盘古是首领	
W0723.5.3a.1	盘古是阳族首领	【汉族】
W0723.5.4	盘古是劝婚者	
W0723.5.4.1	盘古劝伏羲女娲成婚	【汉族】
W0723.5.5	盘古是命名者	【汉族】@[W0717.4.1]盘古为女娲取名
W0723.5.6	盘古是发明者	
W0723.5.6.1	盘古氏发明卦画	【汉族】
W0723.5.6.2	盘古氏发明结绳记事	【汉族】
W0723.5.6.3	盘古氏发明结网	【汉族】
W0723.5.6.4	盘古发明音乐	【汉族】@[W6901]音乐的产生
W0723.5.6.5	盘古发明制衣	【民族，关联】[1]
W0723.5.7	盘古的地位显赫	

---

① 【汉族】@[W6127]神教人制衣；[W6128.2]祖先教人制衣。

附表1 盘古神话母题(文本类)数据目录

W编码	母题描述	关联项
W0723.5.7.1	玉帝也要让盘古三分	【汉族】
W0723.5.8	盘古是天地之主	
W0723.5.9	盘古是地上的主人	
W0723.5.9.1	盘古兄妹与怪牛成为地上的三个主人	【汉族】@[W0725.6.3.1.1] 盘古兄妹与怪牛是朋友
W0723a	盘古的职能	
W0723a.1	盘古化育神灵	[W0237.4.1.1] 古老和盘古生十二地王
W0723a.1.1	盘古的灵魂变成雷神	[W0308.1.1] 龙神变成雷神
W0723a.1.1.1	盘古死后灵魂变成雷公	【汉族】@[W0316.5.5.1] 雷公鸡头人身源于前身盘古是鸡头
W0723a.1.1.2	盘古的灵魂飞到天上变成雷公	【汉族】
W0723a.2	盘古化育万物	
W0723a.3	盘古管风雨	
W0723a.3.1	盘古管着龙降雨	【民族,关联】①
W0723a.3.2	盘古能降三场私雨	【汉族】
W0723a.3.2.1	老天爷许给盘古能降三场私雨	【汉族】
W0723a.3.2.2	玉帝许给盘古爷三场私雨	【汉族】
W0723a.3.2.3	老天爷许给盘古爷和盘古奶三场私雨	【汉族】
W0723b	盘古的能力	
W0723b.1	盘古善创造	

① 【汉族】@[W0723.3a.1] 盘古是龙;[W3579.2] 龙能降雨;[W4341.2] 龙王降雨。

附表1 盘古神话母题（文本类）数据目录

W 编码	母题描述	关联项
W0723b.1.1	盘古王开辟三界	【布依族】@[W0723.5.1] 盘古是造物者
W0723b.2	盘古能辟土	
W0723b.2.1	盘古劈开东南西北中央戊己土	【土家族】
W0723b.3	盘古心灵手巧（盘古会制造）	
W0723b.3.1	盘古手脚灵巧	
W0723b.3.1.1	盘古手脚灵巧会补天地	【彝族】
W0723b.3.2		【汉族】
W0723b.3.2.1	盘古兄妹雕刻石狮子	【汉族】
W0723b.4	盘古会变化（盘瓠会化生，盘古会变形）	【关联】①
W0723b.4.1	盘古见风就长	
W0723b.4.1.1	盘古吃掉孕育自己的蛋壳后见风就长	【汉族】
W0723b.4.2	盘古一日九变	
W0723b.4.2.1	盘古在混沌卵中一日九变	【汉族】
W0723b.4.2.2	盘古氏一日九变	【汉族】
W0723b.4.2a	盘古一日七十变	【汉族】
W0723b.4.3	盘古日长一丈（盘古每天长一丈）	【汉族】@[W0729d.1.2.1] 盘皇每日长高一丈
W0723b.4.3.1	盘古撑一次天就长一丈	【汉族】
W0723b.4.3.1.1	盘古撑天一天长一丈	【汉族】
W0723b.4.3.2	盘古随天地日长一丈	【汉族】

① [W0308.1] 盘古变为雷神；[W0723.1.2.1] 盘古氏是每日变化的神灵。

附表1 盘古神话母题（文本类）数据目录

W编码	母题描述	关联项
W0723b.4.3.2a	盘古随天地不断长高	【汉族】
W0723b.4.4	盘古的耳朵变神王	【彝族】
W0723b.4.5	与盘古的化生或变形有关的其他母题	【彝族】
W0723b.4.5.1	盘古死后化山	【汉族】@[W1850]昆仑山
W0723b.5	盘古力气大（盘古力大无穷）	【汉族】
W0723b.5.1	盘古担山	【布依族】
W0723b.6	盘古善行走	
W0723b.6.1	盘古日行万里	【布依族】
W0723b.7	盘古能来往天人之间	【汉族】
W0723b.8	盘古智勇双全	
W0723b.8.1	盘古靠智勇打败猛虎	【汉族】
W0723b.9	盘古战无不胜	
W0723b.9.1	盘古兄妹战胜怪兽	【汉族】
W0723b.9.2	盘古靠头上的长角战无不胜	【汉族】@[W0722.2.4.2]盘古头上生角
W0723b.10	盘古会巫术	
W0723b.10.1	盘古会招魂	【汉族】
W0723c	盘古的事迹	
W0723c.0	盘古开天地	【朝鲜族】【汉族】
W0723c.0.1	盘古开天地耗尽精力	【汉族】
W0723c.0.1.1	盘古开天辟地劳累过度伤了元气	【汉族】
W0723c.0.2	盘古斩蟒开天地	【汉族】

附表1 盘古神话母题（文本类）数据目录

W 编码	母题描述	关联项
W0723c.0a	盘古补天	【汉族】
W0723c.0a.1	盘古兄妹补天	【汉族】
W0723c.0b	盘古造物	【关联】[1]
W0723c.0b.1	盘古氏造万物	【汉族】
W0723c.1	盘古见特定人物（盘古发现特定人物）	
W0723c.1.1	盘古发现伏羲	
W0723c.1.1.1	盘古在昆仑山山洞中发现伏羲氏	【汉族】@[W0678.3.1.1]伏羲住昆仑山山洞
W0723c.1.2	盘古遇洪钧老祖	
W0723c.1.2.1	盘古在伏牛山遇洪钧老祖	【汉族】@[W0687.7.1.1]洪钧老祖居伏牛山
W0723c.1.3	盘古发现有巢氏	
W0723c.1.3.1	盘古在太乙山山洞找到有巢氏	【汉族】@[W0750.3.1]有巢氏居太乙山
W0723c.1.4	盘古拜见王母娘娘	
W0723c.1.4.1	盘古向王母娘娘求水	【汉族】
W0723c.1.5	盘古造访玉帝	【汉族】
W0723c.2	盘古修炼功劳深	【侗族】
W0723c.2.1	盘古与天女一起修炼	【汉族】
W0723c.3	盘古拜佛祖	
W0723c.3.1	观音度化盘古拜佛祖	【侗族】
W0723c.4	盘古为后代操劳奔波	

---

[1] [W06899.1.1]盘古造华胥；[W2063]盘古造人；[W1505.1]盘古造万物；[W1543.2.1]盘古造日月；[W1705.1]盘古造星星；[W1805.1]盘古造山；[W6738.1]盘古造字。

附表1 盘古神话母题（文本类）数据目录

W 编码	母题描述	关联项
W0723c.4.1	盘古为后代走遍四面八方	【汉族】
W0723c.5	盘古斗妖	
W0723d	盘古的经历	
W0723d.1	盘古在混沌中经历一万八千年	【民族，关联】①
W0723d.1.1	盘古在混沌中孕育一万八千年	【民族，关联】②
W0723d.1.2	盘古在混沌的鸡蛋中孕育一万八千年	【汉族】
W0723d.2	盘古经历磨难	
W0723d.2.1	盘古受威胁	
W0723d.2.1.1	盘古兄妹受到妖魔威胁	【汉族】
W0723d.2.2	盘古获救	
W0723d.2.2.1	菩萨救盘古	【白族】
W0723d.3	盘古称王	
W0723d.3.1	盘古击败对手称王	【汉族】@[W0728.3.7.0] 盘古又称盘古王
W0723d.4	盘古巡视人间	
W0723d.4.1	盘古巡察人间善恶	【傈僳族】
W0723d.4a	盘古天上遨游	【汉族】
W0723d.5	盘古端坐地上不吃不喝不动经过几百几千几万年	【汉族】
W0723d.6	盘古在特定地方不知经历了多少年	

① 【汉族】@[W0726.1.2] 盘古活了一万八千岁；[W0728.0.2.2] 盘古一万八千年长大；[W0723d.7.1] 盘古在卵中睡了一万八千年。

② 【汉族】@[W0721.3.12.1] 孕生盘古用了一万八千年；[W036.2] 神出生经过了长时间怀孕。

附表1 盘古神话母题（文本类）数据目录

W 编码	母题描述	关联项
W0723d.6.1	盘古在石鼓中不知经历了多少年	【汉族】@[W4636.1] 天地混沌时没有时间
W0723d.7	盘古经历了睡眠期（盘古长睡）	【关联】①
W0723d.7.1	盘古在卵中睡了一万八千年	【汉族】
W0723d.7.2	盘古在混沌的世界卵中睡了一万八千年	【汉族】
W0723d.7.3	盘古在大鸡蛋中睡了几万年	【汉族】
W0723d.8	盘古获特定物	
W0723d.8.1	盘古获得经书	【汉族】@[W6464] 宗教教义（经书）
W0723d.8.2	盘古获得太极图	[W9198.1.2] 仿特定的图案造八卦
W0723d.8.2.1	老天爷赐盘古太极图	【汉族】@[W0751.5.5.9.2] 大禹右手举太极图，左手托紫微正照方印
W0723d.9	盘古上学	[W0723.3.7] 盘古是读书郎
W0723d.9.1	盘古上学时姐姐在家做饭	【汉族】
W0723d.9.2	盘古年幼时上学	【汉族】
W0723d.9.3	盘古兄妹俩上学	【汉族】
W0723d.9.4	盘古爷和盘古奶上学姊妹俩上学	【汉族】
W0723d.9.4.1	盘古爷和盘古奶上学姊妹俩到盘古山西的响水坡上学	【汉族】

① [W0723.1.3.3] 盘古是天地间睡着的一个神；[W0728.1.4.1] 盘古睡在鸡蛋中。

附表1 盘古神话母题（文本类）数据目录

W 编码	母题描述	关联项
W0723d.10	盘古受封	【汉族】@[W0728.3.6.6.2] 盘古真人立功德被封元始虚皇道君
W0724	**盘古的工具**	
W0724.1	盘古的斧头和凿子	【汉族】
W0724.1.1	盘古获得一把斧头和一只凿子	【汉族】
W0724.1.2	盘古造斧头和凿子	
W0724.1.2.1	盘古在混沌中造长凿和大斧	【汉族】
W0724.1.3	盘古左手执凿，右手持斧	【汉族】
W0724.2	盘古的斧子	【汉族】
W0724.2.0	盘古的斧子的产生	[W6089.1] 斧子的产生
W0724.2.0.1	盘古出生时身边有把斧子	
W0724.2.0.1.1	盘古出生时手持神斧	【汉族】
W0724.2.0.2	盘古用土末儿捏成斧子	【汉族】
W0724.2.0.3	盘古偶然获得斧子	【汉族】
W0724.2.0.4	盘古从世界卵的外面拿了把斧子	【汉族】
W0724.2.0.5	盘古造出一把斧子	【汉族】
W0724.2.1	盘古的神斧	【民族，关联】[1]
W0724.2.1.1	盘古手持神斧	【汉族】
W0724.2.1.1.1	盘古出生时手执神斧	【汉族】
W0724.2.1.2	盘古兄妹有神斧	【汉族】

---

[1] 【汉族】@[W0670.4.2.1] 布洛陀的神斧；[W0724.2.0.1.1] 盘古出生时手持神斧；[W0962] 神斧。

W 编码	母题描述	关联项
W0724.2.2	盘古的开天辟地斧	【土家族】
W0724.2.2.1	盘古的开天斧	【民族,关联】[①]
W0724.2.3	盘古的开山斧	【汉族】
W0724.2.4	与盘古的斧子有关的其他母题	[W6089.1] 斧子的产生
W0724.2.4.1	盘古的板斧	【布依族】
W0724.2.4.2	盘古的石斧	
W0724.2.4.2.1	盘古的斧头是几万斤的大石块	【汉族】
W0724.2.4.3	盘古的大斧	【汉族】
W0724.2.4.3.1	盘古在宇宙卵中脚下有一把大斧	【汉族】
W0724.2.4.3.1	盘古的大阔斧	【汉族】
W0724.2.4.4	盘古的利斧	
W0724.2.4.4.1	盘古在混沌中摸到一把利斧	【汉族】
W0724.3	盘古的斧子和钻	
W0724.3.1	盘古的开天钻和辟地斧	
W0724.3.1.1	盘古左手拿开天钻,右手拿辟地斧	【土族】
W0724.4	盘古的锤子和钻	
W0724.4.1	盘古一手拿铁锤,一手拿钻子	【彝族】
W0724.5	盘古的斧子和锤子	
W0724.5.1	盘古的斧和锤是父亲的四肢变成的	【汉族】
W0724.6	与盘古的工具有关的其他母题	【关联】[②]

① 【汉族】【土家族】@[W6089.2.3] 开天斧。
② [W1259.3.10] 盘古王用板斧劈出平坝;[W1295.4.1] 盘古王用锤、凿开天地。

附表1　盘古神话母题（文本类）数据目录

W编码	母题描述	关联项
W0724.6.1	盘古的坐骑	
W0724.6.1.1	盘古骑神马	【汉族】
W0725	**盘古的关系**	
W0725.1	盘古的父母	
W0725.0	盘古没有父母	【汉族】
W0725.0.1	盘古没爹没娘	【汉族】
W0725.1.1	盘古的父亲	【汉族】@[W1291.2.1]盘古的父亲扁鼓王背天踩地分开天地
W0725.1.1.1	盘古王的父亲扁古王	【汉族】
W0725.1.1.2	盘古王的父亲扁鼓	【汉族】@[W0721.5.2.8]盘古产生在扁鼓王开天之后
W0725.1.2	盘古的母亲	【土家族】
W0725.1.2.1	盘古的母亲是瘪古	【土家族】
W0725.1.2.2	盘古的母亲是开天圣母（盘古的母亲是目母安）	【民族，关联】①
W0725.2	盘古的兄妹（盘古兄妹）	【关联】②
W0725.2.0	盘古兄妹的产生	
W0725.2.0.1	两只猿变成盘古兄妹	【汉族】
W0725.2.1	盘古女娲是兄妹	【民族，关联】③

---

① 【瑶族】@[W0729g.4.5.5.1.1.1]开天圣母生上古盘王、中古盘王、下古盘王；[W1725.20.2]盘古的母亲目母婆甩裙上天形成星星。

② [W1104.1.4]盘古兄妹开天辟地；[W1386.3.1]盘古兄妹补天。

③ 【汉族】@[W0142.5.2.1]盘古和女娲是天父地母；[W0715]女娲的关系。

W 编码	母题描述	关联项
W0725.2.1.1	盘古的妹妹女娲	【苗族】@[W0715.4.1.1]女娲是盘古的妹妹
W0725.2.2	盘兄古妹即伏羲女娲	【毛南族】
W0725.2.3	盘古女娲是双胞胎	
W0725.2.4	盘古与天女是兄妹	【汉族】
W0725.2.4.1	盘古的妹妹是天女	
W0725.2.4.1.1	盘古的妹妹三天女	
W0725.2.4.1.1.1	盘古与老天爷的三妮结拜兄妹	【汉族】
W0725.2.4.1.1.2	玉皇大帝的三闺女奉命与盘古结拜兄妹	【汉族】
W0725.2.4.1.1.2a	老天爷的三闺女奉命与盘古结拜兄妹	【汉族】
W0725.2.4.1.1.2b	玉皇大帝的三女儿见盘古孤单下凡与盘古结拜兄妹	【汉族】
W0725.2.4.1.1.3	盘古的妹妹是玉皇大帝的三女儿	【汉族】
W0725.2.5	与盘古兄妹有关的其他母题	【关联】①
W0725.2.5.1	盘和古是兄妹	【毛南族】
W0725.2.5.1.1	盘是兄，古是妹	【毛南族】
W0725.2.5.1.2	古是兄，盘是妹	【毛南族】
W0725.2.5.1.3	盘和古两兄妹不离分	【毛南族】
W0725.2.5.1.4	盘兄即伏羲，古妹即女娲	【毛南族】
W0725.2.5.1.5	盘和古是太白的儿女	【壮族】
W0725.2.5.2	盘古与盘古女结为兄妹	【汉族】

① [W1386.6.1] 盘古的妹妹补天；[W1725.18.1] 盘古兄妹补天的针眼变成星星。

附表1　盘古神话母题(文本类)数据目录

W 编码	母题描述	关联项
W0725.2.5.3	盘古和盘古妹即盘安和盘玉	【汉族】
W0725.3	盘古的兄弟姐妹	
W0725.3.1	盘古的兄弟	
W0725.3.1.1	盘古和盘生两兄弟	【民族，关联】①
W0725.3.1.1.1	盘古的弟弟盘生	【白族】@[W0725.5.1] 盘古的儿子盘生
W0725.3.2	盘古的姐妹	
W0725.3.2.1	盘和古是兄妹俩	【毛南族】
W0725.3.2.2	盘古的姐姐	
W0725.3.2.2.1	盘古的姐姐古凤	【汉族】
W0725.3.2.3	盘古的妹妹	【关联】②
W0725.3.2.3.1	盘古的妹妹有智谋	【汉族】
W0725.4	盘古的妻子(盘古夫妻)	【关联】③
W0725.4.1	盘古的妻子女娲(盘古女娲是夫妻)	【汉族】[W0790.1.5] 菩萨是盘古女娲的后代
W0725.4.1.1	盘古与女娲生儿育女	【汉族】
W0725.4.2	盘古爷的妻子盘古奶(盘古爷和盘古奶)	【民族，关联】④
W0725.4.2.0	盘古爷盘古奶的来历	

① 【白族】@[W1505.5.1] 盘古的弟弟盘生造万物；[W1809.2.4] 盘古的弟弟盘生缩地时的褶皱形成山。

② [W0725.2.1.1] 盘古的妹妹女娲；[W0725.2.4.1] 盘古的妹妹是天女。

③ [W0727] 盘古的婚姻；[W1115.1.1] 盘古的妻子的卵生天地；[W1137.2.1] 盘古夫妻和牛共同顶出天。

④ 【汉族】@[W0727.4.1] 盘古与姐姐婚后被奉为盘古爷和盘古奶；[W0728.3.7.7] 盘古爷。

W 编码	母题描述	关联项
W0725.4.2.0.1	大气球生盘古爷盘古奶	【汉族】
W0725.4.2.1	盘古奶与盘古爷分开	[W6188.2] 男女分居
W0725.4.2.1.1	盘古奶离开盘古山到西南居住	【汉族】
W0725.4.2.1.2	盘古爷、盘古奶成亲后盘奶往西南,盘古爷往西北	【汉族】
W0725.4.2.2	以前只有盘古爷,没有盘古奶	【汉族】
W0725.4.2.3	天塌地陷后造人的一对姊妹被称为盘古爷、盘古奶	【汉族】
W0725.4.2.4	盘古爷、盘古奶造人	【汉族】
W0725.4.2.4.1	盘古爷、盘古奶成亲后用泥造人	【汉族】
W0725.4.2.5	盘古爷、盘古奶是姐弟	【汉族】
W0725.4.2.5.1	盘古爷比盘古奶的年龄小	【汉族】@[W7102.2] 结婚年龄男小女大
W0725.4.2.6	盘古爷、盘古奶是同窗	【汉族】@[W0723d.9.4] 盘古爷和盘古奶上学姊妹俩上学
W0725.4.2.7	盘古爷、盘古奶是人类的老祖先	【汉族】
W0725.4.3	盘古的妻子天女	【汉族】
W0725.4.3.1	盘古的妻子是玉帝的三女儿	【汉族】
W0725.4.4	盘古的姐姐妻子	【民族,关联】①
W0725.4.5	盘古的妻子太元圣母	
W0725.4.5.1	盘古真人与太元圣母通气结精	【汉族】

---

① 【汉族】@[W0725.4.2.5] 盘古爷、盘古奶是姐弟;[W7350] 姐弟婚。

附表 1　盘古神话母题(文本类)数据目录

W 编码	母题描述	关联项
W0725.4.5.2	元始君盘古与太元玉女通气结精	【汉族】
W0725.4.6	盘古的动物妻子	
W0725.4.6.1	盘古与猿是夫妻	【民族，关联】①
W0725.4.6.2	盘果王与鲶鱼结为夫妻	【布依族】
W0725.4.7	与盘古夫妻有关的其他母题	
W0725.4.7.1	盘古氏夫妇始创阴阳	【汉族】@[W4755] 阴阳的产生
W0725.5	盘古的后代（盘古的子女）	【关联】②
W0725.5.0	盘古的子女（盘古的儿女）	
W0725.5.0.1	盘古有子女十人	
W0725.5.0.1.1	盘古兄妹婚生伏羲氏、神农氏、祝融氏等十人	【汉族】
W0725.5.0.1a	盘古有二儿一女	【汉族】
W0725.5.0.1b	盘古有四儿一女	【汉族】
W0725.5.0.2	盘古的儿女伏羲女娲	【汉族】@[W0676.3.3.1] 盘古生伏羲女娲
W0725.5.0.3	盘古的子女东王公、西王母、地皇	[W0147.7.2] 盘古真人与太元圣母通气结精生东王公与西王母
W0725.5.0.4	盘古生众多子女	
W0725.5.0.4.1	盘古生九千九百九十九胎孩子	【汉族】
W0725.5.0.4.2	盘古爷姐弟生百对儿女	【汉族】

① 【汉族】@[W0721.4.2.1] 猿变成盘古；[W0725.2.0.1]2 只猿变成盘古兄妹。
② [W0715.2.1] 女娲是盘古的后代；[W0725.5.3] 伏羲兄妹是盘古的儿女；[W1561.7] 太阳是盘古的孩子。

附表1　盘古神话母题（文本类）数据目录

W 编码	母题描述	关联项
W0725.5.1	盘古的儿子	
W0725.5.1.1	盘古的儿子盘生	【汉族】
W0725.5.1.2	盘古的儿子伏羲	【关联】①
W0725.5.1.2a	盘古的儿子玉帝	【汉族】@ [W0725.5.1.2.1a] 盘古的大儿子玉帝
W0725.5.1.2.1	盘古的长子伏羲氏	【汉族】
W0725.5.1.2.1a	盘古的大儿子玉帝	【汉族】
W0725.5.1.3	盘古的儿子神农	[W0735b.2.1] 神农的父母盘古兄妹
W0725.5.1.3a	盘古的儿子黄帝	【汉族】@ [W0725.5.1.3.1a] 盘古的次子黄帝
W0725.5.1.3.1	盘古的次子神农氏	【汉族】
W0725.5.1.3.1a	盘古的次子黄帝	【汉族】
W0725.5.1.4	盘古的儿子祝融	
W0725.5.1.4.1	盘古的四子祝融氏	【汉族】@[W0767.5.2.1] 祝融氏的父母盘古兄妹
W0725.5.1.5	盘古的儿子葛天氏	
W0725.5.1.5.1	盘古的五子葛天氏	【汉族】
W0725.5.1.6	盘古的儿子太上老君	【汉族】@[W0791.7.1.1] 太上老君的父亲盘古
W0725.5.1.7	盘古的儿子地皇	【汉族】@[W0237.1.3] 盘古真人与太元圣母生地皇

① [W0680.1.5] 伏羲是大圣的儿子；[W0680.1.6] 伏羲是盘古儿子；[W0676.5.2] 盘古兄妹婚生伏羲氏；[W0723.2.8] 盘古是圣人。

附表1 盘古神话母题(文本类)数据目录

W 编码	母题描述	关联项
W0725.5.1.8	盘古儿子的数量	
W0725.5.1.8.1	盘古有八个儿子	【汉族】
W0725.5.1.8.1.1	盘古的八个儿子为八方之主	【汉族】
W0725.5.1.8.1.2	盘古兄妹婚生八个儿子	
W0725.5.1.8.1.2.1	盘古兄妹婚生八个儿子命名为八个方向	【汉族】
W0725.5.1.9	盘古儿子的三皇	【汉族】@[W0730a.2.1.1] 三皇是盘古的儿子
W0725.5.1a	盘古的女儿	
W0725.5.1a.1	盘古的女儿花神	【汉族】
W0725.5.2	盘古的后裔有太庭氏、庖羲、神农、祝融、五龙氏	【汉族】
W0725.5.2.1	盘古的后裔神农、祝融	【民族，关联】①
W0725.5.3	盘古的儿女伏羲兄妹	【汉族】@[W0680.2] 伏羲兄妹
W0725.5.3.1	盘古的后代女娲	【汉族】@[W0715.2.1] 女娲是盘古的后代
W0725.5.4	盘古的孙子	
W0725.5.4.1	盘古的五世孙是东岳神	【汉族】[W0398.1.2.4] 东岳神是盘古五世孙金虹氏
W0725.5.4.2	盘古的五世孙金蝉氏	【汉族】
W0725.5.4.3	盘古的孙子五帝	【汉族】
W0725.5.5	与盘古的后代有关的其他母题	

① 【汉族】@[W0735b.1.1] 神农是盘古的后裔；[W0767.5.1.1] 祝融是盘古的后代。

附表1　盘古神话母题(文本类)数据目录

W编码	母题描述	关联项
W0725.5.5.1	盘古的后代居五岳	【汉族】@[W0099.4.6.1]太庭氏、庖羲、神农、祝融、五龙氏分别住五岳
W0725.5.5.2	盘古的后代人王	【侗族】
W0725.5.5.3	今天的人类都是盘古后代	【汉族】
W0725.5.5.4	盘古的后代遍及世界各地	【汉族】
W0725.5.5.5	盘古爷和盘古奶婚生很多后代	【汉族】
W0725.6	与盘古的关系有关的其他母题	
W0725.6.1	盘古的上司	
W0725.6.1.1	盘古是三皇五帝的下人	【民族，关联】①
W0725.6.2	盘古的从属	
W0725.6.3	盘古的朋友	
W0725.6.3.1	盘古与牛是朋友	
W0725.6.3.1.1	盘古兄妹与怪牛是朋友	【汉族】
W0725.6.3.2	盘古和老天爷结为朋友	【汉族】
W0725.6.4	盘古的对手	
W0725.6.4.1	盘古的对手阴族	【汉族】
W0725.6.5	盘古的师傅	
W0725.6.5.1	盘古拜师释迦牟尼	【侗族】
W0725.6.6	与盘古同时出现的人物	
W0725.6.6.1	张古和盘古	【侗族】
W0725.6.7	早于盘古出现的人物	

---

① 【苗族】@[W0123.4.2]三皇；[W0723.3.5]盘古是佣人。

附表1 盘古神话母题(文本类)数据目录

W 编码	母题描述	关联项
W0725.6.7.1	远古	[W0721.3.9.6.2] 开天的远古生的卵孵出盘古
W0725.6.7.1.1	巨人远古	[W0667.1] 特定名称的巨人
W0725.6.7.1.1.1	混沌卵生巨人远古	【汉族】
W0725.6.7.1.2	远古又称扁古	【汉族】
W0726	**盘古的寿命与死亡**	
W0726.0	盘古不死	
W0726.0.1	盘古王是不死的祖先	【侗族】@[W0723.2.1] 盘古是祖先
W0726.1	盘古寿命很长	
W0726.1.1	盘古活了十万八千岁(盘古寿命十万八千岁)	【汉族】@[W0721.3.10] 孕生盘古用了1万8千年
W0726.1.1a	盘古活了八万岁(盘古寿命八万岁)	【汉族】
W0726.1.2	盘古活了一万八千岁(盘古寿命一万八千岁)	【汉族】@[W0723d.1] 盘古在混沌中经历1万8千年
W0726.1.2.1	盘古兄妹的寿命最多一万八千岁	【汉族】
W0726.1.3	盘古活了一万二千岁(盘古寿命一万二千岁)	【汉族】
W0726.1.4	盘古氏寿命一百零八岁	【畲族】
W0726.2	盘古的死亡	
W0726.2.1	盘古被太阳晒死	
W0726.2.1.1	盘古被十个太阳晒死	【汉族】

W 编码	母题描述	关联项
W0726.2.2	盘古累死	
W0726.2.2.1	盘古开天辟地累死	【汉族】@[W0723c.0.1] 盘古开天地耗尽精力
W0726.2.2.1.1	盘古开天辟地后累死	【汉族】
W0726.2.2.2	盘古顶天累死	【汉族】
W0726.2.2.2.1	盘古支天一万八千年累死	【汉族】
W0726.2.2.3	盘古补天累死	【汉族】
W0726.2.3	盘古被天压死	
W0726.2.3.1	盘古被自己砍塌的天压成肉饼	【汉族】
W0726.2.4	盘古死亡的其他原因	
W0726.2.4.1	盘古为改造世界而死	【汉族】
W0726.2.5	盘古死亡的时间	
W0726.2.5.1	盘古修成天地后死去	【白族】
W0726.2.5.2	盘古六月初六死去	【布依族】
W0726.2.6	盘古死亡的地点	
W0726.2.6.1	盘古死于大梁山	【汉族】
W0726.2.7	与盘古死亡有关的其他母题	
W0726.2.7.1	盘古死而再生	【汉族】@ [W0721.3.12.4] 盘古再度转世
W0727	**盘古的婚姻**	
W0727.1	盘古与天女婚	【汉族】
W0727.2	盘古与地母婚	【汉族】
W0727.3	盘古兄妹婚	【汉族】
W0727.3.1	盘和古兄妹婚	【壮族】

附表1　盘古神话母题（文本类）数据目录

W编码	母题描述	关联项
W0727.4	盘古和姐姐婚	【汉族】@[W7350]姐弟婚
W0727.4.1	盘古与姐姐婚后被奉为盘古爷和盘古奶	【汉族】@[W7360]男女对偶婚
W0727.5	盘古与美女婚	【布依族】@[W7266]人与神性人物婚
W0727.6	盘古和龙女婚	【布依族】
W0727.7	盘古与女娲婚	【关联】①
W0727.7.1	盘古氏和女娲婚	【汉族】
W0727.7.2	开天辟地的盘古与炼石补天的女娲结婚	【汉族】
W0727.7.2.1	开天的盘古与补天的女娲婚	【汉族】
W0727.8	与盘古的婚姻有关的其他母题	【关联】②
W0727.8.1	盘古与玉帝的女儿婚	【汉族】
W0727.8.2	盘古的疑似配偶	
W0727.8.2.1	古老和盘古生人王	【侗族】
W0727.8.2.2	古老和盘古生天王十二兄弟	【侗族】
W0727.8.3	盘古拒婚	
W0727.8.3.1	盘古认为与胡秋的妹妹年龄悬殊拒婚	【苗族】
W0728	**与盘古有关的其他母题**	[W1104.1]盘古造天地（盘古开天辟地）
W0728.0	盘古的成长	

① [W0716.3.1]女娲补好天与盘古婚；[W0725.4.1]盘古的妻子女娲。
② [W7240～W7254]神性人物的婚姻；[W0725.4.1]盘古的妻子女娲（盘古女娲是夫妻）；[W2412.1]盘古兄妹结婚生人；[W2412.3]盘古女娲婚生人。

附表1 盘古神话母题（文本类）数据目录

W 编码	母题描述	关联项
W0728.0.1	天地养育盘古	【汉族】
W0728.0.1.1	盘古在混沌的天地中生长	【汉族】@[W0721.3.2.2] 混沌的天地生盘古
W0728.0.2	盘古长大	
W0728.0.2.1	盘古吸收金银铜铁锡的元气后长大	【汉族】
W0728.0.2.2	盘古一万八千年长大	【汉族】
W0728.0.2.3	盘古在天地间越长越高	【汉族】
W0728.0.3	盘古成长受到动物保护	
W0728.0.3.1	鸟和野兽保护着盘古兄妹	【汉族】
W0728.0.3.2	鸟和野兽保护着盘古爷和盘古奶	【汉族】
W0728.1	盘古的居所	
W0728.1.0	盘古居天上（盘古住天上）	
W0728.1.0.1	盘古原来住天上	【民族，关联】[①]
W0728.1.0.2	盘古居太清	【汉族】
W0728.1.0.3	盘古居大罗天	【汉族】
W0728.1.0.4	盘古为了后代守在天上	【汉族】
W0728.1.1	盘古居山上（盘古住山上）	【汉族】@[W1852.6.106] 盘古山
W0728.1.1.1	盘古住东方扶桑山	
W0728.1.1.1.1	盘古老住东方扶桑山岩洞中	【白族】
W0728.1.1.2	盘古住混沌山	【汉族】@[W0721.3.1] 混沌生盘古

---

① 【汉族】【壮族】@[W0721.1.1] 盘古从天上下凡。

附表1　盘古神话母题（文本类）数据目录

W 编码	母题描述	关联项
W0728.1.1.3	盘古居七宝山	
W0728.1.1.3.1	盘古居大罗天玄都玉京七宝山	【汉族】@[W0728.1.0.3]盘古居大罗天
W0728.1.1.4	盘古兄妹住在盘古山顶	【汉族】
W0728.1.1.5	盘古爷、盘古奶住在山上，没有房子	【汉族】
W0728.1.1.6	盘古住玉京山	
W0728.1.1.6.1	盘古住天中心的玉京山	【汉族】
W0728.1.2	盘古居地下	
W0728.1.3	盘古居水中	
W0728.1.4	盘古住卵中	
W0728.1.4.1	盘古睡在鸡蛋中	【汉族】@[W0721.3.9.6.3]鸡蛋中生盘古
W0728.1.4.2	盘古爷睡在像鸡蛋的天地中	【汉族】
W0728.1.4.3	盘古氏睡在蛋窠瓢里	【汉族】
W0728.1.5	盘古居云中	【汉族】
W0728.1.6	盘古其他特定的居所	
W0728.1.6.1	盘古居玄都	【汉族】@[W0728.1.1.3.1]盘古居大罗天玄都玉京七宝山
W0728.1.6.2	盘古居西北	【汉族】
W0728.1.7	与盘古的居所有关的其他母题	[W0725.5.5.1]盘古的后代居五岳
W0728.2	盘古的服饰	
W0728.2.0	盘古不穿衣服	

W 编码	母题描述	关联项
W0728.2.0.1	盘古兄妹不穿衣服	【汉族】
W0728.2.1	盘古的头戴	
W0728.2.2	盘古的衣服	
W0728.2.2.1	盘古身披驾云衣	【汉族】
W0728.2.2.2	盘古身披树叶	[W6133.1.1] 树叶蔽体的来历
W0728.2.2.2.1	盘古身上是葛条缠树叶	【汉族】
W0728.2.2.3	盘古兽皮为衣	【汉族】@[W6133.4.1] 兽皮为衣
W0728.2.3	盘古的鞋子	
W0728.2.3.1	盘古脚穿登云鞋	【汉族】
W0728.2.3.2	盘古脚穿云鞋	【汉族】
W0728.2.3.3	盘古无鞋（盘古赤足）	【汉族】
W0728.2.4	盘古腰束葛条	【汉族】@[W0728.2.2.2.1] 盘古身上是葛条缠树叶
W0728.2a	盘古的饮食（盘古的食物）	
W0728.2a.1	盘古不需饮食	【汉族】
W0728.2a.2	盘古吸天气，饮地泉	【汉族】
W0728.3	盘古的名字的来历（盘古名称）	
W0728.3.1	盘古原来叫"祖先"	【汉族】
W0728.3.1.1	盘古名叫"祖先"是金童的名字	【汉族】
W0728.3.2	盘古叫"盘古"是因为出现最古	【汉族】

附表1　盘古神话母题（文本类）数据目录

W 编码	母题描述	关联项
W0728.3.2.1	盘古名称源于他出生时是盘着的最古的人	【汉族】
W0728.3.2.2	巨人出现最古，故名"盘古"	【汉族】
W0728.3.2.3	因盘古年代久远取名盘古	【汉族】
W0728.3.3	盘古孕生与"盘"或"古"有关，故名"盘古"	【汉族】
W0728.3.3.1	盘古最早时像蛇盘在蛋黄里，故名"盘古"	【汉族】
W0728.3.3.1a	盘古最早时像蛇盘在混沌卵里，故名"盘古"	【汉族】
W0728.3.3.2	盘古在鸟蛋里盘着孕生，故名"盘古"	【汉族】@[W0721.3.9.2]鸟卵生盘古
W0728.3.3.3	最早盘着产生的人叫"盘"，因其很古，故名"盘古"	【汉族】
W0728.3.3.4	盘古最早盘在鼓里，故名"盘古"	【汉族】
W0728.3.3.5	盘古像盘龙鸡在世界卵中盘着，故名"盘古"	【汉族】
W0728.3.3.6	盘古孕育时头盘着脚跕着，故名"盘古"	【汉族】
W0728.3.4	盘古的名称源于音变	
W0728.3.4.1	盘古是"彭呼"音变形成的	【汉族】
W0728.3.4.2	盘瓠音变成盘古	【汉族】【瑶族】
W0728.3.5	盘古出生与盘子有关，故名"盘古"	
W0728.3.5.1	"盘古王"名称源于生他的世界像盘子	【汉族】

附表 1　盘古神话母题（文本类）数据目录

W 编码	母题描述	关联项
W0728.3.5a	因盘古像"鼓"，叫做"盘鼓"	
W0728.3.5a.1	盘扁被天地压的像鼓，故名"盘古"	【汉族】@[W0728.3.7.2] 盘古是扁古
W0728.3.6	盘古的称号（盘古的名号，盘古的宗教称谓，盘古的姓氏）	[W0723.5.2] 盘古化身昆多崩婆
W0728.3.6.1	盘古号"元始天王"	【汉族】@[W0768.17.1.1] 玄武大帝是元始的化身
W0728.3.6.1.1	盘古自号"元始天王"	【汉族】@[W0728.3.6.6.3] 盘古真人自号元始天王
W0728.3.6.1a	盘古称"元始君"	【汉族】
W0728.3.6.2	盘古被称为"鸿教主"	【汉族】
W0728.3.6.3	盘古浑沌氏	【民族，关联】①
W0728.3.6.3.1	盘古氏即浑敦氏	【汉族】
W0728.3.6.4	盘古氏即天皇氏	【汉族】
W0728.3.6.5	盘古爷姓古，叫古瑞	【汉族】
W0728.3.6.6	盘古真人	【关联】②
W0728.3.6.6.1	盘古真人号盘古	【汉族】
W0728.3.6.6.2	盘古真人立功德被封元始虚皇道君	【汉族】
W0728.3.6.6.3	盘古真人自号元始天王	【汉族】

---

① 【汉族】@[W0005] 神源于混沌；[W1057.1] 混沌（混沌卵）。
② [W0147.7.2] 盘古真人与太元圣母通气结精生东王公与西王母；[W0237.1.3] 盘古真人与太元圣母生地皇；[W0721.3.9.0.6] 混沌卵生盘古真人；[W0723.2.4.2] 盘古真人是天地之精。

附表1　盘古神话母题(文本类)数据目录

W 编码	母题描述	关联项
W0728.3.7	与盘古名字有关的其他母题	【民族，关联】①
W0728.3.7.0	盘古又称盘古王	【侗族】@[W0723d.3.1]盘古击败对手称王
W0728.3.7.0.1	盘古大王	
W0728.3.7.0.1.1	盘古大王是盘瓠的尊称	【畲族】@[W0729g.4.5.4]盘瓠称盘古大王
W0728.3.7.1	盘果王	【民族，关联】②
W0728.3.7.1.1	盘果王的儿子安王和祖王	【布依族】
W0728.3.7.2	盘古是扁古	【民族，关联】③
W0728.3.7.3	盘古阿剖	【苗族】
W0728.3.7.4	盘古彭呼	
W0728.3.7.4.1	盘古自己命名"彭呼"	【汉族】
W0728.3.7.5	盘古是一对兄妹的名字	【汉族】
W0728.3.7.5.1	龙蛋生的一对兄妹都叫盘古	【汉族】@[W0721.3.9.1]龙蛋生盘古
W0728.3.7.6	盘神	【毛南族】
W0728.3.7.6.1	善神生的白蛋孵出盘神	【纳西族】
W0728.3.7.6.2	盘神是藏族之神	【纳西族】

① 【仡佬族】【汉族】@[W0723.1.3.2]盘古是开天辟地的玉书(神名)；[W0728.5.1]金童盘坐修炼自称"盘古人"；[W0728.5.1.1]盘古即"盘人"。

② 【布依族】@[W0351.2.1]雷公的儿子盘果王；[W0645.6.6.1]北斗星生祖先盘果王；[W0645.6.8.1]风生祖先盘果王；[W1104.1.1]盘果王开天辟地；[W1541.3.1.1]盘果王分开天地后出现日月星辰。

③ 【汉族】@[W0721.5.2.8]盘古产生在扁鼓王开天之后；[W0725.1.1.1]盘古王的父亲扁古王。

W 编码	母题描述	关联项
W0728.3.7.7	盘古爷	【汉族】
W0728.3.7.8	盘古公公	
W0728.3.7.8.1	盘古老公公	【苗族】
W0728.3.7.9	盘古以前叫盘扁	【汉族】@[W0728.3.7.2]盘古是扁古
W0728.3.7.10	盘古即伏羲	
W0728.3.7.10.1	盘古氏夫妻即伏羲氏夫妻	【汉族】@[W0683.2.3]伏羲即盘兄
W0728.3.7.11	盘古三郎	【汉族】
W0728.3.7.12	盘古作为姓氏	【汉族】
W0728.3.7.13	盘古作为地名	
W0728.3.7.13.1	取盘古做地名纪念盘古	【汉族】
W0728.3.7.14	盘老大	
W0728.3.7.14.1	盘老大取火种	【苗族】
W0728.3.7.15	盘颇	
W0728.3.7.15.1	天神盘颇有七对儿女	【彝族（俚颇）】
W0728.3.7.16	盘儿和古儿	【汉族】
W0728.4	盘古的升天日	
W0728.4.1	盘古升天日是农历九月初九	【汉族】@[W0726.2.5]盘古六月初六死去
W0728.4.1.1	盘古爷农历九月初九升天	【汉族】
W0728.5	盘古人	
W0728.5.1	金童盘坐修炼自称"盘古人"	【汉族】
W0728.5.1.1	盘古即"盘人"	【汉族】

附表 1　盘古神话母题（文本类）数据目录

W 编码	母题描述	关联项
W0728.6	盘古作为时间标志	[W0730a.2.7.1] 三皇在盘古后产生
W0728.6.1	盘古是时间起始的标志	【汉族】
W0728.6.1.1	自从盘古开天地，三皇五帝到如今	【汉族】
W0728.7	盘古神圣不可侵犯	【汉族】
W0728.8	与盘古有关的风物	
W0728.8.1	与盘古有关的印记	
W0728.8.1.1	盘古的脚印	【汉族】
W0728.8.1.1.1	西洋锡兰山有盘古的足迹	【汉族】
W0728.8.2	与盘古有关的山	
W0728.8.2.1	盘古山	
W0728.8.2.1.1	盘古山即大复山	【汉族】
W0728.8.3	与盘古有关的河	
W0728.8.4	与盘古有关的庙	
W0728.8.4.1	盘古庙	【汉族】【壮族】
W0728.8.4.2	盘王庙	【瑶族】
W0728.8.5	与盘古有关的	
W0728.9	与盘古有关的习俗	
W0728.10	盘古的画像	【汉族】

附表2

《中国神话母题 W 编目》十大类型简 目①

0. 神与神性人物
（代码 W0000—W0999）

0.1 神的概述（W0000—W0179）

 0.1.1 神的产生（W0001—W0059）

 0.1.2 神的特征（W0060—W0089）

 0.1.3 神的生活（W0090—W0119）

 0.1.4 神的地位与性质（W0120—W0129）

 0.1.5 神的能力（W0130—W0134）

 0.1.6 神的工具与武器（W0135—W0139）

 0.1.7 神的关系（W0140—W0174）

 0.1.8 神的寿命与死亡（W0175—W0179）

---

① 本简目中只列举了《中国神话母题 W 编目》10 大类型中主要的母题类型，母题编码范围为 W0000—W9999，以便于读者对中国各民族神话母题丰富性与关联性有所总体了解对于进一步建立盘瓠神话母题的跨类型关联会有一定作用。

附表2 《中国神话母题W编目》十大类型简目

0.2 与方位相关的神（W0180—W0269）

    0.2.1 天神（W0180—W0229）

    0.2.2 地神（W0230—W0239）

    0.2.3 冥神（W0240—W0249）

    0.2.4 其他方位神（W0250—W0269）

0.3 与自然现象（物）有关的神（W0270—W0419）

    0.3.1 日月星辰神（W0270—W0289）

    0.3.2 与天气有关的神（W0290—W0389）

    0.3.3 与自然物有关的神（W0390—W0419）

0.4 与职能、行业相关的神（W0420—W0499）

    0.4.1 创造神与破坏神（W0420—W0429）

    0.4.2 与管理或保护有关的神（W0430—W0449）

    0.4.3 与功能或行业有关的神（W0450—W0499）

0.5 与具体的物相关的神（W0500—W0559）

    0.5.1 动物神（W0500—W0539）

    0.5.2 植物神（W0540—W0549）

    0.5.3 无生命物神（W0550—W0599）

0.6 神性人物（W0560—W0769）

    0.6.1 文化英雄（W0560—W0629）

    0.6.2 半神半人与合体神（W0630—W0639）

    0.6.3 祖先（祖先神、始祖神）（W0640—W0659）

0.6.4 巨人（W0660—W0669）

0.6.5 常见的典型神性人物（W0670—W0769）

0.7 与民间信仰有关的神或神性人物（W0770—W0829）

0.7.1 民间信仰中常见的神或神性人物（W0770—W0784）

0.7.2 民间信仰中其他神或神性人物（W0785—W0799）

0.7.3 仙人（神仙）（W0800—W0829）

0.8 妖魔与怪物（W0830—W0919）

0.8.1 妖魔（W0830—W0854）

0.8.2 怪人、怪物（W0855—W0869）

0.8.3 灵魂（鬼）（W0870—W0919）

0.9 神或神性人物的其他母题（W0920—W0999）

0.9.1 神物（W0920—W0969）

0.9.2 与神或神性人物有关的其他母题（W0970—W0999）

1. 世界与自然物
（代码 W1000—W1999）

1.1 世界（宇宙）起源概说（W1000—W1099）

1.1.1 世界的产生（W1000—W1009）

1.1.2 世界的创造与创世者（W1010—W1034）

1.1.3 世界最早的情形（W1035—W1059）

1.1.4 世界的特征（W1060—W1069）

1.1.5 三界及相关母题（W1070—W1089）

1.1.6 与世界有关的其他母题（W1090—W1099）

1.2 天地（W1100—W1499）

1.2.1 天地的产生与特征（W1100—W1129）

1.2.2 天的产生与特征（W1130—W1169）

1.2.3 地的产生与特征（W1170—W1269）

1.2.4 天地的合离与支撑（W1270—W1359）

1.2.5 天地的修整（W1360—W1399）

1.2.6 天地通（W1400—W1424）

1.2.7 天梯与其他上天工具（W1425—W1489）

1.2.8 与天地有关的其他母题（W1490—W1499）

1.3 万物（W1500—W1539）

1.3.1 万物的产生（W1500—W1529）

1.3.2 万物的特征（W1530—W1534）

1.3.3 与万物有关的母题（W1535—W1539）

1.4 日月（W1540—W1699）

1.4.1 日月的产生（W1540—W1599）

1.4.2 日月的特征（W1600—W1629）

1.4.3 日月的数量（W1630—W1669）

1.4.4 日月的关系（W1670—W1689）

1.4.5 与日月有关的其他母题（W1690—W1699）

1.5 星辰（W1700—W1779）

1.5.1 星星的产生（W1700—W1729）

1.5.2 特定星星的产生（W1730—W1754）

1.5.3 星星的特征（W1755—W1769）

1.5.4 与星星有关的其他母题（W1770—W1779）

1.6 天上其他诸物（W1780—W1799）

1.6.1 天河（银河）（W1780—W1789）

1.6.2 天宫与天堂（W1790—W1794）

1.6.3 天上其他诸物（W1795—W1799）

1.7 山石（W1800—W1869）

1.7.1 山的产生（W1800—W1824）

1.7.2 山的特征（W1825—W1834）

1.7.3 与山有关的其他母题（W1835—W1854）

1.7.4 石头（岩石）（W1855—W1869）

1.8 江河湖海（水）（W1870—W1979）

1.8.1 水的概说（W1870—W1899）

1.8.2 江河湖海（W1900—W1964）

1.8.3 其他一些常见的水体（W1965—W1979）

1.9 其他物质与生物（W1980—W1999）

1.9.1 金属（W1980—W1984）

1.9.2 矿物（W1985—W1989）

1.9.3 生命(生物)(W1990—W1999)

2. 人与人类
(代码 W2000—W2999)

2.1 人类产生概说(W2000—W2019)

2.1.1 人产生的原因(W2000—W2009)

2.1.2 人产生的时间(W2010—W2014)

2.1.3 人产生的地点(W2015—W2019)

2.2 人自然存在或来源于某个地方(W2020—W2029)

2.2.1 人自然存在(W2020—W2024)

2.2.2 人源于某个地方(W2025—W2029)

2.3 造人(W2030—W2129)

2.3.1 造人的时间(W2030—W2039)

2.3.2 造人的原因(W2040—W2049)

2.3.3 造人者(W2050—W2079)

2.3.4 造人的材料(W2080—W2099)

2.3.5 造人的方法(W2100—W2109)

2.3.6 造人的结果(W2110—W2124)

2.3.7 与造人有关的其他母题(W2125—W2129)

2.4. 生育产生人(W2130—W2299)

2.4.1 神或神性人物生人(W2130—W2149)

2.4.2 人生人（W2150—W2154）

2.4.3 动物生人（W2155—W2169）

2.4.4 植物生人（W2170—W2199）

2.4.5 无生命物生人（W2200—W2219）

2.4.6 卵生人（W2220—W2229）

2.4.7 感生人（W2230—W2279）

2.4.8 与生人有关的其他母题（W2280—W2299）

2.5 变化产生人（W2300—W2399）

2.5.1 神或神性人物变化为人（W2300—W2309）

2.5.2 人变化为人（W2310—W2314）

2.5.3 动物变化为人（W2315—W2349）

2.5.4 植物变化为人（W2350—W2359）

2.5.5 自然物与无生命物变化生人（W2360—W2379）

2.5.6 怪胎、怪物或肢体变化生人（W2380—W2389）

2.5.7 与变化产生人有关的其他母题（W2390—W2399）

2.6 婚配产生人（W2400—W2499）

2.6.1 神或神性人物婚生人（W2400—W2414）

2.6.2 人与神或神性人物婚生人（W2415—W2419）

2.6.3 人的婚生人（W2420—W2449）

2.6.4 人与动物婚生人（W2450—W2474）

2.6.5 人与植物的婚生人（W2475—W2479）

2.6.6 人与无生命物的婚生人（W2480—W2484）

2.6.7 其他特殊的婚生人（W2485—W2489）

2.6.8 与婚生人有关的其他母题（W2490—W2499）

2.7 人类再生（W2500—W2579）

2.7.1 人类再生概说（W2500—W2529）

2.7.2 洪水后人类再生（W2530—W2559）

2.7.3 其他灾难后人类再生（W2560—W2569）

2.7.4 与人类再生相关的其他母题（W2570—W2579）

2.8 怀孕与生育（W2580—W2699）

2.8.1 怀孕（W2580—W2589）

2.8.2 生育与特殊的出生（W2590—W2599）

2.8.3 人生怪胎（W2600—W2669）

2.8.4 弃婴（弃儿）（W2670—W2689）

2.8.5 人的抚养（W2690—W2699）

2.9 与人的产生相关的母题（W2700—W2749）

2.9.1 人产生的数量（W2700—W2729）

2.9.2 人与异类的同源（W2730—W2739）

2.9.3 与人的产生有关的其他母题（W2740—W2749）

2.10 人类的特征及相关母题（W2750—W2929）

2.10.1 人的性别特征（W2750—W2799）

2.10.2 人的体征（W2800—W2899）

2.10.3 人的其他特征（W2900—W2914）

2.10.4 特定特征的人（W2915—W2929）

2.11 与人相关的其他母题（W2930—2999）

2.11.1 人的关系（W2930—W2939）

2.11.2 人的寿命与死亡（W2940—W2989）

2.11.3 与人相关的其他母题（W2990—2999）

3. 动物与植物
（代码 W3000—W3999）

3.1. 动物概说（W3000—W3099）

3.1.1 动物的产生（W3000—W3034）

3.1.2 动物的特征（W3035—W3064）

3.1.3 动物的生活与习性（W3065—W3069）

3.1.4 其他特定性质的动物（W3070—W3079）

3.1.5 与动物有关的其他母题（W3080—W3099）

3.2 哺乳动物（W3100—W3299）

3.2.1 哺乳动物概说（W3100—W3104）

3.2.2 常见哺乳动物（W3105—W3274）

3.2.3 一般哺乳动物（W3275—W3299）

3.3 鸟类动物（W3300—W3399）

3.3.1 鸟类概说（W3300—W3329）

3.3.2 常见的鸟（W3330—W3384）

3.3.3 一般鸟类（W3385—W3399）

3.4 水中动物（W3400—W3449）

3.4.1 水中动物概说（W3400—W3409）

3.4.2 鱼、虾、蟹（W3410—W3439）

3.4.3 其他水中动物（W3440—W3449）

3.5 昆虫（W3450—W3499）

3.5.1 昆虫概说（W3450—W3459）

3.5.2 常见的昆虫（W3460—W3479）

3.5.3 一般昆虫（W3480—W3499）

3.6 两栖、爬行与其他动物（W3500—W3599）

3.6.1 两栖与爬行类动物概说（W3500—W3504）

3.6.2 常见的两栖与爬行类动物（W3505—W3549）

3.6.3 龙、凤类动物（W3550—W3594）

3.6.4 其他一些难以分类的动物（W3595—W3599）

3.7 植物概说（W3600—W3699）

3.7.1 植物的产生（W3600—W3639）

3.7.2 植物的特征及成因（W3640—W3684）

3.7.3 与植物相关的其他母题（W3685—W3699）

3.8 各类植物（W3700—W3899）

3.8.1 树木概说及常见的树木（W3700—W3799）

3.8.2 花草概说及常见的花草（W3800—W3839）

3.8.3 作物概说及常见的作物（W3840—W3879）

3.8.4 果蔬概说及常见的果蔬（W3880—W3899）

3.9 与植物相关的其他母题（W3900—3999）

3.9.1 种子（粮种）概说（W3900—W3949）

3.9.2 种子的获取（盗取）（W3950—W3999）

4. 自然现象与自然秩序
（代码 W4000—W4999）

4.1. 自然现象概说（W4000—W4099）

4.1.1 一般自然现象（W4000—W4079）

4.1.2 神奇的自然现象（W4080—W4099）

4.2. 与日月有关的自然现象（W4100—W4249）

4.2.1 与太阳相关的现象（W4100—W4124）

4.2.2 与月亮相关的现象（W4125—W4199）

4.2.3 与星星有关的现象（W4200—W4209）

4.2.4 日食月食与其他母题（W4210—W4249）

4.3. 天气与其他自然现象（W4250—W4619）

4.3.1 天气现象概说（W4250—W4259）

4.3.2 风雨（W4260—W4374）

4.3.3 雷电（W4375—W4439）

4.3.4 云霞霓虹（W4440—W4509）

4.3.5 雪霜雾露等（W4510—W4559）

4.3.6 与天气相关的其他母题（W4560—W4569）

4.3.7 无具体形态的现象（W4570—W4619）

4.4 秩序与自然秩序概说（W4620—W4769）

4.4.1 秩序概说（W4620—W4634）

4.4.2 时间秩序（W4635—W4699）

4.4.3 空间秩序（W4700—W4754）

4.4.4 抽象的秩序（W4755—W4769）

4.5 季节（W4770—W4849）

4.5.1 季节的来历（W4770—W4799）

4.5.2 季节的管理（W4800—W4809）

4.5.3 二十四节气（W4810—W4839）

4.5.4 与季节有关的其他母题（W4840—W4849）

4.6 天体的秩序（W4850—W4969）

4.6.1 天地的秩序与管理（W4850—W4869）

4.6.2 日月的秩序（W4870—W4959）

4.6.3 与天体运行和秩序有关的其他母题（W4960—W4969）

4.7 与自然秩序有关的其他母题（W4970—W4999）

4.7.1 山川河流等的秩序与管理（W4970—W4979）

4.7.2 动物的秩序与管理（W4980—W4989）

4.7.3 植物的秩序与管理（W4990—W4999）

5. 社会组织与社会秩序
（代码 W5000—W5999）

5.1 社会秩序概说（W5000—W5084）

5.1.1 社会秩序的建立（W5000—W5029）

5.1.2 首领与首领的产生（W5030—W5074）

5.1.3 与社会秩序有关的其他母题（W5075—W5084）

5.2 家庭、村庄（W5085—W5249）

5.2.1 家庭的产生（W5085—W5094）

5.2.2 家庭与社会关系成员（W5095—W5199）

5.2.3 与家庭相关的其他母题（W5200—W5229）

5.2.4 村寨与城池（W5230—W5249）

5.3 氏族、部落（W5250—W5399）

5.3.1 氏族（W5250—W5299）

5.3.2 部落（W5300—W5359）

5.3.3. 泛指的族体及有关母题（W5360—W5399）

5.4 民族（W5400—W5829）

5.4.1 民族的产生（W5400—W5459）

5.4.2 民族的识别（W5460—W5489）

5.4.3 民族的特征（W5490—W5539）

5.4.4 特定民族的产生与特征（W5540—W5729）

5.4.5 与民族有关的其他母题（W5730—W5829）

5.5. 国家（W5830—W5959）

 5.5.1 国家的产生（W5830—W5859）

 5.5.2 国王与臣民（W5860—W5899）

 5.5.3 与国家有关的其他母题（W5900—W5959）

5.6 与社会秩序相关的其他母题（W5960—W5999）

 5.6.1 神界与动物界秩序（W5960—W5974）

 5.6.2 契约与誓约（W5975—W5984）

 5.6.3 律法与规则（W5985—W5999）

6. 有形文化与无形文化
（代码 W6000—W6999）

6.1 与生产有关的文化（W6000—W6109）

 6.1.1 文化概说（W6000—W6009）

 6.1.2 采集与渔猎（W6010—W6039）

 6.1.3. 耕种与饲养（W6040—W6074）

 6.1.4 生产者与生产工具（W6075—W6099）

 6.1.5 与生产相关的其他母题（W6100—W6109）

6.2. 与生活有关的文化（W6110—W6279）

 6.2.1 服饰（W6110—W6139）

 6.2.2 饮食（W6140—W6159）

6.2.3 人的居所（W6160—W6209）

6.2.4 人的行走（出行）（W6210—W6229）

6.2.5 医药（医术）（W6230—W6249）

6.2.6 特定生活用品（器物）（W6250—W6279）

6.3 图腾与崇拜（W6280—W6449）

6.3.1 图腾概说（W6280—W6289）

6.3.2 常见的图腾类型（W6290—W6349）

6.3.3 与图腾有关的其他母题（W6250—W6359）

6.3.4 崇拜的产生（W6360—W6369）

6.3.5 常见的崇拜物（W6370—W6439）

6.3.6 与崇拜有关的其他母题（W6440—W6449）

6.4 宗教信仰与禁忌（W6450—W6549）

6.4.1 宗教概说（W6450—W6469）

6.4.2 祭祀（W6470—W6509）

6.4.3 禁忌（W6510—W6549）

6.5 习俗（W6550—W6699）

6.5.1 习俗的产生（W6550—W6559）

6.5.2 生产习俗（W6560—W6579）

6.5.3 生活习俗（W6580—W6599）

6.5.4 节日习俗（W6600—W6629）

6.5.5 婚葬习俗（W6630—W6679）

6.5.6 生育习俗（W6680—W6689）

6.5.7 与习俗相关的其他母题（W6690—W6699）

6.6 常见的其他文化现象（W6700—W6899）

    6.6.1 语言、文字与文学（W6700—W6769）

    6.6.2 知识、智慧（W6770—W6799）

    6.6.3 道德（W6800—W6819）

    6.6.4 姓氏与姓名（W6820—W6899）

6.7 与文化、文明有关的其他母题（W6900—W6999）

    6.7.1 音乐、体育等其他艺术（W6900—W6909）

    6.7.2 火的获取（W6910—W6969）

    6.7.3 其他发明或与文化相关的母题（W6970—W6999）

7. 婚姻与性爱
（代码 W7000—W7999）

7.1 婚姻概说（W7000—W7129）

    7.1.1 婚姻的产生（W7000—W7019）

    7.1.2 婚姻中的人物（W7020—W7049）

    7.1.3 婚姻中的事件（W7050—W7099）

    7.1.4 与婚姻有关的其他母题（W7100—W7129）

7.2 性爱（W7130—W7199）

    7.2.1 性爱的产生（W7130—W7169）

    7.2.2 性爱的特征与类型（W7170—W7184）

7.2.3 与性爱有关的其他母题（W7185—W7199）

7.3 神或神性人物之间的婚姻（W7200—W7259）

7.3.1 神的婚姻（W7200—W7239）

7.3.2 神性人物的婚姻（W7240—W7254）

7.3.3 与神或神性人物婚姻有关的其他母题（W7255—W7259）

7.4 人的婚姻（W7260—W7399）

7.4.1 人与神或神性人物的婚姻（W7260—W7284）

7.4.2 血缘婚、人的异辈血缘婚（W7285—W7299）

7.4.3 人的同辈血缘婚（W7300—W7359）

7.4.4 正常男女婚（W7360—W7379）

7.4.5 群体间的婚姻（W7380—W7389）

7.4.6 与人的婚姻相关的其他母题（W7390—W7399）

7.5 其他特殊的婚母题（W7400—W7539）

7.5.1. 人与动物的婚配（W7400—W7489）

7.5.2. 人与植物的婚配（W7490—W7499）

7.5.3. 人与自然物、无生命物的婚配（W7500—W7509）

7.5.4 动物之间的婚配（W7510—W7529）

7.5.5 与婚配有关的其他母题（W7530—W7539）

7.6 婚配的条件与实现（W7540—W7699）

7.6.1 与指令、裁决有关的婚姻（W7540—W7559）

7.6.2 与媒人、劝说有关的婚姻（W7560—W7599）

7.6.3 与求婚（求爱）、巧遇有关的婚姻（W7600—W7659）

7.6.4 与命运、机缘有关的婚姻（W7660—W7669）

7.6.5 与婚姻的条件与形成有关的其他母题（W7670—W7699）

7.7. 婚姻难题考验或验证天意（W7700—W7899）

7.7.1 婚姻难题考验（W7700—W7739）

7.7.2 婚前出难题者（W7740—W7759）

7.7.3 婚前难题的形式（W7760—W7819）

7.7.4 婚前难题的解决（W7820—W7859）

7.7.5 婚前占卜或询问（W7860—W7889）

7.7.6 与婚姻难题有关的其他母题（W7890—W7899）

7.8 与婚姻、性爱有关的其他母题（W7900—W7999）

7.8.1 婚中的变形（W7900—W7909）

7.8.2 婚后的情形（W7910—W7939）

7.8.3 婚姻、性爱的其他母题（W7940—W7999）

8. 灾难与争战
（代码 W8000—W8999）

8.1 灾难概说（W8000—W8099）

8.1.1 灾难的时间（W8000—W8004）

8.1.2 灾难的地点（W8005—W8009）

8.1.3 灾难的原因（W8010—W8029）

8.1.4 灾难的预言与征兆（W8030—W8059）

8.1.5 灾难制造者（W8060—W8064）

8.1.6 躲避灾难（W8065—W8079）

8.1.7 灾难幸存与丧生（W8080—W8094）

8.1.8 灾难的消除与结果（W8095—W8099）

8.2 洪水（W8100—W8549）

8.2.1 洪水时间、地点（W8100—W8114）

8.2.2 洪水原因（W8115—W8199）

8.2.3 洪水预言（W8200—W8269）

8.2.4 洪水制造者（W8270—W8289）

8.2.5 洪水的情形（W8290—W8299）

8.2.6 避水方式与工具（W8300—W8399）

8.2.7 洪水幸存者与丧生者（W8400—W8499）

8.2.8 洪水的消除（W8500—W8539）

8.2.9 与洪水相关的其他母题（W8540—W8549）

8.3 常见的灾难（W8550—W8699）

8.3.1 地震（W8550—W8569）

8.3.2 天塌地陷（W8570—W8589）

8.3.3 城陷为湖（陆地陷海、陆沉）（W8590—W8599）

8.3.4 旱灾（W8600—W8619）

8.3.5 火灾（W8620—W8639）

8.3.6 瘟疫、疾病（W8640—W8659）

8.3.7 黑暗、寒冷（W8660—W8669）

8.3.8 世界末日（W8670—W8674）

8.3.9 与灾难有关的其他母题（W8675—W8699）

8.4 争战概说（W8700—W8789）

8.4.1 争战的时间与原因（W8700—W8719）

8.4.2 争战预言与准备（W8720—W8729）

8.4.3 军队与战士（W8730—W8739）

8.4.4 武器（W8740—W8754）

8.4.5 争战的手段（W8755—W8769）

8.4.6 争战中的帮助者（W8770—W8779）

8.4.7 争战的结果（W8780—W8789）

8.5 与神或神性人物有关的争战（W8790—W8899）

8.5.1 神的战争（W8790—W8799）

8.5.2 神性人物间的争斗（W8800—W8819）

8.5.3 人与神、神性人物之争（W8820—W8829）

8.5.4 斗妖魔（W8830—W8869）

8.5.5 斗雷公（W8870—W8879）

8.5.6 斗龙（W8880—W8894）

8.5.7 与神或神性人物之争有关的其他母题（W8895—W8899）

8.6 人之间的争战（矛盾）（W8900—W8949）

8.6.1 人的群体间的争战（W8900—W8919）

8.6.2 家庭内部之争（残杀）（W8920—W8939）

8.6.3 与人的矛盾有关的其他母题（W8940—W8949）

8.7 与争战有关的其他母题（W8950—W8999）

   8.7.1 与动植物、无生命物有关的争战（矛盾）
（W8950—W8959）

   8.7.2 争吵与纠纷（W8960—W8969）

   8.7.3 抓捕与关押（W8970—W8979）

   8.7.4 营救与逃脱（W8980—W8989）

   8.7.5 与争战有关的其他母题（W8990—W8999）

9. 其他母题
（代码 W9000—W9999）

9.1 魔法与巫术（W9000—W9199）

   9.1.1 魔法（W9000—W9014）

   9.1.2 魔物（W9015—W9099）

   9.1.3 魔力（W9100—W9119）

   9.1.4 巫师（W9120—W9149）

   9.1.5 巫术、咒语（W9150—W9189）

   9.1.6 占卜（W9190—W9199）

9.2. 征兆与预言（W9200—W9299）

   9.2.1 征兆（W9200—W9239）

   9.2.2 象征（W9240—W9249）

   9.2.3 预言（W9250—W9289）

   9.2.4 梦（W9290—W9299）

9.3. 复活与转世（W9300—W9399）

9.3.1 复活（再生）（W9300—W9349）

9.3.2 转世、投胎（W9350—W9379）

9.3.3 复原（W9380—W9399）

9.4. 因果与命运（W9400—W9499）

9.4.1 因果报应（W9400—W9424）

9.4.2 报恩与报复（W9425—W9479）

9.4.3 命运（W9480—W9499）

9.5 变形与化生（W9500—W9599）

9.5.1 变形概说（W9500—W9524）

9.5.2 神与神性人物的变形（W9525—W9529）

9.5.3 人的变形（W9530—W9559）

9.5.4 动植物的变形（W9560—W9574）

9.5.5 自然物、无生命物的变形（W9575—W9579）

9.5.6 与变形有关的其他母题（W9580—W9589）

9.5.7 与化生有关母题（W9590—W9599）

9.6 考验与欺骗（W9600—W9649）

9.6.1 考验（W9600—W9619）

9.6.2 竞赛（比赛）（W9620—W9634）

9.6.3 欺骗（W9635—W9649）

9.7 宝物（W9650－W9699）

9.7.1 宝物概说（W9650－W9669）

9.7.2 器物工具类宝物（W9670－W9689）

9.7.3 动植物类宝物（W9690－W9694）

9.7.4 其他宝物（W9695－W9699）

9.8 射日月与救日月（W9700－W9899）

9.8.1 射日（月）的原因与时间（W9700－W9714）

9.8.2 射日者（W9715－W9764）

9.8.3 射日（月）的过程（W9765－W9789）

9.8.4 射日（月）的结果（W9790－W9799）

9.8.5 找日月（W9800－W9854）

9.8.6 救日月（W9855－W9864）

9.8.7 与射日月有关的其他母题（W9865－W9899）

9.9 其他典型事件母题（W9900－W9999）

9.9.1 奖励与惩罚（W9900－W9929）

9.9.2 寻找与巧遇（W9930－W9949）

9.9.3 其他典型事件（W9950－W9959）

9.9.4 特定风物的来历（W9960－W9979）

9.9.5 其他难以归类的母题（W9980－W9999）

附表3

汤普森母题类型示例表[①]

代码	编号范围	名称	类型示例[②]
A	A0—A2899	神话	造物主、三界神、半神、文化英雄、世界起源、世界灾难、自然秩序、人类起源、动植物起源等
B	B0—B899	动物	神话中的动物、特异的动物、有人的特征的动物、友好的动物、人与动物婚、想象的动物等
C	C0—C999	禁忌	与超自然有关的禁忌、性的禁忌、饮食禁忌、视听禁忌、接触禁忌、等级禁忌、奇特的禁律、犯禁受罚等
D	D0—D2199	魔法	变形、魔力的消除、法宝、魔力及表现等
E	E0—E799	死亡	复活、鬼与幽灵、再生、灵魂等
F	F0—F1099	奇异	到另一个世界、奇异的灵怪、奇异的人、奇异的地点、奇异的物质、奇异的事情等
G	G0—G699	妖魔	妖魔的种类、吃人和吃同类的妖魔、陷身魔网、战胜妖魔等

[①] 汤普森母题类型表,译自 Stith Thompson. *Motif-index of folk-literature : a classification of narrative elements in folktales, ballads, myths, fables, mediaeval romances, exempla, fabliaux, jestbooks, and local legends*(V1-6), Bloomington : Indiana Universty Press, 1989.

[②] 因汤普森母题分类设计的每一个大类之下的基本类型较为庞杂,此处只采取示例的方法,选取一些具有代表性的类目加以说明。

附表3 汤普森母题类型示例表

代码	编号范围	名称	基本类型示例
H	H0—H1599	考验	识别身份、检验真假、考验婚姻、考验智勇、考验能力等
J	J0—J2799	聪明与愚蠢	智慧的获得、聪明与愚蠢的表现、智者与傻瓜等
K	K0—K2399	欺骗	靠欺骗获胜、靠欺骗逃生、骗取财物、骗婚、骗子自食其果等
L	L0—L499	命运颠倒	幼者胜出、败势逆转、谦卑得赏、弱者获胜、倨傲遭贬等
M	M0—M499	注定未来	命运天定、誓言、协议、承诺、预言、咒语等
N	N0—N899	机遇与命运	运气博弈、走运与倒运、幸运的事情、意外遭遇、帮助者等
P	P0—P799	社会	皇室贵族、社会各界、家庭亲缘、行业工艺、政府、习俗等
Q	Q0—Q599	奖励与惩罚	受奖的行为、奖赏的性质、受罚的行为、惩罚的类型等
R	R0—R399	被俘与逃脱	身陷囹圄、营救、逃脱与追捕、避难、第二次被捉等
S	S0—S499	残虐	残忍的亲属、谋杀与残害、残酷的祭献、抛弃与残害童孩、虐待等
T	T0—T699	性（婚爱）	爱情、婚姻、贞洁与禁欲、不正当的性关系、怀孕与生育、照管童孩等
U	U0—U299	生命的本性	人的不同本性的来历、动物的不同本性的来历、贫贱及罪恶等本性等
V	V0—V599	宗教	神职人员、宗教仪式、宗教场所、宗教信仰、施舍与戒律等
W	W0—W299	品格	优秀的品格、恶劣的品格、其他
X	X0—X1899	笑话	关于困窘的笑话、身体残障的笑话、社会各界笑话、性笑话、醉酒笑话、骗子笑话
Z	Z0—Z599	其他母题	规则母题、象征母题、英雄母题、特例母题、历史地理生物类母题、恐怖故事母题